HISTOIRE

DE

LA GRÈCE

PARIS. — IMP. POUPART-DAVYL ET Cie, RUE DU BAC, 30.

G. GROTE

Vice-Chancelier de l'Université de Londres, Associé étranger de l'Institut de France

HISTOIRE

DE

LA GRÈCE

DEPUIS LES TEMPS LES PLUS RECULÉS

JUSQU'À LA FIN DE LA GÉNÉRATION CONTEMPORAINE D'ALEXANDRE LE GRAND

TRADUIT DE L'ANGLAIS

Par A.-L. DE SADOUS

Professeur au Lycée impérial de Versailles, Docteur ès lettres de la Faculté de Paris

TOME ONZIÈME

SEULE ÉDITION FRANÇAISE AUTORISÉE PAR L'AUTEUR

AVEC CARTES ET PLANS

PARIS

LIBRAIRIE INTERNATIONALE

15, BOULEVARD MONTMARTRE

Au coin de la rue Vivienne

A. LACROIX, VERBOECKHOVEN ET CIE, ÉDITEURS

A Bruxelles, à Leipzig et à Livourne

1866

Iʳᵉ PARTIE. — GRÈCE LÉGENDAIRE

'Ανδρῶν ἡρώων θεῖον γένος, οἳ καλέονται
Ἡμίθεοι προτέρῃ γενέῃ.

HÉSIODE.

2ᵉ PARTIE. — GRÈCE HISTORIQUE

. . . . Πόλιες μερόπων ἀνθρώπων.

HOMÈRE.

HISTOIRE DE LA GRÈCE

DEUXIÈME PARTIE

GRÈCE HISTORIQUE

CHAPITRE I

DEPUIS LA DESTRUCTION DE L'ARMEMENT ATHÉNIEN EN SICILE
JUSQU'A LA CONSPIRATION OLIGARCHIQUE DES QUATRE CENTS
A ATHÈNES.

Conséquences de la ruine de l'armement athénien en Sicile. — Occupation de
Dekeleia par les Lacédæmoniens; ses effets ruineux pour Athènes. — Athènes
devient un poste militaire; service pénible imposé aux citoyens comme soldats.
— Embarras financiers. — Athènes renvoie ses mercenaires thraces; massacre
à Mykalêssos. — Les Thraces repoussés et massacrés en partie par les Thêbains.
— Station athénienne à Naupaktos; déclin de la supériorité navale d'Athènes.
— Combat naval près de Naupaktos; résultat indécis. — Dernières nouvelles des
Athéniens venues de Syracuse; la ruine de l'armée de Sicile n'est pas officielle-
ment annoncée à Athènes. — Répugnance des Athéniens à croire toute la vérité.
— Terreur et affliction à Athènes. — Résolutions énergiques adoptées par les
Athéniens; conseil des Probouli. — Prodigieux effet de la catastrophe sur tous
les Grecs, ennemis et alliés d'Athènes aussi bien que neutres, et même sur les
Perses. — Mouvements d'Agis. — Les Eubœens demandent l'aide d'Agis pour
se révolter contre Athènes; les Lesbiens font la même demande et sont préférés.
— Les habitants de Chios, dans le même dessein, s'adressent à Sparte. — Des
envoyés de Tissaphernês et de Pharnabazos viennent à Sparte en même temps.
— Alkibiadês à Sparte; ses recommandations déterminent les Lacédæmoniens
à envoyer du secours à Chios. — Congrès des alliés péloponésiens à Corinthe;
mesures adoptées. — Fête isthmique; scrupules des Corinthiens; délai au sujet
de Chios; soupçons d'Athènes. — Flotte péloponésienne de Corinthe à Chios;
elle est défaite par les Athéniens. — Une petite escadre part de Sparte sous
Chalkideus et Alkibiadês, pour aller à Chios. — Avis énergique d'Alkibiadês;
sa grande utilité pour Sparte. — Arrivée d'Alkibiadês à Chios; l'île se révolte

contre Athènes. — La population de Chios en général était peu disposée à se révolter contre Athènes. — Effroi causé à Athènes par la révolte de Chios; les Athéniens rendent libre et approprient leur fond mis en réserve. — Armée athénienne dépêchée à Chios sous Strombichidês. — Activité des gens de Chios à étendre la révolte parmi les autres alliés athéniens; Alkibiadês détermine Milêtos à se révolter. — Première alliance entre les Péloponésiens et Tissaphernês, conclue par Chalkideus à Milêtos. — Conditions déshonorantes et désavantageuses du traité. — Efforts énergiques d'Athènes; révolution démocratique à Samos. — Flotte péloponésienne à Kenchreæ; Astyochos est envoyé comme amiral spartiate en Iōnia. — Expédition des habitants de Chios contre Lesbos. — Leur insuccès; les Athéniens conservent Lesbos. — Opérations des Athéniens contre Chios, fatigantes pour cette dernière. — Maux soufferts par les habitants de Chios; prospérité de l'île jusqu'à cette époque. — Nouvelles forces venues d'Athènes; victoire des Athéniens près de Milêtos. — Il arrive de nouvelles forces péloponésiennes; les Athéniens se retirent, conformément à l'énergique recommandation de Phrynichos. — Prise d'Iasos par les Péloponésiens; riche pillage; Amorgês fait prisonnier. — Tissaphernês commence à fournir une paye à la flotte péloponésienne; il réduit le taux de la paye pour l'avenir. — Puissante flotte athénienne à Samos; renouvellement inattendu de la marine d'Athènes. — Astyochos à Chios et sur la côte opposée. — Pedaritos, gouverneur lacédæmonien, à Chios; désaccord entre lui et Astyochos. — Astyochos abandonne Chios et retourne à Milêtos. — Accident grâce auquel il échappe à la flotte athénienne. — Les Athéniens établissent un poste fortifié dans Chios, afin de ravager l'île. — Dorieus arrive sur la côte asiatique avec une escadre de Thurii pour rejoindre Astyochos; luttes maritimes près de Knidos. — Second traité péloponésien avec Tissaphernês, conclu par Astyochos et par Theramenês. — Comparaison du second traité avec le premier. — Arrivée d'une nouvelle escadre péloponésienne, sous Antisthenês, à Kaunos; Lichas vient en qualité de commissaire spartiate. — Astyochos va, avec la flotte de Milêtos, rejoindre l'escadre nouvellement arrivée; il défait l'escadre athénienne sous Charminos. — Flotte péloponésienne à Knidos; duplicité de Tissaphernês; rupture entre lui et Lichas. — La flotte péloponésienne s'empare de Rhodes et s'établit dans cette île. — Longue inaction de la flotte à Rhodes; intrigues de Tissaphernês destinées à la paralyser; corruption des officiers lacédæmoniens.

Dans le dernier chapitre du volume précédent, nous avons suivi jusqu'à sa lamentable issue l'armement combiné de Nikias et de Demosthenês, d'abord dans le port, et enfin dans le voisinage de Syracuse, vers la fin de septembre 413 avant J.-C.

La première impression que nous recevons de la lecture de ce récit, c'est de la sympathie pour les personnes directement intéressées, — en particulier pour le grand nombre de vaillants Athéniens qui périrent ainsi misérablement, en partie aussi pour les Syracusains victorieux, qui eux-mêmes quelques mois auparavant avaient été à deux doigts d'une perte apparente. Mais les effets éloignés et indirects de la catastrophe dans toute la Grèce furent encore plus impor-

tants que ceux qu'elle produisit dans l'île qui en fut le
théâtre.

J'ai déjà mentionné que, même au moment où Demosthenês, avec son puissant armement, quitta le Peiræeus pour aller
en Sicile, les hostilités de la confédération péloponésienne
contre Athènes elle-même avaient déjà recommencé. Non-
seulement le roi spartiate Agis ravageait l'Attique, mais on
était en train d'achever la démarche beaucoup plus importante de fortifier Dekeleia, pour y établir une garnison permanente. Cette forteresse, qui avait été commencée vers le
milieu de mars, fut probablement au mois de juin en état
d'abriter sa garnison, qui consistait en contingents se rele-
vant alternativement, et fournis périodiquement par tous les
différents États de la confédération, sous le commandement
permanent du roi Agis lui-même.

Et c'est alors que commença cet incessant maraudage d'ennemis domiciliés, — destiné à durer pendant neuf ans, jusqu'à
la prise finale d'Athènes, — médité en partie même au commencement de la guerre du Péloponèse, — et naguère fortement conseillé, avec la pleine intelligence de ses effets futurs
et désastreux, par la virulente antipathie de l'exilé Alkibiadês (1). Les premières invasions de l'Attique avaient été
toutes temporaires; elles duraient cinq ou six semaines au
plus, et laissaient le pays en repos pendant le reste de l'année. Mais les Athéniens subirent alors dorénavant la fatale
expérience d'une garnison ennemie à quinze milles (= 24 kil.)
de leur cité, expérience surtout pénible cet été, aussi bien
par sa nouveauté que par la vigueur extraordinaire qu'Agis
montra dans ses opérations. Il étendit si loin ses excursions,
qu'aucune partie de l'Attique ne fut en sûreté ni ne put être
rendue productive. Non-seulement tous les moutons et tout
le bétail étaient détruits, mais encore les esclaves, et surtout les esclaves les plus précieux, c'est-à-dire les artisans,
commencèrent à déserter pour se rendre à Dekeleia en grand
nombre : plus de vingt mille d'entre eux disparurent bientôt

____

(1) Thucydide, I, 122-142; VI, 90.

de cette manière. Une perte si terrible de revenu, tant pour les propriétaires de terres que pour les bourgeois dans la ville, fut encore aggravée par l'augmentation des frais et de la difficulté des importations venant d'Eubœa. Les provisions et le bétail de cette île étaient venus antérieurement par terre d'Orôpos; mais comme cette route était complétement fermée par la garnison de Dekeleia, on était actuellement dans la nécessité de les envoyer autour du cap Sunion par mer, passage plus détourné et plus dispendieux, outre qu'il était exposé aux attaques des corsaires de l'ennemi (1). Au milieu de privations si pénibles, le besoin de citoyens et de metœki pour le service militaire se multipliait outre mesure. La présence de l'ennemi à Dekeleia forçait les habitants à veiller jour et nuit sur toute la longue étendue de leurs murailles, comprenant et Athènes et le Peiræeus. Dans le jour, les hoplites de la ville se relevaient de garde tour à tour; mais pendant la nuit presque tous étaient soit sur les créneaux, soit aux diverses stations militaires de la cité. Dans le fait, Athènes n'était plus une ville : elle était réduite à un état qui ressemblait en quelque sorte à un poste militaire (2). De plus, les riches citoyens de l'État, qui servaient comme cavaliers, partageaient la misère générale, appelés qu'ils étaient à remplir un service journalier, afin de contenir du moins les excursions de la garnison de Dekeleia, puisqu'ils ne pouvaient pas les prévenir entièrement; toutefois leur efficacité fut diminuée bientôt par l'état de leurs chevaux, que le sol, pierreux et dur, rendait boiteux (3).

Outre les efforts personnels des citoyens, ces exigences

---

(1) Thucydide, VIII, 4. Au sujet de la ruine étendue dont les Lacédæmoniens frappaient les oliviers de l'Attique, V. Lysias, Or. VII, De Oleâ Sacrâ, sect. 6, 7.

Une inscription conservée dans le Corp. Inscript. de M. Boeckh (part. II, nº 93, p. 132) donne quelque idée de la manière dont les propriétaires et les fermiers obviaient à cet inévitable dommage causé par les envahisseurs. Le dême Æxoneis loue une ferme à un certain fermier pour quarante ans, à une rente fixée de cent quarante drachmes; mais si un envahisseur le chasse ou endommage sa ferme, le dême doit recevoir une moitié du produit de l'année, au lieu d'une rente de l'année.

(2) Thucydide, VII, 28, 29.
(3) Thucydide, VII, 27.

pesaient lourdement sur les ressources financières de l'État. Déjà les immenses dépenses nécessitées par les apprêts de deux armements considérables pour la Sicile avaient épuisé tout l'argent accumulé dans le trésor dans l'intervalle qui s'était écoulé depuis la paix de Nikias : de sorte que les attaques de Dekeleia, qui non-seulement imposaient de lourdes dépenses en plus, mais en même temps diminuaient les moyens de payer, mirent les finances d'Athènes dans un embarras réel. En vue d'accroître ses revenus, elle changea le principe sur lequel ses alliés sujets avaient été imposés jusque-là. Au lieu d'une somme fixée de tribut annuel, maintenant elle exigea d'eux un droit de 5 pour 100 sur toutes les importations et sur toutes les exportations par mer (1). Comment fonctionna ce nouveau principe d'imposition, c'est un point sur lequel nous n'avons malheureusement pas d'information. Afin de percevoir ce droit et de prendre des précautions contre les tentatives faites pour s'y soustraire, il a dû y avoir dans chaque ville alliée un préposé de la douane athénien. Cependant il est difficile de comprendre comment Athènes a pu imposer un système à la fois nouveau, étendu. vexatoire, et plus onéreux pour les payeurs, — quand nous en venons à voir combien son empire sur les payeurs, aussi bien que ses forces navales, fut affaibli, même avant la fin de la guerre actuelle (2).

---

(1) Thucydide, VII, 28.

(2) Sur cette nouvelle taxation imposée aux alliés, M. Mitford fait les remarques suivantes :

« Cette taxe si légère, en comparaison de ce que nous nous sommes imposé nous-mêmes, était la plus lourde connue dans le monde à cette époque, autant que nous le savons par l'histoire. Cependant elle causa beaucoup de mécontentement dans les républiques dépendantes : le pouvoir arbitraire par lequel elle fut imposée étant, il est vrai, exécré avec raison, bien que la charge elle-même ne fût relativement rien. »

Il n'est pas facile de concilier cet aveu avec les fréquentes invectives auxquelles M. Mitford s'abandonne contre l'empire d'Athènes, comme pratiquant un système d'extorsion et d'oppression pour les alliés sujets.

Toutefois, je ne sais sur quelle autorité il affirme que c'était « la taxe la plus lourde connue alors dans le monde; » et que « elle causa beaucoup de mécontentement parmi les républiques sujettes. » La dernière assertion serait, à vrai dire, assez probable, s'il était vrai que la taxe ait été jamais appliquée; mais nous ne sommes pas autorisés à l'affirmer.

En considérant avec quelle rapidité

Ses finances appauvries la forcèrent aussi de renvoyer un corps de mercenaires thraces, dont l'aide eût été très-utile contre l'ennemi établi à Dekeleïa. Ces peltastes thraces, au nombre de treize cents, avaient été soudoyés à une drachme par jour pour chaque homme, afin d'aller à Syracuse avec Demosthenês; mais ils n'étaient pas arrivés à temps à Athènes. Aussitôt qu'ils y furent venus, les Athéniens les placèrent sous le commandement de Diitrephês, chargé de les reconduire dans leur pays natal, — avec ordre de causer du dommage aux Bœôtiens toutes les fois que l'occasion s'en présenterait dans sa route par l'Euripos. En conséquence, Diitrephês, après les avoir embarqués, fit voile autour de Sunion, et au nord, le long de la côte orientale de l'Attique. Après un court débarquement près de Tanagra, il passa à Chalkis en Eubœa, dans la partie la plus resserrée du détroit, d'où il traversa de nuit sur la côte bœôtienne opposée, et s'avança à quelque distance de la mer jusqu'au voisinage de la ville bœôtienne Mykalêssos. Il y arriva sans être aperçu, — attendit près d'un temple d'Hermês, éloigné d'environ deux milles (= 3 kil.), — et tomba inopinément sur la ville à l'aurore. Pour les Mykalessiens, — qui habitaient au centre de la Bœôtia, non loin de Thèbes et à une distance considérable de la mer, — une telle attaque était non moins inattendue que formidable. Leurs fortifications étaient faibles, — basses dans quelques parties; dans d'autres, elles s'écroulaient même ; ils n'avaient pas non plus pris la précaution de fermer leurs portes la nuit : de sorte que les barbares sous Diitrephês, entrant dans la ville sans la moindre difficulté, commencèrent aussitôt l'œuvre du pillage et de la destruction. La scène qui suivit fut quelque chose à la fois de nouveau et de révoltant pour des yeux grecs. Non-seulement toutes les maisons furent pillées, et même les temples, —

---

arrivèrent les terribles malheurs d'Athènes, je ne puis m'empêcher de regarder comme une chose incertaine que la nouvelle taxation soit jamais devenue une réalité dans l'empire athénien. Et le fait que Thucydide ne la mentionne pas comme une cause de plus de mécontentement parmi les alliés, est une raison à l'appui de ces doutes.

mais les Thraces manifestèrent en outre cette soif ardente
de sang qui semblait inhérente à leur race. Ils tuèrent tout
être vivant qu'ils trouvèrent sur leur chemin : hommes,
femmes, enfants, bétail, etc. Ils firent irruption dans une
école où beaucoup d'enfants venaient d'être réunis, et ils
les massacrèrent tous. Cette scène d'effusion de sang, commise par des barbares qu'on n'avait pas vus en Grèce depuis
le temps de Xerxès, fut racontée avec horreur et sympathie.
dans toutes les communautés grecques, bien que Mykalêssos fût en elle-même une ville de second ou de troisième
ordre (1).

Le secours amené de Thèbes par des fugitifs mykalessiens
n'arriva malheureusement que pour venger les habitants, et
non pour les sauver. Les Thraces se retiraient déjà avec le
butin qu'ils pouvaient emporter, quand le bœôtarque Skirphon-
das les surprit avec de la cavalerie et des hoplites, après
avoir mis à mort quelques fuyards avides qui s'arrêtaient.
trop longtemps dans la ville. Il les força d'abandonner la
plus grande partie de leur butin, et les poursuivit jusqu'au
rivage de la mer, non sans une résistance vaillante de la
part de ces peltastes, qui avaient une manière particulière de
combattre qui déconcerta les Thébains. Mais quand ils arrivèrent au bord de la mer, les vaisseaux athéniens ne jugèrent pas prudent d'approcher tout près; de sorte qu'il n'y
eut pas moins de deux cent cinquante Thraces tués avant
qu'ils pussent s'embarquer (2), et le commandant athénien
Diitrephès fut si grièvement blessé, qu'il mourut peu de temps
après. Les autres poursuivirent leur voyage vers leur pays.

Cependant l'importante station de Naupaktos et l'entrée du golfe corinthien devinrent de nouveau le théâtre
d'une rencontre navale. On se rappellera que c'est là que

---

(1) Thucydide, VII, 29, 30, 31. Je
crois que οὔσῃ οὐ μεγάλη est la vraie
leçon — et non οὔσῃ μεγάλη — par
rapport à Mykalêssos. Les mots ὡς ἐπὶ
μεγέθει, dans le ch. 31, se rapportent à
la grandeur de la ville.

Toutefois la leçon est un objet de dis-
pute pour les critiques. Il est évident,
d'après le langage de Thucydide, que
la catastrophe de Mykalêssos fît une
profonde impression dans toute la Grèce.

(2) Thucydide, VII, 30; Pausanias,
I, 23, 3. Cf. Meineke, ad Aristophanis
Fragm. Ἥρωες, vol. II, p. 1069.

l'amiral athénien Phormiôn avait remporté ses mémorables victoires dans la seconde année de la guerre du Péloponèse (1), et que la supériorité nautique d'Athènes sur ses ennemis, quant aux vaisseaux, aux équipages et à l'amiral, s'était manifestée d'une manière si éclatante. Sous ce rapport, les choses étaient alors considérablement changées. Tandis que la marine d'Athènes avait décliné depuis l'époque de Phormiôn, celle de son ennemi s'était améliorée. Aristôn, et d'autres habiles timonniers corinthiens, sans essayer de copier la tactique athénienne, avaient étudié le meilleur mode de rivaliser avec elle, et avaient modifié la construction de leurs trirèmes en conséquence (2), à Corinthe aussi bien qu'à Syracuse. Dix-sept années auparavant, Phormiôn, avec dix-huit trirèmes athéniennes, se serait cru en état de lutter avec vingt-cinq vaisseaux corinthiens. Mais l'amiral athénien de cette année, Konôn, homme parfaitement brave également, pensait alors si différemment, qu'il obligea Demosthenês et Eurymedôn à renforcer ses dix-huit trirèmes de dix autres, — des meilleures de leur flotte, à un moment où ils ne pouvaient certainement se passer d'aucune, — alléguant pour raison que la flotte corinthienne opposée, de vingt-cinq voiles, était sur le point de prendre l'offensive contre lui (3).

Bientôt après, Diphilos vint pour remplacer Konôn avec quelques nouveaux vaisseaux d'Athènes : ce qui porta à trente-trois le nombre total des trirèmes. La flotte corinthienne, renforcée de manière à avoir à peu près le même nombre, se porta sur la côte d'Achaia, en face de Naupaktos, à un endroit appelé Erineus, dans le territoire de Rhypes. Elle se rangea en travers de l'entrée d'une petite dentelure de la côte, ou baie en forme de croissant, avec deux promontoires avancés comme cornes; ces promontoires étaient occupés par une armée de terre amie, appuyant ainsi la ligne

---

(1) V. t. VIII, ch. 3 de cette Histoire.
(2) V. le dernier chapitre du volume précédent.

(3) Thucydide, VII, 31. Cf. le langage de Phormiôn, II, 88, 89.

de trirèmes aux deux côtés. C'était une position qui ne permettait pas aux Athéniens de percer la ligne, ou de manœuvrer autour d'elle et sur ses derrières. Conséquemment, quand la flotte de Diphilos traversa le golfe en venant de Naupaktos, elle resta pendant quelque temps en face des Corinthiens, et tout près d'eux, aucune des deux parties ne se hasardant à attaquer; car la collision directe était destructive pour les vaisseaux athéniens avec leurs pointes acérées, mais légères et faibles, — tandis qu'elle était favorable aux proues solides et aux épaisses épôtides, ou oreilles avancées, de la trirème corinthienne. Après un délai considérable, les Corinthiens commencèrent enfin l'attaque de leur côté, — toutefois sans avancer assez loin en mer pour permettre aux Athéniens de faire usage de leurs manœuvres et de leurs évolutions. La bataille dura quelque temps, et elle se termina sans avantage décisif pour une partie ou pour l'autre. Trois trirèmes corinthiennes furent complétement désemparées, bien que les équipages de toutes s'échappassent en nageant vers leurs amis sur le rivage : du côté des Athéniens, il n'y eut pas une seule trirème qui fût absolument prête à couler; mais sept d'entre elles furent tellement endommagées par une collision directe avec les proues plus fortes de l'ennemi, qu'elles devinrent presque hors d'état de servir après leur retour à Naupaktos. Les Athéniens eurent l'avantage en ce qu'ils conservèrent leur station, tandis que les Corinthiens n'osèrent pas renouveler le combat ; de plus, le vent et le courant portaient vers le rivage septentrional : de sorte que les débris flottants et les cadavres tombèrent au pouvoir des Athéniens. Chaque partie se crut le droit d'élever un trophée ; mais le sentiment réel de la victoire était du côté de Corinthe, et celui de la défaite du côté d'Athènes. Les deux parties sentaient que la supériorité maritime de cette dernière avait éprouvé une diminution, et telle eût été assurément l'impression de Phormiôn, s'il eût vécu pour être témoin du conflit (1).

____

(1) Thucydide, VII, 34.

Cette bataille paraît avoir été livrée, autant que nous pouvons l'établir, peu de temps avant l'arrivée de Demosthenês à Syracuse, vers la fin du mois de mai. Nous ne pouvons douter que les Athéniens n'attendissent avec la plus grande anxiété des nouvelles de cet officier, avec quelque récit de victoires obtenues en Sicile, pour les consoler de l'avoir envoyé à un moment où l'on avait à Athènes un si cruel besoin de ses services. Il est possible qu'ils se soient même abandonnés à l'espérance de la prise prochaine de Syracuse, comme moyen de rétablir l'état déplorable de leurs finances. Leur désappointement dut être d'autant plus amer quand il leur arriva de recevoir, vers la fin de juin ou le commencement de juillet, des dépêches annonçant la défaite capitale de Demosthenês dans sa tentative sur Epipolæ, et, ce qui en était la conséquence, la ruine de tout espoir que Syracuse pût jamais être prise. Après ces dépêches, il nous est possible de douter qu'il en soit arrivé d'autres subséquemment à Athènes. Les généraux ne durent pas écrire chez eux pendant le mois d'indécision qui suivit immédiatement, quand Demosthenês demandait instamment la retraite, et que Nikias s'y opposait. Il leur était possible, toutefois, d'écrire, en prenant la résolution de se retirer, au moment où ils envoyèrent à Katane pour empêcher de nouveaux envois de provisions; — mais ce fut la dernière occasion praticable, — car bientôt après suivirent leur défaite navale et le blocus de l'entrée du Grand Port. L'absence seule de nouvelles dut convaincre les Athéniens que leurs affaires en Sicile marchaient mal. Mais la dernière série de calamités, jusqu'à la catastrophe finale, ne dut parvenir à leur connaissance qu'indirectement, en partie par les dépêches triomphantes transmises de Syracuse à Sparte, à Corinthe et à Thêbes, — en partie par des soldats individuels de leur propre armement qui avaient échappé au désastre.

Suivant le récit de Plutarque, la nouvelle fut d'abord révélée à Athènes par un étranger qui, arrivant au Peiræeus, alla dans la boutique d'un barbier, et se mit à causer sur cette nouvelle comme sur un sujet qui, naturellement, devait être le premier dans l'esprit de chacun. Le barbier, étonné, entendant pour la première fois ces communications effrayantes, courut à Athènes pour en faire part aux archontes, aussi bien qu'au public, sur la place du marché. L'assemblée publique étant convoquée immédiatement, il fut amené devant elle, et invité à produire son autorité : ce qu'il ne put faire, vu que l'étranger avait disparu. Conséquemment on le considéra comme un inventeur de rumeurs sans preuve pour troubler la tranquillité publique, et même on le mit à la torture (1). Ce qu'il peut y avoir de vrai dans ce conte improbable, c'est ce qu'il nous est impossible de déterminer ; mais nous pouvons facilement croire que des neutres, passant de Corinthe ou de Megara au Peiræeus, furent les premiers à communiquer les malheurs de Nikias et de Demosthenês en Sicile pendant les mois de juillet et d'août. Bientôt il arriva des soldats individuels de l'armement qui s'étaient échappés de la défaite et avaient trouvé un passage pour rentrer chez eux : de sorte que la mauvaise nouvelle ne fut que trop pleinement confirmée. Mais les Athéniens furent longtemps avant de pouvoir se décider à croire, même sur le témoignage de ces fugitifs, combien avait été complète la destruction de leurs deux magnifiques armements, sans même qu'il y eût un faible reste pour les consoler (2).

Aussitôt que toute l'étendue de leur perte eut fini par pénétrer dans leurs esprits, la ville présenta le spectacle de l'affliction, de la crainte et de la terreur les plus profondes. Outre la grandeur du deuil privé, causé par la perte de parents et d'amis, qui se répandit sur presque toute la ville, — il régnait le plus grand désespoir quant à la sûreté publique. Non-seulement l'empire d'Athènes était perdu en apparence, mais Athènes elle-même semblait absolument dépourvue de défense. Son trésor était vide, ses bassins presque dénués de vaisseaux, la fleur de ses hoplites aussi bien que de ses marins avait péri en Sicile sans laisser derrière eux rien qui leur ressemblât, et sa réputation maritime avait reçu une

---

(1) Plutarque, Nikias, c. 30. Il donne l'histoire avec beaucoup de con-

fiance — Ἀθηναίους δέ φασι, etc.
(2) Thucydide, VIII, 1.

atteinte irréparable ; tandis que ses ennemis, au contraire, animés par des sentiments de confiance exubérante et de triomphe, étaient encore renforcés par l'adjonction de leurs nouveaux alliés siciliens. Dans ces tristes mois (octobre, novembre, 413 av. J.-C.), les Athéniens ne s'attendaient à rien moins qu'à une attaque vigoureuse, tant par mer que par terre, des forces péloponésiennes et siciliennes combinées, avec l'aide de leurs propres alliés révoltés, — attaque qu'ils ne se sentaient pas eux-mêmes en état de repousser (1).

Au milieu d'une perspective si sombre, sans un seul rayon d'espoir d'aucun côté pour les égayer, ils n'eurent que la triste satisfaction d'exhaler leur mécontentement contre les principaux orateurs qui avaient recommandé leur récente et désastreuse expédition, ou contre ces prophètes et ces rapporteurs d'oracles qui leur avaient promis pour elle la bénédiction divine (2). Toutefois, après cette première explosion

---

(1) Thucydide, VIII, 1. Πάντα δὲ πανταχόθεν αὐτοὺς ἐλύπει, etc.

(2) Thucydide, VIII, 1. Ἐπειδὴ δὲ ἔγνωσαν, χαλεποὶ μὲν ἦσαν τοῖς ξυμπροθυμηθεῖσι τῶν ῥητόρων τὸν ἔκπλουν, ὥσπερ οὐκ αὐτοὶ ψηφισάμενοι, etc.

D'après ces derniers mots, il semblerait que Thucydide croyait que les Athéniens, après avoir adopté l'expédition par leurs votes, s'étaient enlevé le droit de se plaindre des orateurs qui s'étaient mis en avant d'une manière saillante pour conseiller la démarche. Je ne suis pas du tout de son avis. Celui qui conseille une mesure importante quelconque assume toujours la responsabilité morale de sa justice, de son utilité et de la possibilité de l'exécuter ; et il encourt à très-bon droit une disgrâce, plus ou moins grande selon le cas, s'il arrive qu'elle ait des résultats entièrement contraires à ceux qu'il avait prédits. Nous savons que la loi athénienne faisait peser souvent sur l'auteur d'une proposition une responsabilité non-seulement *morale*, mais

même *légale* : règlement d'une propriété douteuse dans d'autres circonstances, mais qui, je crois, fut utile à Athènes.

Toutefois, il faut admettre qu'il y eut une chose dure pour ceux qui avaient conseillé cette expédition : c'est que, par suite de la destruction totale de l'armement, personne n'en étant revenu, ni généraux, ni soldats, — ils ne purent montrer combien cette ruine, en grande partie, était due à des fautes dans l'exécution, et non dans le plan conçu. L'orateur, dans le discours de Lysias, — Περὶ δημεύσεως τοῦ Νικίου ἀδελφοῦ (Or. XVIII, sect. 2), — essaye de transporter le blâme de Nikias sur ceux qui avaient conseillé l'expédition, — injustice manifeste.

Démosthène (dans le De Coronâ, c. 73) expose d'une manière expresse et noble la responsabilité qu'il accepte joyeusement pour lui-même comme orateur et conseiller politique, — responsabilité qu'il assumait pour avoir vu les commencements des événements, compris les signes qui les ande douleur et de colère, ils se mirent graduellement à regarder en face leur situation actuelle, et d'autant plus que d'énergiques orateurs leur administraient sans doute une salutaire leçon en leur rappelant tout ce que leurs ancêtres avaient accompli, soixante-sept ans auparavant, quand l'approche de Xerxès les menaçait d'un danger non moins écrasant. Dans le péril du moment, l'énergie du désespoir se ranima dans leurs cœurs; ils résolurent de rassembler, aussi promptement que possible, tant des vaisseaux que de l'argent, — de veiller sur leurs alliés, en particulier sur l'Eubœa, — et de se défendre jusqu'au bout. On nomma un conseil de dix-huit hommes d'âge mûr, sous le titre de Probouli, chargés d'examiner les dépenses, de suggérer toutes les économies praticables, et de proposer pour l'avenir telles mesures que l'occasion semblerait réclamer. Les propositions de ces Probouli furent pour la plupart adoptées avec un degré d'unanimité et de promptitude qui se vit rarement dans une assemblée athénienne, — dû à cette pression et à cette alarme du moment qui faisait taire toute critique (1). Entre autres économies, les Athéniens diminuèrent la splendeur coûteuse de leurs cérémonies choriques et liturgiques chez eux, et firent rentrer la récente garnison qu'ils avaient établie sur la côte laconienne. En même temps ils rassemblèrent du bois, commencèrent à construire de nouveaux vaisseaux, et fortifièrent le cap Sunion, afin de protéger leurs nombreux transports dans le passage de l'Eubœa au Peiræeus (2).

---

nonçaient, et donné à l'avance un conseil à ses compatriotes : ἰδεῖν τὰ πράγματα ἀρχόμενα καὶ προαισθέσθαι καὶ προειπεῖν τοῖς ἄλλοις. C'est la vraie manière de voir le sujet; et en appliquant la mesure proposée par Démosthène, les Athéniens avaient d'amples motifs pour être mécontents de leurs orateurs.

(1) Thucydide, VIII, 1. Πάντα δὲ πρὸς τὸ παραχρῆμα περιδεὲς ὅπερ φιλεῖ δῆμος ποιεῖν, ἕτοιμοι ἦσαν εὐτακτεῖν : cf. Xénoph. Memorab. III, 5, 5.

(2) Thucydide, VIII, 1-4. Au sujet des fonctions de ce conseil de Probouli, on a dit bien des choses que Thucydide n'autorise en rien : τῶν τε κατὰ τὴν πόλιν τι ἐς εὐτέλειαν σωφρονίσαι, καὶ ἀρχήν τινα πρεσβυτέρων ἀνδρῶν ἑλέσθαι, οἵτινες περὶ τῶν παρόντων ὡς ἂν καιρὸς ᾖ προβουλεύσουσι. Πάντα δὲ πρὸς τὸ παραχρῆμα περιδεὲς, ὅπερ φιλεῖ δῆμος ποιεῖν, ἕτοιμοι ἦσαν εὐτακτεῖν.

A ce propos, le docteur Arnóld fait la remarque suivante : — « C'est-à-dire, aucune mesure ne devait être

Pendant qu'Athènes faisait ainsi des efforts pour résister à ses malheurs, tout le reste de la Grèce était tout agité et plein de dispositions agressives contre elle. Un événement aussi grave que la destruction de ce grand armement n'était jamais arrivé depuis l'expédition de Xerxès contre la Grèce. Il réveilla non-seulement les villes les plus éloignées du monde grec, mais encore les satrapes persans et la cour de Suse. Il stimula les ennemis d'Athènes à un redoublement d'activité; il enhardit ses alliés sujets à la révolte; il poussa les États neutres, qui tous craignaient ce qu'elle aurait fait si elle avait réussi contre Syracuse, à lui déclarer maintenant la guerre, et à porter le dernier coup à son pouvoir aussi bien qu'à son ambition, Tous, ennemis, sujets et neutres,

---

soumise au peuple avant d'avoir été approuvée d'abord par ce conseil des Anciens ; » et telle est l'idée des commentateurs en général.

Cependant, un sens tel que celui-ci n'est pas nécessairement compris dans le mot Πρόβουλοι. On peut concevoir, il est vrai, que des personnes ainsi nommées fussent investies d'un tel contrôle ; mais nous ne pouvons l'inférer, ou l'affirmer, simplement d'après le nom. Et les passages de la politique d'Aristote, où le mot Πρόβουλοι se rencontre, ne nous autorisent à aucune conclusion par rapport à ce conseil dans le cas spécial d'Athènes (Aristote, Polit. IV, 11, 9; IV, 12, 8; VI, 5, 10-13).

Le conseil ne semble avoir duré que peu de temps à Athènes, étant nommé pour un dessein temporaire, à un moment d'angoisse et de découragement particuliers. Dans un tel état de sentiment, il n'était guère nécessaire de jeter des obstacles de plus sur la route de nouvelles propositions à faire au peuple. Il était plutôt important d'*encourager* les suggestions de nouvelles mesures, de la part d'hommes de sens et d'expérience. Un conseil destiné seulement à contrôler et à entraver aurait été nuisible, plutôt qu'utile, dans la tristesse qui régnait à Athènes.

Le conseil fut sans doute absorbé dans l'oligarchie des Quatre Cents, comme toutes les autres magistratures de l'État, et il ne fut pas rétabli après leur déposition.

Je ne puis admettre qu'on puisse tirer des conclusions, quant aux fonctions de ce conseil de Probouli constitué alors, des actes du Proboulos dans la Lysistrata d'Aristophane, comme le font Waschmuth (Hellenische Alterthumskunde, I, 2, p. 198), et Wattenbach (De Quadringentorum Athenis Factione, p. 17-21, Berlin 1842).

Schoman (Ant. Jur. Pub. Græcor. V, XII, p. 181) dit de ces Πρόβουλοι : — « Videtur autem eorum potestas fere annua fuisse. » Je ne comprends pas clairement ce qu'il entend par ces mots; s'il veut dire que le conseil restait permanent, mais que les membres en étaient changés tous les ans. Si c'est là sa pensée, je suis en désaccord avec lui. Je pense que le conseil dura jusqu'à l'époque des Quatre Cents : ce qui serait un an et demi environ à partir de sa première institution.

croyaient également que l'arrêt d'Athènes était scellé, et
que le printemps suivant la verrait prise. Les Lacédæmoniens n'étaient pas disposés à agir avant cette époque; mais
ils envoyèrent partout leurs instructions à leurs alliés, au
sujet d'opérations tant sur mer que sur terre à commencer
alors; tous ces alliés étant préparés à faire de leur mieux,
dans l'espérance que cet effort serait le dernier qu'on exige-
rait d'eux, et qu'il serait le plus richement récompensé. On
donna l'ordre de préparer une flotte de 100 trirèmes pour le
printemps; 50 de ces trirèmes furent imposées à égale proportion aux Lacédæmoniens eux-mêmes et aux Bœôtiens, —
15 à Corinthe, — 15 aux Phokiens et aux Lokriens, — 10 aux
Arkadiens, avec Pellênê et Sikyôn, — 10 à Megara, à Trœ-
zen, à Epidauros et à Hermionê. Il paraît qu'on crut que ces
vaisseaux pourraient être construits et lancés dans l'intervalle entre septembre et mars (1). Les mêmes vastes espérances qui avaient agi sur les esprits au commencement de
la guerre régnaient de nouveau à ce moment dans le cœur
des Péloponésiens (2); d'autant plus que cette puissante
armée de Sicile, qu'ils avaient alors espéré en vain obtenir,
on pouvait bien penser maintenant, avec une assez grande
certitude, qu'elle arriverait réellement (3). .

Les alliés moins importants durent fournir des contributions en argent pour la flotte projetée, sur l'ordre d'Agis,
qui se rendit d'un endroit à l'autre pendant cet automne,
avec une portion de la garnison de Dekeleia. Dans le tour
qu'il fit, il visita la ville d'Hêrakleia, près du golfe Maliaque,
et leva des contributions considérables sur les Œtæens voisins, en représaille du pillage qu'ils avaient exercé contre
cette ville, aussi bien que sur les Achæens Phthiotes et sur
d'autres sujets des Thessaliens, bien que ces derniers fis-

---

(1) Thucydide, VIII, 2, 3. Λακεδαιμόνιοι δὲ τὴν πρόσταξιν ταῖς πόλεσιν
ἕκατον νεῶν τῆς ναυπηγίας ἐποιοῦντο, etc. ; cf. aussi c. 4 : — παρεσκευά-
ζοντο τὴν ναυπηγίαν, etc.

(2) Thucydide, VIII, 5. Ὄντων οὐδὲν
ἄλλο ἢ ὥσπερ ἀρχομένων ἐν κατασκευῇ
τοῦ πολέμου : cf. II, 7.
(3) Thucydide, VIII, 2 : cf. II, 7 ;
III, 86.

sent entendre de vaines protestations contre ses actes (1).

Ce fut pendant la marche d'Agis à travers la Bœôtia que les habitants de l'Eubœa (probablement de Chalkis et d'Eretria) s'adressèrent à lui, sollicitant son aide afin de pouvoir se révolter contre Athènes ; il s'empressa de la promettre, et fit venir de Sparte Alkamenês à la tête de trois cents hoplites néodamodes, pour l'envoyer dans l'île comme harmoste. Comme il avait une armée d'une manière permanente à sa disposition, avec pleine liberté de faire des opérations militaires, le roi spartiate à Dekeleia était plus influent même que les autorités à Sparte : de sorte que les alliés mal disposés d'Athènes s'adressaient de préférence à lui. Bientôt des envoyés de Lesbos le visitèrent dans ce but. Leur demande fut si puissamment appuyée par les Bœôtiens (leurs parents de race Æolienne), qui s'engageaient à fournir dix trirèmes comme secours, pourvu qu'Agis en envoyât dix autres, — qu'il fut amené à mettre de côté la promesse qu'il avait faite aux Eubœens, et à envoyer Alkamenês comme harmoste à Lesbos au lieu de l'Eubœa (2), sans consulter du tout les autorités de Sparte.

La révolte dont menaçaient Lesbos et l'Eubœa, en particulier la dernière, était un coup mortel porté à l'empire d'Athènes. Mais ce n'était pas le plus dangereux. Dans le même temps que ces deux îles négociaient avec Agis, des députés de Chios, de tous les alliés athéniens le premier et le plus puissant, s'étaient rendus à Sparte dans le même dessein. Le gouvernement de Chios, — oligarchie, mais distinguée pour sa gestion sage et sa prudence à éviter les dangers, — croyant qu'Athènes était en ce moment à deux doigts de sa ruine, même dans la pensée des Athéniens, ne crut pas dangereux pour lui, ainsi que la ville d'Erythræ, située en face de Chios, de prendre des mesures pour conquérir son indépendance (3).

Outre ces trois grands alliés, dont la révolte était un

----

(1) Thucydide, VIII, 3.
(2) Thucydide, VIII, 5.

(3) Thucydide, VIII, 7-24.

exemple qui devait certainement être suivi par d'autres, Athènes fut en ce moment sur le point d'être attaquée par des ennemis encore plus inattendus, — les deux satrapes persans de la côte asiatique, Tissaphernès et Pharnabazos. La catastrophe athénienne en Sicile ne fut pas plus tôt connue à la cour de Suse, que le Grand Roi réclama de ces deux satrapes le tribut dû par les Grecs asiatiques de la côte, et pour lequel ils étaient toujours restés inscrits sur les registres du tribut, bien qu'il n'eût jamais été réellement levé depuis l'établissement complet de l'empire athénien. La seule manière de réaliser ce tribut, dont on rendait ainsi les satrapes débiteurs, était de détacher les villes d'Athènes, et de détruire son empire (1); dans ce dessein, Tissaphernès envoya un député à Sparte, conjointement avec ceux des habitants de Chios et d'Erythræ. Il invita les Lacédæmoniens à conclure une alliance avec le Grand Roi, pour des opérations combinées contre l'empire athénien en Asie, promettant de fournir une solde et des vivres pour toutes les troupes qu'ils enverraient, au taux d'une drachme par jour pour chaque homme des équipages des vaisseaux (2). Il espérait en outre, grâce à ce secours, réduire Amorgês, le fils révolté du dernier satrape Pissuthnès, qui était établi dans la forte ville maritime d'Iasos, avec une armée mercenaire grecque et un trésor considérable, et qui était uni à Athènes par une alliance. Le Grand Roi avait envoyé l'ordre péremptoire qu'Amorgês fût ou amené prisonnier à Suse ou tué.

Au même moment, bien que sans aucun concert, il arriva à Sparte Kalligeitos et Timagoras, — deux exilés grecs au

---

(1) Thucydide, VIII, 5. Ὑπὸ βασιλήως γὰρ νεωστὶ ἐτύγχανε πεπραγμένος (Tissaphernês) τοὺς ἐκ τῆς ἑαυτοῦ ἀρχῆς φόρους, οὓς δι' Ἀθηναίους ἀπὸ τῶν Ἑλληνίδων πόλεων οὐ δυνάμενος πράσσεσθαι ἐπωφείλησε. Τούς τε οὖν φόρους μᾶλλον ἐνόμιζε κομιεῖσθαι κακώσας τοὺς Ἀθηναίους.

J'ai déjà discuté cet important passage, avec quelque longueur, dans son rapport avec le traité conclu trente-sept ans auparavant entre Athènes et la Perse. V. une note dans le chap. 6 du septième volume de cette histoire.

(2) Thucydide, VIII, 29. Καὶ μηνὸς μὲν τροφὴν, ὥσπερ ὑπέστη ἐν τῇ Λακεδαίμονι, ἐς δραχμὴν Ἀττικὴν ἑκάστῳ πάσαις ταῖς ναυσὶ διέδωκε, τοῦ δὲ λοιποῦ χρόνου ἐβούλετο τριώβολον διδόναι, etc.

service de Pharnabazos, apportant des propositions d'un caractère analogue de la part de ce satrape, dont le gouvernement (1) comprenait la Phrygia et les terres sur la côte du nord de l'Æolis, depuis la Propontis jusqu'à l'extrémité nord-est du golfe Elæatique. Impatient d'avoir l'assistance d'une flotte lacédæmonienne afin de détacher d'Athènes les Grecs de l'Hellespont, et de réaliser le tribut exigé par la cour de Suse, Pharnabazos était en même temps désireux de prévenir Tissaphernès, comme intermédiaire, pour une alliance entre Sparte et le Grand Roi. Les deux missions étant ainsi arrivées simultanément à Sparte, il s'éleva entre elles une vive lutte, — l'un des députés s'efforçant d'attirer à Chios l'expédition projetée, l'autre à l'Hellespont (2) : pour ce dernier dessein, Kalligeitos avait apporté vingt-cinq talents, qu'il offrait comme premier payement partiel.

De tous les côtés, de nouveaux ennemis s'élevaient ainsi contre Athènes à l'heure de sa détresse : de sorte que les Lacédæmoniens n'eurent qu'à choisir celui qu'ils voulaient préférer; choix dans lequel ils furent guidés beaucoup par l'exilé Alkibiadês. Il se trouvait que son ami de famille, Endios, était en ce moment un des membres du conseil des éphores; tandis que son ennemi personnel, le roi Agis, avec l'épouse duquel, Timæa, il avait une intrigue (3), était absent à cause de son commandement à Dekeleia. Connaissant bien le grand pouvoir et l'importance de Chios, Alkibiadês exhorta vivement les autorités spartiates à donner leur première attention à cette île. Un Periœkos nommé Phrynis, qui y fut envoyé pour examiner si les ressources alléguées par les députés s'y trouvaient réellement, fit un rapport satisfaisant, en disant que la flotte de Chios n'était pas forte de moins de soixante trirèmes : alors les Lacédémoniens conclurent une alliance avec Chios et Erythræ, s'engageant à en-

---

(1) La satrapie de Tissaphernês s'étendait au nord jusqu'à Antandros et à Adramyttion (Thucyd. VIII, 108).
(2) Thucydide, VIII, 6.

(3) Thucydide, VIII, 6-12; Plutarque, Alkib. c. 23, 24; Cornélius Népos, Alcib. c. 3.

voyer à leur aide une flotte de quarante voiles. Dix de ces
trirèmes, actuellement prêtes dans les ports lacédæmoniens
(probablement à Gythion), reçurent l'ordre de se rendre
immédiatement à Chios, sous l'amiral Melanchridas. Il paraît qu'on était alors au milieu de l'hiver ; — mais Alkibiadès, et plus encore les députés de Chios, insistèrent sur la
nécessité d'une action prompte, dans la crainte que les Athéniens ne découvrissent l'intrigue. Cependant, un tremblement de terre, qui se fit sentir précisément alors, fut expliqué par les Spartiates comme une marque du mécontentement
divin, de sorte qu'ils ne voulurent persister à envoyer ni le
même commandant, ni les mêmes vaisseaux. On nomma
Chalkideus pour remplacer Melanchridas, tandis qu'on ordonna d'équiper cinq nouveaux vaisseaux, pour qu'ils fussent
prêts à partir au commencement du printemps avec la flotte
plus considérable de Corinthe (1).

Dès l'arrivée du printemps, trois commissaires spartiates
furent envoyés à Corinthe (par condescendance pour les
pressantes instances des députés de Chios), chargés de faire
transporter à travers l'isthme, du golfe Corinthien au golfe
Saronique, les trente-neuf trirèmes qui étaient en ce moment dans le port corinthien de Lechæon. On proposa
d'abord d'envoyer à Chios tout au seul et même moment, —
même celles qu'Agis avait équipées pour aider Lesbos, bien
que Kalligeitos déclinât toute affaire avec Chios, et refusât
de fournir pour ce dessein aucune partie de l'argent qu'il
avait apporté. On tint à Corinthe une assemblée générale de
députés des alliés, où l'on décida, avec le concours d'Agis,
qu'on dépêcherait la flotte d'abord à Chios sous Chalkideus,
— ensuite à Lesbos, sous Alkamenês, — enfin à l'Hellespont, sous Klearchos. Mais on jugea utile de diviser la flotte,
et de faire passer vingt et une trirèmes sur les trente-
neuf, de manière à distraire l'attention d'Athènes et à
diviser ses moyens de résistance. On estimait si peu ces
moyens, que les Lacédæmoniens ne se firent pas scrupule-

---

(1) Thucydide, VIII, 6.

d'envoyer leur expédition ouvertement du golfe Saronique, où les Athéniens durent avoir une pleine connaissance et de son nombre et de ses mouvements (1).

Cependant, à peine les vingt et une trirèmes avaient-elles été amenées par l'isthme à Kenchreæ, qu'il s'éleva un nouvel obstacle qui retarda leur départ. La fête isthmique, célébrée tous les deux ans, et regardée comme particulièrement sainte par les Corinthiens, approchait précisément. Ils ne voulurent pas consentir à commencer d'opérations militaires jusqu'à ce qu'elle fût achevée, bien qu'Agis essayât d'éluder leurs scrupules en offrant d'adopter l'expédition projetée comme la sienne propre. Ce fut pendant le délai qui s'ensuivit ainsi que les Athéniens furent amenés pour la première fois à concevoir des soupçons au sujet de Chios, où ils dépêchèrent Aristokratès, un des généraux de l'armée. Les autorités de Chios nièrent énergiquement tout projet de révolte, et comme Aristokratès leur demandait de fournir quelque preuve de leur bonne foi, elles renvoyèrent avec lui sept trirèmes au secours d'Athènes. C'était bien contre leur volonté qu'elles furent forcées d'agir ainsi. Mais, sachant que le peuple de Chios était, en général, opposé à l'idée de se révolter contre Athènes, elles n'avaient pas assez de hardiesse pour déclarer leurs secrets desseins sans quelque manifestation de secours de la part du Péloponèse ; secours qui avait été tellement différé qu'elles ne savaient pas quand il arriverait. Les Athéniens, dans leur état actuel de faiblesse, jugèrent peut-être prudent d'accepter des assurances insuffisantes, dans la crainte de pousser cette île puissante à une révolte ouverte. Néanmoins, pendant la fête isthmique, à laquelle ils furent invités avec les autres Grecs, — ils découvrirent de nouvelles preuves du complot qui se tramait, et résolurent de veiller rigoureusement sur les mouvements de la flotte rassemblée alors à Kenchreæ, soupçonnant que cette escadre était destinée à seconder le parti de Chios disposé à la révolte (2).

---

(1) Thucydide, VIII, 8.

(2) Thucydide, VIII, 10. Ἐν δὲ

Peu après la fête isthmique, l'escadre partit réellement de Kenchreæ pour Chios, sous Alkamenês; mais un nombre égal de vaisseaux athéniens la guettaient au moment où elle avançait le long du rivage, et ils essayèrent de l'attirer plus loin en mer, en vue de la combattre. Toutefois Alkamenês, désireux d'éviter une bataille, crut plus prudent de retourner sur ses pas : alors les Athéniens revinrent également au Peiræeus, se défiant de la fidélité des sept trirèmes de Chios, qui formaient une partie de leur flotte. Reparaissant bientôt avec une escadre plus considérable de trente-sept trirèmes, ils poursuivirent Alkamenês (qui avait recommencé son voyage le long du rivage au sud), et ils l'attaquèrent près du port inhabité appelé Peiræon, sur les frontières de Corinthe et d'Epidauros. Là ils remportèrent une victoire, prirent un de ses vaisseaux, et endommagèrent ou désemparèrent la plupart des autres. Alkamenês lui-même fut tué, et les vaisseaux jetés à la côte, où le matin l'armée de terre des Péloponésiens arriva en nombre suffisant pour les défendre. Toutefois sa position en cet endroit désert était

---

τούτῳ τὰ Ἴσθμια ἐγένετο · καὶ οἱ Ἀθηναῖοι (ἐπηγγέλθησαν γὰρ) ἐθεώρουν ἐς αὐτά · καὶ κατάδηλα μᾶλλον αὐτοῖς τὰ τῶν Χίων ἐφάνη.

Le langage de Thucydide dans ce passage mérite attention. Les Athéniens étaient alors en inimitié avec Corinthe : il était donc remarquable, et contraire à ce qu'on aurait attendu chez des Grecs, qu'ils fussent présents avec leur Théôrie au sacrifice solennel à la fête isthmique. Conséquemment Thucydide, en mentionnant qu'ils y vinrent, croit juste d'ajouter cette explication : — ἐπηγγέλθησαν γὰρ — « car ils avaient été invités » — « car la trêve de la fête leur avait été formellement signifiée. » Que les hérauts qui proclamaient la trêve vinssent le faire dans un état en hostilité avec Corinthe, c'était quelque chose d'inusité et méritant une mention spéciale;

autrement, Thucydide n'aurait jamais cru qu'il fût nécessaire de signaler la proclamation, — vu que c'était un usage uniforme.

Nous devons nous rappeler que c'était la première fête isthmique qui fût célébrée depuis la reprise de la guerre entre Athènes et l'alliance péloponésienne. L'habitude d'exclure Athènes de la proclamation du héraut corinthien n'avait pas encore été renouvelée. Par rapport à la fête isthmique, il y avait probablement une répugnance plus grande à l'exclure, parce que cette fête était dans son origine à moitié athénienne, — fête qui, disait-on, avait été établie ou remise en vigueur après une interruption par Thêseus ; et la Théôrie athénienne jouissait d'une προεδρία, ou place privilégiée, aux jeux (Plut. Theseus, c. 25; Argument. ad Pind. Isthm. Schol.).

si incommode, qu'elle se décida d'abord à brûler ses vaisseaux et à partir. Ce ne fut pas sans difficulté qu'elle fut amenée, en partie par les instances du roi Agis, à garder les vaisseaux jusqu'à ce qu'on trouvât une occasion pour échapper à la flotte athénienne de blocus, dont une partie faisait encore la garde à la hauteur du rivage, pendant que le reste était stationné à un îlot voisin (1).

Les éphores spartiates avaient ordonné à Alkamenês, au moment de son départ pour Kenchreæ, de dépêcher un messager à Sparte, afin que les cinq trirèmes sous Chalkideus et Alkibiadês pussent quitter la Laconie au même moment. Et ces dernières paraissent avoir été réellement en route quand un second messager apporta la nouvelle de la défaite et de la mort d'Alkamenês à Peiræon. Outre le découragement produit par cet échec au début de leurs plans contre l'Iônia, les éphores jugèrent impossible de commencer des opérations avec la faible escadre de cinq trirèmes : de sorte que le départ de Chalkideus fut contremandé pour l'instant. Cette résolution, toute naturelle à adopter, ne fut changée qu'à l'instante prière de l'exilé athénien Alkibiadês, qui les supplia de permettre à Chalkideus et à lui-même de partir sur-le-champ. Quelque petite que fût l'escadre, cependant, comme elle arriverait à Chios avant que la défaite à Peiræon devînt publique, elle pourrait passer pour le précurseur du gros de la flotte ; tandis qu'il (Alkibiadês) s'engageait à faire révolter Chios et les autres villes ioniennes par ses relations personnelles avec les principaux personnages, — qui ajouteraient foi à ses assurances au sujet de la détresse d'Athènes, aussi bien que de la détermination formelle de Sparte d'être de leur côté. A ces arguments, Alkibiadês ajouta un appel à la vanité personnelle d'Endios, qu'il poussa à s'approprier la gloire d'affranchir l'Iônia, ainsi que d'établir pour la première fois l'alliance avec les Perses, au lieu de laisser cette entreprise au roi Agis (2).

Grâce à ces arguments, — appuyés sans doute par son in-

----

(1) Thucydide, VIII, 11.　　　　　(2) Thucydide, VIII, 12.

fluence personnelle, puisque son avis relativement à Gylippos et à Dekeleia avaient si bien réussi, — Alkibiadès obtint
le consentement des éphores spartiates, et fit voile pour
Chios avec Chalkideus et les cinq trirèmes. Il n'avait fallu
rien moins que son énergie et son ascendant pour arracher
à des hommes à la fois lents et lourds une détermination si
téméraire en apparence ; toutefois, malgré cette apparence,
conçue admirablement, et de la plus haute importance. Si les
gens de Chios avaient attendu la flotte bloquée actuellement
à Peiræon, leur révolte aurait été au moins retardée longtemps, et peut-être n'aurait-elle pas éclaté du tout. L'accomplissement de cette révolte par la petite escadre d'Alkibiadès fut la cause prochaine de tous les succès spartiates en
Iônia, et finit par être le moyen même de dégager la flotte
bloquée à Peiræon, en détournant l'attention d'Athènes.
Tant cet exilé sans principes, tout en jouant le jeu de Sparte,
savait bien où porter à son pays les coups dangereux !   .

Il y avait, dans le fait, peu de danger à traverser la mer
Ægée pour se rendre en Iônia avec une escadre, quelque
petite qu'elle fût; car Athènes, dans son état actuel de détresse, n'y avait pas de flotte, et bien que Strombichidès fût
détaché avec huit trirèmes de la flotte de blocus à Peiræon,
et chargé de poursuivre Chalkideus et Alkibiadès dès que
leur départ fut connu, il resta loin derrière eux et revint
bientôt sans succès. Pour tenir leur voyage secret, ils retinrent les bateaux et les navires qu'ils rencontrèrent, et ne
les relâchèrent que lorsqu'ils eurent atteint Korykos en Asie
Mineure, la terre montagneuse au sud d'Erythræ. Ils y furent
visités par leurs principaux partisans de Chios, qui les
prièrent de se rendre dans leur île tout de suite, avant que
leur arrivée pût être divulguée. En conséquence, ils allèrent
à la ville de Chios (sur la côte orientale de l'île, immédiatement en face d'Erythræ sur le continent), à la surprise et à
la terreur de chacun, excepté des conspirateurs oligarchiques qui les avait appelés. Grâce à la machination de ces
derniers, le Conseil se trouva précisément en train de se réunir: en sorte qu'Alkibiadès fut admis sans retard, et invité à
exposer son affaire. Supprimant toute mention de la défaite

à Peiræon, il représenta son escadre comme l'avant-garde d'une flotte lacédæmonienne considérable, actuellement à la mer et qui approchait, — et il affirma qu'Athènes était maintenant sans ressources sur mer aussi bien que sur terre, incapable de conserver désormais aucun empire sur ses alliés. C'est sous de telles impressions, et pendant que la population était encore dans son premier mouvement de surprise et d'alarme, que le Conseil oligarchique prit la résolution de se révolter. L'exemple fut suivi par Erythræ, et bientôt après par Klazomenæ, déterminée par trois trirèmes de Chios. Les Klazoméniens avaient jusque-là habité dans un îlot tout voisin du continent; toutefois c'est sur ce dernier qu'était située une partie de leur ville (appelée Polichnê), qu'ils résolurent alors de fortifier comme leur principale résidence, dans la prévision d'une attaque dirigée contre elle par Athènes. Les gens de Chios et d'Erythræ s'occupèrent aussi avec activité à fortifier leurs villes et à se préparer pour la guerre (1).

En examinant ce récit de la révolte de Chios, nous trouvons occasion de répéter des remarques déjà suggérées par des révoltes antérieures d'autres alliés d'Athènes, — de Lesbos, d'Akanthos, de Torônê, de Mendê, d'Amphipolis, etc. Contrairement à ce que les historiens donnent communément à entendre, nous pouvons faire observer : d'abord qu'Athènes n'intervint pas systématiquement pour imposer son propre gouvernement démocratique à ses alliés; — ensuite que l'empire d'Athènes, bien que soutenu surtout par une croyance établie en ses forces supérieures, n'était néanmoins nullement odieux, et que la proposition de se révolter contre elle n'était pas agréable à la population de ses alliés en général. Elle n'avait pas en ce moment de forces en Iônia, et le gouvernement oligarchique de Chios, désirant se révolter, ne fut empêché de déclarer ouvertement son intention que par la répugnance de sa propre population, — répugnance dont elle triompha en partie par la surprise que

____

(1) Thucydide, VIII, 14.

causa l'arrivée soudaine d'Alkibiadès et de Chalkideus, en partie par la fallacieuse assurance d'une armée péloponésienne encore plus grande qui approchait (1). Et l'oligarchie elle-même de Chios ne se serait pas déterminée à la révolte si elle n'avait été persuadée que c'était alors le parti le plus sûr, vu qu'Athènes était ruinée, et qu'elle allait perdre son pouvoir de protéger, non moins que celui d'opprimer (2). Les députés de Tissaphernês avaient accompagné ceux de Chios à Sparte : de sorte que le gouvernement de Chios voyait clairement que les malheurs d'Athènes avaient eu seulement pour effet de réveiller les agressions et les prétentions de son ancien maître étranger, contre lequel Athènes l'avait protégé pendant les cinquante dernières années. Nous pouvons donc douter avec raison que ce gouvernement prudent considérât le changement comme avantageux en général. Mais il n'avait pas de motif pour rester attaché à Athènes dans ses malheurs, et une bonne politique semblait maintenant conseiller une prompte union avec Sparte comme étant la puissance prépondérante. Le sentiment que les alliés d'Athènes nourrissait à son égard (comme je l'ai déjà fait observer) était plutôt négatif que positif. Il était plutôt favorable qu'autrement, dans l'esprit de la population en général, pour laquelle elle n'était guère en réalité une cause de maux et d'oppression, mais contraire, jusqu'à un certain point, dans l'esprit de leurs principaux personnages, — puisqu'elle blessait leur dignité et offensait

---

(1) Thucydide, VIII, 9. Αἴτιον δ'ἐγένετο τῆς ἀποστολῆς τῶν νεῶν, οἱ μὲν πολλοὶ τῶν Χίων οὐκ εἰδότες τὰ πρασσόμενα, οἱ δ' ὀλίγοι ξυνειδότες, τό τε πλῆθος οὐ βουλόμεναί πω πολέμιον ἔχειν, πρίν τι καὶ ἰσχυρὸν λάβωσι, καὶ τοὺς Πελοποννησίους οὐκέτι προσδεχόμενοι ἥξειν, ὅτι διέτριβον. Et VIII, 14. Ὁ δὲ Ἀλκιβιάδης καὶ ὁ Χαλκιδεὺς... προξυγγενόμενοι τῶν ξυμπρασσόντων Χίων τισί, καὶ κελευόντων καταπλεῖν μὴ προειπόντας ἐς τὴν πόλιν, ἀφικνοῦνται αἰφνίδιοι τοῖς Χίοις. Καὶ οἱ μὲν πολλοὶ ἐν θαύματι ἦσαν καὶ ἐκπλήξει· τοῖς δὲ ὀλίγοις παρεσκεύαστο ὥστε βουλήν τε τυχεῖν ξυλλεγομένην, καὶ γενομένων λόγων ἀπό τε τοῦ Ἀλκιβιάδου, ὡς ἄλλαι τε νῆες πολλαὶ προσπλέουσι, καὶ τὰ περὶ τῆς πολιορκίας τῶν ἐν Πειραίῳ νεῶν οὐ δηλωσάντων, ἀφίστανται Χῖοι, καὶ αὖθις Ἐρυθραῖοι, Ἀθηναίων.

(2) V. le remarquable passage de Thucydide, VIII, 24, au sujet des calculs du gouvernement de Chios.

cet amour d'autonomie municipale qui était instinctif dans l'esprit politique grec.

La révolte de Chios, promptement déclarée, remplit d'effroi tout le monde à Athènes. C'était le symptôme le plus effrayant, aussi bien que l'aggravation la plus lourde, de leur état déchu, particulièrement en ce qu'il y avait tout lieu de craindre que l'exemple de cet allié, le premier et le plus grand de tous, ne fût bientôt suivi par les autres. Les Athéniens n'avaient ni flotte ni armée, même pour tenter de la reconquérir; mais ils sentaient alors toute l'importance de cette réserve de mille talents que Periklês avait mise de côté, dans la première année de la guerre, contre l'éventualité spéciale d'une flotte ennemie s'approchant du Peiræeus. La peine de mort avait été décrétée contre quiconque proposerait de consacrer ces fonds à tout autre dessein; et malgré de cruels embarras financiers, il était resté intact pendant vingt ans. Toutefois, à ce moment, bien que l'éventualité spéciale prévue ne se fût pas encore présentée, les choses en étaient venues à une telle extrémité que la seule chance de sauver le reste de l'empire était d'approprier cet argent. En conséquence, on rendit un vote unanime en vüe d'abroger la loi pénale (c'est-à-dire l'ordre permanent) contre la proposition de tout autre mode d'appropriation; ensuite on prit la résolution de consacrer cet argent aux nécessités présentes (1).

Au moyen de ces nouveaux fonds, ils purent trouver une paye et un équipement pour toutes les trirèmes prêtes ou presque prêtes dans leur port, et ainsi se passer d'une partie de leur flotte qui bloquait Peiræon, de laquelle on détacha Strombichidês, avec une escadre de huit trirèmes, pour l'envoyer immédiatement en Iônia, — et il fut suivi, après un court intervalle, par Thrasyklês avec douze autres. En même temps on enleva leurs équipages aux sept trirèmes de Chios, qui formaient aussi une partie de cette flotte; on rendit la liberté à ceux de leurs marins qui étaient esclaves, tandis

____

(1) Thucydide, VIII, 15.

qu'on mit en prison les hommes libres. Non-seulement les
Athéniens disposèrent un nombre égal de nouveaux navires
pour conserver le nombre de la flotte de blocus, mais encore ils travaillèrent avec la plus grande ardeur à préparer
trente trirèmes de plus. Chacun sentait les exigences extrêmes de la situation depuis que Chios s'était révoltée. Cependant, avec toutes leurs peines, les forces qu'ils purent
envoyer furent d'abord déplorablement insuffisantes. Strombichidès, arrivant à Samos, et trouvant Chios, Erythræ et
Klazomenæ déjà en révolte, renforça sa petite escadre d'une
trirème samienne, et fit voile vers Teos (sur le continent, à
la côte méridionale de cet isthme, dont Klazomenæ occupe
la côte septentrionale), dans l'espérance de conserver cette
ville. Mais il n'y avait pas longtemps qu'il y était lorsque
Chalkideus arriva de Chios avec vingt-trois trirèmes, toutes
ou pour la plupart de cette île ; tandis que les forces d'Erythræ et de Klazomenæ approchaient par terre. Strombichidès
fut obligé de fuir rapidement à Samos, poursuivi inutilement
par la flotte de Chios. Sur cette preuve de la faiblesse athénienne et de la supériorité de l'ennemi, les Teiens admirent
dans leur ville l'armée de terre du dehors ; avec son aide, ils
démolirent alors le mur jadis construit par Athènes pour
protéger la ville contre une attaque de l'intérieur. Quelques-
unes des troupes de Tissaphernês concourant à la démolition,
la ville se trouva être complétement ouverte au satrape, qui
de plus vint lui-même, peu de temps après, pour achever
l'œuvre (1).

Après s'être révolté contre Athènes, le gouvernement de
Chios fut poussé, par des considérations de sûreté personnelle, à exciter à la révolte toutes les autres dépendances
athéniennes, et Alkibiadès profita alors de l'ardeur qu'il apportait à la cause pour faire une tentative sur Milêtos. Il
était impatient d'acquérir ce municipe important, le premier
de tous les alliés continentaux d'Athènes, — au moyen de
ses propres ressources et de celles de Chios, avant que la

---

(1) Thucydide, VIII, 16.

flotte pût arriver de Peiræon, afin que la gloire de l'exploit en revînt à Endios et non à Agis. En conséquence, lui et Chalkideus quittèrent Chios avec une flotte de vingt-cinq trirèmes, dont vingt de cette dernière île, avec les cinq qu'ils avaient eux-mêmes amenées de Laconie : ces cinq dernières avaient été garnies d'hommes de Chios, les équipages péloponésiens ayant été armés comme hoplites et laissés dans l'île pour servir de garnison. Voyageant aussi secrètement que possible, il fut assez heureux pour passer sans être aperçu de la station athénienne à Samos, où Strombichidès venait d'être renforcé par Thrasyklès avec les vingt nouvelles trirèmes de la flotte de blocus à Peiræon. En arrivant à Milêtos, où il possédait des relations établies avec les principaux personnages, et où il avait déjà tendu ses piéges, comme à Samos, pour préparer la révolte, — Alkibiadês les détermina à rompre sur-le-champ avec Athènes : de sorte que quand Strombichidès et Thrasiklès, qui se mirent à sa poursuite dès qu'ils eurent connaissance de ses mouvements, approchèrent, ils trouvèrent le port fermé devant eux, et furent forcés de stationner dans l'île voisine de Ladê. Les habitants de Chios désiraient tellement le succès d'Alkibiadès dans cette entreprise, qu'ils avancèrent avec dix nouvelles trirèmes le long de la côte asiatique jusqu'à Anæa (vis-à-vis de Samos), afin d'apprendre le résultat, et de lui offrir leur aide s'il en était besoin. Un message de Chalkideus leur apprit qu'il était maître de Milêtos, et qu'Amorgês (l'allié persan d'Athènes, à Iasos) était en route à la tête d'une armée : alors ils retournèrent à Chios, — mais ils furent vus inopinément en route (à la hauteur du temple de Zeus, entre Lebedos et Kolophôn), et poursuivis par soixante nouveaux vaisseaux qui venaient d'arriver d'Athènes, sous le commandement de Diomedôn. De ces dix trirèmes de Chios, une trouva refuge à Ephesos, et cinq à Teos; les quatre autres furent obligées de se jeter à la côte, et furent prises, bien que les équipages parvinssent à s'échapper. Toutefois, malgré cet échec, les gens de Chios étaient venus de nouveau avec d'autres vaisseaux et quelques troupes de terre, aussitôt que la flotte athénienne était revenue à Samos, —

et ils firent révolter Lebedos et Eræ contre Athènes (1).

Ce fut à Milêtos, immédiatement après la révolte, que fut conclu le premier traité entre Tissaphernès, au nom du Grand Roi et au sien d'une part, — et Chalkideus pour Sparte et ses alliés de l'autre. Probablement on regarda l'aide de Tissaphernès comme nécessaire pour conserver la ville, quand la flotte athénienne la surveillait de si près sur l'île voisine ; du moins il est difficile d'expliquer autrement un accord aussi déshonorant et aussi désavantageux pour les Grecs :

« Les Lacédæmoniens et leurs alliés ont conclu alliance avec le Grand Roi et avec Tissaphernès, aux conditions suivantes : Le roi possédera tout le territoire et toutes les villes qu'il avait lui-même ou que ses prédécesseurs avaient avant lui. Le roi et les Lacédæmoniens avec leurs alliés empêcheront conjointement les Athéniens de tirer de l'argent ou d'autres avantages de toutes ces villes qui leur en ont fourni jusqu'ici. Ils feront conjointement la guerre aux Athéniens, et ne renonceront à la guerre contre eux que d'un commun accord. Quiconque se révoltera contre le roi sera regardé comme un ennemi par les Lacédæmoniens et par leurs alliés ; quiconque se révoltera contre les Lacédæmoniens sera de la même manière considéré comme un ennemi par le roi (2). »

Comme première démarche tendant à l'exécution de ce traité, Milêtos fut remise à Tissaphernès, qui, immédiatement, y fit élever une citadelle où il mit garnison (3). Dans le fait, si les conditions du traité avaient été complétement remplies, elles auraient rendu le Grand Roi maître, non-seulement de tous les Grecs asiatiques et de tous les insulaires de la mer Ægée, mais encore de toute la Thessalia et de la Bœôtia, et de toutes les contrées qui jadis avaient été couvertes par Xerxès (4). Outre cette stipulation monstrueuse, le traité obligeait de plus les Lacédæmoniens à aider le roi à tenir dans l'esclavage tous les Grecs qui seraient sous sa

----

(1) Thucydide, VIII, 17-19.
(2) Thucydide, VIII, 18.
(3) Thucydide, VIII, 84-109.
(4) Thucydide. VIII, 44.

domination. D'autre part, il ne leur assurait aucune aide pécuniaire pour le payement de leur armement, — ce qui avait été leur grand motif pour rechercher son alliance. Nous verrons les autorités lacédæmoniennes elles-mêmes refuser ci-après de ratifier le traité, en raison de ses exorbitantes concessions. Mais il reste comme une triste preuve de la nouvelle cause des malheurs qui fondaient alors sur les Grecs Asiatiques et insulaires au moment où l'empire d'Athènes était ruiné, — les prétentions renouvelées de leur ancien seigneur et maître, que rien n'avait jusqu'alors tenu en échec, pendant les cinquante dernières années, si ce n'est Athènes, d'abord comme agent représentant et exécutif, ensuite comme successeur et maîtresse de la confédération de Dèlos. Nous voyons ainsi contre quels maux Athènes les avait protégés jusqu'à ce moment : nous verrons bientôt, ce qui est révélé en partie dans ce traité même, la manière dont Sparte réalisa sa promesse de conférer l'autonomie à chaque État grec séparé.

Le fort de la guerre avait été maintenant transporté en Iônia et sur la côte asiatique de la mer Ægée. Les ennemis d'Athènes s'étaient imaginés que tout son empire de ce côté deviendrait facilement léur proie : cependant, malgré deux défections sérieuses, telles que celles de Chios et Milêtos, elle déployait une énergie inattendue pour conserver le reste. Sa grande et capitale station, depuis le moment présent jusqu'à la fin de la guerre, fut Samos ; et une révolution qui survint alors, en assurant la fidélité de cette île à son alliance, fut une condition indispensable à son pouvoir, pour qu'elle pût soutenir la lutte en Iônia.

Nous n'avons rien entendu dire de Samos pendant toute la guerre, depuis qu'elle fut reconquise par les Athéniens après la révolte de 440 avant J.-C. ; mais nous la trouvons maintenant sous le gouvernement d'une oligarchie appelée les Geômori (propriétaires de biens-fonds), — comme à Syracuse avant l'empire de Gelôn. On ne peut douter que ces Geômori ne fussent disposés à suivre l'exemple de l'oligarchie de Chios, et à se révolter contre Athènes ; tandis que le peuple à Samos, comme à Chios, était contraire à ce changement. C'est dans de telles circonstances que l'oligarchie de Chios avait conspiré avec Sparte, pour tromper son Dèmos et le contraindre par surprise à une révolte, grâce à l'aide de cinq vaisseaux péloponésiens. La même chose serait arrivée à Samos, si le peuple était resté tranquille ; mais il profita du récent avertissement, prévint les desseins de son oligarchie, et se mit en insurrection, aidé par trois trirèmes athéniennes qui se trouvaient alors par hasard dans le port. L'oligarchie fut complément défaite, mais non sans une lutte violente et sanglante, deux cents de ses membres étant tués et quatre cents bannis. Cette révolution assura (et probablement une révolution démocratique seule aurait assuré dans l'état présent des affaires helléniques) la fidélité de Samos aux Athéniens, qui reconnurent immédiatement la nouvelle démocratie, et lui accordèrent le privilége d'un allié égal et autonome. Le peuple samien confisqua et se partagea les biens de ceux des Geômori qui étaient tués ou bannis (1) ; les survivants furent privés de tout privilége politique, et il fut défendu aux autres citoyens (le Dèmos) de contracter des mariages avec eux (2). Nous pouvons soup-

---

(1) Thucydide, VIII, 21. Ἐγένετο δὲ κατὰ τὸν χρόνον τοῦτον καὶ ἡ ἐν Σάμῳ ἐπανάστασις ὑπὸ τοῦ δήμου τοῖς δυνατοῖς, μετὰ Ἀθηναίων οἳ ἔτυχον ἐν τρίσι ναυσὶ παρόντες. Καὶ ὁ δῆμος ὁ Σαμίων ἐς διακοσίους μέν τινας τοὺς πάντας τῶν δυνατῶν ἀπέκτεινε, τετρακοσίους δὲ φυγῇ ζημιώσαντες, καὶ αὐτοὶ τὴν γῆν αὐτῶν καὶ οἰκίας νειμάμενοι, Ἀθηναίων τε σφίσιν αὐτονομίαν μετὰ ταῦτα ὡς βεβαίοις ἤδη ψηφισαμένων, τὰ λοιπὰ διῴκουν τὴν πόλιν, καὶ τοῖς γεωμόροις μετεδίδοσαν οὔτε ἄλλου οὐδενὸς, οὔτε ἐκδοῦναι οὐδ' ἀγαγέσθαι παρ' ἐκείνων οὐδ' ἐς ἐκείνους οὐδενὶ ἔτι τοῦ δήμου ἐξῆν.

(2) Thucydide, VIII, 21. Les dispositions et les plans des « hommes d'un rang élevé » à Samos, qui voulaient appeler les Péloponésiens et se révolter contre Athènes, sont pleinement admis même par M. Mitford, et impliqués par le docteur Thirlwall, qui conclut que le gouvernement de Samos n'a pu être oligarchique, parce que, s'il en avait été ainsi, l'île aurait déjà passé d'Athènes aux Péloponésiens.

M. Mitford dit (ch. 19, sect. III, vol. IV, p. 191) : — « Cependant le corps des hommes d'un rang élevé à Samos, plus rabaissés que tous les autres depuis leur défaite dans leur première révolte, *proposaient de saisir l'occasion que semblait offrir la supériorité des armes péloponésiennes pour améliorer leur condition. Le bas peuple, ayant connaissance de son dessein, se souleva contre lui, et, avec l'aide des équipages de trois vaisseaux athéniens alors à Samos, en triompha,* etc., etc.

« Le *massacre et le pillage* furent récompensés par un décret du peuple

çonner à bon droit que la dernière prohibition ne fut qu'une représaille d'une exclusion semblable que l'oligarchie, quand

---

athénien, qui accorda à leurs auteurs l'administration indépendante des affaires de leur île, qui jusqu'à la dernière rébellion avait été maintenue *sous le contrôle immédiat du gouvernement athénien.* »

Appeler cela un *massacre* est un abus de langage. Ce fut une insurrection et une lutte intestine, dans laquelle « les hommes d'un rang élevé » furent vaincus, mais qu'ils avaient aussi commencées en conspirant (ce que M. Mitford lui-même admet comme un fait) pour introduire un ennemi étranger dans l'île. S'imagine-t-il que le « bas peuple » fût obligé de rester tranquille et de regarder faire? Et quel moyen avait-il de l'empêcher, si ce n'est l'insurrection? Cette révolte devint inévitablement sanglante, parce que les « hommes d'un rang élevé » étaient un parti fort, en possession des pouvoirs du gouvernement, avec de grands moyens de résistance. On ne nous fait pas connaître la perte du côté des assaillants, ni la perte que subirent les partisans des Geômori. Thucydide ne spécifie que le nombre des Geômori eux-mêmes, qui étaient des personnes d'importance individuelle.

Je ne comprends pas clairement quelle idée M. Mitford se fait du gouvernement de Samos à cette époque. Il semble le considérer comme démocratique, toutefois sous un grand contrôle immédiat de la part des Athéniens, — et croire qu'il tenait les « hommes d'un rang élevé » dans un état de dur abaissement, dont ils songèrent à se délivrer avec l'aide des armes péloponésiennes.

Mais s'il veut dire, par l'expression « *sous le contrôle immédiat du gouvernement athénien* » qu'il y avait un gouverneur athénien ou une garnison athénienne à Samos, le récit que fait ici Thucydide le réfute distinctement. Le

conflit fut engagé entre deux factions intestines : « les hommes d'un rang élevé et le bas peuple. » Les seuls Athéniens qui y prirent part étaient les équipages de trois trirèmes, et même ils y étaient par hasard (οἱ ἔτυχον παρόντες), et non comme garnison régulière. Samos était sous un gouvernement indigène; mais c'était un allié sujet et tributaire d'Athènes, comme tous les autres alliés, à l'exception de Chios et de Methymna (Thucyd. VI, 85). Après cette révolution, les Athéniens l'élevèrent au rang d'allié autonome, — ce que M. Mitford se plaît à appeler « la récompense du massacre et du pillage, » dans le langage d'un orateur de parti plutôt que d'un historien.

Mais, immédiatement avant cette lutte intestine, le gouvernement de Samos était-il oligarchique ou démocratique? Le langage de Thucydide me donne la pleine conviction qu'il était oligarchique, — sous une aristocratie exclusive appelée Geômori. Cependant le docteur Thirlwall (dont le récit sincère et équitable qu'il fait de cet événement forme un contraste frappant avec celui de M. Mitford) est d'une opinion différente. Il regarde comme certain qu'un gouvernement démocratique avait été établi à Samos par les Athéniens, quand ils la reconquirent (440 av. J.-C.) après sa révolte. Il croit que ce qui prouve que le gouvernement continua d'être démocratique pendant les premières années de la guerre du Péloponèse, c'est l'hostilité des exilés samiens à Anæa, qu'il considère comme des réfugiés oligarchiques. Et, bien qu'il n'adopte pas l'idée de M. Mitford au sujet de la condition particulièrement abaissée des « hommes d'un rang élevé » à Samos à cette époque plus récente, néanmoins il pense qu'ils n'étaient pas réellement

elle était au pouvoir, avait imposée pour conserver la pureté de son sang. Ce qu'elle avait décrété comme un privilége lui fut renvoyé comme une insulte.

---

en possession du gouvernement. « Cependant (dit-il), comme l'île recouvra graduellement sa prospérité, la classe privilégiée semble aussi avoir relevé la tête, peut-être s'être arrangée pour regagner une partie du pouvoir réel sous différentes formes, et probablement avoir trahi une forte inclination à faire revivre ses anciennes prétentions à la première occasion favorable. *Qu'elle ne se soit pas encore avancée au delà de ce point, c'est ce que l'on peut regarder comme certain, parce qu'autrement Samos aurait été une des premières à se révolter contre Athènes ;* et, d'autre part, il n'en est pas moins clair que l'état des partis y était tel qu'il excitait un haut degré de jalousie mutuelle et une grande alarme parmi les Athéniens, pour lesquels la perte de l'île dans ce moment critique aurait été presque irréparable. » (Hist. Gr. ch. 28, vol. III, p. 477, 2ᵉ édit.) Manso (Sparta, liv. IV, vol. II, p. 266) est de la même opinion.

Assurément la conclusion que le docteur Thirlwall annonce ici comme certaine, ne peut être considérée comme s'appuyant sur des prémisses suffisantes. En admettant qu'il y eût une oligarchie au pouvoir à Samos, il est parfaitement possible d'expliquer pourquoi cette oligarchie n'avait pas encore traduit en acte sa disposition à se révolter contre Athènes. Nous voyons qu'aucun des alliés d'Athènes, — pas même Chios, le plus puissant de tous, — ne se révolta sans la pression et l'encouragement extérieurs d'une flotte étrangère. Alkibiadês, après s'être assuré de Chios, considérait Milêtos comme la seconde en ordre d'importance, et de plus il avait des relations particulières avec les principaux personnages de cette ville (VIII, 17) : de

sorte qu'il alla ensuite pour la détacher d'Athènes. Milêtos, étant sur le continent, le mit en communication immédiate avec Tissaphernês, raison qui pouvait naturellement la lui faire regarder comme étant d'une importance supérieure même à Samos pour ses plans. En outre, non-seulement aucune flotte étrangère n'était encore parvenue à Samos, mais plusieurs vaisseaux athéniens y étaient arrivés ; car Strombichidês, ayant traversé la mer Ægée trop tard pour sauver Chios, fit de Samos une sorte de station centrale (VIII, 16). Ces circonstances, combinées avec la répugnance connue du Dêmos ou bourgeoisie de Samos, suffisent assurément pour expliquer pourquoi l'oligarchie samienne n'avait pas encore eu de révolte. Et, de là, le fait qu'il n'y avait pas encore eu de révolte ne peut être regardé comme autorisant la conclusion du docteur Thirlwall, à savoir que le gouvernement *n'était pas* oligarchique.

On ne nous apprend pas comment et quand s'établit le gouvernement oligarchique à Samos. Que les réfugiés samiens à Anæa, si activement hostiles à Samos et à Athènes pendant les dix premières années de la guerre du Péloponèse, fussent des exilés oligarchiques agissant contre un gouvernement démocratique à Samos (IV 75), cela n'est pas improbable en soi ; cependant cela n'est pas avancé d'une manière positive. Le gouvernement de Samos a pu être oligarchique, même à cette époque ; cependant, s'il agissait dans l'intérêt athénien, il y avait sans doute un corps d'exilés guettant les occasions de lui nuire, grâce à l'aide des ennemis d'Athènes.

De plus, il me semble que, si nous lisons et réunissons les passages de ·

D'autre part, la flotte athénienne de blocus fut surprise et défaite, avec une perte de quatre trirèmes, par la flotte

---

Thucydide, VIII, 21, 63, 73, il est impossible sans la plus grande violence de leur donner aucun autre sens que celui-ci, à savoir que le gouvernement de Samos était en ce moment entre les mains de l'oligarchie, c'est-à-dire des Geômori, et que le Dêmos se mit en insurrection contre elle, et remporta un triomphe définitif. Le sens naturel des mots ἐπανάστασις, ἐπανίσταμαι est celui d'*insurrection contre un gouvernement établi*; il ne signifie pas « une attaque violente d'un parti contre un autre parti, » — encore moins « une attaque tentée par un parti en possession du gouvernement: » ce qu'il devrait néanmoins signifier, si le docteur Thirlwall est exact en supposant que le gouvernement samien était alors démocratique. C'est ainsi que nous avons, dans la description de la révolte samienne contre Athènes, — Thucydide, I, 115 (après que Thucydide a avancé que les Athéniens établirent un gouvernement démocratique, il dit ensuite que les exilés samiens vinrent bientôt avec une armée de mercenaires), — καὶ πρῶτον μὲν τῷ δήμῳ ἐπανέστησαν, καὶ ἐκράτησαν τῶν πλείστων, etc. Et V, 23, — au sujet de l'insurrection redoutée des Ilotes contre les Spartiates — ἢν δὲ ἡ δούλεια ἐπανίστηται : cf. Xénophon, Hellen. V, 4, 19; Platon, Republ. IV, 18, p. 444; Hérodote, III, 39-120. De même aussi δυνατοί est au nombre des mots qu'emploie Thucydide pour désigner un parti oligarchique, soit au pouvoir, soit dans ce qu'on peut appeler *opposition* (I, 24; V, 4). Mais je ne puis croire que Thucydide aurait employé les mots — ἡ ἐπανάστασις ὑπὸ τοῦ δήμου τοῖς δυνατοῖς, — si le Dêmos avait été réellement au pouvoir à cette époque.

Il dit encore, VIII, 63, que le parti oligarchique athénien sous Peïsandros

αὐτῶν τῶν Σαμίων προὔτρεψαντο τοὺς δυνατοὺς ὥστε πειρᾶσθαι μετὰ σφῶν ὀλιγαρχηθῆναι, καίπερ ἐπαναστάντας αὐτοὺς ἀλλήλοις ἵνα μὴ ὀλιγαρχῶνται. Ici le motif de la précédente ἐπανάστασις est clairement indiqué : — c'était pour qu'ils *ne fussent pas sous un gouvernement oligarchique;* car je crois avec Krüger (en opposition avec le docteur Thirlwall) que c'est le sens clair des mots, et que l'emploi du présent nous empêche d'expliquer, « afin que leur gouvernement démocratique ne fût pas renversé, et qu'une oligarchie ne leur fût pas imposée : » — ce qui devrait être le sens, si l'idée du docteur Thirlwall était juste.

Enfin, VIII, 73, nous avons οἱ γὰρ τότε τῶν Σαμίων ἐπαναστάντες τοῖς δυνατοῖς καὶ ὄντες δῆμος, μεταβαλλόμενοι αὖθις, — ἐγένοντό τε ἐς τριακοσίους ξυνωμόται, καὶ ἔμελλον τοῖς ἄλλοις ὡς δήμῳ ὄντι ἐπιθήσεσθαι. Assurément ces mots — οἱ ἐπαναστάντες τοῖς δυνατοῖς καὶ ὄντες δῆμος — « ceux qui s'étant levés en armes contre les riches et les puissants, étaient alors un Dêmos, c'est-à-dire une démocratie » — doivent impliquer *que les personnes contre lesquelles un soulèvement s'était fait avaient été une oligarchie au pouvoir.* Assurément aussi les mots μεταβαλλόμενοι αὖθις ne peuvent vouloir signaler autre chose que l'étrange différence dans la conduite de ces mêmes hommes à deux époques différentes peu éloignées l'une de l'autre. Dans la première occasion, ils se soulevèrent contre un gouvernement oligarchique établi, et constituèrent un gouvernement démocratique. Dans la seconde, ils conspirèrent contre ce même gouvernement démocratique, afin de le renverser et de constituer eux-mêmes une oligarchie à sa place. Si nous supposons que dans la première

péloponésienne à Peiræon, qui put ainsi gagner Kenchreæ, et se réparer afin de pouvoir être envoyée en Iônia. Les seize vaisseaux péloponésiens qui avaient combattu à Syracuse étaient déjà revenus à Lechæon, malgré les obstacles qu'avait opposés à leur voyage l'escadre athénienne sous Hippoklês à Naupaktos (1). L'amiral lacédæmonien Astyochos fut envoyé à Kenchreæ pour prendre le commandement et se rendre en Iônia en qualité d'amiral en chef ; mais il fut quelque temps avant de pouvoir partir pour Chios, où il arriva avec quatre trirèmes seulement, suivies de six autres plus tard (2).

Toutefois, avant qu'il atteignît cette île, les habitants, pleins de zèle pour le nouveau parti qu'ils avaient embrassé, et intéressés, en vue de leur propre sûreté, à multiplier les révoltes contre Athènes, avaient eux-mêmes entrepris de poursuivre les plans concertés par Agis et par les Lacédæmoniens à Corinthe. Ils créèrent une expédition eux-mêmes, avec treize trirèmes sous un Periœkos lacédæmonien nommé Deiniadas, pour obtenir la défection de Lesbos, dans l'intention, si elle réussissait, de pousser plus loin, pour faire la même chose parmi les dépendances d'Athènes dans l'Helles-

---

occasion le gouvernement établi fût déjà démocratique, et que les personnes ici mentionnées fussent, non pas des conspirateurs contre une oligarchie établie, mais seulement des personnes usant des pouvoirs d'un gouvernement démocratique pour faire violence aux riches citoyens, — toute cette opposition disparaît complétement.

En résumé, je suis convaincu que le gouvernement de Samos, à l'époque où Chios se révolta contre Athènes, était oligarchique comme celui de Chios elle-même. Et je ne vois aucune difficulté à croire qu'il en fût ainsi, bien que je ne puisse dire quand et comment l'oligarchie y fut établie. Tant que l'île accomplit son devoir en qualité d'allié sujet, Athènes n'intervint pas dans la forme de son gouverne-

ment. Ce qu'il y avait de moins vraisemblable, c'est qu'elle y intervînt pendant les sept années de paix qui s'écoulèrent entre les années 421 et 414 avant J.-C. Il n'y avait alors rien pour exciter ses appréhensions. Le degré auquel Athènes se mêlait en général des affaires intérieures de ses alliés sujets, me semble avoir été fort exagéré.

L'oligarchie samienne ou Geômori, dépossédée du gouvernement en cette occasion, fut rétablie par Lysandros après la fin glorieuse qu'il mit à la guerre du Péloponèse — Xénoph. Hellen. III, 3, 6, — où ils sont appelés οἱ ἀρχαῖοι πολῖται.

(1) Thucydide, VIII, 13.
(2) Thucydide, VIII, 20-23.

pont. Une armée de terre sous le Spartiate Eualas, en partie péloponésienne, en partie asiatique, marcha le long de la côte du continent au nord vers Kymê, afin de coopérer à ces deux objets. A cette époque Lesbos était divisée au moins en cinq gouvernements municipaux séparés : — Methymna au nord de l'île, Mitylênê vers le sud-est, Antissa, Eresos et Pyrrha à l'ouest. Ces gouvernements étaient-ils oligarchiques ou démocratiques? c'est que nous ignorons ; mais les klêruchi athéniens qui avaient été envoyés à Mitylênê après sa révolte, seize ans auparavant, devaient avoir disparu depuis longtemps. La flotte de Chios alla d'abord à Methymna et obtint que cette ville se révoltât; elle y laissa quatre trirèmes pour faire la garde, tandis que les neuf autres firent voile vers Mitylênê, et réussirent à faire révolter également cette ville importante (1).

Toutefois leurs actes n'étaient pas sans être surveillés par la flotte athénienne à Samos. Hors d'état de recouvrer la possession de Teos, Diomedôn avait été obligé de se contenter d'obtenir la neutralité de cette ville, et l'entrée pour les vaisseaux d'Athènes aussi bien que pour ceux de ses ennemis ; de plus, il avait échoué dans une attaque dirigée sur Eræ (2). Mais il avait depuis été renforcé en partie par la révolution démocratique opérée à Samos, en partie par l'arrivée de Leôn avec dix trirèmes athéniennes de plus ; de sorte que ces deux commandants furent alors en état d'aller, avec vingt-cinq trirèmes, au secours de Lesbos. Arrivant à Mitylênê (la ville la plus considérable de l'île) très-peu de temps après sa révolte, ils entrèrent tout droit dans le port, où personne ne les attendait, s'emparèrent des neuf vaisseaux de Chios, qui firent peu de résistance, et après une bataille heureuse sur le rivage, redevinrent maîtres de la ville. L'amiral lacédæmonien Astyochos, — qui n'était arrivé de Kenchreæ à Chios que depuis trois jours avec ses quatre trirèmes, — vit la flotte athénienne traverser le canal qui sépare Chios du continent, en route pour Lesbos; et immé-

---

(1) Thucydide, VIII, 22.   (2) Thucydide, VIII, 20.

diatement le même soir il la suivit vers cette île, pour prêter
l'aide qu'il pourrait, avec une trirème de Chios ajoutée à ses
quatre, et quelques hoplites à bord. Il fit voile en premier
lieu vers Pyrrha, et le lendemain vers Eresos, sur le côté
occidental de l'île, où il apprit d'abord la reprise de Mitylênê
par les Athéniens. Il y fut rejoint aussi par trois des quatre
trirèmes de Chios qui avaient été laissées pour défendre
cette ville, et qui avaient été chassées, avec la perte de l'une
d'elles, par une partie de la flotte athénienne s'y rendant de
Mitylênê. Astyochos décida Eresos à se révolter contre
Athènes, et après avoir armé la population, il l'envoya par
terre avec ses propres hoplites sous Eteonikos à Methymna,
dans l'espoir de conserver cette ville, — vers laquelle il se
dirigea également avec sa flotte le long de la côte. Mais malgré tous ses efforts, les Athéniens recouvrèrent Methymna
aussi bien qu'Eresos et Lesbos tout entière, tandis que lui-
même fut obligé de retourner à Chios avec son armée. Les
troupes de terre qui avaient marché le long du continent,
en vue d'opérations ultérieures à l'Hellespont, furent rame-
nées à Chios et dans leurs patries respectives (1).

La reprise de Lesbos, que les Athéniens mirent alors dans
un meilleur état de défense, fut d'une grande importance
en elle-même ; et elle arrêta pour le moment toutes les opérations dirigées contre eux à l'Hellespont. Leur flotte de
Lesbos fut employée d'abord à recouvrer Klazomenæ, qu'ils
ramenèrent à son îlot primitif près du rivage, — la nouvelle ville sur le continent, appelée Polichna, bien qu'en
voie de construction, n'étant pas suffisamment fortifiée pour
se défendre elle-même. Les principaux adversaires d'Athènes

------

(1) Thucydide, VIII, 23. Ἀπεχο-
μίσθη δὲ πάλιν κατὰ πόλεις καὶ ὁ ἀπὸ
τῶν νεῶν πεζὸς, ὃς ἐπὶ τὸν Ἑλλήσ-
ποντον ἐμέλλησεν ἰέναι.

Le docteur Arnold et Goeller supposent que ces soldats avaient été amenés
à Lesbos pour coopérer à détacher l'île
des Athéniens. Mais cela n'est pas impliqué dans le récit. L'armée de terre
marcha par terre en se dirigeant vers
Klazomenæ et Kymê (ὁ πεζὸς ἅμα Πελοποννησίων τε τῶν παρόντων καὶ τῶν
αὐτόθεν ξυμμάχων παρῄει ἐπὶ Κλαζο-
μένων τε καὶ Κύμης). Thucydide ne dit
pas qu'elle ait passé jamais à Lesbos :
elle resta près de Kymê, prête à se
rendre à l'Hellespont, après que l'île
aurait été conquise.

dans la ville s'échappèrent, et remontèrent le pays jusqu'à
Daphnonte. Animés par ce nouveau succès, — aussi bien
que par une victoire que les Athéniens, qui bloquaient Milètos, remportèrent sur Chalkideus, et dans laquelle cet
officier fut tué, — Leôn et Diomedôn se crurent en état de
commencer des mesures agressives contre Chios, alors leur
plus active ennemie en Iônia. Leur flotte de vingt-cinq voiles
était bien garnie d'Epibatæ, qui, bien que dans les circonstances ordinaires ce fussent des Thêtes armés aux frais de
l'État, furent toutefois dans le fort des affaires au moment
actuel, tirés des hoplites d'un ordre supérieur dans le rôle
de la cité (1). Ils occupèrent les petits îlots appelés Œnussæ,
près de Chios, au nord-est, — aussi bien que les forts de
Sidussa et de Pteleus, dans le territoire d'Erythræ : posi-
tions d'où ils commencèrent une série d'opérations contre
Chios elle-même qui la fatiguèrent beaucoup. Débarquant
dans l'île à Kardamylê et à Bolissos, non-seulement ils ra-
vagèrent le voisinage, mais ils firent subir aux forces de
Chios une défaite sanglante. Après deux nouvelles défaites,
à Phanæ et à Leukonion, les habitants de Chios n'osèrent
plus quitter leurs fortifications : de sorte que les envahisseurs
furent libres de ravager à leur gré tout le territoire, étant
en même temps maîtres de la mer à l'entour, et bloquant le
port.

Les Athéniens se vengeaient alors sur Chios des maux
dont l'Attique souffrait elle-même ; maux ressentis d'autant
plus péniblement, que c'était pour la première fois qu'un
ennemi eût été jamais vu dans l'île, depuis que Xerxès avait
été chassé de la Grèce, et depuis l'organisation de la confédération de Dèlos, plus de soixante ans auparavant. Le territoire de Chios était très-cultivé (2), son commerce étendu,
et ses richesses au nombre des plus grandes de toute la Grèce.
De fait, sous l'empire athénien, sa prospérité avait été si
marquée et si continue, que Thucydide exprime son étonne-

---

1 Thucydide, VIII, 24, avec une   (2) Aristote, Polit. IV, 4, 1 ; Athé-
note du docteur Arnold.   née, VI, p. 265.

ment de la prudence et de la circonspection constantes du
gouvernement, malgré des circonstances bien faites pour le
pousser à l'extravagance. « Excepté Sparte (dit-il) (1), Chios
est le seul État que je connaisse qui conserva sa sagesse dans
une carrière de prospérité, et devint même plus vigilant, au
sujet de sa sécurité, à mesure qu'il gagnait en puissance. »
Il ajoute que la démarche qu'il fit en se révoltant contre
Athènes, bien que le gouvernement de Chios découvrît alors
qu'elle avait été une erreur, était en tout cas une erreur
pardonnable, car elle fut entreprise sous l'impression universelle dans toute la Grèce, et régnant même dans Athènes
après le désastre essuyé à Syracuse, que la puissance, sinon
l'indépendance athénienne, touchait à sa fin, — et entreprise de concert avec des alliés en apparence plus que suffisants pour la soutenir. Cette remarquable observation de
Thucydide renferme sans doute une censure indirecte de sa
propre cité, comme abusant de sa prospérité pour des desseins d'un agrandissement démesuré, censure non imméritée
par rapport à l'entreprise contre la Sicile ; mais elle compte
en même temps comme un précieux témoignage de l'état des
alliés d'Athènes sous l'empire athénien, et sert à répondre à
l'accusation d'oppression pratique portée contre la ville souveraine.

Les opérations qui se continuaient alors dans Chios indi-
quaient une amélioration si inattendue dans les affaires athéniennes, qu'un parti dans l'île commença à se déclarer en
faveur d'une réunion avec Athènes. Le gouvernement de
Chios fut forcé d'appeler d'Erythræ Astyochos, avec ses
quatre vaisseaux péloponésiens, pour venir à son aide et
tenir l'opposition dans le respect, en prenant des otages
parmi les personnes soupçonnées, aussi bien que par d'autres

____

(1) Thucydide, VIII, 24. Καὶ μετὰ
τοῦτο οἱ μὲν Χῖοι ἤδη οὐκέτι ἐπεξῄεσαν,
οἱ δὲ (Ἀθηναῖοι) τὴν χώραν, καλῶς κα-
τεσκευασμένην καὶ ἀπαθῆ οὖσαν ἀπὸ
τῶν Μηδικῶν μέχρι τότε, διεπόρθησαν.
Χῖοι γὰρ μόνοι μετὰ Λακεδαιμονίους, ὧν
ἐγὼ ᾐσθόμην, εὐδαιμονήσαντες ἅμα καὶ
ἐσωφρόνησαν, καὶ ὅσῳ ἐπεδίδου ἡ πόλις
αὐτοῖς ἐπὶ τὸ μεῖζον, τόσῳ καὶ ἐκοσ-
μοῦντο ἐχυρώτερον, etc.
VIII, 45. Οἱ Χῖοι... πλουσιώτατοι
ὄντες τῶν Ἑλλήνων.

précautions. Tandis que les habitants de Chios étaient ainsi exposés chez eux, l'intérêt athénien en Iônia recevait une nouvelle force par l'arrivée à Samos d'un nouvel armement d'Athènes. Phrynichos, Onomaklês et Skironidês conduisirent une flotte de quarante-huit trirèmes, dont quelques-unes étaient employées au transport des hoplites, qui étaient embarqués au nombre de mille Athéniens et de mille cinq cents Argiens. Cinq cents de ces Argiens, étant venus à Athènes sans armes, furent revêtus d'armures athéniennes pour servir. L'armement nouvellement arrivé se rendit immédiatement de Samos à Milêtos, où il effectua un débarquement, conjointement avec ceux des Athéniens qui, postés dans l'île de Ladê, avaient été auparavant occupés à surveiller la ville. Les Milésiens s'avancèrent pour leur livrer bataille ; ils avaient réuni huit cents de leurs propres hoplites, avec les marins péloponésiens des cinq trirèmes amenées par Chalkideus, et un corps de troupes, composé de cavalerie, contenant toutefois aussi quelques hoplites mercenaires, sous le satrape Tissaphernês. Alkibiadês était également présent et prit part au combat. Les Argiens étaient pleins d'un tel mépris pour les Ioniens de Milêtos qui leur étaient opposés, qu'ils s'élancèrent à la charge sans souci de rangs ni d'ordre : présomption qu'ils expièrent par une entière défaite et par la perte de trois cents hommes. Mais les Athéniens, à leur aile, furent tellement victorieux des Péloponésiens et d'autres qu'ils avaient devant eux, que toute l'armée de ces derniers, et les Milésiens, en revenant de poursuivre les Argiens, furent forcés de chercher un abri derrière les murs de la ville. L'issue du combat excita beaucoup d'étonnement, en ce que, de chaque côté, des hoplites ioniens avaient vaincu des hoplites dôriens (1).

Pendant un moment, l'armée athénienne, maîtresse du terrain sous les murs de Milêtos, s'abandonna à l'espoir de bloquer cette ville, au moyen d'un mur traversant l'isthme qui la rattachait au continent ; mais cet espoir s'évanouit

____

(1) Thucydide, VIII, 25, 26.

bientôt quand elle apprit, le soir même de la bataille, que le
gros de la flotte péloponésienne et sicilienne, au nombre de
cinquante-cinq trirèmes, était actuellement en vue. De ces
cinquante-cinq trirèmes, vingt-deux étaient siciliennes (vingt
de Syracuse et deux de Sélinonte) envoyées sur l'instante
prière d'Hermokratès et commandées par lui, dans le dessein de porter le dernier coup à Athènes, — c'était du moins
ce que l'on prévoyait, au commencement de 412 avant J.-C.
Les trente-trois autres trirèmes étant péloponésiennes, toute
la flotte était placée sous le commandement temporaire de
Theramenès jusqu'à ce qu'il pût rejoindre l'amiral Astyochos. Theramenès, s'arrêtant d'abord à l'île de Lexos (à la
hauteur de la côte vers le sud de Milêtos), y fut informé
avant tout de la récente victoire des Athéniens : de sorte
qu'il jugea prudent de stationner pendant la nuit dans le
golfe voisin d'Iasos. C'est là que le trouva Alkibiadès, qui
vint à cheval en toute hâte de Milêtos à la ville Milé-
sienne de Teichiussa sur ce golfe. Alkibiadès le pria instamment de secourir sans retard les Milésiens, de manière
à empêcher la construction projetée du mur de blocus, en
lui représentant que si cette ville venait à être prise, toutes
les espérances des Péloponésiens en Iônia seraient anéan-
ties. En conséquence, il se prépara à s'y rendre le lendemain
matin ; mais, pendant la nuit, les Athéniens crurent sage
d'abandonner leur position près de Milêtos, et de retourner à
Samos avec leurs blessés et leurs bagages. Ayant appris l'arrivée de Theramenès avec sa flotte, ils préférèrent laisser
leur victoire incomplète plutôt que de courir la chance
d'une bataille générale. Il est vrai que deux des trois commandants inclinèrent d'abord à prendre cette dernière
marche, en soutenant avec force que l'honneur maritime
d'Athènes serait terni si l'on se retirait devant l'ennemi.
Mais le troisième (Phrynichos) s'opposa avec tant d'énergie
à la proposition de combattre, qu'il finit par amener ses
collègues à se retirer. La flotte (dit-il) n'était pas venue préparée à livrer une bataille navale, mais pleine d'hoplites
destinés à des opérations de terre contre Milêtos ; le nombre
des Péloponésiens nouvellement arrivés n'était pas exacte-

ment connu ; et une défaite sur mer, dans les circonstances actuelles, serait la ruine défintive d'Athènes. Thucydide donne beaucoup d'éloges à Phrynichos pour la sagesse de cet avis, qui fut suivi sans retard. La flotte athénienne retourna à Samos ; d'où les hoplites argiens, chagrins de leur récente défaite, demandèrent à être ramenés chez eux (1).

Le lendemain matin, la flotte péloponésienne se rendit du golfe d'Iasos à Milêtos, s'attendant à trouver les Athéniens et à les combattre, et laissant à Teichiussa ses mâts, ses voiles et ses agrès (comme c'était l'usage à la veille d'un engagement). Comme elle trouva Milêtos déjà délivrée de l'ennemi, elle n'y séjourna qu'un seul jour, afin de se renforcer des vingt-cinq trirèmes que Chalkideus y avait amenées dans l'origine, et qui avaient été bloquées depuis par la flotte athénienne à Ladê, — et alors elle retourna à Teichiussa pour reprendre les objets qui y avaient été déposés. On n'était pas à ce moment loin d'Iasos, résidence d'Amorgês : Tissaphernês persuada les Péloponésiens de l'attaquer par mer, de concert avec ses troupes par terre. Personne à Iasos ne connaissait l'arrivée de la flotte péloponésienne : on supposa que les trirèmes qui approchaient étaient athéniennes et amies, de sorte que les ennemis entrèrent dans la ville et s'en emparèrent par surprise (2), bien qu'elle fût dans une forte position, bien fortifiée et défendue par une bande puissante de mercenaires grecs. La prise d'Iasos, dans laquelle les Syracusains se distinguèrent, fut un avantage signalé par le butin abondant qu'elle distribua dans l'armée, la ville étant riche d'ancienne date, et contenant probablement les trésors accu-

---

(1) Thucydide, VIII, 26, 27.

(2) Phrynichos, le commandant athénien, fut plus tard destitué par ses compatriotes, — à la demande de Peisandros, au moment où ce déplacement convenait au dessein des conspirateurs oligarchiques, — sous l'accusation d'avoir abandonné et trahi Amorgês en cette occasion, et causé la prise d'Iasos (Thucyd. VIII, 54).

Phrynichos et ses collègues furent certainement coupables d'une grave omission en n'envoyant pas avis à Amorgês de la retraite soudaine de la flotte athénienne quittant Milêtos, circonstance dont l'ignorance fut une raison pour laquelle Amorgês prit par erreur des vaisseaux péloponésiens pour des Athéniens.

mulés du satrape Pissuthnès, père d'Amorgès. Elle fut remise à Tissaphernès avec tous les prisonniers, pour lesquels il paya par tête un stratère darique, ou vingt drachmes attiques, — et avec eux Amorgès lui-même, qui avait été pris vivant, et que le satrape put ainsi envoyer à Suse. Les mercenaires grecs faits prisonniers dans la ville furent enrôlés au service de ceux qui l'avaient prise, et envoyés par terre à Erythræ sous Pedaritos, afin qu'ils pussent être conduits de là à Chios (1).

L'arrivée des récents renforts aux deux flottes rivales et la prise d'Iasos s'effectuèrent vers l'équinoxe d'automne ou fin de septembre, époque à laquelle la flotte péloponésienne, étant réunie à Milêtos, Tissaphernès lui paya la solde des équipages, au taux d'une drachme attique par tête par jour, comme il l'avait promis par son ambassadeur à Sparte. Mais en même temps il donna avis pour l'avenir (en partie à l'instigation d'Alkibiadês, ce dont il sera parlé plus longuement ci-après) qu'il ne pourrait continuer de donner une paye à un taux si élevé, à moins qu'il ne reçût de Suse des instructions expresses, et que, jusque-là, il ne donnerait qu'une demi-drachme par jour. Theramenès, qui ne commandait que par intérim, jusqu'à la jonction avec Astyochos, s'inquiétait peu du taux auquel les hommes étaient payés (misérable jalousie qui marque le caractère bas de beaucoup de ces officiers spartiates) ; mais le syracusain Hermokratês protesta si énergiquement contre la réduction, qu'il obtint de Tissaphernès la promesse d'une légère augmentation au-dessus de la demi-drachme, bien qu'il ne pût réussir à obtenir la continuation de la drachme entière (2).

---

(1) Thucydide, VIII, 28.

(2) Quel était ce nouveau taux de paye, ou de quelle fraction exacte il surpassait la demi-drachme ? c'est un point que les mots de Thucydide ne nous permettent pas d'établir. Aucun des commentateurs ne peut expliquer le texte sans admettre quelque altération ou quelque omission de mots ; et aucune des explications proposées ne me paraît convaincante. En général, j'incline à considérer la conjecture et l'explication de Paulmier et de Dobree comme plus plausibles que celles du docteur Arnold et de Goeller, ou de Poppo et d'Hermann.

Toutefois, pour le moment, les marins étaient en belle humeur, non-seulement pour avoir reçu la paye au taux élevé, mais à cause du riche butin acquis récemment à Iasos (1) ; tandis qu'Astyochos et les habitants de Chios furent aussi grandement encouragés par l'arrivée d'une flotte si considérable. Néanmoins, de leur côté, les Athéniens furent également renforcés de trente-cinq nouvelles trirèmes, qui arrivèrent à Samos sous Strombichidès, Charminos et Euktêmôn. La flotte athénienne de Chios fut rappelée alors à Samos, où les commandants réunissaient toutes leurs forces navales, en vue de les partager de nouveau pour des opérations ultérieures.

Si nous considérons que dans l'automne de l'année précédente, immédiatement après le désastre subi à Syracuse, la marine d'Athènes avait été aussi chétive par le nombre des vaisseaux que défectueuse en équipement, — nous lisons avec étonnement qu'elle n'avait pas actuellement, à Samos, moins de cent quatre trirèmes en état parfait et disponibles pour le service, outre quelques autres destinées spécialement pour le transport de troupes. En effet, le nombre total qu'elle avait envoyé, en réunissant les escadres séparées, avait été de cent vingt-huit (2). Un effort si énergique, et un renouvellement si inattendu des affaires après l'abattement désespéré de la dernière année, fut tel qu'aucun État grec, excepté Athènes, n'aurait pu en accomplir de pareils : et ils eussent été impossibles à Athènes elle-même, si elle n'eût été aidée par ces fonds en réserve, consacrés vingt ans auparavant par les prévoyants calculs de Periklês.

Les Athéniens résolurent d'employer trente trirèmes à opérer un débarquement dans Chios et à y établir un poste fortifié ; et les généraux ayant tiré au sort, Strombichidès avec deux autres furent chargés de commander. Les soixante-quatorze autres trirèmes, restant maîtresses de la mer, firent des descentes près de Milêtos, et essayèrent en

---

vain d'attirer la flotte péloponésienne hors de ce port. C'était quelque temps avant qu'Astyochos y vînt réellement prendre son nouveau commandement; — il était engagé dans des opérations près de Chios, île qui avait été laissée comparativement libre par le rappel de la flotte athénienne pour la revue générale à Samos. S'avançant avec vingt tri- rèmes, — dix péloponésiennes et dix de Chios, il fit une attaque inutile contre Pteleus, poste fortifié athénien dans le territoire d'Erythræ; puis il fit voile vers Klazo- menæ, récemment de nouveau transférée du continent dans l'îlot voisin. Là (de concert avec Tamôs, le général persan du district) il enjoignit aux Klazoméniens de rompre de nouveau avec Athènes, de quitter leur îlot, et d'établir leur résidence sur le continent à Daphnonte, où le parti qui parmi eux était favorable aux Péloponésiens restait encore établi depuis la première révolte. Cette demande étant rejetée, il attaqua Klazomenæ; mais il fut repoussé, bien que la ville n'eût pas de fortifications, et il fut chassé par une violente tempête, contre laquelle il trouva un abri à Kymê et à Phokæa. Quelques-uns de ses vaisseaux s'abri- tèrent pendant la même tempête sur certains îlots voisins de Klazomenæ et lui appartenant; ils y restèrent huit jours, occupés à détruire et à piller les biens des habitants, et en- suite ils rejoignirent Astyochos. Cet amiral désirait alors faire une tentative sur Lesbos, de qui il reçut des députés qui lui promettaient une révolte contre Athènes. Mais les Corinthiens et les autres alliés dans sa flotte se montrèrent si contraires à l'entreprise, qu'il fut forcé d'y renoncer et de retourner à Chios; sa flotte, avant d'y arriver, fut dis- persée de nouveau par les tempêtes, fréquentes dans le mois de novembre (1).

Cependant Pedaritos, dépêché de Milêtos par terre (à la tête de l'armée mercenaire faite prisonnière à Iasos, aussi bien que de cinq cents des marins péloponésiens qui avaient dans l'origine traversé la mer avec Chalkideus et qui depuis

____

(1) Thucydide, VIII, 31, 32.

servaient comme hoplites), Pedaritos, dis-je, était arrivé à Erythræ, et de là avait traversé le canal pour se rendre à Chios. Astyochos lui proposa alors, ainsi qu'aux gens de Chios, d'entreprendre l'expédition contre Lesbos ; mais il éprouva de sa part la même répugnance que de la part des Corinthiens : — preuve convaincante que le ton de sentiment à Lesbos s'était trouvé être décidément favorable aux Athéniens lors de la première expédition. Pedaritos refusa même péremptoirement de le laisser disposer des trirèmes de Chios pour aucun dessein de ce genre, — acte d'insubordination directe dans un officier lacédæmonien à l'égard de l'amiral en chef, qu'Astyochos ressentit si vivement, qu'il laissa Chios immédiatement pour Milêtos, en emmenant avec lui toutes les trirèmes péloponésiennes, et en disant aux gens de Chios, en termes de violent mécontentement, qu'ils pourraient en vain attendre du secours de lui, s'ils venaient à en avoir besoin. Il s'arrêta avec sa flotte pour la nuit sous le promontoire de Korykos (dans le territoire Erythræen), sur le côté septentrional ; mais pendant qu'il y était, il reçut l'avis indirect d'un complot supposé formé pour livrer Erythræ au moyen de prisonniers qui avaient été renvoyés de la station athénienne à Samos. Au lieu de poursuivre son voyage vers Milêtos, il retourna donc le lendemain à Erythræ pour examiner ce complot, qui se trouva être un stratagème inventé par les prisonniers eux-mêmes afin d'obtenir leur délivrance (1).

En revenant à Erythræ, au lieu de poursuivre son voyage, il sauva, par accident, sa flotte ; car il se trouva que cette même nuit la flotte athénienne sous Strombichidès, — trente trirèmes accompagnées de quelques trirèmes chargées d'hoplites, — stationna sur le côté méridional du même cap. Aucun d'eux ne connaissait la position de l'autre, et Astyochos, s'il s'était dirigé le lendemain vers Milêtos, serait tombé dans un ennemi supérieur en nombre. Il échappa de plus à une terrible tempête qui assaillit les Athéniens quand

---

(1) Thucydide, VIII, 32, 33.

ils doublèrent le cap en se dirigeant vers le nord. Apercevant trois trirèmes de Chios, ils leur donnèrent la chasse ; mais la tempête devint si violente, que même ces trirèmes eurent beaucoup de peine à rentrer dans leur propre port, tandis que les trois premiers vaisseaux athéniens furent brisés sur le rivage voisin; tous leurs équipages périrent ou furent faits prisonniers (1). Le reste de la flotte athénienne trouva abri dans le port de Phœnikos, sur le continent opposé, au pied de la montagne élevée appelée Mimas, au nord d'Erythræ.

Aussitôt que le temps le permit, ils poursuivirent leur voyage vers Lesbos ; et c'est de cette île qu'ils commencèrent leurs opérations, dont le but était d'envahir Chios et d'y établir un poste fortifié permanent. Après avoir transporté de Lesbos leur armée de terre, ils occupèrent une forte situation maritime appelée Delphinion, vraisemblablement un cap avancé, qui avait de chaque côté un port abrité, non loin de la ville de Chios (2). Ils consacrèrent beaucoup de temps et de travail à fortifier ce poste, tant du côté de la terre que de celui de la mer ; et pendant cette opération ils furent à peine interrompus soit par les gens de Chios, soit par Pedaritos et par la garnison ; et cette inaction avait pour cause non-seulement le découragement des défaites antérieures, mais encore la division politique qui régnait alors dans la ville. Un fort parti, favorable aux Athéniens, s'était prononcé ; et, bien que Tydeus son chef fût saisi et mis à mort par Pedaritos, cependant les partisans qui restaient étaient si nombreux, que le gouvernement fut réduit à une oligarchie plus étroite que jamais, — et aux précautions

---

(1) Thucydide, VIII, 33, 34.

(2) Thucydide, VIII, 34-38. Δελφίνιον... ον — λιμένας ἔχον, etc. Si les Athéniens choisissaient en cette occasion Lesbos comme base de leurs opérations, et comme le théâtre immédiat de derniers préparatifs contre Chios, ils ne faisaient que répéter ce qu'ils avaient fait une fois auparavant (c. 24) et ce qu'ils firent de nouveau plus tard (c. 100). Je ne sens pas la difficulté qui frappe Dobree et le docteur Thirlwall. Sans doute Delphinion était au nord de la ville de Chios.

jalouses les plus grandes, sans savoir à qui se fier. Malgré de nombreux messages envoyés à Milêtos, chargés de demander du secours et de représenter le péril urgent que courait cet allié, le plus grand de tous les alliés ioniens de Sparte, — Astyochos resta fidèle à ses menaces d'adieu, et refusa de les écouter. Pedaritos, indigné, envoya porter plainte à Sparte contre lui comme traître. Cependant la forteresse à Delphinion était si près d'être achevée, que Chios commença à en souffrir autant qu'Athènès souffrait de Dekeleia, avec le malheur de plus d'être bloquée par mer. Les esclaves dans cette île opulente, — surtout des étrangers acquis par achat, mais plus nombreux que dans aucun autre Etat grec, excepté la Laconie, — furent enhardis par la supériorité manifeste et la position assurée des envahisseurs à déserter en masse ; et la perte causée non-seulement par leur fuite, mais par les informations et l'aide importantes qu'ils donnèrent à l'ennemi, fut immense (1). La détresse de l'île augmentait chaque jour, et ne pouvait être allégée que par un secours venant du dehors, secours qu'Astyochos refusait encore.

Cet officier, en arrivant à Milêtos, trouva l'armée péloponésienne sur le côté asiatique de la mer Ægée, renforcée récemment par une escadre de douze trirèmes sous Dorieus, principalement de Thurii, qui avait subi une révolution politique depuis le désastre athénien à Syracuse, et qui était décidément entre les mains de l'actif parti favorable aux Laconiens ; les principaux amis d'Athènes ayant été exilés (2). Dorieus et son escadre, traversant la mer Ægée dans sa

---

(1) Thucydide, VIII, 38-40. Au sujet des esclaves de Chios, V. les extraits de Théopompe et de Nymphodore dans Athénée, VI, p. 265.

Celui de Nymphodore paraît n'être pas autre chose qu'une légende locale romanesque, rattachée à la chapelle du *Héros bienveillant* ("Ηρωος εὐμένους) à Chios.

Même dans l'antiquité, bien que

l'institution de l'esclavage fût universelle et qu'on ne la désapprouvât nullement, cependant le commerce d'esclaves, c'est-à-dire l'achat et la vente d'esclaves, était regardé comme plus ou moins odieux.

(2) V. la vie de Lysias le Rhéteur dans Denys d'Halikarnasse, c. 1, p. 453; Reiske ; et dans Plutarque, Vit. X. Orator. p. 835.

latitude méridionale, étaient arrivés sans accident à Knidos,
qui déjà avait été conquise par Tissaphernès sur Athènes, et
avait reçu une garnison persane (1). L'ordre vint de Milêtos
qu'une moitié de cette escadre nouvellement arrivée restât
de garde à Knidos, tandis que l'autre moitié croiserait près
du cap Triopien, pour intercepter les bâtiments de commerce
venant d'Égypte. Mais les Athéniens, qui avaient appris
aussi l'arrivée de Dorieus, envoyèrent de Samos une puissante escadre, qui prit toutes ces six trirèmes à la hauteur
du cap Triopien, bien que les équipages se sauvassent à la
côte. Ils firent en outre, pour recouvrer Knidos, une tentative qui fut bien près de réussir, vu que la ville n'était pas
fortifiée du côté de la mer. Le lendemain, l'attaque fut renouvelée ; mais on avait ajouté de nouvelles défenses pendant
la nuit, tandis que les équipages des vaisseaux capturés
près de Triopion étaient venus pour prêter main-forte : de
sorte que les Athéniens furent forcés de retourner à Samos
sans aucun autre avantage que celui de ravager le territoire knidien. Astyochos ne fit rien pour les intercepter,
et il ne se crut pas assez fort pour tenir la mer contre les
soixante-quatorze trirèmes athéniennes qui étaient à Samos,
bien que sa flotte à Milêtos fût à ce moment en excellent
état. Le riche butin acquis à Iasos n'était pas consommé ;
les Milésiens étaient pleins de zèle pour la cause confédérée ;
tandis que la paye de Tissaphernès continuait à être fournie
avec assez de régularité, toutefois au taux réduit mentionné
un peu plus haut (2).

Bien que les Péloponésiens n'eussent jusque-là aucun
motif de plainte (tel qu'ils ne tardèrent pas à en avoir) contre
le satrape pour irrégularité de payement, cependant la
puissante flotte en ce moment à Milêtos inspira aux commandants un nouveau sentiment de confiance : de sorte qu'ils
en vinrent à rougir des stipulations de ce traité auxquelles
s'étaient soumis Chalkideus et Alkibiadès, quand ils débar-

---

(1) Thucydide, VIII, 35-109.   (2) Thucydide, VIII, 35, 36. Καὶ γὰρ
μισθὸς ἐδίδοτο ἀρχούντως, etc.

quèrent pour la première fois à Milêtos, avec leur chétif
armement. En conséquence, Astyochos, peu après son arrivée à Milêtos, et même avant le départ de Theramenês
(dont les fonctions avaient expiré quand il avait remis la
flotte), insista pour faire, avec Tissaphernês, un nouveau
traité auquel on accéda, à l'effet suivant :

« Une convention et une alliance sont conclues, aux conditions suivantes, entre les Lacédæmoniens avec leurs alliés
— et le roi Darius, ses fils et Tissaphernês. Les Lacédæmoniens et leurs alliés n'attaqueront pas les pays et les villes
qui appartiennent à Darius, ou ont appartenu à son père ou
à ses ancêtres, et ils ne lèveront de tribut sur aucune
des villes indiquées, et ils ne leur feront aucun dommage. Si
les Lacédæmoniens ou leurs alliés avaient besoin du roi,
— ou si le roi avait besoin des Lacédæmoniens ou de leurs
alliés, — que chacun d'eux satisfasse autant que faire se
peut les désirs exprimés par l'autre. Tous deux feront conjointement la guerre à Athènes et à ses alliés; aucune des
deux parties ne finira la guerre sans un consentement mutuel. Le roi payera et entretiendra toute armée qu'il aura
demandée et qui pourra être employée dans son territoire.
Si l'une des villes étant partie à cette convention attaque
le territoire du roi, les autres s'engagent à l'empêcher et à
défendre le roi de tout leur pouvoir. Et si quelqu'un dans le
territoire du roi ou dans le territoire soumis à lui (1) attaque
les Lacédæmoniens ou leurs alliés, le roi l'empêchera et
fera de son mieux pour s'y opposer. »

Considéré avec les yeux d'un patriotisme panhellénique,
ce second traité d'Astyochos et de Theramenês était moins

____

(1) Thucydide, VIII, 37. Καὶ ἦν τις
τῶν ἐν τῇ βασιλέως χώρᾳ, ἢ ὅσης
βασιλεὺς ἄρχει, ἐπὶ τὴν Λακεδαιμονίων ἴῃ ἢ τῶν ξυμμάχων, βασιλεὺς κω-
λυέτω καὶ ἀμυνέτω κατὰ τὸ δυνατόν.

La distinction faite ici entre *le territoire du roi* et *le territoire sur lequel le
roi exerce l'empire* — mérite attention.
aL première phrase indique (je présume) le continent d'Asie, que la cour
de Suse considérait, avec tous ses habitants, comme une possession extrêmement sacrée et particulière (Hérodote, I, 4); la dernière, tout ce que le
satrape trouverait commode de saisir,
de ce qui avait appartenu jadis à Darius, fils d'Hystaspês, ou à Xerxês,
dans la plénitude de leur pouvoir.

déshonorant que le premier traité de Chalkideus. Il ne déclarait pas formellement que toutes les villes grecques qui avaient à une époque quelconque appartenu au roi, ou à ses ancêtres, seraient considérées comme ses sujettes, et il n'obligeait pas les Lacédæmoniens à aider le roi à empêcher quelqu'une d'elles de conquérir sa liberté. Toutefois il admettait encore, d'une manière implicite, l'étendue tout entière de la domination du roi, la même que quand l'empire des Perses était à son maximum sous ses prédécesseurs, — les mêmes droits illimités du roi de se mêler des affaires grecques, — le même abandon sans réserve de tous les Grecs de l'Asie continentale. La conclusion de ce traité fut le dernier acte accompli par Theramenês, qui se perdit en mer peu de temps après, en route pour Sparte, dans un petit bateau, — sans que personne sût comment il périt (1).

Astyochos, commandant seul alors, fut encore importuné par les sollicitations pressantes de secours de la part des habitants de Chios en détresse; et, malgré sa répugnance, il se voyait forcé d'y prêter l'oreille par les murmures de son armée, — quand il survint un nouvel incident qui lui fournit du moins un bon prétexte pour diriger son attention vers le sud. Une escadre péloponésienne de vingt-sept trirèmes, sous le commandement d'Antisthenês, étant partie du cap Malea vers le solstice d'hiver, c'est-à-dire vers la fin de 412 avant J.-C., avait d'abord traversé la mer pour se rendre à Mêlos, où elle dispersa dix trirèmes athéniennes et prit trois d'entre elles ; — ensuite, dans la crainte que ces Athéniens fugitifs ne fissent connaître son approche à Samos, elle avait fait un long détour par la Krête, et était finalement arrivée à Kaunos, à l'extrémité sud-est de l'Asie Mineure. C'était l'escadre que Kalligeitos et Timagoras avaient fait équiper, après être venus dans ce dessein un an auparavant comme députés du satrape Pharnabazos. Antisthenês avait pour instructions d'aller d'abord à Milêtos et de se concerter avec la principale flotte lacédæmonienne; puis de faire avancer ces tri-

____

(1) Thucydide, VIII, 38. Ἀποπλέων ἐν κέλητι ἀφανίζεται.

rèmes, ou une autre escadre d'égale force, sous Klearchos, vers l'Hellespont, en vue de coopérer avec Pharnabazos contre les dépendances athéniennes dans cette région. Onze Spartiates, dont le principal était Lichas, accompagnaient Antisthenês pour être attachés à Astyochos comme conseillers, selon une coutume qui n'était pas rare chez les Lacédæmoniens. Non-seulement ces hommes avaient l'ordre d'examiner l'état des affaires à Milêtos, et d'exercer un contrôle conjointement avec Astyochos, — ils avaient même le pouvoir, s'ils en voyaient la nécessité, de congédier cet amiral lui-même, sur lequel les plaintes de Pedaritos, venues de Chios, avaient jeté des soupçons, et de nommer Antisthenês à sa place (1).

Astyochos n'eut pas plus tôt appris à Milêtos l'arrivée d'Antisthenês à Kaunos qu'il ajourna toute idée de secourir Chios, et qu'il fit voile immédiatement pour assurer sa jonction avec les vingt-sept nouvelles trirèmes, aussi bien qu'avec les nouveaux conseillers spartiates. Dans son voyage vers le sud, il s'empara de la ville de Kos, non fortifiée et à demi ruinée par un récent tremblement de terre, et il passa ensuite à Knidos; là les habitants le prièrent instamment d'avancer sans retard, même sans débarquer ses hommes, afin de pouvoir surprendre une escadre athénienne de vingt trirèmes sous Charminos, qui avait été dépêchée de Samos, après la nouvelle reçue de Mêlos, pour attaquer et repousser l'escadre commandée par Antisthenês. Charminos, qui avait sa station à Symê, croisait près de Rhodes et de la côte lykienne, pour surveiller la flotte péloponésienne qui venait d'arriver à Kaunos, bien qu'il n'eût pas été en état de l'arrêter. C'est dans cette position que le trouva la flotte beaucoup plus nombreuse d'Astyochos, à l'approche de laquelle il ne s'attendait pas du tout. Mais le temps pluvieux et brumeux l'avait tellement dispersée, que Charminos, ne voyant d'abord que quelques vaisseaux séparés du reste, les prit

______

(1) Thucydide, VIII, 39. Καὶ εἴρητο αὐτοῖς, ἐς Μίλητον ἀφικομένους τῶν τε ἄλλων ξυνεπιμελεῖσθαι, ᾗ μέλλει ἄριστα ἕξειν, etc.

par erreur pour l'escadre plus petite des nouveaux venus. Attaquant les trirèmes qu'il avait vues ainsi, il remporta d'abord un avantage considérable; — il en désempara trois et en endommagea plusieurs autres. Mais bientôt les vaisseaux dispersés du gros de la flotte vinrent en vue et le cernèrent; de sorte qu'il fut forcé de s'enfuir au plus vite, d'abord à l'île appelée Teutlussa, puis à Halikarnassos. Il n'effectua pas sa fuite sans perdre six vaisseaux, tandis que les Péloponésiens victorieux, après avoir élevé leur trophée dans l'île de Symê, retournèrent à Knidos, où la flotte entière, comprenant les vingt-sept trirèmes nouvellement arrivées, fut alors réunie (1). Les Athéniens de Samos (dont les affaires étaient en ce moment dans une confusion dont les causes seront expliquées dans un autre chapitre) n'avaient pas veillé sur les mouvements du gros de la flotte péloponésienne à Milêtos, et ils semblent avoir ignoré son départ jusqu'à ce qu'ils fussent informés de la défaite de Charminos. Ils firent voile ensuite jusqu'à Symê, prirent les voiles et les agrès de cette escadre, qui y avaient été déposés, et ensuite, après une attaque contre Loryma, ramenèrent à Samos toute leur flotte (qui comprenait probablement le reste de l'escadre de Charminos) (2).

Bien que la flotte rassemblée actuellement à Knidos consistât en quatre-vingt-quatorze trirèmes, et fût bien supérieure en nombre à la flotte athénienne, elle n'essaya pas de provoquer d'action générale. Lichas et les commissaires, ses collègues, employèrent d'abord leur temps à des négociations avec Tissaphernês, qui les avait rejoints à Knidos, et contre lequel ils trouvèrent un vif sentiment de mécontentement régnant dans la flotte. Ce satrape (qui agissait alors principalement d'après l'avis d'Alkibiadês, dont il sera parlé aussi plus longuement dans le chapitre suivant) s'était récemment refroidi pour la cause des Péloponésiens, et four-

---

(1) Thucydide, VIII, 42.
(2) Thucydide, VIII, 43. Aristophane fait de cette défaite de Charmi-nos le sujet d'une plaisanterie. — Thermophor. 810, avec la note de Paulmier.

nissait irrégulièrement la paye à leurs marins pendant les dernières semaines de leur séjour à Milêtos. Il était en même temps prodigue de promesses, et paralysait toutes leurs opérations en les assurant qu'il faisait venir à leur aide l'immense flotte de Phénicie; mais en réalité son objet était, sous de belles apparences, de prolonger seulement la lutte et de diminuer la force des deux parties. Arrivant au milieu de cet état de sentiment, et discutant avec Tissaphernês la conduite future de la guerre, non-seulement Lichas exprima du déplaisir à propos de sa conduite passée, mais il protesta même contre les deux conventions conclues par Chalkideus et par Theramenês, comme étant l'une et l'autre une honte pour le nom hellénique. Par les termes exprès de la première, et par les inductions de la seconde, non-seulement toutes les îles de la mer Ægée, mais même la Thessalia et la Bœôtia étaient reconnues comme sujettes de la Perse; de sorte que Sparte, si elle sanctionnait de telles conditions, ne ferait qu'imposer aux Grecs un sceptre persan, au lieu de la liberté générale, pour laquelle elle faisait profession de combattre. Lichas, déclarant qu'il renoncerait à toute perspective de paye persane, plutôt que de se soumettre à de pareilles conditions, proposa de négocier pour un nouveau traité sur d'autres bases meilleures, — proposition que Tissaphernês rejeta avec indignation, au point qu'il partit sans rien régler (1).

Sa désertion ne découragea pas les conseillers péloponésiens. Possédant une flotte plus considérable qu'ils n'en avaient jamais réuni en Asie, en même temps qu'un corps nombreux d'alliés, ils comptaient pouvoir avoir de l'argent pour payer leurs hommes sans l'aide persane, et une invitation qu'ils reçurent précisément alors de divers personnages puissants à Rhodes tendit à augmenter leur confiance. L'île de Rhodes, habitée par une population dôrienne considérable par le nombre aussi bien que distinguée pour son habileté nautique, était à cette époque divisée entre trois gouverne-

---

(1) Thucydide, VIII, 43.

ments municipaux séparés, comme elle l'avait été du temps
du Catalogue homérique : — Lindos, Ialysos et Kameiros ;
car la ville appelée Rhodes, formée par l'union de ces trois
cités, ne date que de deux ou trois ans après la période à
laquelle nous sommes maintenant arrivé. Appelée par plusieurs des personnages opulents de l'île, la flotte péloponésienne attaqua d'abord Kameiros, dont la population, intimidée par une armée de quatre-vingt-quatorze trirèmes, et igno-
rant complétement son approche, abandonna la ville qui était
sans défenses, et s'enfuit aux montagnes (1). Les trois villes
rhodiennes, dépourvues de fortifications, furent toutes amenées, en partie par la persuasion, en partie par la crainte, à
se révolter contre Athènes et à s'allier avec les Péloponésiens. La flotte athénienne, dont les commandants étaient
précisément alors trop occupés d'intrigues politiques pour
exercer la surveillance militaire nécessaire, arriva de
Samos trop tard pour sauver Rhodes, et retourna bientôt à la première île, laissant des détachements à Chalkê et
à Kôs pour harceler les Péloponésiens par des attaques sans
suite.

Les Péloponésiens levèrent alors sur les Rhodiens une
contribution de trente-deux talents, et adoptèrent l'île
comme principale station pour leur flotte, au lieu de Milêtos.
Nous pouvons expliquer ce changement de place par leur

---

(1) Thucydide, VIII, 44. Οἱ δ' ἐς
τὴν Ῥόδον, ἐπικηρυκευομένων ἀπὸ τῶν
δυνατωτάτων ἀνδρῶν, τὴν γνώμην εἶχον
πλεῖν, etc.

..... Καὶ προσβαλόντες Καμείρῳ τῆς
Ῥωδίας πρώτη, ναυσὶ τέσσαρσι καὶ
ἐννενήκοντα, ἐξεφόβησαν μὲν τοὺς
πολλοὺς, οὐκ εἰδότας τὰ πρασσόμενα, καὶ ἔφυγον, ἄλλως τε καὶ ἀτει-
χίστου οὔσης τῆς πόλεως, etc.

Nous avons à faire remarquer ici,
comme dans des occasions antérieures
de révolte parmi les alliés dépendants
d'Athènes, — que la population générale de la cité alliée ne manifeste pas
d'ancien mécontentement, ni de disposition spontanée à la révolte. Les hommes puissants de l'île (ceux qui, si le
gouvernement était démocratique, formaient la minorité oligarchique, mais
qui formaient le gouvernement lui-
même s'il était oligarchique) conspi-
rent et attirent la flotte péloponésienne,
à l'insu du corps des citoyens, et ainsi
ne laissent pas à ces derniers de libre
choix. Le sentiment réel à l'égard d'A-
thènes, de la part du corps des citoyens,
est une simple adhésion, avec peu d'attachement d'une part, — toutefois san
haine, ni sentiment de souffrance pratique, de l'autre.

récente et peu amicale discussion avec Tissaphernês, et par leur désir d'être moins à sa portée (1). Mais ce que nous ne pouvons expliquer aussi facilement, c'est qu'ils restèrent dans l'île sans aucun mouvement ni action militaire, et que même ils tirèrent leurs trirèmes sur le rivage pour un espace de temps aussi grand que quatre-vingts jours, c'est-à-dire depuis le milieu de janvier jusqu'à la fin de mars 411 avant J.-C. Tandis que leur puissante flotte de quatre-vingt-quatorze trirèmes, supérieure à celle d'Athènes à Samos, restait ainsi dans l'inaction, — leurs alliés de Chios souffraient, on ne l'ignorait pas, des maux cruels et croissants, et demandaient coup sur coup du secours (2) ; de plus, la promesse d'envoyer coopérer avec Pharnabazos contre les dépendances athéniennes de l'Hellespont, restait sans être accomplie (3). Nous pouvons imputer cette extrême nonchalance militaire surtout à la politique insidieuse de Tissaphernês, qui jouait alors un double jeu entre Sparte et Athènes. Il entretenait encore des intelligences avec les Péloponésiens à Rhodes, — paralysait leur énergie en leur affirmant que la flotte phénicienne était en ce moment en route pour venir à leur aide, et assurait le succès de ces intrigues par des présents distribués personnellement parmi les généraux et les triérarques. Le général en chef lui-même, Astyochos, prit part à ce marché de corruption, auquel personne ne résista, si ce n'est le Syracusain Hermokratês (4). Cette inaction prolongée de l'armement, alors qu'il était dans sa plus grande force, fut ainsi, non pas simplement la conséquence d'une honnête erreur, comme la lenteur de Nikias en Sicile, — mais elle résulta de la malhonnêté et de l'avidité personnelle des officiers péloponésiens.

---

(1) Thucydide, VIII, 44 : cf. c. 57.
(2) Thucydide, VIII, 40-55.
(3) Thucydide, VIII, 39.
(4) Thucydide, VIII, 45. Suggestions d'Alkibiadês à Tissaphernês : — Καὶ τοὺς τριηράρχους καὶ τοὺς στρατηγοὺς τῶν πόλεων ἐδίδασκεν ὥστε δόντα χρήματα αὐτὸν πεῖσαι, ὥστε συγχωρῆσαι ταῦτα ἑαυτῷ, πλὴν τῶν Συρακοσίων · τούτων δὲ, Ἑρμοκράτης ἠναντιοῦτο μόνος ὑπὲρ τοῦ ξύμπαντος ξυμμαχικοῦ.

Au sujet des présents faits à Astyochos lui-même, V. aussi c. 50.

J'ai déjà signalé, dans plus d'une occasion, les nombreuses preuves qui existent de l'empire de la corruption personnelle, — même sous sa forme la plus cynique, celle de la corruption directe, — parmi les principaux Grecs de toutes les villes, quand ils agissent individuellement. Parmi ces preuves, l'incident consigné ici n'est pas le moins remarquable. Et ce fait général ne devrait jamais être oublié de ceux qui discutent la question entre l'oligarchie et la démocratie, telle qu'elle existait dans le monde grec. Les prétentions pleines de confiance mises en avant par les Grecs opulents et oligarchiques à une vertu supérieure, publique aussi bien que privée, — et la simple répétition, qu'on lit dans divers écrivains modernes et anciens, des épithètes laudatives impliquant cette vertu supposée, — sont si loin d'être justifiées par l'histoire, que ces individus étaient perpétuellement prêts, comme hommes d'État, à trahir leurs compatriotes, ou comme généraux à trahir même les intérêts de leurs soldats, en vue d'acquérir de l'argent pour eux-mêmes. Naturellement il n'est pas entendu que cela fût vrai de tous ; mais cela était vrai assez souvent pour être compté comme une éventualité plus que probable. Si, en moyenne, les principaux personnages d'une communauté grecque étaient capables de commettre des méfaits politiques aussi palpables, et de nature à ne pas être déguisés même par eux, — ils étaient bien moins exempts des vices auxquels l'illusion se mêle toujours plus ou moins, tels que l'orgueil, l'amour du pouvoir, l'antipathie ou la sympathie de parti, le désir du bien-être, etc. Et si la communauté devait avoir quelque chance de garantie contre de tels abus, ce ne pouvait être que dans la liberté complète d'accusation contre les délinquants, et dans la certitude d'un procès devant des juges dont l'intérêt s'identifiât avec celui du peuple lui-même. Telles étaient les garanties qu'essayaient de donner les démocraties grecques, et en particulier celle d'Athènes ; d'une manière qui n'était pas toujours sage, encore moins toujours efficace, — mais qui assurément était justifiée, dans la plus large mesure, par l'urgence et la force du mal. Cependant, dans les exposés que l'on fait ordinairement des affaires athéniennes, on passe ce mal sous silence ou on l'esquive : les précautions prises contre lui sont dénoncées comme autant de preuves de méchante nature et d'injustice démocratiques; et les hommes, dont l'initiative seule imposait ces précautions, sont couverts de mépris comme démagogues et *sycophantes*. Si ces généraux et ces triérarques péloponésiens, qui, sous l'influence de présents, perdirent dans l'inaction deux mois importants, avaient été Athéniens, il y aurait eu quelque chance qu'ils fussent jugés et punis, bien que, même à Athènes, la chance d'impunité pour des coupables, au moyen d'associations politiques puissantes et d'autres artifices pervers, fût plus grande qu'elle n'aurait dû l'être. Tant ceci s'accorde peu avec la vérité, toutefois affirmée souvent, qu'une accusation judiciaire était trop facile, et une condamnation en justice trop fréquente. Si l'on examine, comme on doit le faire, côte à côte avec le mal, les précautions judiciaires prises à Athènes, — on verra qu'effectivement elles sont imparfaites tant dans leur système que dans leur action, mais que certainement elles ne sont ni inutiles ni trop sévères.

CHAPITRE II

Athènes commence à se relever pendant l'année qui suit son désastre à Syracuse;
412 avant J.-C. — Commencement de la conspiration des Quatre Cents à
Athènes ; Alkibiadês. — Ordre donné par Sparte de tuer Alkibiadês. — Il
échappe, se retire chez Tissaphernês, et devient le conseiller des Perses. — Il
donne au satrape le conseil de n'aider sincèrement ni l'une ni l'autre des parties
grecques; mais son avis penche vers Athènes, en vue de son propre rétablissement. — Alkibiadês agit comme négociateur pour Tissaphernês à Magnesia.
— Diminution du taux de la paye fournie par Tissaphernês aux Péloponésiens.
— Alkibiadês ouvre une correspondance avec les officiers athéniens à Samos;
il crée le plan d'une révolution oligarchique à Athènes. — Conspiration arrangée entre les officiers athéniens et Alkibiadês. — Athéniens oligarchiques; les
hetæriæ ou associations politiques ; on envoie Peisandros chargé de pousser la
conspiration à Athènes. — Crédulité des conspirateurs oligarchiques. — Opposition faite par Phrynichos, à Samos, aux conspirateurs et à Alkibiadês. —
Manœuvres et contre-manœuvres de Phrynichos et d'Alkibiadês. — Actes de
Peisandros à Athènes ; forte opposition que fait le peuple tant à la conspiration
qu'au rétablissement d'Alkibiadês. — L'assemblée vote à contre-cœur l'abandon
de la démocratie, sur la promesse de l'aide des Perses pour la guerre; on renvoie Peisandros pour négocier avec Alkibiadês. — Peisandros amène les associations oligarchiques à Athènes à s'organiser pour agir contre la démocratie.
— Peisandros quitte Athènes pour Samos; Antiphôn prend la direction de la
conspiration oligarchique; Theramenês et Phrynichos. — Opérations militaires
près de la côte d'Asie. — Négociations de Peisandros avec Alkibiadês. — Supercheries d'Alkibiadês ; il exagère ses demandes en vue de rompre la négociation; indignation des oligarques contre lui. — Réconciliation entre Tissaphernês et les Péloponésiens. — Troisième convention conclue entre eux. — Comparée avec les deux précédentes. — Athènes perd Orôpos. — Peisandros et ses
collègues persistent dans la conspiration oligarchique, sans Alkibiadês. — Ils
essayent de renverser la démocratie à Samos; assassinat d'Hyperbolos et d'autres.
— La démocratie à Samos est soutenue par l'armement athénien. — Les Parali
athéniens ; défaite de la conspiration oligarchique à Samos. — La Paralos est
envoyée à Athènes avec la nouvelle. — Progrès de la conspiration oligarchique
à Athènes ; direction adroite d'Antiphôn. — Langage des conspirateurs ; esca-

motage au sujet de la nomination des Cinq Mille citoyens destinés à exercer les droits politiques exclusivement. — Assassinat des orateurs populaires par Antiphôn et le parti oligarchique. — Retour de Peisandros ; gouvernement oligarchique établi dans plusieurs des villes alliées. — Achèvement de la révolution à Athènes ; dernière assemblée publique à Kolônos. — Abolition de la Graphê Paranomôn. — Nouveau gouvernement proposé par Peisandros ; oligarchie des Quatre Cents. — Agrégat fictif et nominal appelé les Cinq Mille. — Les Quatre Cents s'installent dans le palais du sénat et en chassent les sénateurs par la force armée. — Remarques sur cette révolution. — Attachement aux formes constitutionnelles à Athènes ; usage que fait Antiphôn de ce sentiment pour détruire la constitution. — Démagogues, contre-poids et opposition indispensables aux oligarques. — Actes des Quatre Cents dans le gouvernement. — Ils font des ouvertures de paix à Agis et aux Spartiates. — Ils envoient des députés au camp de Samos. — La première nouvelle de la révolution est portée au camp par Chæreas ; vive opposition dans le camp contre les Quatre Cents. — Ardente manifestation démocratique faite par l'armement athénien à Samos et par les Samiens qui se lient mutuellement par un serment énergique. — La démocratie athénienne est rétablie par l'armement ; assemblée publique des soldats ; nouveaux généraux choisis. — Alkibiadês ouvre une correspondance avec l'armement démocratique à Samos. — Alkibiadês vient à Samos sur l'invitation de l'armement. — Confiance accordée par l'armement à son langage et à ses promesses ; on le choisit pour être un des généraux. — Nouvelle position d'Alkibiadês ; tournure actuelle de son ambition. — Les députés des Quatre Cents arrivent à Samos ; ils sont renvoyés par l'armement avec indignation. — Impatience de l'armement de partir pour le Peiræeus ; elle est combattue par Alkibiadês ; sa réponse aux ambassadeurs. — Avis d'Alkibiadês destiné à dissuader ; combien il s'en faut qu'on doive le louer comme sagace. — Ambassadeurs envoyés d'Argos au « Dêmos athénien à Samos. » — Retour des ambassadeurs des Quatre Cents de Samos à Athènes ; chances mauvaises pour l'oligarchie. — Méfiance et discorde parmi les Quatre Cents eux-mêmes ; un parti d'opposition formé sous Theramenês. — Theramenês demande que les Cinq Mille deviennent une réalité. — Mesures d'Antiphôn et des Quatre Cents ; leurs sollicitations à Sparte ; construction du fort d'Eetioneia, pour recevoir une garnison spartiate. — Inconcevable lenteur des Lacédæmoniens. — Assassinat de Phrynichos ; flotte lacédæmonienne se tenant aux aguets près du Peiræeus. — Soulèvement à Athènes contre les Quatre Cents ; démolition du nouveau fort d'Eetioneia. — Déclin des Quatre Cents ; concessions faites par eux ; renouvellement de l'assemblée publique. — La flotte lacédæmonienne menace Peiræeus ; elle passe au delà pour se rendre en Eubœa. — Bataille navale près d'Eretria ; défaite des Athéniens ; révolte en Eubœa. — Terreur à Athènes ; sa ruine inévitable, si les Lacédæmoniens avaient agi avec énergie. — Les Quatre Cents sont renversés ; la démocratie est rétablie en substance. — Modération des antipathies politiques et esprit patriotique dominant à ce moment. — Les Cinq Mille ; nombre qui ne fut jamais exactement réalisé. — Les Cinq Mille ; nombre bientôt augmenté au point de créer un droit de cité universel. — Rétablissement de la démocratie complète, à l'exception de la paye. — Décret de Demophantos ; serment démocratique exigé. — Fuite de la plupart des chefs des Quatre Cents à Dekeleia. — Theramenês se met en avant pour accuser les autres chefs des Quatre Cents, surtout au sujet du fort à Eetioneia et de l'ambassade à Sparte. — Antiphôn jugé, condamné et exécuté. — Traitement des Quatre Cents en général. — Jugement favorable de Thucydide sur la conduite des Athéniens. — Oligarchie à Athènes, démocratie à Samos ; contraste.

Une année environ s'était écoulée entre la catastrophe des Athéniens près de Syracuse et la victoire qu'ils remportèrent sur les Milésiens, en débarquant près de Milêtos (de septembre 413 à septembre 412 av. J.-C.). Après le premier de ces deux événements, la ruine complète d'Athènes avait paru, tant à ses ennemis qu'à elle-même, imminente et irréparable. Mais son relèvement avait été si étonnant, si rapide et si énergique, qu'à l'époque du second, on la vit soutenir de nouveau une lutte passable, bien qu'avec des ressources affaiblies et d'après un système purement défensif, contre des ennemis à la fois plus hardis et plus nombreux que jamais. Il n'y a pas lieu de douter que les affaires étrangères n'eussent continué ainsi à s'améliorer, si elles n'avaient été compromises à ce moment critique par la trahison d'une fraction de ses propres citoyens, — qui la mit de nouveau à deux doigts de sa perte, à laquelle elle n'échappa que grâce à l'incapacité de ses ennemis.

Le premier auteur de cette trahison fut l'exilé Alkibiadês. J'ai déjà raconté comment cet homme, à la fois immoral et énergique, s'était jeté avec l'ardeur qui le caractérisait dans le service de Sparte, et lui avait indiqué le meilleur moyen d'aider Syracuse, de faire à Athènes un dommage positif, et enfin de provoquer une révolte parmi les alliés ioniens de cette dernière. C'étaient sa hardiesse et ses relations personnelles en Iônia qui avaient déterminé la révolte de Chios et de Milêtos.

Toutefois, dans le courant de quelques mois, il avait beaucoup perdu la confiance des Spartiates. La révolte des dépendances asiatiques d'Athènes ne s'était pas accomplie aussi aisément et aussi rapidement qu'il l'avait prédit. Chalkideus, le commandant spartiate avec lequel il avait agi, était défait et tué près de Milêtos; l'éphore Endios, son principal protecteur, ne conservait sa charge que pendant un an, et était remplacé par d'autres éphores (1) précisément vers la fin de septembre ou au commencement d'oc-

---

(1) Thucydide, V, 36.

tobre, quand les Athéniens remportaient leur seconde victoire près de Milêtos, et étaient sur le point de bloquer la ville; enfin le roi Agis, l'ennemi personnel d'Alkibiadês, restait encore pour le persécuter. De plus, il y avait dans le caractère de cet homme remarquable quelque chose de si essentiellement égoïste, de si vain et de si déloyal, qu'on ne pouvait jamais compter sur sa coopération sincère. Conséquemment, aussitôt qu'il survenait un revers, cette énergie et cette habileté mêmes, qui rarement lui faisaient défaut, disposaient d'autant plus ceux avec lesquels il agissait à expliquer l'insuccès en supposant qu'il les avait trahis.

Ce fut ainsi que, après la défaite de Milêtos, le roi Agis put décréditer Alkibiadês comme traître envers Sparte; d'après cela, les nouveaux éphores envoyèrent immédiatement au général Astyochos l'ordre de le mettre à mort (1). Alkibiadês eut alors l'occasion de sentir la différence entre la manière de procéder des Spartiates et celle des Athéniens. Bien que ses ennemis à Athènes fussent nombreux et violents, — avec tout l'avantage, si inexprimable dans la guerre politique, de pouvoir porter contre lui l'accusation d'irréligion, — cependant le plus qu'ils purent obtenir fut qu'il serait sommé de revenir à Athènes pour être jugé par le Dikasterion. A Sparte, sans sujet positif d'accusation et sans l'idée d'un procès judiciaire, ses ennemis obtinrent l'ordre de le mettre à mort.

Toutefois Alkibiadês reçut avis de cet ordre assez à temps pour se retirer auprès de Tissaphernês. Probablement il fut averti par Astyochos lui-même, qui n'ignorait pas qu'un acte si monstrueux aliénerait considérablement les gens de Chios et de Milêtos, et qui ne prévoyait pas non plus tout le mal que sa désertion causerait à Sparte. Avec cette flexibilité de caractère qui lui permettait aussitôt de maîtriser et de prendre une nouvelle position, Alkibiadês trouva bientôt

---

(1) Thucydide, VIII, 45. Καὶ ἀπ' αὐτῶν ἀφικομένης ἐπιστολῆς πρὸς Ἀστύοχον ἐκ Λακεδαίμονος ὥστ'ἀποκτεῖναι (ἦν γὰρ καὶ τῷ Ἄγιδι ἐχθρὸς καὶ ἄλλως ἄπιστος ἐφαίνετο), etc.

moyen de s'insinuer dans la confiance du satrape. Il se mit
alors à jouer un jeu qui n'était ni spartiate ni athénien, mais
persan et anti-hellénique; jeu de duplicité auquel Tissaphernès lui-même était spontanément disposé, mais auquel
l'intervention d'un négociateur grec adroit était indispensable. Ce n'était nullement l'intérêt du Grand Roi (disait
Alkibiadès) de prêter à l'une des deux parties belligérantes
une aide efficace qui la mettrait en état d'écraser l'autre; il
ne devait ni faire venir la flotte phénicienne au secours des
Lacédæmoniens, ni fournir cette abondante paye qui leur
procurerait des levées indéfinies de nouvelles forces grecques. Il devait entretenir et prolonger la guerre, de manière
à faire de chaque partie un instrument d'épuisement et d'ap-
pauvrissement contre l'autre, et à s'élever ainsi sur les ruines
des deux; il devait d'abord détruire l'empire athénien au
moyen des Péloponésiens, et ensuite chasser les Péloponésiens eux-mêmes, — ce qui se ferait sans beaucoup de peine
s'ils étaient affaiblis par une lutte antérieure prolongée (1).

Tel fut l'avis que donna Alkibiadès, comme conseiller persan, avis bien conforme à la politique de la cour de Suse.
Mais il donnait rarement de conseil sans songer à son profit, à son ambition ou à ses antipathies. Rejeté sans façon
par les Lacédæmoniens, il fut alors conduit à chercher à
rentrer dans son propre pays. Pour accomplir ce projet, il
était nécessaire non-seulement qu'il empêchât qu'il ne fût
complétement ruiné, mais encore qu'il se présentât aux
Athéniens comme un homme qui, s'il était rappelé, ferait
passer l'aide de Tissaphernès de Lacédæmone à Athènes.
Conséquemment, il suggéra en outre au satrape que, s'il
était essentiel à son intérêt de ne pas permettre que la puissance sur terre et sur mer fût réunie dans les mêmes mains,
soit lacédæmoniennes, soit athéniennes, — il serait néanmoins plus facile d'arranger les choses avec l'empire et les
prétentions d'Athènes qu'avec ceux de Lacédæmone. Athènes
(disait-il) ne cherchait ni n'avouait d'autre objet que la ré-

---

(1) Thucydide, VIII, 45, 46.

duction de ses propres dépendances maritimes, et en retour elle laisserait volontiers tous les Grecs asiatiques entre les mains du Grand Roi; tandis que Sparte, qui [abjurait toute idée d'empire, et déclarait avec ostentation qu'elle visait à l'affranchissement universel de toutes les cités grecques, ne pourrait pas, pour être le moins du monde conséquente avec elle-même, conspirer à priver les Grecs asiatiques du même privilége. Cette idée paraissait appuyée par l'objection que Theramenês et un grand nombre des officiers péloponésiens avaient faite à la première convention conclue par Chalkideus et par Alkibiadês avec Tissaphernês, objection renouvelée plus tard par Lichas même contre la seconde convention modifiée de Theramenês, et accompagnée d'une protestation pleine d'indignation contre l'idée de rendre au Grand Roi tout le territoire que ses prédécesseurs avaient jadis possédé (1). ·

Ces derniers arguments, à l'aide desquels Alkibiadês prétendait faire naître dans l'esprit du satrape une préférence pour Athènes, étaient tous futiles ou fondés sur de fausses suppositions. En effet, d'un côté, Lichas même ne refusa jamais de concourir à livrer les Grecs asiatiques à la Perse ; — tandis que d'un autre côté il était assez certain que l'empire d'Athènes, tant qu'elle conservait un empire, était plus formidable à la Perse que tous les efforts faits par Sparte sous le prétexte désintéressé de délivrer les cités grecques en général. Tissaphernês ne se prêta pas non plus à cette impression positive, bien qu'il sentît vivement la force des recommandations négatives d'Alkibiadês, — à savoir qu'il ne devait pas faire pour les Péloponésiens plus que ce qui suffirait pour entretenir la guerre, sans leur assurer un succès prompt ni décisif; ou plutôt cette duplicité était si conforme à son esprit oriental, qu'il n'était pas besoin d'Alkibiadês pour la recommander. Voici en quoi l'exilé athénien servit réellement : il aida le satrape à mettre en œuvre cette duplicité, et il lui fournit les prétextes et les justifications

---

(1) Thucydide, VIII, 46-52.

plausibles qu'il devait avancer à la place de renforts effectifs d'hommes et d'argent. Établi avec Tissaphernès à Magnesia, — cette même ville qui avait été occupée environ cinquante ans auparavant par un autre exilé athénien, également immoral et cependant plus capable, Themistoklês, — Alkibiadès servit d'interprète à ses vues dans toutes ses conversations avec les Grecs, et parut avoir toute sa confiance : ce dont il profita pour faire croire faussement aux Athéniens à Samos qu'il avait le pouvoir d'amener la puissance persane à secourir Athènes.

Le premier payement que fit Tissaphernès aux Péloponésiens à Milètos, immédiatement après la prise d'Iasos et du rebelle Amorgès, était au taux d'une drachme par tête. Mais on donna avis qu'à l'avenir il serait réduit à une demi-drachme, réduction pour laquelle Alkibiadès entreprit de fournir une raison. Les Athéniens (disait-il) ne donnaient pas plus d'une demi-drachme, non pas qu'ils ne pussent donner davantage, mais parce que, vu leur longue expérience des affaires nautiques, ils avaient trouvé qu'une paye plus élevée détruisait la discipline des marins en les jetant dans des excès et dans de trop grands plaisirs, aussi bien qu'en engageant à leur accorder trop facilement des congés, dans la pensée que la haute paye ramènerait les hommes quand on les rappellerait (1). Comme il ne s'attendit probablement jamais à ce que ces subterfuges (employés à un moment où Athènes était si pauvre qu'elle ne pouvait pas même payer la demi-drachme par tête) convainquissent personne, — il engagea Tissaphernès à en fortifier l'effet par des présents faits individuellement aux généraux et aux triérarques, sorte d'argument qui se trouva efficace en faisant taire les plaintes de tous, à l'exception seulement du syracusain Hermokra-

---

(1) Thucydide, VIII, 45. Οἱ δὲ τὰς ναῦς ἀπολείπωσιν, ὑπολιπόντες ἐς ὁμήρειαν τὸν προσοφειλόμενον μισθόν.

Ce passage est à la fois d'un texte douteux et d'une traduction difficile. Parmi les nombreuses explications dif-férentes données par les commentateurs, j'adopte celle du docteur Arnold comme étant la moins mauvaise, bien que je n'aie aucune confiance dans son exactitude.

tês. Quant à d'autres villes grecques qui envoyèrent demander un secours pécuniaire, et à Chios en particulier, Alkibiadês parla avec moins de réserve. Elles avaient été forcées jusque-là de contribuer pour Athènes (disait-il), et maintenant qu'elles s'étaient délivrées de ce payement, elles ne devaient pas hésiter à s'imposer des charges égales ou même plus grandes pour leur propre défense. Et ce n'était rien moins (ajoutait-il) qu'une pure impudence chez les gens de Chios, le peuple le plus riche de la Grèce, — si, en demandant des forces militaires étrangères pour les protéger, ils demandaient en même temps que d'autres fournissent les moyens de les payer (1). Toutefois, dans le même moment, il donna à entendre, — afin d'entretenir des espérances pour l'avenir, — que Tissaphernês faisait à présent la guerre à ses frais; mais que s'il arrivait bientôt des remises de Suse, on en reviendrait au taux complet de la paye, et en outre on donnerait du secours aux villes grecques par tous les autres moyens qui pourraient être raisonnablement demandés. A cette promesse fut ajoutée l'assurance que la flotte phénicienne était actuellement équipée, et serait bientôt amenée à leur aide, de manière à leur donner une supériorité qui enlèverait tout espoir à la résistance; assurance non-seulement trompeuse, mais funeste, puisqu'elle servait à les dissuader de toute action immédiate, et à paralyser leur marine pendant qu'elle était dans toute sa vigueur et toute sa puissance. La paye à taux réduit fut même si irrégulièrement fournie, et l'armée péloponésienne laissée tellement dépourvue de vivres, que la duplicité du satrape devint évidente pour tout le monde, et ne fut soutenue que par les présents qu'il faisait aux officiers (2).

---

(1) Thucyd., VIII, 45. Τὰς δὲ πόλεις δεομένας χρημάτων ἀπήλασεν, αὐτὸς ἀντιλέγων ὑπὲρ τοῦ Τισσαφέρνους, ὡς οἱ μὲν Χῖοι ἀναίσχυντοι εἶεν, πλουσιώτατοι ὄντες τῶν Ἑλλήνων, ἐπικουρίᾳ δὲ ὅμως σωζόμενοι ἀξιοῦσι καὶ τοῖς σώμασι καὶ τοῖς χρήμασιν ἄλλους ὑπὲρ τῆς ἐκείνων ἐλευθερίας κινδυνεύειν.

(2) Thucydide, VIII, 46. Τήν τε τροφὴν κακῶς ἐπόριζε τοῖς Πελοποννησίοις καὶ ναυμαχεῖν οὐκ εἴα · ἀλλὰ καὶ τὰς Φοινίσσας ναῦς φάσκων ἥξειν καὶ ἐκ περιόντος ἀγωνιεῖσθαι ἔφθειρε τὰ πράγματα καὶ τὴν ἀκμὴν τοῦ ναυτικοῦ αὐτῶν

Tandis qu'Alkibiadês, en qualité d'agent confidentiel et d'interprète de Tissaphernês, poursuivait cette politique anti-péloponésienne pendant l'automne et l'hiver de 412-411 avant J.-C., — en partie durant le séjour de la flotte péloponésienne à Milêtos, en partie après qu'elle se fut rendue à Knidos et à Rhodes, il ouvrait en même temps une correspondance avec les officiers athéniens à Samos. Sa rupture avec les Péloponésiens et sa position ostensible au service de Tissaphernês étaient des faits bien connus dans l'armement athénien, et son plan était d'obtenir à la fois son rétablissement et une nouvelle puissance dans sa ville natale, en se représentant comme capable de lui procurer l'aide et l'alliance de la Perse, grâce à son ascendant sur l'esprit du satrape. Toutefois, ses sentiments hostiles à l'égard de la démocratie étaient si généralement connus, qu'il désespérait d'accomplir son retour s'il ne pouvait le rattacher à une révolution oligarchique ; ce qui en outre ne plaisait pas moins à son désir de vengeance pour le passé qu'à son ambition pour l'avenir. En conséquence, il envoya un message secret aux officiers et aux triérarques à Samos, dont plusieurs sans doute étaient ses amis personnels, message par lequel il demandait à être rappelé au souvenir des « hommes les meilleurs » de l'armement (1), — telle était l'une des phrases constantes par lesquelles les hommes oligarchiques se connaissaient et se signalaient les uns les autres, — et annonçait son ardent désir de revenir comme citoyen au milieu d'eux, en amenant avec lui Tissaphernês comme leur allié. Mais il ne voulait venir qu'à la condition de la formation d'un gouvernement oligarchique, et il ne consentirait jamais à remettre le pied au milieu de l'odieuse démocratie à laquelle il devait son bannissement (2).

ἀρείλετο, γενομένην καὶ πάνυ ἰσχυράν, τά τε ἄλλα, καταφανέστερον ἢ ὥστε λανθάνειν, οὐ προθύμως ξυνεπολέμει.

(1) Thucydide, VIII, 47. Τὰ μὲν καὶ Ἀλκιβιάδου προσπέμψαντος λόγους ἐς τοὺς δυνατωτάτους αὐτῶν (Ἀθηναίων) ἄνδρας, ὥστε μνησθῆναι περὶ αὐτοῦ ἐς τοὺς βελτίστους τῶν ἀνθρώπων, ὅτι ἐπ᾽ ὀλιγαρχίᾳ βούλεται, καὶ οὐ πονηρίᾳ οὐδὲ δημοκρατίᾳ τῇ ἑαυτὸν ἐκβαλούσῃ κατελθών, etc.

(2) Thucydide, VIII, 47.

Tel fut le premier germe créateur de cette calamité temporaire, qui amena Athènes si près d'une ruine complète, appelée l'Oligarchie des Quatre Cents : suggestion de ce même exilé, qui avait déjà fait une si profonde blessure à son pays en envoyant Gylippos à Syracuse et la garnison lacédæmonienne à Dekeleia. Jusqu'alors personne à Samos n'avait songé à une révolution ; mais dès que l'idée fut ainsi mise en avant, les triérarques et les hommes riches de l'armement s'en emparèrent avec avidité. Renverser la démocratie à leur profit, et être récompensés d'une telle conduite par les trésors de la Perse comme moyen de continuer la guerre contre les Péloponésiens, c'était une étendue de bonne fortune plus grande qu'il ne leur aurait été possible de l'espérer. Dans l'épuisement du trésor public à Athènes, et après la perte du tribut de ses dépendances, c'était maintenant sur les propriétaires privés, et surtout, sur les propriétaires opulents, que retombaient les frais des opérations militaires ; charge dont ils voyaient ici la perspective d'être délivrés, jointe à une plus grande chance de victoire. Exaltés par une promesse aussi séduisante, ils envoyèrent une députation de Samos sur le continent pour conférer directement avec Alkibiadès, qui renouvela ses assurances personnellement en disant qu'il amènerait non-seulement Tissaphernès, mais le Grand Roi lui-même, à une alliance et à une coopération actives avec Athènes, pourvu qu'ils renversassent la démocratie athénienne, à laquelle, affirmait-il, le roi ne pouvait pas se fier (1). Sans doute il n'oublia pas de présenter l'autre côté de l'alternative : à savoir que si la proposition était refusée, l'aide des Perses serait sincèrement assurée aux Péloponésiens ; et dans ce cas, il n'y avait plus aucun espoir de sûreté pour Athènes.

Au retour de la députation chargée de ces nouvelles assurances, les personnages oligarchiques à Samos se réunirent, à la fois en plus grand nombre, et avec un redoublement d'ardeur, pour prendre leurs mesures afin de renverser la démo-

____

(1) Thucydide, VIII, 48.

cratie. Ils se hasardèrent même à parler ouvertement du projet dans la masse de l'armement, qui ne l'entendit qu'avec dégoût, mais qui fut du moins réduite au silence, sinon convaincue, quand on lui eut dit que le trésor persan lui serait ouvert à condition, mais seulement à cette condition, qu'elle renoncerait à sa démocratie. Tel était à cette époque le besoin indispensable d'argent étranger pour les desseins de la guerre, — telle la certitude de ruine, si les trésors des Perses allaient aider l'ennemi, — que l'Athénien le plus démocratique pouvait bien hésiter quand l'alternative lui était posée ainsi. Toutefois, les conspirateurs oligarchiques savaient bien que le sentiment de l'armement leur était tout à fait contraire, — que le plus qu'ils pouvaient espérer, c'était une adhésion mêlée de répugnance, — et qu'ils devaient accomplir la révolution eux-mêmes et par leurs propres intrigues. Ils se formèrent en une confédération politique (ou Hetæria) en vue de discuter les meilleures mesures à prendre pour arriver à leur but. On résolut d'envoyer une députation à Athènes, avec Peisandros (1) à la tête, pour faire connaître les nouvelles espérances et pour mettre les associations (Hetæriæ) oligarchiques permanentes en coopération active, dans le dessein de détruire violemment la démocratie; il fut décidé ensuite qu'on établirait des gouvernements oligarchiques dans toutes les autres dépendances

---

(1) Il est affirmé dans un discours de Lysias (Orat. XXV. Δήμου Καταλύσεως Ἀπολογία, c. 3, p. 766, Reisk.) que Phrynichos et Peisandros entrèrent dans cette conspiration oligarchique pour se tirer d'embarras à propos de crimes antérieurs commis sous la démocratie. Mais il n'y a rien à l'appui de cette assertion, et le récit de Thucydide donne une tout autre couleur à leur conduite.

Peisandros servait alors dans l'armement à Samos ; de plus, la hardiesse et l'énergie (qui seront racontées bientôt) dont il fit preuve en prenant la formidable initiative de renverser la démocratie athénienne, est pour moi une preuve tout à fait suffisante que les sarcasmes des écrivains comiques contre sa lâcheté sont sans fondement. Xénophon, dans le Symposion, répète ce sarcasme (II, 14), qui paraît également dans Aristophane, Eupolis, Platon le Comique, et autres. V. les passages réunis dans Meineke, Histor. Critic. Comicor. Græcor. vol. I, p. 178, etc.

Des écrivains modernes qui ont traité de l'histoire grecque répètent souvent ces amères plaisanteries, comme si elles étaient autant de preuves véritables et dignes de foi contre le personnage qui en est l'objet.

d'Athènes. Ils s'imaginaient que ces dépendances seraient ainsi amenées à lui rester fidèles, peut-être même que quelques-unes de celles qui s'étaient déjà révoltées reviendraient à leur obéissance, — quand une fois elle serait délivrée de la démocratie et placée sous le gouvernement de ses « citoyens les meilleurs et les plus vertueux. »

Jusque-là, le marché présenté à l'acceptation avait été — le renversement de la démocratie et le rétablissement d'Alkibiadès, d'une part, — contre une coopération sincère de la Perse, et une libérale fourniture d'or faite par elle, de l'autre. Mais quelle garantie y avait-il que ce marché serait réalisé? — ou que, quand la première partie aurait été exécutée, la seconde suivrait? Il n'y avait absolument aucune garantie, si ce n'est la parole d'Alkibiadès : parole à laquelle on devait bien peu se fier, même quand il promettait ce qu'il était en son pouvoir d'accomplir, comme nous pouvons nous le rappeler par sa mémorable conduite à l'égard des députés lacédæmoniens à Athènes, — et dans l'occasion présente, qui répondait d'une chose extravagante et absurde en elle-même. En effet, quel motif raisonnable pouvait-on imaginer capable d'amener le Grand Roi à diriger sa politique étrangère suivant les intérêts d'Alkibiadès, — ou de lui inspirer un si vif intérêt pour la substitution de l'oligarchie à la place de la démocratie à Athènes? C'était une question que les conspirateurs oligarchiques à Samos non-seulement ne prirent jamais la peine de soulever, mais qu'ils avaient tout motif pour supprimer. La suggestion d'Alkibiadès coïncidait pleinement avec leur intérêt et leur ambition politiques. Leur objet était de renverser la démocratie, et de s'emparer du gouvernement pour eux-mêmes, — dessein, pour lequel la promesse de l'or persan, s'ils pouvaient lui donner crédit, était inestimable comme marche-pied, dût-elle finir plus tard par être une déception ou non. La probabilité est que, ayant un grand intérêt à y croire eux-mêmes, et un intérêt plus grand encore à y faire croire les autres, ils se pénétraient mutuellement d'une conviction sincère. Si nous n'insistions pas sur ce fait, nous serions embarrassés pour comprendre comment la parole d'un homme tel qu'Alkibiadès, au sujet d'une telle question, put être acceptée assez aveuglément pour que toute une suite d'événements nouveaux et de la dernière importance fût mise en mouvement.

Il y eut un homme, et un homme seul, autant que nous pouvons le savoir, qui osa la révoquer en doute ouvertement. Ce fut Phrynichos, un des généraux de la flotte, qui avait récemment donné un conseil important après la victoire de Milêtos ; homme clairvoyant et sagace, mais personnellement hostile à Alkibiadès, et pénétrant parfaitement son caractère et ses projets. Bien que Phrynichos fût dans la suite un des principaux organisateurs du mouvement oligarchique, quand ce mouvement se détacha d'Alkibiadès et lui devint hostile, — toutefois, dans les circonstances actuelles, il le désapprouva complétement (1). Alkibiadès (dit-il) n'avait pas plus d'attachement pour le gouvernement oligarchique que pour le démocratique; et on ne pouvait pas compter qu'il lui serait fidèle une fois qu'il serait établi. Son seul dessein était de se servir de la conspiration oligarchique qui s'ourdissait actuellement, en vue de son propre rétablissement, qui, s'il s'accomplissait, ne manquerait pas d'introduire dans le camp la discorde politique, — le plus grand malheur qui pût arriver en ce moment. Quant au roi de Perse, il était déraisonnable d'espérer qu'il se dérangerait pour aider les Athéniens, ses anciens ennemis, qui ne lui inspiraient aucune confiance, — tandis qu'il avait présentement les Péloponésiens comme alliés, avec de bonnes forces navales et de puissantes villes dans son propre territoire, et qu'il n'avait jamais éprouvé de leur part ni outrage ni contrariété. De plus, les dépendances d'Athènes, — auxquelles on proposait maintenant d'accorder, en même temps qu'à Athènes elle-même, le bienfait d'un gouvernement oligarchique, — rece-

---

(1) Phrynichos, est-il affirmé dans un discours de Lysias, fut primitivement pauvre ; il gardait les moutons dans la campagne de l'Attique; ensuite il demeura à la ville, et pratiqua ce qu'on appelait la *sykophantia,* ou accusation calomnieuse et vexatoire, devant le Dikasterion et l'assemblée publique (Lysias, Orat. XX, pro Polystrato, c. 3, p. 674, Reiske).

vraient ce don avec indifférence. Celles qui s'étaient déjà révoltées ne reviendraient pas en arrière; celles qui restaient encore fidèles n'en seraient que plus disposées à persévérer dans leur fidélité. Leur objet était d'obtenir l'autonomie, soit sous l'oligarchie, soit sous la démocratie, comme le cas se présenterait. Assurément, elles n'attendaient pas un traitement meilleur d'un gouvernement oligarchique à Athènes que d'un gouvernement démocratique; car elles savaient que ces hommes, se donnant le nom « de bons et de vertueux, » qui formaient l'oligarchie, étaient, comme ministres de la démocratie, les principaux conseillers et instigateurs du peuple pour des actes iniques; le plus ordinairement en vue seulement de leur profit individuel. Les citoyens de ces États dépendants n'avaient rien à attendre d'une oligarchie athénienne, si ce n'est des exécutions violentes sans procès judiciaire; mais sous la démocratie, ils pouvaient obtenir du peuple et des Dikasteria populaires protection et les moyens d'appel, tandis que leurs persécuteurs y trouvaient un frein et des châtiments. Tel était (ainsi l'affirmait Phrynichos d'après sa connaissance personnelle) le sentiment véritable parmi les dépendances d'Athènes (1). Après avoir montré ainsi que les calculs des conspirateurs, — quant à Alkibiadès, à la Perse et aux dépendances alliées,

---

(1) Thucydide, VIII, 48. Τὰς τε ξυμμαχίδας πόλεις, αἷς ὑπεσχῆσθαι δὴ σφᾶς ὀλιγαρχίαν, ὅτι δὴ καὶ αὐτοὶ οὐ δημοκρατήσονται, εὖ εἰδέναι ἔφη ὅτι οὐδὲν μᾶλλον σφίσιν οὔθ' αἱ ἀφεστηκυῖαι προσχωρήσονται, οὔθ' αἱ ὑπάρχουσαι βεβαιότεραι ἔσονται · οὐ γὰρ βουλήσεσθαι αὐτοὺς μετ' ὀλιγαρχίας ἢ δημοκρατίας δουλεύειν μᾶλλον, ἢ μεθ' ὁποτέρου ἂν τύχωσι τούτων ἐλευθέρους εἶναι. Τούς τε καλοὺς κἀγαθοὺς ὀνομαζομένους οὐκ ἐλάσσω αὑτοὺς νομίζειν σφίσι πράγματα παρέξειν τοῦ δήμου, ποριστὰς ὄντας καὶ ἐξηγητὰς τῶν κακῶν τῷ δήμῳ, ἐξ ὧν τὰ πλείω αὐτοὺς ὠφελεῖσθαι · καὶ τὸ μὲν ἐπ' ἐκείνοις εἶναι, καὶ ἄκριτοι ἂν καὶ βιαιότερον ἀποθνήσκειν, τόν τε δῆμον σφῶν τε καταφυγὴν εἶναι καὶ ἐκείνων σωφρονιστήν. Καὶ ταῦτα παρ' αὐτῶν τῶν ἔργων ἐπισταμένας τὰς πόλεις σαφῶς αὐτὸς εἰδέναι, ὅτι οὕτω νομίζουσι.

En faisant la comparaison entre l'oligarchie et la démocratie en Grèce, il n'y a guère de preuve plus importante que ce passage : témoignage rendu au mérite comparatif de la démocratie par un conspirateur oligarchique, et sanctionné par un historien peu ami lui-même de la démocratie.

— étaient tous illusoires, Phrynichos conclut en protestant d'une manière décidée contre l'adoption des propositions d'Alkibiadês.

Mais dans cette protestation (justifiée plus tard par le résultat) il se trouva à peu près seul. Le courant d'opinion, parmi les conspirateurs oligarchiques, prit si impétueusèment la direction contraire, qu'on résolut de dépêcher immédiatement à Athènes Peisandros, pour consommer la révolution oligarchique aussi bien que le rappel d'Alkibiadês, et en même temps pour proposer au peuple leur nouvel allié prétendu, Tissaphernès.

Phrynichos savait bien, si cette révolution s'accomplissait, comme il prévoyait qu'elle s'accomplirait probablement, ce qu'il avait à attendre de la vengeance d'Alkibiadês, son ennemi par suite de sa récente opposition. Convaincu que ce dernier le ferait périr, il prit des mesures pour se défaire de lui le premier, même par une perfide communication à l'amiral lacédæmonien Astyochos, à Milêtos, auquel il envoya un exposé secret des intrigues que l'exilé athénien poursuivait à Samos au préjudice des Péloponésiens, précédé d'une apologie maladroite du sacrifice qu'il faisait des intérêts de son pays à la nécessité de se protéger contre un ennemi personnel. Mais Phrynichos connaissait imparfaitement le caractère réel du commandant spartiate, ou de ses relations avec Tissaphernès et Alkibiadês. Non-seulement ce dernier était alors à Magnesia, sous la protection du satrape, et hors du pouvoir des Lacédæmoniens, — mais Astyochos, que l'or de Tissaphernès avait fait trahir son devoir, y vint pour montrer la lettre de Phrynichos à la personne même qu'elle était destinée à faire connaître. Alkibiadês, sur-le-champ, envoya aux généraux et aux officiers, à Samos, avis de la démarche faite par Phrynichos, et les pressa de le mettre à mort.

La vie de Phrynichos, à ce moment, tint à un fil, et ne fut probablement épargnée que grâce à ce respect pour les formalités judiciaires si profondément enraciné dans le caractère athénien. Dans ce danger extrême, il eut recours à un artifice plus subtil encore pour se sauver. Il dépêcha une seconde lettre à Astyochos, pour se plaindre qu'il eût violé sa confiance par rapport à la première, mais en même temps pour lui donner à entendre qu'il était maintenant disposé à livrer aux Lacédæmoniens le camp et l'armement établi à Samos. Il invitait Astyochos à venir attaquer la ville, qui était encore sans fortification, — lui expliquant minutieusement la manière dont l'attaque serait le mieux conduite; et il concluait en disant que cette démarche, aussi bien que tout autre moyen de défense, devait être pardonnée à un homme dont la vie était en danger de la part d'un ennemi personnel. Prévoyant qu'Astyochos livrerait cette lettre comme il avait livré la première, Phrynichos attendit un temps convenable, et ensuite il révéla au camp l'intention qu'avait l'ennemi de faire une attaque, comme si la nouvelle lui en fût parvenue par une information particulière. Il insista sur la nécessité de précautions immédiates, et lui-même, comme général, surveilla le travail de la fortification, qui ne tarda pas à être achevé. Bientôt arriva une lettre d'Alkibiadès, communiquant à l'armée que Phrynichos l'avait trahie, et que les Péloponésiens étaient sur le point d'attaquer. Mais cette lettre, qui arriva après que les précautions prises par ordre de Phrynichos lui-même avaient déjà été complétées, fut expliquée comme une simple supercherie de la part d'Alkibiadès lui-même, grâce à la connaissance qu'il avait des intentions des Péloponésiens, afin de soulever une accusation de correspondance perfide contre son ennemi personnel. L'impression produite ainsi par la seconde lettre effaça la tache que la première avait laissée sur Phrynichos; si bien que ce dernier se trouva déchargé des deux accusations (1).

Mais bien que Phrynichos réussît ainsi à se tirer d'embarras, il échoua complétement dans sa manœuvre contre l'influence et la vie d'Alkibiadès; car non-seulement le mouvement oligarchique continua en faveur de ce dernier, mais encore il fut transféré à Athènes. En arrivant dans

---

(1) Thucydide, VIII, 50, 51.

cette dernière ville, Peisandros et ses compagnons exposèrent à l'assemblée publique les projets qui avaient été conçus par les oligarques à Samos. Le peuple fut invité à rappeler Alkibiadès et à renoncer à la constitution démocratique; en retour, on l'assurait qu'il aurait le roi de Perse comme allié, et qu'il triompherait des Péloponésiens (1).

Violent fut l'orage que ces propositions soulevèrent dans l'assemblée publique. Il se leva plus d'un orateur pour défendre vivement la démocratie; peu, s'il y en eut, se prononcèrent distinctement contre elle. Les adversaires d'Alkibiadès dénoncèrent avec indignation le mal qu'il y aurait à le rappeler, en violant les lois et en annulant une sentence judiciaire; tandis que les Eumolpidæ et les Kerykes, les familles sacrées qui se rattachaient aux mystères éleusiniens, qu'Alkibiadès avait profanés, firent leur protestation solennelle d'après des motifs religieux, dans le même but. Contre tous ces adversaires véhéments, dont les invectives passionnées obtenaient la sympathie entière de l'assemblée, Peisandros n'avait qu'une simple réponse à faire. Il les appela successivement par leur nom, et posa à chacun d'eux cette question : « Quelle espérance de salut avez-vous pour la ville, quand les Péloponésiens nous opposent une armée navale entièrement égale à la nôtre, avec un plus grand nombre de villes alliées, — et quand le roi, aussi bien que Tissaphernês, leur fournit de l'argent, tandis qu'il ne nous en reste pas? Quelle espérance de salut avez-vous, à moins que nous ne puissions amener le roi à passer de notre côté? » La ré-

---

(1) Dans le discours fait par Theramenês (l'Athénien) pendant l'oligarchie des Trente, sept ans plus tard, il est affirmé que le peuple athénien vota 'adoption de l'oligarchie des Quatre Cents parce qu'on lui dit que les *Lacédæmoniens* ne se fieraient jamais à une démocratie (Xénoph. Hellen. II, 3, 45).

Ceci est complétement inexact; — c'est un spécimen du vague des assertions des orateurs par rapport à des faits qui ne se sont pas même passés depuis bien longtemps. Au moment où Theramenês parle ainsi, la question de savoir quelle constitution politique il conviendrait aux Lacédæmoniens de tolérer à Athènes, était de la dernière importance pour les Athéniens. Theramenês transporte les sentiments du présent aux incidents du passé.

ponse fut une triste négative, — ou peut-être un silence non moins triste. Eh bien! (répliqua Peisandros), — il n'est possible d'atteindre ce but qu'en conduisant, dans l'avenir, nos affaires politiques d'une manière plus modérée, qu'en remettant les pouvoirs du gouvernement entre les mains d'un petit nombre, et qu'en rappelant Alkibiadês, le seul homme vivant aujourd'hui qui soit capable de faire l'affaire. Dans les circonstances actuelles, nous n'attacherons assurément pas plus de prix à notre constitution politique qu'au salut de la ville : d'autant plus que ce que nous décrétons aujourd'hui peut être modifié bientôt, si nous n'en sommes pas satisfaits.

Contre le changement oligarchique proposé, la répugnance de l'assemblée était à la fois unanime et pleine de colère. Mais elle fut réduite au silence par l'impérieuse nécessité du cas, comme l'armement à Samos l'avait été auparavant; et en admettant l'alternative posée par Peisandros (comme je l'ai déjà fait observer), le citoyen le plus démocratique pouvait être embarrassé quant à son vote. Un orateur, comme Phrynichos à Samos, fit-il ressortir ce que l'alternative avait de trompeur, et demanda-t-il à Peisandros quelque garantie, préférable à une simple affirmation, pour les avantages à venir? c'est ce qu'on ne nous dit pas. Mais le vote général de l'assemblée, rendu avec répugnance et seulement dans l'espérance d'un changement futur, sanctionna sa recommandation (1). On le dépêcha immédiatement en Iônia avec dix autres députés, investis des pleins pouvoirs de négocier avec Alkibiadês et Tissaphernês. Peisandros obtint

---

(1) Thucydide, VIII, 54. Ὁ δὲ δῆμος τὸ μὲν πρῶτον ἀκούων χαλεπῶς ἔφερε τὸ περὶ τῆς ὀλιγαρχίας · σαφῶς δὲ διδασκόμενος ὑπὸ τοῦ Πεισάνδρου μὴ εἶναι ἄλλην σωτηρίαν, δείσας, καὶ ἅμα ἐλπίζων ὡς καὶ μεταβαλεῖται, ἐνέδωκε.

« Atheniensibus, imminente periculo belli, major salutis quam dignitatis cura fuit. Itaque, permittente populo, imperium ad senatum transfertur » (Justin, V, 3).

Justin est exact en ce qui concerne le vote ; mais il ne remarque pas le changement qui s'opéra ensuite dans les choses, quand l'établissement des Quatre Cents fut accompli *sans* l'avantage promis de l'alliance persane, et seulement par le terrorisme.

en même temps de l'assemblée un vote qui enlevait à Phrynichos son commandement, sous l'accusation d'avoir causé
perfidement la perte d'Iasos et la prise d'Amorgês, après la
bataille de Milêtos, — mais réellement à cause de la certitude
qu'il serait un obstacle insurmontable à toute négociation
avec Alkibiadês. Phrynichos, avec son collègue Skirmidês,
étant ainsi destitué, on envoya Leôn et Diomedôn en qualité
de commandants à leur place ; nomination dont, comme on le
verra bientôt, Peisandros était loin de prévoir les conséquences.

Avant son départ pour l'Asie, il fit une démarche encore
plus importante. Il savait bien que le vote récent, — résultat
de la crainte inspirée par la guerre, représentant un sentiment absolument contraire à celui de l'assemblée, et obtenu
seulement comme prix de l'aide des Perses contre un ennemi étranger — ne deviendrait jamais une réalité par
l'acte spontané du peuple lui-même. Cet acte, à la vérité,
était indispensable comme première démarche ; en partie
comme autorité pour lui-même, en partie aussi comme aveu
de la faiblesse temporaire de la démocratie, et comme
sanction et encouragement donnés aux forces oligarchiques
et les engageant à se montrer. Mais la seconde démarche
restait encore à faire ; celle d'appeler ces forces à une action
énergique, — d'organiser une somme de violence suffisante
pour arracher au peuple une soumission réelle outre son
adhésion verbale, — et ainsi de lier pour ainsi dire le patient
pendant qu'on était en train de l'émasculer. Peisandros
visita toutes les diverses associations, sociétés ou Hetæriæ
politiques, qui étaient habituelles et notoires à Athènes ;
associations liées par serment, entre les citoyens riches,
en partie pour des vues d'amusement, mais surtout obligeant
les membres à se soutenir dans les questions d'ambition
politiques, dans des procès judiciaires, dans l'accusation ou
la défense de personnages publics après que le temps de
leur charge était expiré, et à tout faire pour en venir à leurs
fins dans l'assemblée publique, etc. Dans ces associations
étaient répartis la plupart des « citoyens les meilleurs, des
hommes bons et honorables, élégants, marquants, posés,

des hommes honnêtes et modérés (1), » etc., pour employer cette phraséologie flatteuse par laquelle les politiques opulents et anti-populaires se sont plu à se désigner les uns les autres, dans l'antiquité aussi bien que dans les temps modernes. Et bien qu'il y eût sans doute parmi eux des individus qui méritaient ces dénominations prises dans leur meilleur sens, cependant le caractère général des associations n'en était pas moins exclusif et oligarchique. Dans les détails de la vie politique, ils avaient des prédilections aussi bien que des antipathies différentes, et ils étaient plus souvent en opposition les uns avec les autres qu'ils ne coopéraient mutuellement. Mais réunis, ils fournissaient une force anti-populaire formidable ; en général, ils étaient dans l'inaction, s'attendant à rentrer en charge, ou disséminés pour accomplir des mesures politiques de moins d'importance et poursuivre des succès personnels séparés, — mais en tous cas ils étaient capables, au moment d'une crise spéciale, d'être rappelés, organisés et réunis en colonne d'attaque pour le renversement de la démocratie. Tel fut le mouvement important que commença alors Peisandros. Il visita séparément chacune de ces sociétés, les mit en communication les unes avec les autres, et les exhorta toutes à une action agressive commune contre leur ennemi à toutes, la démocratie, à un moment où elle était intimidée et pouvait être renversée définitivement (2).

---

(1) Οἱ βέλτιστοι, οἱ καλοκάγαθοὶ, οἱ χαρίεντες, οἱ γνώριμοι, οἱ σώφρονες, etc. : « *Le parti honnête et modéré,* » etc.

(2) Au sujet de ces ξυνωμόσιαι ἐπὶ δίκαις καὶ ἀρχαῖς, — associations politiques et judiciaires, — voir tome VI, ch. 6, et tome IX, ch. I de cette Histoire. V. aussi Hermann Büttner, Geschichte der politischen Hetærieen zu Athen, p. 75, 79; Leipzig, 1840.

Il semble qu'il y a eu des réunions ou associations politiques semblables à Carthage, exerçant beaucoup d'influence, et entretenant des banquets perpétuels comme moyen de largesses faites aux pauvres. — Aristote, Polit. II, 8, 2; Tite-Live, XXXIII, 46; XXXIV, 61 : cf. Kluge, ad. Arist. de Polit. Carthag. p. 46-127; Wratisl. 1824.

Les mêmes associations politiques eurent à la fois une longue durée dans la noblesse de Rome, et une grande influence pour des objets politiques aussi bien que pour des succès judiciaires : — « coitiones (Cf. Cicéron, pro Cluentio, c. 54, p. 148) honorum adipiscendorum

Après avoir pris d'autres mesures nécessaires dans le même but, Peisandros quitta Athènes avec ses collègues

---

causâ factæ — factioues — sodalitates. » L'incident décrit dans Tite-Live (IX, 26) est remarquable. Le sénat, soupçonnant le caractère et la conduite de ces réunions, nomme le dictateur Mænius (en 312 av. J.-C.) comme commissaire, avec plein pouvoir de les rechercher et de s'occuper d'elles. Mais leur puissance était telle, dans un cas où elles avaient un intérêt commun et agissaient de concert (comme ce fut également le fait sous Peisandros à Athènes), qu'elles firent échouer complétement l'enquête, et continuèrent comme auparavant. « Nec diutius, *ut fit, quam dum recens erat, quæstio per clara nomina reorum viguit* : inde labi cœpit ad viliora capita, *donec coitionibus factionibusque, adversus quas comparata erat, oppressa est* » (Tite-Live, IX, 26). Cf. Dion Cassius, XXXVII, 57, au sujet des ἑταιρικὰ des triumvirs à Rome. Quintus Cicéron (de Petition. Consulat. c. 5) dit à son frère l'orateur : — « Quod si satis grati homines essent, hæc omnia (*i. e.* tous les *subsidia* nécessaires pour le succès de son élection prochaine) tibi parata esse debebant, sicut parata esse confido. Nam hoc biennio quatuor *sodalitates* civium ad ambitionem gratiosissimorum tibi obligasti.... Horum in causis ad te deferundis *quidnam eorum sodales tibi receperint et confirmarint* scio ; nam interfui. »

V. Th. Mommsen, De Collegiis et Sodaliciis Romanorum, Kiel 1843, ch. 3, sect. 5, 6, 7 ; et la Dissertation de Wunder, insérée dans l'Onomasticon Tullianum d'Orelli et de Baiter, dans le dernier volume de leur édition de Cicéron, pages 200-210, ad Indicem Legum ; *Lex Licinia de Sodalitiis.*

Comme exemple de ces réunions ou associations faites en vue d'un soutien mutuel dans les ξυνωμόσιαι ἐπὶ δίκαις (ne comprenant pas ἀρχαῖς, autant que

nous pouvons le reconnaître), nous pouvons citer l'association appelée οἱ Εἰκαδεῖς, que nous fait connaître une inscription récemment découverte en Attique, et publiée d'abord dans « Athens and Attica, » du docteur Wordsworth, p. 223 ; ensuite dans Ross, Die Demen von Attica, Préface, p. 5. Ces Εἰκαδεῖς sont une association dont les membres sont liés les uns aux autres par un serment commun, aussi bien que par une malédiction que le héros mythique de l'association, Eikadeus, est supposé avoir prononcée (ἐνάντιον τῇ ἀρᾷ ἣν Εἰκαδεὺς ἐπηράσατο) ; — ils possèdent des biens communs, et il était regardé comme contraire au serment pour l'un des membres d'entamer un procès pécuniaire contre le κοινόν. Cf. des obligations analogues entre les Sodales romains, Mommsen, p. 4. Quelques membres avaient violé leur obligation sur ce point ; Polyxenos les avait attaqués pour faux témoignage ; et le corps général des Eikadeis lui vote des remerciements pour sa conduite, choisit trois de ses membres pour l'assister dans la cause devant le Dikasterion (οἵτινες συναγωνιοῦνται τῷ ἐπεσκημμένῳ τοῖς μάρτυσι) : — cf. les ἑταιρίαι auxquelles il est fait allusion dans Démosthène (Cont. Theokrin. c. 11, p. 1335) comme soutenant Theokrinês devant le Dikasterion et intimidant les témoins.

Les corporations de commerçants dans les villes d'Europe au moyen âge, auxquelles habituellement chaque membre prêtait serment, et qui s'appelaient Conjurationes Amicitiæ, ont à bien des égards une ressemblance avec ces ξυνωμόσιαι; bien que les opérations judiciaires dans les villes du moyen âge, étant bien moins populaires qu'à Athènes, rendissent plus étroit en ce sens le cercle de leur intervention,

pour entamer ses négociations avec Tissaphernês. Mais la coopération et le mouvement agressif des sociétés qu'il avait créés furent poursuivis avec un redoublement d'ardeur pendant son absence, et tombèrent même dans des mains plus habiles à organiser et plus puissantes que les siennes. Le maître de rhétorique Antiphôn, du dême Rhamnus, s'en chargea spécialement, acquit la confiance des associations, et traça le plan de campagne contre la démocratie. C'était un homme estimable dans la vie privée et inaccessible à la corruption pécuniaire; à d'autres égards, d'une habileté supérieure, sous le rapport des combinaisons, du jugement, du discours et de l'action. La profession à laquelle il appartenait, impopulaire en général dans la démocratie, l'empêchait de prendre rang comme orateur soit dans l'assemblée publique, soit dans le dikasterion : car un maître de rhétorique qui luttait dans l'une ou dans l'autre contre un orateur privé (pour répéter une remarque déjà faite une fois) était considéré comme ayant le même avantage déloyal que dans les temps modernes on reconnaîtrait à un maître d'armes qui se battrait en duel avec un homme du monde. Privé ainsi lui-même de l'éclatante célébrité de la vie politique athénienne, Antiphôn n'en devint que plus habile, comme maître d'avis, de calculs, de projets, et de compositions de rhétorique (1),

---

cependant leur importance politique était tout à fait égale (V. Wilda, Das Gilden-Wesen des Mittelalters, Absch. II, p. 167, etc.).

Omnes autem ad Amicitiam pertinentes villæ per *fidem et sacramentum* firmaverant, quod unus subveniat atteri tanquam fratri suo in utili et honesto » (*ib.* p. 148).

(1) La personne décrite par Kritôn dans l'Euthydêmos de Platon (c. 31, p. 305 C.) comme ayant blâmé Sokratês pour converser avec Euthydêmos et Dionysodôros, est représentée exactement comme Antiphôn dans Thucydide, — ἥκιστα νὴ τὸν Δία ῥήτωρ · οὐδὲ οἶμαι πώποτε αὐτὸν ἐπὶ δικαστήριον ἀναβεβηκέναι · ἀλλ' ἐπαΐειν αὐτόν φασι περὶ τοῦ πράγματος, νὴ τὸν Δία, καὶ δεινὸν εἶναι καὶ δεινοὺς λόγους ξυντιθέναι.

Heindorf pense qu'il est question ici d'Isokrate : Groen van Prinsterer parle de Lysias; Winckelmann, de Thrasymachos. La description conviendrait à Antiphôn aussi bien qu'à l'un ou à l'autre de ces trois : bien qu'il se puisse faire que Stallbaum ait raison en supposant que Platon n'avait dans l'esprit personne individuellement.

Οἱ συνδικεῖν ἐπίσταμένοι, que Xénophon spécifie comme étant si éminemment utiles à une personne engagée dans un procès, sont probablement à servir la célébrité d'autrui ; au point que son assistance silencieuse dans les débats politiques et judiciaires, comme espèce d'avocat consultant, était extrêmement appréciée et largement payée. Or, tels étaient précisément les talents que demandait l'occasion présente ; tandis qu'Antiphôn, qui haïssait la démocratie parce qu'elle l'avait jusque-là tenu dans l'ombre, fut heureux d'employer tous ses talents à la renverser.

Telle était l'influence de l'homme auquel Peisandros en partant confia particulièrement la tâche d'organiser les associations anti-populaires, pour l'achèvement de la révolution déjà en perspective immédiate. Son principal auxiliaire fut Theramenês, autre Athénien, nommé alors pour la première fois, remarquable par ses talents et sa finesse. Son père (soit naturel, soit par adoption), Agnôn, était un des Probouli, et avait naguère été fondateur d'Amphipolis. Phrynichos même, — dont nous avons déjà eu l'occasion d'apprécier la sagacité, et qui, par haine pour Alkibiadês, s'était prononcé décidément contre le mouvement oligarchique à Samos, — Phrynichos, dis-je, devint plein d'ardeur pour hâter le mouvement à Athènes, après qu'il eut perdu son commandement. Il apportait au parti d'Antiphôn et de Theramenês une tête à combinaisons non inférieure à la leur, jointe à une hardiesse et à une audace même supérieures. C'est sous des chefs aussi habiles que les forces anti-populaires d'Athènes furent organisées avec un talent consommé, et dirigées avec une perversité pleine d'adresse qu'on n'avait jamais vue auparavant en Grèce.

A l'époque où Peisandros et les autres ambassadeurs arrivèrent en Iônia (vraisemblablement vers la fin de janvier ou le commencement de février 411 av. J.-C.), la flotte péloponésienne avait déjà quitté Milêtos, et s'était rendue à Knidos et à Rhodes, île dans laquelle Leôn et Diomedôn firent quelques descentes rapides, de l'île voisine de Chalkê.

---

ceux qui savaient comment parler au Dikasterion d'une manière efficace à l'appui de son affaire (Xénophon, Memor. I, 2, 51).

En même temps, l'armement athénien à Chios faisait des progrès dans le siége de cette ville et dans la construction du fort voisin à Delphinion. Pedaritos, le gouverneur lacédæmonien de l'île, avait envoyé de pressants messages pour demander du secours aux Péloponésiens à Rhodes; mais aucun secours n'était arrivé : et en conséquence, il résolut de tenter une sortie et une attaque générales contre les Athéniens, avec toutes ses forces étrangères aussi bien qu'avec celles de Chios. Bien qu'il obtînt d'abord quelques succès, la bataille se termina par sa défaite complète et par sa mort, avec un grand massacre des troupes de Chios, et la perte d'un grand nombre de leurs boucliers qui furent pris dans la poursuite (1). Les habitants de Chios, réduits alors à de plus grands embarras qu'auparavant, et commençant à souffrir cruellement de la famine, ne furent en état de tenir que grâce à un renfort partiel obtenu bientôt après des vaisseaux stationnaires péloponésiens à Milêtos. Un Spartiate nommé Leôn, qui était venu sur le vaisseau d'Antisthenês comme l'un des epibatæ ou soldats de marine, conduisait cette escadre de renfort composée de douze trirèmes (surtout thuriennes et syracusaines), en succédant à Pedaritos dans le commandement général de l'île (2).

---

(1) Thucydide, VIII, 55, 56.

(2) Thucydide, VIII, 61. Ἔτυχον δὲ ἔτι ἐν Ῥόδῳ ὄντος Ἀστυόχου ἐκ τῆς Μιλήτου Λέοντά τε ἄνδρα Σπαρτιάτην, ὃς Ἀντισθένει ἐπιβάτης ξυνέπλει, τοῦτον κεκομισμένοι μετὰ τὸν Πεδαρίτου θάνατον ἄρχοντα.

Je ne vois pas pourquoi le mot ἐπιβάτης ne serait pas expliqué ici, comme ailleurs, dans son sens ordinaire de *miles classiarius*. Les commentateurs (V. les notes du docteur Arnold, de Poppo et de Goeller) soulèvent des difficultés qui me semblent de peu d'importance, et ils imaginent divers sens nouveaux, sans autorité produite à l'appui d'aucun. Nous ne devrions pas nous étonner qu'un simple *miles classiarius* ou soldat de marine (étant citoyen spartiate) fût nommé commandant à Chios, lorsque (quelques chapitres après) nous voyons Thrasyboûlos à Samos élevé, du poste de simple hoplite dans les rangs, à la dignité de général athénien (VIII, 73).

On peut faire la même remarque sur le passage cité de Xénophon (Hellen. I, 3, 17), au sujet d'Hegesandridas, — ἐπιβάτης ὢν Μινδάρου, où les commentateurs rejettent également le sens ordinaire (V. une note de Schneider dans les Addenda à son édition de 1791, p. 97). Le participe ὢν dans ce passage doit être regardé comme ayant été substitué d'une manière inexacte à γεγενημένος, puisque Mindaros était mort

Ce fut au moment où il semblait ainsi probable que Chios serait recouvrée par Athènes, — et où la flotte péloponésienne supérieure était paralysée à Rhodes par les intrigues et les présents des Perses, — que Peisandros arriva en Iônia pour entamer des négociations avec Alkibiadês et Tissaphernês. Il put annoncer que le renversement de la démocratie à Athènes était déjà commencé et serait bientôt achevé, et il demanda alors le prix qui avait été promis en échange, — l'alliance persane et du secours pour Athènes contre les Péloponésiens. Mais Alkibiadês savait bien qu'il avait promis ce qu'il n'avait pas la moindre chance de pouvoir accomplir. Le satrape avait paru suivre son avis, — ou plutôt il avait suivi sa propre inclination, en employant Alkibiadês comme instrument et comme auxiliaire, — en essayant d'épuiser les deux parties, et de les maintenir presque égales jusqu'à ce que chacune d'elles ruinât l'autre. Mais il n'était nullement disposé à s'identifier avec la cause d'Athènes, ni à rompre décidément avec les Péloponésiens, — surtout à un moment où leur flotte était à la fois la plus grande des deux, et occupait une île très-voisine de sa satrapie. Aussi Alkibiadês, sommé par les députés athéniens de remplir son engagement, se trouva-t-il dans un dilemme dont il ne put se tirer que par une de ses manœuvres caractéristiques.

Recevant les députés lui-même conjointement avec Tissaphernês, et parlant au nom de ce dernier, il poussa ses demandes à un point qu'il savait que les Athéniens n'accorderaient jamais, afin que la rupture parût être de leur côté et non du sien. D'abord il demanda que toute l'Iônia fût concédée au Grand Roi; ensuite toutes les îles voisines, avec quelques autres articles en outre (1). Quelque considérables que fussent ces demandes, qui comprenaient la cession de Les-

---

à cette époque. Hegesandridas *avait été* au nombre des epibatæ de Mindaros, et il commandait actuellement une escadre sur la côte de Thrace.

(1) Thucydide, VIII, 56. Ἰωνίαν τε γὰρ πᾶσαν ἠξίουν δίδοσθαι, καὶ αὖθις νήσους τε ἐπικειμένας καὶ ἄλλα, οἷς οὐκ ἐναντιουμένων τῶν Ἀθηναίων, etc.

Que comprenaient ces *et cetera*, c'est ce que nous ne pouvons deviner. La demande était certainement assez ample sans cela.

bos et de Samos aussi bien que de Chios, et replaçaient la
monarchie persane dans l'état où elle avait été en 496 avant
J.-C., avant la révolte ionienne, —Peisandros et ses collègues
les accordèrent toutes : de sorte qu'Alkibiadês fut sur le
point de voir sa fraude découverte et déjouée. Enfin, il
s'avisa d'une nouvelle demande qui touchait l'orgueil aussi
bien que la sûreté des Athéniens, à l'endroit le plus sen-
sible. Il demanda que le roi persan fût réputé libre de construire des vaisseaux de guerre en nombre illimité, et de les
garder en croisière le long de la côte comme il le jugerait
bon, dans toutes ces nouvelles portions de territoire. Après
les immenses concessions déjà faites, les députés, non-seulement rejetèrent cette nouvelle demande sur-le-champ,
mais ils la ressentirent comme une insulte qui dévoilait le
but et le dessein réels d'Alkibiadês. Non-seulement elle an-
nulait le traité vanté (appelé la paix de Kallias) conclu environ quarante ans auparavant entre Athènes et la Perse, et li-
mitant les vaisseaux de guerre persans à la mer à l'est de
Phasêlis; mais elle anéantissait l'empire maritime d'Athènes,
et compromettait la sécurité de toutes les côtes et de toutes
les îles de la mer Ægée. Voir Lesbos, Chios et Samos, etc.,
au pouvoir de la Perse, était assez pénible; mais s'il arrivait
qu'il y eût de puissantes flottes persanes dans ces îles, ce
fait de leur présence serait le signe précurseur et le moyen
certain de conquêtes ultérieures à l'ouest, et ferait revivre
les dispositions agressives du Grand Roi telles qu'elles avaient
été au commencement du règne de Xerxês. Peisandros et
ses collègues, rompant brusquement le débat, retournèrent à
Samos, — indignés de la découverte, qu'ils faisaient alors
pour la première fois, qu'Alkibiadês les avait joués dès le
début, et imposait des conditions qu'il savait être inadmis-
sibles (1). Toutefois ils paraissent encore avoir pensé qu'Al-

---

(1) Thucydide, VIII, 56. Ναῦς ἠξίου
ἐᾶν βασιλέα ποιεῖσθαι, καὶ παραπλεῖν
τὴν ἑαυτοῦ γῆν, ὅπῃ ἂν καὶ ὅσαις ἂν
βούληται.

A mon avis, ἑαυτοῦ est décidément la
leçon convenable ici, et non ἑαυτῶν.
Je suis d'accord à cet égard avec le
docteur Arnold, Bekker et Goeller.

Dans un précédent volume de cette
Histoire, j'ai montré des motifs pour

kibiadês agissait ainsi, non parce qu'il ne *pouvait* pas, mais parce qu'il ne *voulait* pas soumettre l'alliance à une discussion (1). Ils le soupçonnèrent de jouer faux avec le mouvement oligarchique qu'il avait lui-même excité, et de projeter d'accomplir son propre rétablissement, conjointement avec l'alliance de Tissaphernès, dans le sein de la démocratie qu'il avait commencé par dénoncer. Tel fut le jour sous lequel ils présentèrent sa conduite, et ils exhalèrent leur désappointement en invectives contre sa duplicité, et en assurances que, après tout, il n'y avait pas de place pour lui dans une société oligarchique. Ces déclarations, qu'ils mirent en circulation à Samos, pour rendre compte de leur échec inattendu dans la réalisation des espérances qu'ils avaient fait naître, produisirent dans l'armement l'impression qu'Alkibiadês était réellement favorable à la démocratie ; en même temps, elles laissaient entier le prestige de son ascendant illimité sur Tissaphernès et sur le Grand Roi. Nous verrons bientôt les effets qu'amena cette opinion.

Toutefois, immédiatement après la rupture des négociations, le satrape fit une démarche bien propre à détruire entièrement les espérances des Athéniens, quant à ce qui concernait le secours des Perses. Bien qu'il persistât dans sa politique de ne prêter aucune aide décisive à aucune des deux parties, et de prolonger seulement la guerre de manière à les affaiblir l'une et l'autre, — cependant il commença à craindre qu'il ne poussât trop loin les choses contre les Péloponésiens, qui à ce moment avaient été pendant deux mois inactifs à Rhodes, avec leur vaste flotte tirée sur le rivage. Il n'avait pas de traité avec eux actuellement en vigueur,

---

croire (en opposition avec Mitford, Dahlmann et autres) que le traité appelé du nom de Kallias, et quelquefois appelé à tort du nom de Kimôn, — était un fait réel et non une orgueilleuse fiction : Voir tome VII, ch. 6.

La note du docteur Arnold, quoique juste en général, représente d'une manière inexacte les fortes raisons qu'a-vait Athènes pour rejeter et ressentir cette troisième demande.

(1) Thucydide, VIII. 63. Καὶ ἐν σφίσιν αὐτοῖς ἅμα οἱ ἐν τῇ Σάμῳ τῶν Ἀθηναίων κοινολογούμενοι ἐσκέψαντο, Ἀλκιβιάδην μὲν, ἐπειδήπερ οὐ βούλεται, ἐᾶν (καὶ γὰρ οὐκ ἐπιτήδειον αὐτὸν εἶναι ἐς ὀλιγαρχίαν ἐλθεῖν), etc.

puisque Lichas avait rejeté les deux conventions précédentes ;
il ne leur avait pas non plus fourni de paye ni de nourriture.
Ses présents faits aux officiers avaient jusque-là maintenu le
calme dans l'armement ; cependant nous ne voyons pas distinctement comment un corps si considérable d'hommes trouvait à se nourrir (1). Toutefois on lui apprit alors qu'ils ne
pouvaient plus trouver de subsistances, et que probablement
ils déserteraient, ou commettraient des déprédations sur la
côte de son gouvernement, ou peut-être seraient poussés à
précipiter une action générale avec les Athéniens, dans des
circonstances désespérées. Sous l'empire de ces craintes, il
se vit obligé de se mettre de nouveau en communication avec
eux, de leur fournir une paye, et de conclure une troisième
convention, — dont il avait refusé d'accueillir la proposition
à Knidos. Il alla donc à Kaunos, appela les chefs péloponésiens à Milêtos, et conclut avec eux, près de cette ville, un
traité à l'effet qui suit :

« La treizième année du règne de Darius, Alexippidas
étant éphore à Lacédæmone, une convention est, par le présent acte, conclue par les Lacédæmoniens et leurs alliés avec
Tissaphernês et Hieramonês et les fils de Pharnakês, relativement aux affaires du roi et à celles des Lacédæmoniens et
de leurs alliés. Tout le territoire du roi qui est en Asie ap-
partiendra au roi. Le roi décidera comme il le voudra quant
à son propre territoire. Les Lacédæmoniens et leurs alliés
n'approcheront pas du territoire du roi avec quelque dessein
nuisible, — et le roi n'approchera pas non plus de celui des
Lacédæmoniens et de leurs alliés avec un semblable dessein.
Si quelqu'un parmi les Lacédæmoniens ou leurs alliés approche du territoire du roi avec un dessein nuisible, les Lacédæmoniens et leurs alliés l'en empêcheront ; si quelqu'un
du territoire du roi approche des Lacédæmoniens ou de leurs

---

(1) Thucydide, VIII, 44-57. Dans
deux cas semblables, l'un à Chios,
l'autre à Korkyra, les marins d'un armement non payé trouvèrent à vivre
en se louant pour le travail de l'agri-
culture. Mais ce fut seulement pendant
l'été (V.. Xénophon, Hellen. II, 1, 1 ;
VI, 2, 37), tandis que le séjour des Péloponésiens à Rhodes fut de janvie à
mars.

alliés avec un dessein nuisible, le roi l'en empêchera. Tissaphernès fournira une paye et des vivres pour la flotte actuellement présente, au taux déjà stipulé, jusqu'à ce que la flotte du roi arrive ; après cela il sera laissé au choix des Lacédæmoniens de nourrir leur propre flotte s'ils le jugent convenable, — ou, s'ils le préfèrent, Tissaphernès fournira des vivres, et à la fin de la guerre les Lacédæmoniens lui rendront ce qu'ils auront reçu. Après que la flotte du roi sera arrivée, les deux flottes feront la guerre conjointement, suivant que le jugeront à propos Tissaphernès et les Lacédæmoniens et leurs alliés. S'ils veulent mettre fin à la guerre avec les Athéniens, ils ne le feront que d'un commun accord (1). »

En comparant cette troisième convention avec les deux précédentes, nous voyons qu'il n'est rien stipulé maintenant quant à aucun territoire autre que le continent de l'Asie, qui est assuré sans réserve au roi, naturellement avec tous les habitants grecs qui y sont établis. Mais, par une finesse diplomatique, les termes du traité impliquent que ce n'est pas *tout* le territoire auquel le roi a droit de prétendre, — bien que rien ne soit stipulé quant à aucun autre territoire quelconque (2). Ensuite ce troisième traité comprend Pharnabazos (fils de Pharnakès) avec sa satrapie de Daskylion, et Hieromenès, avec son district, dont nous ne connaissons ni l'étendue ni la position ; tandis que dans les premiers traités il n'est pas question d'autre satrape que de Tissaphernès. Nous devons nous rappeler que la flotte péloponésienne comprenait ces vingt-sept trirèmes qui avaient été amenées par Kalligeitos exprès pour secourir Pharnabazos, et que par conséquent ce dernier devenait alors naturellement partie aux opérations générales. En troisième lieu, nous voyons ici, pour la première fois, l'annonce formelle d'une flotte persane sur le point d'être amenée comme auxiliaire aux Pélo-

---

(1) Thucydide, VIII, 58.
(2) Thucydide, VIII, 58. Χώραν τὴν βασιλέως, ὅση τῆς Ἀσίας ἐστί, βα σιλέως εἶναι · καὶ περὶ τῆς χώρας τῆς ἑαυτοῦ βουλευέτω βασιλεὺς ὅπως βούλεται.

ponésiens. C'était une promesse que le satrape mettait alors en avant plus manifestement qu'à aucune époque antérieure pour les amuser et pour affaiblir la défiance qu'ils commençaient à concevoir de sa sincérité. Elle servait son dessein temporaire de les empêcher de faire un acte immédiat de désespoir nuisible à ses intérêts : ce qu'il recherchait avant tout. En conséquence, tandis qu'il recommençait ses payements pour le moment, il affectait de s'occuper d'ordres et de préparatifs pour la flotte de Phénicie (1).

La flotte péloponésienne reçut à ce moment l'ordre de quitter Rhodes. Toutefois, avant qu'elle s'éloignât de cette île, il y vint des députés d'Eretria et d'Orôpos; cette dernière ville (dépendance sur la frontière nord-est de l'Attique), quoique protégée par une garnison athénienne, avait été récemment surprise par les Bœôtiens et était tombée en leur pouvoir. La perte d'Orôpos augmentait beaucoup les facilités de la révolte pour l'Eubœa, et ces députés venaient demander de l'aide à la flotte péloponésienne, afin de seconder l'île dans ce dessein. Toutefois, les commandants péloponésiens se crurent obligés d'abord de secourir les malheureux habitants de Chios, île vers laquelle ils dirigèrent leur course en premier lieu. Mais à peine eurent-ils passé le cap Triopien, qu'ils aperçurent l'escadre athénienne de Chalkê qui suivait leurs mouvements. Bien qu'il n'y eût d'aucun côté le désir d'en venir à un engagement général, cependant ils virent évidemment que les Athéniens ne leur permettraient point de passer par Samos, et d'aller au secours de Chios, sans une bataille. Renonçant donc au projet de secourir Chios, ils concentrèrent de nouveau leurs forces à Milêtos, tandis que la flotte athénienne se réunit aussi de nouveau à Samos (2). Ce fut vers la fin de mars 411 avant J.-C. que les deux flottes furent ainsi replacées dans les stations qu'elles avaient occupées quatre mois auparavant.

Après la rupture avec Alkibiadès, et plus encore après

---

(1) Thucydide, VIII, 59.   (2) Thucydide, VIII, 60.

cette réconciliation manifeste de Tissaphernès avec les Péloponésiens, Peisandros et les conspirateurs oligarchiques à
Samos avaient à revenir sur leur plan d'action. Ils n'auraient
pas commencé le mouvement d'abord s'ils n'avaient été
incités par Alkibiadès, et s'ils n'avaient reçu de lui la perfide
déception de l'alliance persane pour tromper et paralyser le
peuple. Ils avaient à la vérité assez de motifs, vu leur ambition personnelle, pour la créer seuls, sans Alkibiadès ; mais
s'ils n'avaient pas eu les espérances, — également utiles à
leur dessein qu'elles fussent fausses ou vraies, — qui se rattachaient à son nom, ils n'auraient pas eu la chance d'achever la première démarche. Toutefois, maintenant, ce premier
pas avait été fait, avant que l'attente trompeuse de l'or persan fût dissipée. Le peuple athénien avait été familiarisé
avec l'idée d'un renversement de sa constitution, en considération d'un certain prix : il restait à lui arracher, à la
pointe de l'épée, sans payer le prix, ce qu'il avait consenti
à vendre (1). En outre, les auteurs du projet se voyaient déjà
compromis ; de sorte qu'ils ne pouvaient pas reculer sans
danger. Ils avaient mis en mouvement leurs partisans à
Athènes, où le système d'intimidation par le meurtre (bien
que la nouvelle n'en fût pas encore parvenue à Samos) était
en plein effet ; de sorte qu'ils se sentaient dans l'obligation
de persévérer comme seule chance de salut pour eux-mêmes.
En même temps, tout ce faible prétexte d'avantage public,
sous la forme de l'alliance persane, qui avait été attaché au
plan dans l'origine et qu'on avait pu imaginer pour y enrôler
quelques patriotes timides, — était alors écarté entièrement.
Il ne restait qu'un projet d'ambition, égoïste, sans voile et
sans scrupule, qui non-seulement ruinait la liberté d'Athènes à l'intérieur, mais encore la paralysait et la mettait en

---

(1) V. Aristote, Politic. V, 3, 8. Il
cite cette révolution comme un exemple d'un changement commencé par la
fraude et consommé ensuite par la
force, — οἷον ἐπὶ τῶν τετρακοσίων τὸν
δῆμον ἐξηπάτησαν, φάσκοντες τὸν βασιλέα χρήματα παρέξειν πρὸς τὸν πόλεμον
τὸν πρὸς Λακεδαιμονίους · ψευσάμενοι
δὲ, κατέχειν ἐπειρῶντο τὴν πολίτειαν.

danger devant l'ennemi du dehors à un moment où sa force entière était à peine suffisante pour la lutte. Les conspirateurs résolurent de continuer, à tout hasard, tant d'abattre la constitution que de poursuivre la guerre étrangère. La plupart d'entre eux étant riches, il leur plaisait (fait observer Thucydide) de payer la dépense de leur propre bourse, maintenant qu'ils luttaient, non pas pour leur pays, mais pour leur pouvoir et leur profit particuliers (1).

Ils ne perdirent pas un moment pour mettre leur projet à exécution, dès qu'ils furent revenus à Samos après la conférence avortée avec Alkibiadês. Tandis qu'ils renvoyaient Peisandros avec cinq des députés à Athènes, pour achever ce qui déjà y était en marche, — et les cinq autres pour amener à l'oligarchie les alliés dépendants, — ils organisèrent tout ce qu'ils avaient de partisans dans l'armement, et commencèrent à prendre des mesures pour renverser la démocratie à Samos même. Cette démocratie avait été le produit d'une révolution violente, effectuée environ dix mois auparavant avec l'aide de trois trirèmes athéniennes. Elle avait depuis empêché Samos de se révolter, comme Chios; c'était actuellement le moyen de sauver la démocratie à Athènes même. Les partisans de Peisandros, trouvant en elle un obstacle invincible à leurs vues, s'arrangèrent pour gagner une partie des principaux samiens revêtus alors de l'autorité sous ce gouvernement. Trois cents de ces derniers, portion de ceux qui, dix mois auparavant, s'étaient levés en armes pour abattre l'oligarchie préexistante, s'enrôlèrent alors comme conspirateurs avec les oligarques athéniens, afin de détruire la démocratie samienne et de s'emparer du pouvoir. La nouvelle alliance fut attestée et cimentée, suivant la véritable pratique oligarchique, par un meurtre sans procès judiciaire, ou assassinat, — pour lequel on avait sous la

---

(1) Thucydide, VIII, 63. Αὐτοὺς δὲ ἐπὶ σφῶν αὐτῶν, ὡς ἤδη καὶ κινδυνεύοντας, ὁρᾷν ὅτῳ τρόπῳ μὴ ἀνεθήσεται τὰ πράγματα, καὶ τὰ τοῦ πολέμου ἅμα ἀντέχειν, καὶ ἐσφέρειν αὐτοὺς προθύμως χρήματα καὶ ἤν τι ἄλλο δέῃ, ὡς οὐκέτι ἄλλοις ἢ σφίσιν αὐτοῖς ταλαιπωροῦντας.

main une victime convenable. L'Athénien Hyperbolos, qui avait été frappé d'ostracisme quelques années auparavant, par la coalition de Nikias et d'Alkibiadês, avec leurs partisans respectifs, — banni (comme nous le dit Thucydide) non par crainte de son pouvoir et de son influence excessive, mais à cause de son mauvais caractère et parce qu'il était une honte pour la ville, — et ainsi banni par un abus de l'institution, — Hyperbolos, dis-je, résidait alors à Samos. Il représentait l'éloquence démagogique et accusatoire de la démocratie, frein aux fautes commises dans les fonctions publiques : aussi était-il un objet commun d'antipathie pour les oligarques athéniens et samiens. Quelques-uns des partisans athéniens, ayant à leur tête Charminos, un des généraux, de concert avec les conspirateurs samiens, s'emparèrent d'Hyperbolos et le mirent à mort, vraisemblablement avec quelques autres victimes en même temps (1).

Mais si ces assassinats combinés servaient de gage à chaque section des conspirateurs pour la fidélité des autres par rapport à de nouvelles opérations, ils donnaient en même temps un avertissement aux adversaires. Les principaux personnages à Samos qui restaient attachés à la démocratie, cherchant au-dehors une défense contre la prochaine attaque, firent un ardent appel à Leôn et à Diomedôn, les deux généraux arrivés tout récemment d'Athènes pour remplacer Phrynichos et Skironidês, — hommes sincèrement dévoués à la démocratie, et contraires à tout change-

---

(1) Thucydide, VIII, 73. Καὶ Ὑπέρβολόν τέ τινα τῶν Ἀθηναίων, μοχθηρὸν ἄνθρωπον, ὠστρακισμένον οὐ διὰ δυνάμεως καὶ ἀξιώματος φόβον, ἀλλὰ διὰ πονηρίαν καὶ αἰσχύνην τῆς πόλεως ἀποκτείνουσι μετὰ Χαρμίνου τε ἑνὸς τῶν στρατηγῶν καί τινων τῶν παρὰ σφίσιν Ἀθηναίων, πίστιν διδόντες αὐτοῖς, καὶ ἄλλα μετ' αὐτῶν τοιαῦτα ξυνέπραξαν, τοῖς τε πλείστοις ὥρμηντο ἐπιτίθεσθαι.

Je présume que les mots ἄλλα τοιαῦτα ξυνέπραξαν doivent signifier que d'autres personnes furent assassinées avec Hyperbolos.

La manière inexacte dont M. Mitford raconte ces actes à Samos a été convenablement commentée par le docteur Thirlwall (Hist. Gr. ch. 28, vol. IV, p. 30). C'est d'autant plus surprenant que la phrase μετὰ Χαρμίνου, que M. Mitford a mal comprise, est expliquée dans une note spéciale de Dᴜker.

ment oligarchique, — aussi bien qu'au triérarque Thrasyllos, à Thrasyboulos (fils de Lykos), servant alors comme hoplite, et à beaucoup d'autres des démocrates et des patriotes prononcés de l'armement athénien. Ils firent cet appel, non simplement au nom de leur sûreté personnelle et de leur démocratie, menacées à ce moment par des conspirateurs dont une partie était des Athéniens, — mais aussi sur des motifs d'intérêt public pour Athènes ; puisque, si Samos était mise en oligarchie, sa sympathie pour la démocratie athénienne et sa fidélité à l'alliance seraient arrivées à leur fin. A ce moment on ne connaissait pas les événements très-récents qui étaient survenus à Athènes (et que nous raconterons bientôt), et on croyait que la démocratie y existait encore (1).

Soutenir la démocratie attaquée à Samos, et conserver l'île elle-même, actuellement le principal appui de l'empire athénien mis en pièces, étaient des motifs plus que suffisants pour éveiller les chefs athéniens sollicités ainsi. Commençant des sollicitations personnelles parmi les soldats et les marins, et invoquant leur intervention pour détourner le renversement de la démocratie samienne, ils trouvèrent le sentiment général décidément en leur faveur, mais surtout parmi les Parali, ou équipage de la trirème publique sacrée, appelée la Paralos. Ces hommes étaient l'élite des marins de l'État : chacun d'eux ayant, non-seulement certains priviléges, mais encore étant un citoyen athénien dans toute l'étendue du mot, recevant une paye plus élevée que les marins ordinaires, et connu comme dévoué à la constitution démocratique, avait une répugnance active pour l'oligarchie elle-même, aussi bien que pour tout ce qui la sentait (2). La

---

(1) Thucydide, VIII, 73, 74. Οὐκ ἠξίουν περιϊδεῖν αὐτοὺς σφᾶς τε διαφθαρέντας, καὶ Σάμον Ἀθηναίοις ἀλλοτριωθεῖσαν, etc. ..... οὐ γὰρ ᾔδεσάν πω τοὺς τετρακοσίους ἄρχοντας, etc.

(2) Thucydide, VIII, 73. Καὶ οὐχ ἥκιστα τοὺς Παράλους, ἄνδρας Ἀθηναίους τε καὶ ἐλευθέρους πάντ... ας ἐν τῇ νηῒ πλέοντας, καὶ ἀεὶ δήποτε ὀλιγαρχίᾳ καὶ μὴ παρούσῃ ἐπικειμένους.

Peitholaos appelait la Paralos ῥόπα-

vigilance de Leôn et de Diomedôn, sur la défensive, neutralisa les machinations de leur collègue Charminos et des conspirateurs, et donna à la démocratie samienne de fidèles auxiliaires constamment prêts à agir. Bientôt les conspirateurs firent une attaque violente pour renverser le gouvernement; mais bien qu'ils choisissent leur moment et l'occasion favorable, ils n'en furent pas moins complétement défaits dans la lutte, grâce surtout à l'aide énergique des Parali. Trente d'entre eux furent tués dans le conflit, et ensuite trois des plus coupables condamnés au bannissement. Le parti victorieux ne se vengea pas autrement, même sur le reste des trois cents conspirateurs, — il accorda une amnistie générale, et fit tout ce qu'il put pour rétablir le jeu constitutionnel et harmonieux de la démocratie (1).

Chæreas, triérarque athénien, qui s'était montré plein d'ardeur dans la lutte, fut envoyé à Athènes, dans la Paralos elle-même, pour donner communication de ce qui s'était passé. Mais cet équipage démocratique, en arrivant à sa ville natale, au lieu de rencontrer l'accueil bienveillant auquel il s'attendait sans doute, trouva un état de choses non moins odieux que surprenant. La démocratie d'Athènes avait été renversée : au lieu du sénat des Cinq Cents et de l'assemblée du peuple, une oligarchie de quatre cents personnes, s'étant installées elles-mêmes, était établie avec une autorité souveraine dans le palais du Sénat. Le premier ordre des Quatre Cents, en apprenant que la Paralos était entrée dans le Peiræeus, fut d'emprisonner deux ou trois des marins de l'équipage, et de faire passer tous les autres de leur trirème privilégiée à bord d'une trirème ordinaire, avec ordre de partir sur-le-champ et de croiser près de l'Eubœa. Le commandant Chæreas trouva le moyen de

---

λου τοῦ δήμου, — « la massue, le bâton, ou la masse du peuple. » (Aristote, Rhétorique, III, 3.)

(1) Thucydide, VIII., 73. Καὶ τριάκοντα μέν τινας ἀπέκτειναν τῶν τριακοσίων, τρεῖς δὲ τοὺς αἰτιωτάτους φυγῇ ἐζημίωσαν · τοῖς δ' ἄλλοις οὐ μνησικακοῦντες δημοκρατούμενοι τὸ λοιπὸν ξυνεπολίτευον.

s'échapper, et il retourna à Samos raconter la fâcheuse nouvelle (1).

Nous devons reprendre les démarches à l'aide desquelles cette oligarchie des Quatre Cents s'était élevée graduellement à son nouveau pouvoir, à partir du moment où Peisandros quitta Athènes, — après avoir obtenu le vote de l'assemblée publique l'autorisant à traiter avec Alkibiadês et Tissaphernês, — et après avoir mis en train une organisation et une conspiration combinées de toutes les sociétés auti-populaires, remises à la direction surtout d'Antiphôn et de Theramenês, et plus tard aidées par Phrynichos. Tous les membres du conseil d'Anciens appelés Probouli, qui avaient été nommés après la défaite en Sicile, — avec Agnôn, père de Theramenês, à leur tête (2), — en même temps que beaucoup d'autres citoyens importants, dont quelques-uns avaient été comptés parmi les plus fermes amis de la démocratie, se joignirent à la conspiration ; tandis que les riches oligarchiques et les neutres y entrèrent avec ardeur ; de sorte qu'il se forma un corps de partisans à la fois nombreux et bien pourvu d'argent. Antiphôn n'essaya pas de les rassembler ni de faire de démonstration publique, armée ou sans armes, dans le dessein d'intimider les autorités actuelles. Il permit au sénat et à l'assemblée publique de se réunir et de discuter comme d'ordinaire ; mais ses partisans, dont on ne connaissait publiquement ni les noms ni le nombre, reçurent de lui des instructions qui leur apprirent quand ils devaient parler et le langage qu'ils devaient tenir. Le grand argument sur lequel ils s'étendaient était la dépense nécessitée par les institutions démocratiques dans l'état actuel de détresse où se trouvaient les finances, alors qu'on ne pouvait plus compter sur le tribut des alliés, — la

---

(1) Thucydide, VIII, 74.

(2) Thucydide, VIII, 1. Au sujet de l'appui que *tous* ces Probouli prêtèrent à la conspiration, V. Aristote, Rhétorique, III, 18, 2.

Relativement aux actes d'Agnôn, comme l'un des Probouli, dans la même cause, V. Lysias, Orat. XII, cont. Eratosthen. c. 2, p. 426, Reisk. sect. 66.

lourde taxe imposée à l'État par le payement des sénateurs, des dikastes, des ekklésiastes ou citoyens qui assistaient à l'assemblée publique, etc. L'État n'avait actuellement le moyen de payer personne, si ce n'est les soldats qui combattaient pour sa défense, et personne, autre ne devait toucher l'argent public. Il était essentiel (disaient-ils en insistant) d'exclure tout le monde des droits politiques, excepté un corps choisi de Cinq Mille, composé de ceux qui étaient les plus capables de rendre service à la ville par leur personne et par leur bourse.

La suppression étendue des priviléges compris dans cette dernière proposition était bien assez blessante pour les oreilles d'une assemblée athénienne. Mais, en réalité, la proposition elle-même était une fourberie, et elle n'était pas destinée à devenir une réalité ; elle représentait bien moins que ce que projetaient Antiphôn et ses partisans. Leur dessein était de s'approprier exclusivement les pouvoirs du gouvernement, sans contrôle ni partage, et de laisser ce corps de Cinq Mille, non-seulement sans le réunir, mais même sans existence, comme un nom purement vain destiné à imposer aux citoyens en général. Toutefois, pas un mot ne fut encore dit de cette intention réelle. Le corps projeté des Cinq Mille fut le sujet sur lequel parlèrent tous les orateurs de parti, sans toutefois proposer aucune motion réelle pour le changement, qui ne pouvait cependant pas se faire sans illégalité.

Même défendu ainsi directement, le projet d'enlever les droits politiques des Cinq Mille, et de supprimer toutes les fonctions civiles payées, était un changement assez violent pour provoquer de nombreux adversaires. Antiphôn était tout prêt à leur répondre. Parmi les hommes qui se mettaient en avant comme opposants, tous ou du moins les plus marquants furent successivement enlevés par des assassinats particuliers. Le premier de tous ceux qui périrent ainsi fut Androklès, distingué comme démagogue ou orateur populaire, et signalé à la vengeance, non-seulement par cette circonstance, mais encore par ce fait qu'il avait été au nombre des accusateurs les plus véhéments d'Alkibiadês, avant son exil. Car à cette époque, la rupture de Peisandros avec Tissaphernês et Alkibiadês n'était pas déjà connue à Athènes, de sorte qu'on supposait encore que ce dernier était sur le point d'y revenir comme membre du gouvernement oligarchique projeté. Après Androklês, plus d'un autre orateur de sentiments semblables périrent de la même manière, par des mains inconnues. Une bande de jeunes gens grecs, étrangers rassemblés de différentes villes (1), fut organisée pour l'affaire : on choisit toutes les victimes pour le même motif spécial, et l'on accomplit le meurtre, si habilement qu'on ne connut jamais ni la main qui le dirigea ni celles qui l'exécutèrent. Après que ces assassinats, — sûrs, spéciaux, secrets et systématiques, émanant d'un directoire inconnu comme d'un tribunal vehmique, — eurent continué pendant quelque temps, la terreur qu'ils inspirèrent devint intense et universelle. On ne pouvait avoir justice, ni établir une enquête, même après la mort du parent le plus proche et le plus cher. Enfin, aucun homme n'osait demander d'enquête ni même en faire mention, se regardant comme heureux d'avoir échappé au même sort personnellement. Une organisation si parfaite et des coups si bien dirigés firent croire généralement que les conspirateurs étaient beaucoup plus nombreux qu'ils ne l'étaient en réalité. Et comme on vit qu'il y avait dans ce nombre des personnes qui avaient été auparavant comptées comme des démocrates sincères (2), l'effroi et la défiance finirent par devenir géné-

---

(1) Thucydide, VIII, 69. Οἱ εἴκοσι καὶ ἑκατὸν μετ' αὐτῶν (c'est-à-dire avec les Quatre Cents) Ἕλληνες νεανίσκοι, οἷς ἐχρῶντο εἴ τί που δέοι χειρουργεῖν. Selon le Dr Arnold, les mots Ἕλληνες νεανίσκοι signifient quelques-uns des membres des réunions ou associations aristocratiques dont il a été parlé précédemment. Mais je ne puis croire que Thucydide se servirait d'une telle expression pour désigner des citoyens athéniens ; il n'est pas non plus probable que des citoyens athéniens fussent employés à des actes répétés d'un tel caractère.

(2) Peisandros lui-même avait professé le plus fort attachement pour la démocratie, joint à une violence exagérée contre les personnes soupçonnées de complots oligarchiques, — quatre ans auparavant, dans les recherches qui suivirent la mutilation des Hermæ à Athènes (Andocide, De Mysteriis, c. 9, 10, sect. 36-43).

C'est un fait que Peisandros fut un des moteurs marquants dans ces deux

rales. Personne n'osait même exprimer de l'indignation au sujet de la continuation des meurtres, bien moins encore parler de réparation ou de vengeance, par crainte de communiquer avec l'un des conspirateurs inconnus. Au milieu de ce terrorisme, toute opposition cessa dans le sénat et dans l'assemblée publique, de sorte que les orateurs de la conspiration oligarchique parurent obtenir un assentiment unanime (1).

Tel était l'état auquel avaient été amenées les choses à Athènes, par Antiphôn et les conspirateurs oligarchiques agissant sous sa direction, à l'époque où Peisandros et les cinq députés y arrivèrent en revenant de Samos. Il est probable qu'ils y avaient transmis antérieurement de Samos la nouvelle de la rupture avec Alkibiadês, et de la nécessité de poursuivre la conspiration sans songer davantage soit à lui, soit à l'alliance persane. Cette nouvelle dut probablement être agréable et à Antiphôn et à Phrynichos, tous deux ennemis personnels d'Alkibiadês; surtout à Phrynichos, qui l'avait déclaré incapable de fraterniser avec une révolution oligarchique (2). Quoi qu'il en soit, les plans d'Antiphôn avaient été indépendants de toute espérance de l'aide des Perses, et ils avaient été menés de manière à opérer la ré-

---

occasions, à quatre ans d'intervalle. Et si nous pouvions croire Isokrate (De Bigis, sect. 4-7, p. 347), la seconde des deux ne fut que la continuation et l'achèvement d'un complot, qui avait été projeté et commencé dans la première, et dans lequel les conspirateurs s'étaient efforcés d'enrôler Alkibiadês. Ce dernier refusa (ainsi le prétend son fils, l'orateur dans le discours mentionné ci-dessus), par suite de son attachement à la démocratie; alors les conspirateurs oligarchiques, irrités de son refus, soulevèrent contre lui l'accusation d'irréligion, et obtinrent son bannissement.

Bien que Droysen et Wattenbach (De Quadringentorum Athenis facetione, p. 7, 8; Berlin, 1842) aient confiance dans une mesure considérable à cette manière de présenter les faits, — je ne la considère comme n'étant rien de plus qu'une altération complète, inconciliable avec Thucydide, confondant des faits qui n'ont aucun rapport entre eux, aussi bien que séparés par un long intervalle de temps, et introduisant des causes chimériques, — dans le dessein de prouver (ce qui certainement n'était pas vrai) qu'Alkibiadês était un ami fidèle de la démocratie, et qu'il avait même souffert pour elle.

(1) Thucydide, VIII, 66.

(2) Thucydide, VIII, 68. Νομίζων οὐκ ἄν ποτε αὐτὸν (Alkibiadês) κατὰ τὸ εἰκὸς ὑπ' ὀλιγαρχίας κατελθεῖν, etc.

volution au moyen d'une crainte ouverte, exorbitante et bien dirigée, sans mélange de crainte ni perspective d'avantage public. Peisandros trouva le règne de la terreur complétement mûr. Il n'était pas venu directement de Samos à Athènes; mais il s'était arrêté dans son voyage chez diverses dépendances alliées, — tandis que les cinq autres députés, aussi bien qu'un partisan nommé Diotrephès, avaient été envoyés à Thasos et ailleurs (1), tous dans le même dessein, à savoir de renverser les démocraties dans ces villes alliées où elles existaient, et d'établir des oligarchies à leur place. Peisandros effectua ce changement à Tênos, à Andros, à Karystos, à Ægina et ailleurs; il réunit dans ces divers endroits un régiment de trois cents hoplites, qu'il amena avec lui à Athènes comme sorte de gardes du corps pour sa nouvelle oligarchie (2). Il ne pouvait pas savoir, avant d'arriver au Peiræeus, le plein succès du terrorisme organisé par Antiphôn et les autres; de sorte qu'il vint probablement préparé à surmonter une plus grande résistance que celle qu'il trouva réellement. Dans l'état actuel des choses, l'opinion et l'ardeur publiques avaient été si complétement réduites, qu'il put donner le dernier coup sur-le-champ. Son arrivée fut le signal qui marqua l'accomplissement de la révolution, d'abord par une suspension arrachée de la sanction constitutionnelle tutélaire, — ensuite par l'emploi plus direct de la force armée.

D'abord il convoqua une assemblée publique, dans laquelle il proposa un décret nommant dix commissaires munis de pleins pouvoirs, afin de préparer des propositions pour telles réformes politiques qu'ils jugeraient utiles, — et d'être

---

(1) Thucydide, VIII, 64.

(2) Thucydide, VIII, 65. Οἱ δὲ ἀμφὶ τὸν Πείσανδρον παραπλέοντές τε, ὥσπερ ἐδέδοκτο, τοὺς δήμους ἐν ταῖς πόλεσι κατέλυον, καὶ ἅμα ἔστιν ἀφ' ὧν χωρίων καὶ ὁπλίτας ἔχοντες σφίσιν αὐτοῖς ξυμμάχους ἦλθον ἐς τὰς Ἀθήνας. Καὶ καταλαμβάνουσι τὰ πλεῖστα τοῖς ἑταίροις προειργασμένα.

Nous pouvons conclure du c. 69 que les villes que j'ai nommées dans le texte étaient au nombre de celles que visita Peisandros; toutes elles étaient précisément sur sa route de Samos à Athènes.

prêts à un jour donné (1). Suivant la pratique habituelle, ce décret devait d'abord avoir été approuvé dans le sénat des Cinq Cents avant d'être soumis au peuple. Tel fut sans doute le cas dans le présent exemple ; de sorte que le décret passa sans opposition. Au jour fixé, une nouvelle assemblée se réunit, qui se tint, par suite des manœuvres de Peisandros et de ses partisans, non au lieu ordinaire (appelé la Pnyx), dans l'intérieur des murs de la ville, mais dans un endroit appelé Kolônos, à dix stades (un peu plus d'un kilomètre et demi) en dehors des murs (2), au nord de la ville. Kolônos était un temple de Poseidôn, dans l'enceinte duquel l'assemblée fut enfermée pour l'occasion. Il n'était pas vraisemblable qu'une telle assemblée fût nombreuse, dans quelque lieu

---

(1) Thucydide, VIII, 67. Καὶ πρῶτον μὲν τὸν δῆμον ξυλλέξαντες εἶπον γνώμην, δέκα ἄνδρας ἑλέσθαι ξυγγραφέας αὐτοκράτορας, τούτους δὲ ξυγγράψαντας γνώμην ἐσενεγκεῖν ἐς τὸν δῆμον ἐς ἡμέραν ῥητήν, καθ' ὅτι ἄριστα ἡ πόλις οἰκήσεται.

Malgré certains passages trouvés dans Suidas et dans Harpokration (V. K. F. Hermann, Lerbuch der Griechischen Staatsalterthümer, section 167, note 12 : cf. aussi Wattenbach, De Quadringentor. Factione, p. 38), je ne puis croire qu'il y ait de rapport entre ces dix ξυγγραφεῖς, et le Conseil des πρόβουλοι mentionné comme ayant été nommé auparavant (Thucydide, VIII, 1). Le passage de Lysias, auquel Hermann fait allusion, n'a non plus rien à faire avec ces ξυγγραφεῖς. La mention de trente personnes, faites par Androtion et Philochore, semble impliquer que soit eux, soit Harpokration, confondaient les actes qui annonçaient cette oligarchie des Quatre Cents avec ceux qui précédèrent l'oligarchie subséquente des Trente. Les σύνεδροι ou συγγραφεῖς mentionnés par Isokrate (Areopagit. Or. VII, sect. 67) pouvaient se rapporter soit au cas des

Quatre Cents, soit à celui des Trente.

(2) Thucydide, VIII, 67. Ἔπειτα, ἐπειδὴ ἡ ἡμέρα ἐφῆκε, ξυνέκλησαν τὴν ἐκκλησίαν ἐς τὸν Κόλωνον (ἐστὶ δ' ἱερὸν Ποσειδῶνος ἔξω πόλεως, ἀπέχον σταδίους μάλιστα δέκα), etc.

Le mot très-remarquable ξυνέκλησαν, employé ici relativement à l'assemblée, me paraît se rapporter (non, comme le suppose le docteur Arnold dans sa note, à une pratique existante observée même dans les assemblées ordinaires qui se réunissaient dans la Pnyx, mais plutôt) à un abandon de la pratique habituelle, et à l'emploi d'un stratagème relatif à cette réunion particulière.

Kolônos était un des dêmes attiques : dans le fait il semble qu'il y ait lieu d'imaginer que deux dêmes distincts portaient ce même nom (V. Boeckh, dans le Commentaire ajouté à sa traduction de l'Antigonê de Sophokle, p. 190, 191 ; et Ross, Die Demen von Attica, p. 10, 11). C'est dans le bois sacré des Euménides, tout près du temple de Poseidôn, que Sophokle a placé la scène de son drame immortel, l'Œdipe à Colone.

qu'elle se tînt (1), puisqu'il ne pouvait y avoir que peu de raison pour y assister quand la liberté du débat n'existait plus ; mais les conspirateurs oligarchiques la transférèrent alors en dehors des murs, choisissant un espace étroit pour la réunion, — afin de diminuer encore plus la chance d'une assistance nombreuse dans une assemblée qu'ils désignaient absolument comme devant être la dernière dans l'histoire d'Athènes. Ils étaient également ainsi plus en dehors de la portée d'un mouvement armé de la ville, aussi bien que plus en état de poster leurs partisans armés à l'entour, sous prétexte de protéger la réunion contre une attaque des Lacédæmoniens de Dekeleia.

La proposition des Décemvirs nouvellement nommés (probablement Peisandros, Antiphôn et d'autres partisans eux-mêmes) fut excessivement courte et simple. La seule motion qu'ils firent fut l'abolition de la célèbre Graphê Paronomôn ; c'est-à-dire ils proposèrent que chaque citoyen athénien eût pleine liberté de faire toute proposition anti-constitutionnelle qu'il voudrait, — et qu'il fût interdit à tout autre citoyen, sous des peines sévères, de le poursuivre en vertu de la Graphê Paranomôn (accusation en raison de manque de forme, d'illégalité ou d'inconstitutionalité), ou de lui faire quelqu'autre mal. Cette proposition fut adoptée sans qu'il s'élevât une seule opinion contraire. Les chefs du mouvement jugèrent plus rationnel de séparer cette proposition formellement du reste, et de la mettre, seule et séparée, dans la bouche des commissaires spéciaux, puisque c'était la condition destinée à légaliser tout autre changement positif qu'ils étaient sur le point de proposer ensuite. Pleine liberté étant ainsi accordée de faire toute motion, quelque anti-constitutionnelle qu'elle fût, et de se dispenser de faire usage de toutes les formalités établies, telles que l'autorisation préliminaire par le sénat. —

---

(1) Cf. l'assertion de Lysias (Or. XII, cont. Eratosth. s. 76, p. 127) relativement au petit nombre qui assista et vota à l'assemblée par laquelle fut nommée l'oligarchie subséquente des Trente.

Peisandros s'avança avec ses propositions essentielles à l'effet suivant :

1. Toutes les magistratures démocratiques existantes furent supprimées sur-le-champ, et déclarées supprimées à l'avenir. 2. Aucune fonction civile quelconque ne dut être salariée désormais. 3. Afin de constituer un nouveau gouvernement, on nomma sur-le-champ un comité de cinq personnes, qui dut choisir un corps plus considérable de cent citoyens (c'est-à-dire le cent comprenant les cinq personnes elles-mêmes qui l'avaient choisi). Chaque individu, de ce corps de cent membres, dut choisir trois personnes. 4. Ainsi fut constitué un corps de Quatre Cents, qui devait siéger dans la chambre du sénat, et exercer le gouvernement avec des pouvoirs illimités, selon son bon plaisir. 5. Ces Quatre Cents devaient convoquer les Cinq Mille toutes les fois qu'ils le jugeraient convenable (1). Tout passa sans une voix contre.

L'invention et l'emploi de cet agrégat imaginaire des Cinq Mille ne fut pas la moins adroite des combinaisons d'Antiphôn. Personne ne savait quels étaient ces Cinq Mille ; toutefois la résolution qu'on venait d'adopter signifiait, — non pas que ce nombre de citoyens serait désigné et constitué, soit par choix, soit par la voie du sort, ou de quelque manière déterminée qui les ferait voir et connaître des autres ; — mais que les Quatre Cents convoqueraient les *Cinq Mille* toutes les fois qu'ils le jugeraient convenable, supposant ainsi que ces derniers étaient une liste déjà faite et connue au moins des Quatre Cents eux-mêmes. Le fait réel fut que les Cinq Mille n'existèrent nulle part, si ce n'est dans le langage et les proclamations des conspirateurs, comme supplément d'auxiliaires fictifs. Ils n'existèrent même pas comme noms individuels sur le papier, mais simplement comme agrégat nominal, fruit d'une imposture. Les Quatre Cents

---

(1) Thucydide, VIII, 68. Ἐλθόντας δὲ αὐτοὺς τετρακοσίους ὄντας ἐς τὸ βουλευτήριον, ἄρχειν ὅπῃ ἂν ἄριστα γιγνώσκωσιν, αὐτοκράτορας, καὶ τοὺς πεντακισχιλίους δὲ ξυλλέγειν, ὁπόταν αὐτοῖς δοκῇ.

installés alors furent les maîtres absolus et exclusifs de l'État (1). Mais le seul nom des Cinq Mille, bien qu'il ne fût qu'un nom, servit deux desseins importants pour Antiphôn et sa conspiration. D'abord il pouvait être produit faussement (en particulier à l'armement de Samos) comme preuve d'un corps assez nombreux et populaire de citoyens égaux, ayant les qualités voulues, concourant au même but, — tous destinés à exercer tour à tour les pouvoirs du gouvernement, diminuant ainsi l'odieux de l'excessive usurpation des Quatre Cents, et les faisant passer seulement pour la première section des Cinq Mille, qui entrait en charge pour quelques mois, et devait à la fin de cette période faire place à une autre section égale (2). Ensuite, il augmentait immensément les moyens d'intimidation que possédaient les Quatre Cents à l'intérieur, en exagérant l'impression de leur force supposée. Car on faisait croire aux citoyens en général qu'il y avait cinq mille personnes réelles et vivantes faisant partie de la conspiration; tandis que le fait que ces personnes n'étaient pas connues et ne pouvaient être identifiées indi-

---

(1) Thucydide VIII, 66. Ἦν δὲ τοῦτο εὐπρεπὲς πρὸς τοὺς πλείους, ἐπεὶ ἕξειν γε τὴν πόλιν οἵπερ καὶ μεθιστάναι ἔμελλον.

Plutarque, Alkibiad. c. 26.

(2) Thucydide, VIII, 72. Πέμπουσι δὲ ἐς τὴν Σάμον δέκα ἄνδρας... διδάξοντας — πεντακισχίλιοι δὲ ὅτι εἶεν, καὶ οὐ τετρακόσιοι μόνον, οἱ πράσσοντες.

VIII, 86. Οἱ δ' ἀπήγγελλον ὡς οὔτε ἐπὶ διαφθορᾷ τῆς πόλεως ἢ μετάστασις γένοιτο, ἀλλ' ἐπὶ σωτηρίᾳ... τῶν δὲ πεντακισχιλίων ὅτε πάντες ἐν τῷ ἔμρει μεθέξουσιν, etc.

VIII, 89. Ἀλλὰ τοὺς πεντακισχιλίους ἔργῳ καὶ μὴ ὀνόματι χρῆναι ἀποδεικνύναι, καὶ τὴν πολίτειαν ἰσαιτέραν καθιστάναι.

VIII, 92. (Après que les Quatre Cents avaient déjà rencontré beaucoup d'opposition et avaient été abaissés, et quand ils étaient sur le point d'être abattus) — ἦν δὲ πρὸς τὸν ὄχλον ἡ παράκλησις ὡς χρή, ὅστις τοὺς πεντακισχιλίους βούλεται ἄρχειν ἀντὶ τῶν τετρακοσίων, ἰέναι ἐπὶ τὸ ἔργον. Ἐπεκρύπτοντο γὰρ ὅμως ἔτι τῶν πεντακισχιλίων τῷ ὀνόματι, μὴ ἄντικρυς δῆμον ὅστις βούλεται ἄρχειν ὀνομάζειν — φοβούμενοί μὴ τῷ ὄντι ὦσι, καὶ πρός τινα εἰπών τίς τι δι' ἄγνοιαν σφαλῇ. Καὶ οἱ τετρακόσιοι διὰ τοῦτο οὐκ ἤθελον τοὺς πεντακισχιλίους οὔτε εἶναι, οὔτε μὴ ὄντας δήλους εἶναι· τὸ μὲν καταστῆσαι μετόχους τοσούτους, ἄντικρυς ὂν δῆμον ἡγούμενοι, τὸ δ' αὖ ἀφανὲς φόβον ἐς ἀλλήλους παρέξειν.

VIII, 93. Λέγοντες τούς τε πεντακισχιλίους ἀποφανεῖν, καὶ ἐκ τούτων ἐν μέρει, ᾗ ἂν τοῖς πεντακισχιλίοις δοκῇ, τοὺς τετρακοσίους ἔσεσθαι, τέως δὲ τὴν πόλιν μηδενὶ τρόπῳ διαφθείρειν, etc.

Cf. aussi, c. 97.

viduellement, aggravait plutôt le sentiment dominant de terreur et de méfiance, — puisque chaque homme, soupçonnant que son voisin pouvait être du nombre, craignait de communiquer son mécontentement ou de proposer les moyens d'une résistance commune (1). De ces deux manières, le nom et l'existence supposée des Cinq Mille prêtaient de la force aux Quatre Cents conspirateurs réels. Ils masquaient leur usurpation, tout en augmentant leur empire sur le respect et sur les craintes des citoyens.

Aussitôt que l'assemblée publique à Kolonôs eut, avec cette unanimité apparente, accepté toutes les propositions de Peisandros, elle fut congédiée, et l'on choisit et l'on constitua dans la forme prescrite le nouveau régiment des Quatre Cents. Il ne restait plus dès lors qu'à les installer dans le palais du sénat. Mais cela ne pouvait se faire sans l'emploi de la force, puisque les sénateurs y étaient déjà; ils s'y étaient sans doute rendus immédiatement après l'assemblée, où leur présence (au moins celle des prytanes, ou sénateurs de la tribu qui présidait) était essentielle comme présidents légaux. Ils avaient à délibérer sur ce qu'ils devaient faire après le décret qui venait d'être rendu et qui leur enlevait toute autorité. Il était même possible qu'ils organisassent une résistance armée : ce qui semblait être plus facile qu'à l'ordinaire, puisque l'occupation de Dekeleia par les Lacédæmoniens maintenait Athènes dans un état semblable à celui d'un camp permanent, avec une partie considérable des citoyens jour et nuit sous les armes (2). Les Quatre Cents se précautionnèrent contre cette chance. Ils choisirent l'heure du jour où le plus grand nombre des citoyens se rendaient habituellement au logis (probablement pour leur repas du matin), laissant le poste militaire, avec les armes mises

---

(1) Cf. le passage frappant (Thucydide, VIII, 92) cité dans ma note précédente.

(2) V. les plaisanteries d'Aristophane sur les citoyens tous en armes achetant leurs provisions sur la place du marché et les portant à leur logis — dans Lysistrata 560, comédie représentée vers décembre 412 ou janvier 411 avant J.-C., trois mois avant les événements racontés ici.

en faisceaux et prêtes, et avec une garde relativement faible.
Pendant le temps où le corps général des hoplites avait
quitté le poste à cette heure suivant l'usage habituel, les
hoplites (Andriens, Têniens et autres), étant directement
d'intelligence avec les Quatre Cents, reçurent l'ordre particulier de se tenir prêts et en armes à une petite distance de
là ; de sorte que, s'il se manifestait quelques symptômes de
résistance méditée, ils pourraient sans retard intervenir et
la prévenir. Après avoir pris cette précaution, les Quatre
Cents marchèrent en corps vers la salle des séances du sénat, chaque homme ayant un poignard caché sous son vête-
ment, et suivis de leur garde du corps spéciale de cent vingt
jeunes gens de diverses villes grecques, — instruments des
assassinats ordonnés par Antiphôn et ses collègues. C'est
avec cet appareil qu'ils entrèrent dans la salle des séances,
où les sénateurs étaient réunis, — et qu'ils leur comman-
dèrent de partir; en même temps ils leur offrirent leur paye
pour tout le reste de l'année (vraisemblablement trois mois
ou plus, jusqu'au commencement d'Hekatombæon. mois de
nouvelles nominations), pendant lequel leurs fonctions auraient dû continuer. Les sénateurs n'étaient nullement prêts
à résister au décret récemment rendu sous les formes de la
légalité, avec un corps armé arrivé alors pour en imposer
l'exécution. Ils obéirent et partirent, chaque homme, à mesure qu'il passait par la porte, recevant le salaire qui lui
était offert. Qu'ils cédassent à des forces supérieures dans les
circonstances, cela ne peut exciter ni critique ni surprise ;
mais qu'ils reçussent des mains des conspirateurs cette anti-
cipation d'un salaire non gagné, c'était une bassesse qui les
flétrissait presque comme complices, et déshonorait l'heure
expirante de la dernière autorité démocratique. Les Quatre
Cents se trouvèrent alors triomphalement installés dans le
palais du sénat. Il n'y eut pas la moindre résistance, soit
dans ses murs, soit même au dehors, de la part d'aucune
partie des citoyens (1).

---

(1) Thucydide, VIII, 69, 70.

C'est ainsi que périt, ou sembla périr, la démocratie d'Athènes, après une existence non interrompue de près d'un siècle depuis la révolution de Kleisthenês. Il paraissait tellement incroyable que les citoyens nombreux, intelligents et constitutionnels d'Athènes laisseraient renverser leurs libertés par une bande de quatre cents conspirateurs, tandis que le grand nombre d'entre eux non-seulement aimaient leur démocratie, mais avaient des armes en main pour la défendre, — que leur ennemi et voisin Agis, à Dekeleia, put difficilement s'imaginer la révolution comme un fait accompli. Nous verrons bientôt qu'elle ne dura pas, — et elle n'aurait probablement pas duré, si les circonstances avaient été même plus favorables; — mais son accomplissement est un incident trop remarquable pour que l'on passe par-dessus sans quelques mots d'explication.

Nous devons faire remarquer que la terrible catastrophe et l'effrayante perte de sang en Sicile avaient abattu l'énergie du caractère des Athéniens en général, — mais en particulier, les avaient fait désespérer de leurs relations étrangères, de la possibilité de tenir tête à des ennemis, augmentés en nombre par des révoltes parmi leurs propres alliés, et de plus, soutenus par l'or persan. C'est sur ce sentiment de désespoir qu'est destinée à agir la fraude perfide d'Alkibiadês, qui leur offre l'aide persane, c'est-à-dire, un moyen de défense et de succès contre des ennemis étrangers, au prix de leur démocratie. Le peuple est amené contre son gré, mais il *est* amené à accueillir cette proposition : et c'est ainsi que les conspirateurs obtiennent leur premier point capital, — celui de familiariser le peuple avec l'idée d'un semblable changement de constitution. Le succès ultérieur de la conspiration, — quand toute perspective d'or persan ou d'amélioration dans la position à l'étranger avait disparu, — est dû aux combinaisons, à la fois criminelles et habiles, d'Antiphôn, maniant et organisant la force unie des classes aristocratiques à Athènes; force toujours extrêmement grande, mais qui, dans les circonstances ordinaires, opérait en fractions désunies et même réciproquement hostiles les unes aux autres, — restreinte par l'ascendant des institutions démocratiques, — et réduite à corrompre ce qu'elle ne pouvait renverser. Antiphôn, sur le point d'employer cette force anti-populaire en un seul plan systématique et pour l'accomplissement d'un projet déterminé à l'avance, reste encore dans les mêmes limites constitutionnelles ostensibles. Il ne soulève pas de mutinerie ouverte; il maintient intact le point cardinal de la moralité politique athénienne, — le respect à la décision du sénat et de l'assemblée politique, aussi bien qu'aux maximes constitutionnelles. Mais il sait bien que l'importance de ces réunions, comme garanties politiques, dépend de l'entière liberté de la parole; et que, si cette liberté est supprimée, l'assemblée elle-même devient une nullité, — ou plutôt un instrument d'imposture et de dommage positifs. En conséquence, il fait assassiner successivement tous les orateurs populaires : de sorte que personne n'ose ouvrir la bouche de ce côté; tandis que d'autre part, les orateurs anti-populaires sont tous bruyants et pleins de confiance, ils s'applaudissent les uns les autres, et semblent exprimer tout le sentiment des personnes présentes. En réduisant ainsi au silence chaque chef individuellement, et en intimidant tout adversaire et l'empêchant de se mettre en avant comme organe, il arrache la sanction formelle de l'assemblée et du sénat à des mesures que déteste la grande majorité des citoyens. Toutefois cette majorité est liée par ses propres formes constitutionnelles; et quand la décision de ces dernières, obtenue par n'importe quel moyen, lui était contraire, elle n'avait ni de penchant à y résister, ni de courage pour le faire. Dans aucune partie du monde le sentiment du devoir constitutionnel, et cette soumission au vote d'une majorité légale, n'ont été plus vivement et plus universellement éprouvés qu'ils ne l'étaient parmi les citoyens de la démocratique Athènes (1). Antiphôn est ainsi assez habile pour employer le sentiment constitutionnel d'Athènes

---

(1) Ce respect frappant et profond des Athéniens pour toutes les formes d'une constitution établie, se fait sentir même à M. Mitford (Hist. Gr. c. 19, sect. V, vol. IV, p. 235).

comme moyen de tuer la constitution; la forme purement
vaine, après que son efficacité vitale et protectrice a été enlevée, reste simplement comme un simulacre trompeur destiné à paralyser le patriotisme individuel.

Ce fut ce simulacre qui rendit les Athéniens peu disposés
à s'avancer en armes à la défense de cette démocratie à laquelle ils étaient attachés. Accoutumés qu'ils étaient à une
lutte pacifique sans limites dans les bornes de leur constitution, ils étaient au plus haut degré contraires à tout ce qui
ressemblait à une lutte intestine armée. C'est l'effet naturel
d'une constitution libre et égale établie, — de substituer les
débats de la parole à ceux de l'épée, et quelquefois de créer
même un éloignement si prononcé pour ces derniers que, si
la liberté est énergiquement attaquée, il se peut probablement que la contre-énergie nécessaire à sa défense fasse défaut. Tant il est difficile que le même peuple ait à la fois les
qualités requises pour bien faire fonctionner une constitution
libre dans des temps ordinaires, et ces qualités très-diffé-
rentes nécessaires pour la soutenir contre des dangers ex-
ceptionnels et dans des circonstances critiques. Personne, si
ce n'est un Athénien d'une habileté extraordinaire comme
Antiphôn, n'aurait compris l'art de faire servir ainsi au succès de sa conspiration le sentiment constitutionnel de ses
compatriotes, — et de conserver les formes d'une conduite
légale à l'égard de corps assemblés et constitutionnels, tandis qu'il les violait dans des coups secrets et successifs dirigés contre les individus. L'assassinat politique avait été
inconnu à Athènes (aussi loin que vont nos informations),
depuis le temps où il fut employé cinquante années auparavant environ par le parti oligarchique contre Ephialtès, le
collègue de Periklês (1). Mais ce meurtre avait été un cas
individuel, et il était réservé à Antiphôn et à Phrynichos
d'organiser une bande d'assassins opérant systématiquement, et faisant disparaître une série d'importantes victimes

____

(1) V. Plutarque, Periklês, c. 10;   Diodore, XI, 77 ; et le tome VII, ch. 7,
de cette Histoire.

l'une après l'autre. De même que les rois macédoniens demandèrent plus tard qu'on leur livrât les orateurs populaires en corps, de même les auteurs de cette conspiration trouvèrent devant eux les mêmes ennemis, et adoptèrent une autre manière de s'en débarrasser ; réduisant ainsi l'assemblée à être une masse docile et sans vie, susceptible d'être intimidée jusqu'à donner sa sanction collective à des mesures que sa grande majorité détestait.

Comme l'histoire grecque a été habituellement écrite, on nous apprend à croire que les malheurs, la corruption et la dégradation des États démocratiques leur étaient attirés par la classe des démagogues, dont Kleôn, Hyperbolos, Androklès, etc., se présentent comme des spécimens. On nous les montre comme des brandons de discorde et des insulteurs, accusant sans juste cause, et transformant l'innocence en trahison.

Or l'histoire de cette conspiration des Quatre Cents nous offre l'autre côté du tableau. Elle prouve que les ennemis politiques, — contre lesquels le peuple athénien était protégé par ses institutions démocratiques, et par les démagogues comme organes vivants de ces institutions, — n'étaient pas fictifs, mais dangereusement réels. Elle révèle l'existence continue de puissantes combinaisons anti-populaires, prêtes à se réunir dans des desseins perfides quand le moment paraissait sûr et tentant. Elle manifeste le caractère et la moralité des chefs, auxquels revenait naturellement la direction des forces anti-populaires. Elle démontre que ces chefs, hommes d'une habileté peu commune, ne demandaient que l'anéantissement ou le silence des démagogues, afin de pouvoir renverser les garanties populaires, et prendre possession du gouvernement. Nous n'avons pas besoin de meilleure preuve pour nous apprendre quelle était la fonction réelle et la nécessité intrinsèque de ces démagogues dans le système athénien ; en les prenant comme classe, et abstraction faite de la manière dont les individus parmi eux ont pu s'acquitter de leur devoir, ils formaient le mouvement vital de tout ce qui était tutélaire et animé de l'esprit public dans la démocratie. Agressifs à l'égard des

délinquants publics, ils étaient prêts à défendre le peuple
et la constitution. Si ces forces anti-populaires, qu'Antiphôn
trouva toutes prêtes, n'étaient pas parvenues beaucoup plus
tôt à étouffer la démocratie, — ce fut parce qu'il y avait
des démagogues pour crier bien haut, aussi bien que des
assemblées pour les écouter et les soutenir. Si la conspiration
d'Antiphôn réussit, ce fut parce qu'il sut où diriger ses
coups, de manière à abattre les ennemis réels de l'oligarchie
et les réels défenseurs du peuple. J'emploie ici le terme de
démagogues, parce que c'est celui dont se servent ordinairement ceux qui dénoncent la classe d'hommes dont nous
nous occupons ici : le terme neutre convenable, en écartant
d'odieuses associations d'idées, serait, orateurs populaires
ou orateurs de l'opposition. Mais de quelque nom qu'on les
appelle, il est impossible de comprendre exactement leur
position à Athènes, sans les considérer en contraste et en
opposition avec ces forces anti-populaires contre lesquelles
ils formaient l'indispensable barrière, et que nous voyons
agir d'une manière si manifeste et si triste entre les mains
d'Antiphôn et de Phrynichos, qui les avaient organisées.

Aussitôt que les Quatre Cents se trouvèrent formellement
installés dans le palais du sénat, ils se divisèrent par la voie
du sort en prytanies séparées (probablement au nombre de
dix, consistant en quarante membres chacune, comme l'ancien
sénat des Cinq Cents, afin de ne pas troubler la distribution
de l'année à laquelle le peuple était accoutumé), et ensuite
ils célébrèrent leur installation par des prières et des sacrifices. Ils mirent à mort quelques ennemis politiques, bien
qu'en petit nombre ; de plus, ils en emprisonnèrent et en
bannirent d'autres, et opérèrent des changements considérables dans l'administration des affaires ; exécutant tout avec
une sévérité et une rigueur inconnues sous l'ancienne constitution (1). Il semble qu'il fut proposé parmi eux de rendre
un vote de rétablissement pour toutes les personnes qui se

---

(1) Thucydide, VIII, 70. J'imagine   δὲ ἄλλα ἔνεμον κατὰ κράτος τὴν πόλιν.
que ce doit être le sens des mots — τὰ

trouvaient sous le coup d'une sentence d'exil. Mais la majorité rejeta cette proposition, afin qu'Alkibiadès ne fût pas du
nombre ; néanmoins, ils ne jugèrent pas non plus utile de
faire passer la loi, réservant pour lui une exception spéciale.

De plus, ils dépêchèrent un messager à Agis, à Dekeleia,
pour lui faire connaître leur désir de traiter de la paix, que
(selon eux) il devait être prêt à leur accorder, maintenant
que « le Dêmos sans foi » était abattu. Toutefois Agis, ne
croyant pas que le peuple athénien se soumettrait ainsi à la
perte de sa liberté, crut qu'une dissension intestine éclate-
rait infailliblement, ou du moins que quelque partie des
Longs Murs se trouverait mal gardée, si une armée étrangère paraissait. Tout en déclinant donc les ouvertures de
paix, il envoya en même temps demander des renforts dans
le Péloponèse, et s'avança avec une armée considérable,
outre sa propre garnison, jusqu'aux murs mêmes d'Athènes.
Mais il trouva les remparts soigneusement garnis de monde ;
aucun mouvement ne se fit à l'intérieur ; on effectua même
une sortie, dans laquelle on remporta sur lui quelque avantage. En conséquence, il se hâta de se retirer, en renvoyant
au Péloponèse ses renforts arrivés nouvellement ; tandis que
les Quatre Cents, en renouvelant auprès de lui leurs avances
pour la paix, se virent alors beaucoup mieux reçus ; on alla
jusqu'à les encourager à envoyer des députés à Sparte
même (1).

Aussitôt qu'ils eurent ainsi triomphé des premières difficultés, et mis les choses sur un pied qui semblait promettre
de la stabilité, ils expédièrent dix ambassadeurs à Samos.
Connaissant à l'avance le danger qui les menaçait de ce
côté à cause de l'aversion connue des soldats et des marins
pour tout ce qui tenait à l'oligarchie, ils venaient en outre
d'apprendre, à l'arrivée de Chæreas et de la Paralos, l'attaque combinée faite par les oligarques athéniens et samiens,
et son insuccès complet. Si cet événement était arrivé un
peu plus tôt, il est possible qu'il eût détourné même quel-

____

(1) Thucydide, VIII, 71.

ques-uns d'entre eux de poursuivre la révolution à Athènes, — dont l'insuccès était rendu par là presque sûr dès le principe. Leurs dix députés reçurent pour instructions de représenter à Samos que la récente oligarchie avait été établie sans vues injurieuses pour la république, mais au contraire dans l'intérêt général; que, bien que le conseil installé à ce moment ne fût composé que de Quatre Cents membres, cependant le nombre total des partisans qui avaient fait la révolution, et qui, grâce à ce changement, avaient qualité de citoyens, était de Cinq Mille; nombre de personnes plus grand (ajoutaient-ils) qu'il n'en avait jamais été rassemblé réellement dans la Pnyx, sous la démocratie, même pour les débats les plus importants (1), à cause des absences inévitables de nombreux individus au service militaire et en voyage à l'étranger.

Quelle conviction aurait produite cette allusion aux fictifs Cinq Mille, ou la trompeuse citation du nombre, réel ou prétendu, des anciennes assemblées démocratiques, — si ces députés avaient apporté à Samos les premières nouvelles de la révolution athénienne, — c'est ce que nous ne pouvons pas dire. Ils furent devancés par Chæreas, l'officier de la Paralos, qui, bien que les Quatre Cents essayassent de le

----

(1) Thucydide, VIII, 72. Cette allégation, relativement au nombre de citoyens qui assistaient aux assemblées démocratiques athéniennes, a été quelquefois citée comme si elle avait pour elle l'autorité de Thucydide: ce qui est une grande erreur, que tous les meilleurs critiques modernes ont justement signalée. C'est simplement l'allégation des Quatre Cents, dont le témoignage, comme garantie de vérité, a bien peu de poids.

Qu'à aucune assemblée il n'ait jamais assisté un nombre de citoyens aussi considérable que cinq mille (οὐδεπώποτε), c'est ce que je suis certainement loin de croire. Toutefois, il n'est pas improbable que cinq mille fût un nombre extraordinairement grand pour

y assister. Le docteur Arnold, dans sa note, combat l'allégation, en partie, en faisant remarquer que « la loi exigeait non-seulement la présence, mais la sanction d'au moins six mille citoyens, pour quelques décrets particuliers de l'assemblée. » Cependant il me semble tout à fait possible que dans des cas où ce nombre considérable de votes était nécessaire, comme dans l'ostracisme, et où il n'y avait pas de discussion continuée avant le vote, — l'opération de voter a pu durer plusieurs heures, comme chez nous le scrutin restant ouvert. Ainsi, bien que le nombre total des *votants* ait dû être de six mille citoyens, — il n'était pas nécessaire que tous eussent été présents à la même assemblée.

retenir, s'échappa et se rendit en hâte à Samos pour communiquer le changement terrible et inattendu qui était survenu à Athènes. Au lieu d'apprendre ce changement décrit avec les atténuations perfides prescrites par Antiphôn et Phrynichos, l'armement le connut pour la première fois par l'exposé de Chæreas, qui lui dit sur-le-champ l'extrême vérité — et même plus que la vérité. Il raconta avec indignation que tout Athénien qui osait dire un mot contre les Quatre Cents maîtres de la ville, était puni du fouet; — que même les femmes et les enfants des personnages qui leur étaient hostiles étaient outragés ; — qu'il y avait un projet de saisir et d'emprisonner les parents des démocrates à Samos, et de les mettre à mort, si ces derniers refusaient d'obéir aux ordres d'Athènes. Le simple récit de ce qui s'était passé réellement aurait été tout à fait suffisant pour provoquer dans l'armement un sentiment de haine contre les Quatre Cents. Mais ces détails ajoutés par Chæreas, faux en partie, le remplirent d'une rage irrésistible, qu'il manifesta par des menaces non dissimulées contre les partisans connus des Quatre Cents à Samos, aussi bien que contre ceux qui avaient pris part à la récente conspiration oligarchique dans l'île. Ce ne fut pas sans difficulté que les citoyens plus sensés parmi les hommes de l'armement retinrent leurs bras, en leur montrant la folie de tels actes irréguliers quand l'ennemi était tout près d'eux.

Mais, bien que la violence et l'insulte agressive fussent ainsi arrêtées à temps, le sentiment de la flotte était trop ardent et trop unanime pour être satisfait sans une déclaration solennelle, expresse et décisive contre les oligarques à Athènes. On fit une grande démonstration démocratique du caractère le plus sérieux et le plus imposant, particulièrement sur les instances de Thrasyboulos et de Thrasyllos. L'armement athénien, réuni en une grande assemblée, s'engagea par le serment le plus solennel à maintenir sa démocratie, — à conserver une amitié et une harmonie mutuelles, — à faire la guerre, avec énergie, aux Péloponésiens, — à être hostile aux Quatre Cents à Athènes, et à n'entrer en relations amicales avec aucun d'eux, quel qu'il fût. Tout l'ar-

mement prit cet engagement avec enthousiasme, et même
ceux qui auparavant avaient pris part aux mouvements oligarchiques furent obligés d'être empressés à la cérémonie (1).
Ce qui donna une double force à cette scène touchante, ce
fut que la population entière samienne, — tous les hommes
en état de servir, — prononça le serment avec l'armement ami. Tous deux ils se promirent une fidélité mutuelle,
et s'engagèrent à souffrir ou à triompher en commun, quelle
que pût être l'issue de la lutte. Tous deux sentaient que les
Péloponésiens à Milètos et les Quatre Cents à Athènes,
étaient également leurs ennemis, et que le succès des uns
ou des autres serait leur ruine commune.

Conformément à cette résolution, — de soutenir leur
démocratie et en même temps de continuer la guerre contre
les Péloponésiens, à tout prix ou à leurs risques et périls,
— les soldats de l'armement firent alors une démarche sans
exemple dans l'histoire athénienne. Sentant qu'ils ne pouvaient plus recevoir d'ordres d'Athènes, sous ses maîtres
oligarchiques actuels, avec lesquels Charminos et autres,
parmi leurs propres chefs étaient compromis, ils se constituèrent en une sorte de communauté séparée, et tinrent une
assemblée comme citoyens afin de choisir à nouveau leurs
généraux et leurs triérarques. Parmi ceux qui étaient déjà
revêtus du commandement, plusieurs furent déposés comme
indignes de confiance; d'autres choisis à leur place, en particulier Thrasyboulos et Thrasyllos. L'assemblée ne se tint
pas seulement pour faire une élection. Ce fut une scène de
sympathie pleine d'effusion, d'éloquence animée et de patrio-

---

(1) Thucydide, VIII, 75. Μετὰ δὲ
τοῦτο, λαμπρῶς ἤδη ἐς δημοκρατίαν βουλόμενοι μεταστῆσαι τὰ ἐν τῇ Σάμῳ ὅ τε
Θρασύβουλος καὶ Θράσυλλος, ὥρκωσαν
πάντας τοὺς στρατιώτας τοὺς μεγίστους
ὅρκους, καὶ αὐτοὺς τοὺς ἐκ τῆς ὀλιγαρχίας μάλιστα, ἦ μὴν δημοκρατήσεσθαι
καὶ ὁμονοήσειν, καὶ τὸν πρὸς Πελοποννησίους πόλεμον προθύμως διοίσειν, καὶ
τοῖς τετρακοσίοις πολέμιοί τε ἔσεσθαι
καὶ οὐδὲν ἐπικηρυκεύεσθαι. Ξυνώμνυσαν
δὲ καὶ Σαμίων πάντες τὸν αὐτὸν ὅρκον
οἱ ἐν τῇ ἡλικίᾳ, καὶ τὰ πράγματα πάντα
καὶ τὰ ἀποβησόμενα ἐκ τῶν κινδύνων
ξυνεκοινώσαντο οἱ στρατιῶται τοῖς Σα-
μίοις, νομίζοντες οὔτε ἐκείνοις ἀποστρο-
φὴν σωτηρίας οὔτε σφίσιν εἶναι, ἀλλ' ἐάν
τε οἱ τετρακόσιοι κρατήσωσιν ἐάν τε οἱ
ἐκ Μιλήτου πολέμιοι, διαφθαρήσεσθαι.

tisme généreux aussi bien que résolu. Les soldats de l'armement combiné comprirent qu'*ils* étaient la véritable Athènes, les gardiens de sa constitution, — les soutiens des restes de son empire et de sa gloire, — les protecteurs de ses citoyens, à l'intérieur, contre ces conspirateurs qui s'étaient injustement introduits dans le palais du sénat, — la seule barrière, même pour ces conspirateurs, contre la flotte hostile des Péloponésiens. « La ville s'est révoltée contre nous » (s'écrièrent Thrasyboulos et autres en termes clairs et précis qui comprenaient toute une série de sentiments) (1). « Mais que cela ne diminue pas notre courage : là-bas sont les moindres forces, — ici sont les plus grandes, celles qui peuvent se suffire à elles-mêmes. Nous avons ici toute la marine de l'État, à l'aide de laquelle nous pouvons nous assurer les contributions de nos dépendances tout aussi bien que si nous partions d'Athènes. Nous possédons l'attachement sincère de Samos, qui ne le cède en puissance qu'à Athènes elle-même et qui nous sert de station militaire contre l'ennemi, aujourd'hui comme dans le passé. Nous sommes plus en état de nous procurer des provisions pour nous que ceux de la ville pour eux-mêmes; car c'est seulement grâce à notre présence à Samos qu'ils ont conservé jusqu'ici l'entrée du Peiræeus ouverte. S'ils refusent de nous rendre notre constitution démocratique, nous pourrons mieux les exclure de la mer qu'ils ne pourront le faire à notre égard. En effet, que fait aujourd'hui la ville en notre faveur pour seconder nos efforts contre l'ennemi? Peu de chose ou rien. Nous n'avons rien perdu par leur séparation. Ils ne nous envoient point de paye, — ils nous laissent pourvoir à notre nourriture, — ils sont maintenant hors d'état de nous envoyer même un bon conseil, ce qui est le grand avantage qu'une ville a sur un camp (2). Comme conseillers,

---

(1) Thucydide, VIII, 76. Καὶ παραινέσεις ἄλλας τε ἐποιοῦντο ἐν σφίσιν αὐτοῖς ἀνιστάμενοι, καὶ ὡς οὐ δεῖ ἀθυμεῖν ὅτι ἡ πόλις αὐτῶν ἀφέστηκε· τοὺς γὰρ ἐλάσσους ἀπὸ σφῶν τῶν πλεόνων καὶ ἐς πάντα πορ ιμωτέρων μεθεστάναι.

(2) Thucydide, VIII, 76. Βραχὺ δέ

nous ici nous valons mieux qu'eux; car ils viennent de commettre le tort de renverser la constitution de notre commune patrie, — tandis que nous nous efforçons de la conserver, et que nous ferons de notre mieux pour les forcer d'entrer dans la même voie. Alkibiadês, si nous lui assurons un rétablissement exempt de danger, se fera un plaisir de nous procurer l'alliance de la Perse pour nous soutenir; et même en mettant les choses au pire, — si toute autre espérance nous fait défaut, — notre puissante flotte nous mettra toujours en état de trouver des lieux de refuge en quantité, avec une ville et un territoire suffisants à nos besoins. «

Tel fut le langage encourageant de Thrasyllos et de Thrasyboulos, langage qui trouva sympathie complète dans l'armement, et fit naître dans les soldats un esprit de patriotisme et de résolution énergiques, non indigne de leurs ancêtres quand ils étaient réfugiés à Salamis lors de l'invasion de Xerxès. Reconquérir leur démocratie et soutenir la guerre contre les Péloponésiens, étaient des impulsions à la fois pleines d'ardeur et confondues dans le même courant d'enthousiasme généreux; courant assez véhément pour entraîner devant lui la résistance de cette minorité qui avait incliné auparavant vers le mouvement oligarchique. Mais, outre ces deux impulsions, il y en avait aussi une troisième, tendant au rappel d'Alkibiadês; auxiliaire qui, s'il était utile à bien des égards, apportait cependant avec lui un esprit d'égoïsme et de duplicité peu conforme au sentiment exalté tout puissant à ce moment à Samos (1).

τι εἶναι καὶ οὐδενὸς ἄξιον, ᾧ πρὸς τὸ περιγίγνεσθαι τῶν πολεμίων ἡ πόλις χρήσιμος ἦν, καὶ οὐδὲν ἀπολωλεκέναι, οἵ γε μήτε ἀργύριον ἔτι εἶχον πέμπειν, ἀλλ' αὐτοὶ ἐπορίζοντο οἱ στρατιῶται, μήτε βούλευμα χρηστὸν, οὗπερ ἔνεκα πόλις στρατοπέδων κρατεῖ · ἀλλὰ καὶ ἐν τούταις τοὺς μὲν ἡμαρτηκέναι, τοὺς πατρίους νόμους καταλύσαντας, αὐτοὶ δὲ σώζειν καὶ ἐκείνους πειράσεσθαι προσαναγκάζειν. Ὥστε οὐδὲ τούτους, οἵπερ ἂν βουλεύοιέν τι χρηστὸν, παρὰ σφίσι χείρους εἶναι.

(1) La demande faite à Alkibiadês par les Athéniens, à Samos, nous rappelle le langage énergique dans lequel Tacite caractérise un incident semblable à quelques égards. L'armée romaine, qui combattait dans la cause de Vitellius contre Vespasien, avait été trahie par son général, Cæcina, qui s'efforça de l'entraîner vers ce dernier. Cependant son armée refusa de le suivre, resta attachée à sa propre cause, et le mit en état d'arrestation. Étant plus tard défaite par les troupes de Vespa-

Cet exilé avait été le premier à créer la conspiration oligarchique, qui paralysait Athènes actuellement dans son courage et la déchirait par des discordes civiles, — quand cette ville suffisait déjà à peine aux exigences de sa guerre étrangère et qu'elle n'était sauvée d'une ruine complète que par ce contre-enthousiasme qu'une tournure favorable des circonstances avait fait naître à Samos. Après avoir dupé d'abord les conspirateurs eux-mêmes et les avoir mis en état de duper les démocrates sincères, en promettant l'aide de la Perse, et avoir ainsi fait franchir au complot ses premières et ses plus grandes difficultés, — Alkibiadès s'était vu forcé de rompre avec eux dès que le moment était venu de réaliser ses promesses. Mais il avait rompu avec assez d'adresse pour entretenir encore l'illusion qu'il pouvait les réaliser s'il le voulait. Son retour au moyen de l'oligarchie étant maintenant impossible, il devint naturellement son ennemi, et cette nouvelle antipathie remplaça le sentiment de vengeance qu'il nourrissait contre la démocratie pour l'avoir banni. Dans le fait, il était disposé (comme Phrynichos l'avait dit de lui avec vérité) (1) à profiter indifféremment de l'une ou de l'autre, suivant que l'une ou l'autre se présentait comme un agent utile pour ses vues ambitieuses. En conséquence, aussitôt que les affaires à Samos eurent pris une tournure décisive, il ouvrit une communication avec Thrasyboulos et les chefs démocratiques (2), leur renouvelant les mèmes promesses de l'alliance persane, à condition de son propre rétablissement, promesses qu'il avait faites auparavant à Peisandros et au parti oligarchique. Thrasyboulos et ses collègues, ou le crurent sincèrement, ou du

---

sien, et obligée de capituler à Crémone, elle relâcha Cæcina et sollicita son intercession pour obtenir des conditions favorables. « Primores castrorum nomen atque imagines Vitellii amoliuntur; catenas Cæcinæ (nam etiam tum vinctus erat) exsolvunt, orantque, ut causæ suæ deprecator adsistat: aspernantem umentemque lacrymis fatigant. *Extre-* *mum malorum, tot fortissimi viri, prodi-* *toris opem invocantes* » (Tacite, Hist. III, 31).

(1) Thucydide, VIII, 48.

(2) Thucydide ne mentionne pas expressément cette communication, mais elle est impliquée dans les mots Ἀλκιβιάδην — ἄσμενον παρέξειν, etc. (VIII, 76).

moins pensèrent que son rétablissement fournissait une possibilité, à ne pas négliger, d'obtenir le secours des Perses, sans lequel ils désespéraient de la guerre. Cette possibilité donnerait au moins de l'ardeur aux soldats; tandis que le rétablissement était proposé aujourd'hui sans la terrible condition qui l'avait accompagné auparavant, celle de renoncer à la constitution démocratique.

Toutefois, ce ne fut pas sans difficulté, et non sans plus d'une assemblée et d'une discussion (1), que Thrasyboulos décida l'armement à assurer par un vote la sécurité et le rétablissement d'Alkibiadês. Comme citoyens athéniens, les soldats étaient probablement peu disposés à prendre sur eux l'annulation d'une sentence rendue solennellement par le tribunal démocratique, pour cause d'irréligion avec soupçon de trahison. Cependant ils furent amenés à rendre le vote, et aussitôt après, Thrasyboulos fit voile vers la côte Asiatique, transporta Alkibiadês dans l'île, et l'introduisit dans l'armement assemblé. L'exilé à l'esprit souple, qui avait dénoncé si amèrement la démocratie tant à Sparte que dans sa correspondance avec les conspirateurs oligarchiques, savait bien comment s'adapter aux sympathies de l'assemblée démocratique qu'il avait à ce moment devant lui. Il commença par déplorer la sentence de bannissement rendue contre lui, et par en jeter le blâme, non sur l'injustice de ses compatriotes, mais sur sa destinée malheureuse (2). Il entra ensuite dans les chances que le moment actuel semblait promettre aux affaires publiques, s'engageant en toute confiance à réaliser les espérances de l'alliance persane, et se vantant dans des termes non-seulement pleins d'osten-

---

(1) Thucydide, VIII, 81. Θρασύβουλος, ἀεί τε τῆς αὐτῆς γνώμης
ἐχόμενος, ἐπειδὴ μετέστησε τὰ πράγματα, ὥστε κατάγειν Ἀλκιβιάδην, καὶ
τέλος ἐπ' ἐκκλησίας ἔπεισε τὸ πλῆθος
τῶν στρατιωτῶν, etc.

(2) Thucydide, VIII, 81. Γενομένης
δὲ ἐκκλησίας τήν τε ἰδίαν ξυμφορὰν τῆς
φυγῆς ἐπῃτιάσατο καὶ ἀνωλοφύρατο ὁ
Ἀλκιβιάδης, etc. Cf. le langage différent d'Alkibiadês, VI, 92; VIII, 47.

Pour le mot ξυμφορὰν, cf. I, 127.

Rien ne peut être plus faux et plus perverti que la manière dont les actes d'Alkibiadês, pendant cette période, sont présentés dans le discours d'Isokrate, de Bigis, sect. 18-23.

tation, mais encore extravagants, de l'ascendant qu'il exerçait sur Tissaphernês. Le satrape lui avait promis (alla-t-il
jusqu'à dire) de ne jamais laisser les Athéniens manquer de
paye, aussitôt qu'il en serait venu une fois à se fier à eux ;
pas même s'il était nécessaire de donner son dernier darique
ou de monnayer sa propre couche d'argent. Et il ne demandait pas d'autre condition pour être amené à se fier à eux,
si ce n'est qu'Alkibiadês fût rappelé et devînt leur garant.
Non-seulement il fournirait une paye aux Athéniens, mais
en outre il amènerait à leur aide la flotte phénicienne,
qui était déjà à Aspendos, — au lieu de la mettre à la
disposition des Péloponésiens.

Dans les communications qu'Alkibiadês avait faites à Peisandros et à ses collègues, il avait prétendu que le Grand Roi
ne pouvait avoir confiance dans les Athéniens qu'à la condition
que non-seulement ils le rappelleraient, mais encore qu'ils
renonceraient à leur démocratie. Dans l'occasion actuelle, la
dernière condition était retirée, et l'on disait que le Grand Roi
accorderait plus facilement sa confiance. Mais bien qu'Alkibiadês se présentât ainsi avec un nouveau mensonge, aussi
bien qu'avec une nouvelle veine de sentiment politique, son
discours eut le plus grand succès. Il répondait à tous les
divers desseins qu'il méditait ; — il voulait en partie intimider et désunir les conspirateurs oligarchiques à Athènes, —
en partie rehausser sa propre grandeur aux yeux de l'armement, — en partie semer la méfiance entre les Spartiates et
Tissaphernês. Ce fut grâce à cette complète harmonie avec
les deux sentiments qui régnaient dans la flotte, — ardent
désir de renverser les Quatre Cents, aussi bien que de l'emporter sur ses ennemis péloponésiens en Iônia, — que les
auditeurs ne furent pas disposés à examiner de près les motifs sur lesquels reposaient ses assurances. Pleins de confiance et d'enthousiasme, ils le choisirent général avec Thrasyboulos et les autres, concevant une double espérance de
victoire sur leurs ennemis, tant à Athènes qu'à Milêtos. En
effet, leurs imaginations étaient tellement remplies de la
perspective du secours des Perses, contre leurs ennemis en
Iônia, que la crainte du danger que courait Athènes sous le

gouvernement des Quatre Cents devint le sentiment prédominant, et bien des voix s'élevèrent même en faveur de l'idée de faire voile vers le Peiræeus pour délivrer la ville. Mais Alkibiadês, sachant bien (ce que l'armement ignorait) que ses promesses au sujet d'une paye et d'une flotte persanes n'étaient qu'un mensonge, déconseilla énergiquement de faire un tel mouvement, qui aurait laissé les dépendances en Iônia sans défense contre les Péloponésiens. Aussitôt que l'assemblée se fut séparée, il repassa sur le continent, sous prétexte de concerter des mesures avec Tissaphernês afin de réaliser ses engagements récents.

Délivré de fait, bien que non formellement, de la peine de l'exil, Alkibiadês fut lancé ainsi dans une nouvelle carrière. Après avoir joué d'abord le jeu d'Athènes contre Sparte, ensuite celui de Sparte contre Athènes, en troisième lieu celui de Tissaphernês contre toutes les deux, — il déclarait actuellement prendre de nouveau sous sa protection les intérêts athéniens. Cependant, en réalité, il jouait et avait toujours joué son propre jeu, c'est-à-dire il obéissait et avait toujours obéi à son intérêt personnel, à son ambition ou à ses antipathies. Il désirait à ce moment prouver une communication intime et confidentielle avec Tissaphernês, afin de pouvoir par là en imposer aux Athéniens à Samos; communiquer au satrape sa récente élection comme général de l'armée athénienne, pour que son importance chez les Perses en fût augmentée; et enfin, en passant et en repassant de Tissapharnês au camp athénien, présenter une apparence d'accord amical entre les deux, qui pourrait semer la méfiance et l'alarme dans l'esprit des Péloponésiens. Dans cette manœuvre tripartie, si appropriée à son caractère habituel, il fut plus ou moins heureux; en particulier par rapport au dernier dessein. Car bien qu'il n'eût aucune chance sérieuse d'amener Tissaphernês à aider les Athéniens, il contribua néanmoins à l'éloigner de l'ennemi, aussi bien que l'ennemi de lui (1).

____

(1) Thucydide, VIII, 82, 83, 87.

Sans rester plus longtemps dans le camp de Tissaphernês qu'il n'était nécessaire pour entretenir la foi que les Athéniens avaient dans sa promesse du secours persan, Alkibiadès retourna à Samos, où le trouvèrent, dès leur arrivée, les dix ambassadeurs envoyés d'Athènes par les Quatre Cents. Ces ambassadeurs avaient été longtemps en route, ayant fait un séjour considérable à Dêlos, par la crainte que leur causa la nouvelle de la visite antérieure de Chæreas et de l'indignation furieuse que son récit avait provoquée (1). Enfin ils arrivèrent à Samos, et furent invités par les généraux à faire leur communication à l'armement assemblé. Ils eurent la plus grande difficulté à se faire écouter, — tant était vive l'antipathie qu'ils inspiraient, — tant les soldats criaient avec force qu'on devait mettre à mort ceux qui avaient renversé la démocratie. Le silence étant enfin obtenu, ils se mirent à dire que la dernière révolution avait été effectuée en vue du salut de la cité, et en particulier de l'économie du trésor public, en supprimant les fonctions civiles salariées de la démocratie, et en laissant ainsi plus de paye pour les soldats (2) ; qu'il n'y avait dans le changement aucun dessein de nuire, encore moins de trahir en faveur de l'ennemi, ce qui aurait pu s'effectuer déjà, si telle avait été l'intention des Quatre Cents, quand Agis s'était avancé de Dekeleia jusqu'aux murs ; que les citoyens, qui possédaient actuellement les droits politiques, n'étaient pas Quatre Cents seulement, mais Cinq Mille, qui tous passeraient tour à tour dans les places occupées actuellement par les Quatre Cents (3) ; que

---

(1) Thucydide, VIII, 77-86.

(2) Thucydide, VIII, 86. Εἰ δὲ ἐς εὐτέλειάν τι ξυντέτμηται, ὥστε τοὺς στρατιώτας ἔχειν τροφὴν, πάνυ ἐπαινεῖν.

C'est une partie de la réponse d'Alkibiadês aux ambassadeurs, qui indique conséquemment ce qu'ils avaient demandé.

(3) Thucydide, VIII, 86. Τῶν τε πενταχισχιλίων ὅτι πάντες ἐν τῷ μέρει μεθέξουσιν, etc. Je ne suis pas d'accord avec le docteur Arnold au sujet de l'explication qu'il donne de ce passage, et que suivent et Poppo, et Goeller. Il dit dans sa note : — « Le sens doit clairement être, que tous les citoyens feraient à leur tour partie des Cinq Mille, quelque étrange que puisse paraitre l'expression, μεθέξουσι τῶν πενταχισχιλίων. Mais sans faire allusion à l'absurdité du sens, que tous les Cinq

les paroles de Chæreas, affirmant qu'on avait maltraité à Athènes les parents des soldats, n'étaient que de pures faussetés et de pures calomnies.

Tels furent les arguments sur lesquels les ambassadeurs insistèrent, d'un ton apologétique, dans un très-long discours, mais sans réussir à se concilier les soldats qui les écoutaient. Plusieurs personnes exprimèrent, par des paroles publiques, le sentiment général contre les Quatre Cents, d'autres dans une manifestation particulière de sentiment contre les ambassadeurs; et ce sentiment, — qui consistait non-seulement dans la colère de ce que l'oligarchie avait fait, mais dans la crainte de ce qu'elle pouvait faire, — s'aggrava d'une manière si passionnée, — qu'on renouvela avec plus d'ardeur que jamais la proposition de partir

---

Mille auraient part *a leur tour* au gouvernement, — puisque *tous* ils y avaient part comme étant l'assemblée souveraine, — cependant μετέχειν dans ce sens voudrait πραγμάτων après lui, et serait au moins aussi dur, étant seul, que dans la construction de μεθέξουσι τῶν πεντακισχιλίων. »

A ce propos je fais remarquer : —

1. Μετέχειν peut être expliqué avec un génitif non exprimé réellement, mais sous-entendu et pris dans les mots qui précèdent, comme nous pouvons le voir par Thucydide, II, 16, où je suis d'accord avec l'interprétation suggérée par Matthiæ (Gr. Gr. § 325), plutôt qu'avec la note du Dʳ Arnold.

2. Dans le présent exemple, nous ne sommes pas réduits à chercher par induction dans ce qui précède un génitif pour μετέχειν: car le génitif exprès s'y trouve une ligne ou deux avant — τῆς πόλεως, dont l'idée est suivie sans être jamais abandonnée :— Οἱ δ'ἀπήγγελλον, ὡς οὔτε ἐπὶ διαφθορᾷ τῆς πόλεως ἡ μετάστασις γένοιτο, ἀλλ' ἐπὶ σωτηρίᾳ, οὐθ' ἵνα τοῖς πολεμίοις παραδοθῇ (*i. e.* ἡ πόλις) .... τῶν τε πεντακισχιλίων ὅτι πάντες ἐν τῷ μέρει μεθέξουσιν (*i. e.* τῆς πόλεως).

Il n'y a conséquemment aucune dureté d'expression, et il n'y a non plus aucune absurdité de sens, comme nous pouvons le voir par la répétition des mêmes termes précisément dans VIII, 93 : — Λέγοντες τούς τε πεντακισχιλίους ἀποφανεῖν, καὶ ἐκ τούτων ἐν μέρει, ᾗ ἂν τοῖς πεντακισχιλίοις δοκῇ, τοὺς τετρακοσίους ἔσεσθαι, etc.

La désignation que fait le docteur Arnold de ces Cinq Mille comme étant « l'assemblée souveraine » n'est pas très-exacte. Ils ne furent jamais une assemblée; ils n'avaient jamais été réunis, et l'on n'avait jamais parlé de l'intention de le faire; en réalité, ce n'était qu'une fiction et un mot; — mais même les Quatre Cents ne prétendaient en parler que comme ayant part à la conspiration et à la révolution, et non comme étant une assemblée à convoquer — πεντακισχιλίοι — οἱ πράσσοντες (VIII, 72).

Quant à l'idée d'appeler tous les autres citoyens à des priviléges égaux (tour à tour) avec les Cinq Mille, nous verrons qu'elle ne fut jamais émise que très-longtemps après que les Quatre Cents eurent été renversés.

immédiatement pour le Peiræeus. Alkibiadès, qui avait déjà combattu une fois ce dessein, s'avança en ce moment pour le repousser de nouveau. Il fallut néanmoins, pour le détourner, son influence tout entière, plus grande alors que celle de tout autre officier dans l'armement, et secondée par le caractère estimé aussi bien que par la forte voix de Thrasyboulos (1). Sans lui, il eût été mis à exécution. Tout en réprouvant et en faisant taire ceux qui vociféraient le plus contre les ambassadeurs, il prit sur lui de faire à ces derniers une réponse publique au nom de l'armement collectif. « Nous n'avons pas (dit-il) d'objection à faire au pouvoir des Cinq Mille ; mais les Quatre Cents auront à s'occuper de leurs affaires, et à réinstaller le sénat des Cinq Cents tel qu'il était auparavant. Nous vous avons beaucoup d'obligation pour ce que vous avez fait sous le rapport de l'économie, de manière à augmenter la paye profitable aux soldats. Avant tout, soutenez la guerre avec énergie, sans reculer devant l'ennemi. Car une fois que la république sera en sûreté, il y a tout lieu d'espérer que nous pourrons régler nos différends mutuels entre nous au moyen d'un arrangement à l'amiable ; mais si les uns ou les autres de nous périssent, soit nous ici, soit vous à Athènes, il ne restera personne avec qui se réconcilier (2). »

C'est avec cette réponse qu'il congédia les députés : la flotte renonça à contre-cœur à son désir de faire voile pour Athènes.

Thucydide insiste beaucoup sur le service capital qu'Alkibiadès rendit alors à son pays, en arrêtant un projet qui aurait eu pour effet de laisser toute l'Iônia et tout l'Hellespont sans défense contre les Péloponésiens. Sans doute son avis tourna bien quant au résultat ; cependant si nous examinons l'état des affaires au moment où il le donna, nous serons dis-

---

(1) Plutarque, Alkibiadês, c. 26.
(2) Thucydide, VIII, 86. Καὶ τἄλλα ἐκέλευεν ἀντέχειν, καὶ μηδὲν ἐνδιδόναι τοῖς πολεμίοις · πρὸς μὲν γὰρ σφᾶς αὐτοὺς σωζομένης τῆς πόλεως πολλὴν ἐλπίδα εἶναι καὶ ξυμβῆναι, εἰ δὲ ἅπαξ τὸ ἕτερον σφαλήσεται ἢ τὸ ἐν Σάμῳ ἢ ἐκεῖνοι, οὐδὲ ὅτῳ διαλλαγήσεταί τις ἔτι ἔσεσθαι.

posé à douter que le calcul de la prudence ne fût pas plutôt contre lui et en faveur du mouvement de la flotte. Car qu'est-ce qui empêchait les Quatre Cents de bâcler une paix avec Sparte, et de faire entrer une garnison lacédæmonienne dans Athènes pour les aider à maintenir leur domination? Même ambition à part, c'était leur meilleure chance, sinon leur seule chance, de salut pour eux-mêmes : et nous verrons bientôt qu'ils essayèrent de le faire; — et s'ils ne réussirent pas, c'est qu'ils en furent empêchés , en partie, il est vrai, par le soulèvement qui éclata contre eux à Athènes, mais plus encore par la stupidité des Lacédæmoniens eux-mêmes. Alkibiadès ne pouvait pas réellement s'imaginer que les Quatre Cents obéiraient à l'ordre qu'il avait donné aux ambassadeurs, et qu'ils résigneraient volontairement leur pouvoir. Mais s'ils restaient maîtres d'Athènes, qui pourrait calculer ce qu'ils feraient, — après avoir reçu cette déclaration d'hostilités de Samos, — non-seulement à l'égard de l'ennemi étranger, mais même à l'égard des parents des soldats absents? Soit que nous examinions les craintes légitimes des soldats, inévitables tant que leurs parents étaient exposés ainsi, et capables presque de les rendre impuissants à poursuivre avec ardeur la guerre au dehors dans l'extrême incertitude où ils étaient par rapport aux affaires de l'intérieur, — ou que nous songions à la chance d'une calamité publique irréparable, plus grande même que la perte d'Iônia, si Athènes était livrée à l'ennemi, — nous serons disposé à conclure que le mouvement de la flotte était non-seulement naturel, mais même fondé sur une appréciation plus sage des chances réelles, et qu'Alkibiadès ne fut qu'heureux dans une aventure téméraire. Et si, au lieu des chances réelles, nous considérons les chances telles qu'Alkibiadès les représentait, et que l'armement se les imaginait sur son autorité, — à savoir que la flotte phénicienne était toute prête à agir contre les Lacédæmoniens en Iônia, — nous nous intéresserons plus encore au mouvement défensif vers la patrie. Alkibiadès avait un avantage sur tous les autres, simplement parce qu'il connaissait ses propres mensonges.

A la même assemblée on introduisit des ambassadeurs

d'Argos, chargés de reconnaître le dêmos athénien de Samos
et de lui offrir du secours. Ils vinrent dans une trirème athénienne, sur laquelle naviguaient les Parali qui avaient amené
Chæreas dans la Paralos de Samos à Athènes, et avaient été
ensuite transférés dans un vaisseau de guerre ordinaire, et
envoyés croiser autour de l'Eubœa. Toutefois, depuis ce
temps, ils avaient reçu ordre de conduire Læspodias, Aris-
tophôn et Melêsias (1), comme ambassadeurs des Quatre
Cents à Sparte. Mais quand ils traversèrent le golfe Argo-
lique, probablement avec l'ordre de débarquer à Prasiæ, ils
se déclarèrent contre l'oligarchie, firent voile vers Argos,
et y déposèrent comme prisonniers les trois ambassadeurs,
qui avaient été tous actifs dans la conspiration des Quatre
Cents. Comme ils étaient alors sur le point de partir pour
Samos, les Argiens les prièrent d'y transporter leurs ambassadeurs; ceux-ci furent congédiés par Alkibiadès qui leur
exprima sa reconnaissance, et l'espoir que leur secours serait prêt quand on le leur demanderait.

Cependant les députés revinrent de Samos à Athènes, rapportant aux Quatre Cents la fâcheuse nouvelle de leur échec
complet auprès de l'armement. Un peu auparavant, à ce qu'il
paraît, quelques-uns des triérarques, de service à l'Hellespont, étaient retournés également à Athènes, —Eratosthenês,
Iatroklês et autres, qui avaient essayé de faire pencher leur
escadre vers les desseins des conspirateurs oligarchiques, mais
avaient été déjoués et repoussés par la démocratie inflexible
de leurs propres marins (2). Si à Athènes, les calculs de ces
conspirateurs avaient réussi d'une manière plus triomphante qu'on n'aurait pu s'y attendre à l'avance, — partout

---

(1) Thucydide, VIII, 86. Il est très-
probable que le Melêsias mentionné ici
était le fils de ce Thukydidês qui fut le
principal adversaire politique de Periklês. Melêsias paraît comme l'une des
dramatis personæ dans le dialogue de
Platon appelé Lachês.

(2) Lysias, Cont. Eratosthen. sect. 43,
c. 9, p. 411, Reiske. Οὐ γὰρ νῦν πρῶτον

(Eratosthenês) τῷ ὑμετέρῳ πλήθει τὰ
ἐνάντια ἔπραξεν, ἀλλὰ καὶ ἐπὶ τῶν Τετρακοσίων ἐν τῷ στρατοπέδῳ ὀλιγαρχίαν
καθιστὰς ἔφευγεν ἐξ Ἑλλησπόντου τριη-
ράρχος καταλιπὼν τὴν ναῦν, μετὰ Ἰα-
τροχλέους καὶ ἑτέρων .... ἀφικόμενος δὲ
δεῦρο τἀνάντια τοῖς βουλομένοις δημοκρατίαν εἶναι ἔπραττε.

ailleurs ils avaient complétement échoué ; non-seulement à
Samos et dans la flotte, mais encore chez les dépendances
alliées. Au moment où Peisandros quitta Samos pour
Athènes, afin d'achever la conspiration oligarchique même
sans Alkibiadês, lui et quelques autres avaient parcouru un
grand nombre des dépendances et avaient effectué une révolution semblable dans leur gouvernement intérieur, espérant
qu'elles finiraient ainsi par s'attacher à la nouvelle oligarchie d'Athènes. Mais cet espoir (comme l'avait prédit Phrynichos) ne s'était réalisé nulle part. Les oligarchies nouvellement créées devinrent seulement plus désireuses d'avoir ·
une autonomie complète que les démocraties ne l'avaient été
auparavant. A Thasos en particulier, on rappela un corps
d'exilés qui avaient séjourné pendant quelque temps dans le
Péloponèse, et on fit des apprêts actifs pour se révolter, en
construisant de nouvelles fortifications aussi bien que de
nouvelles trirèmes (1). Au lieu de fortifier leur autorité sur
l'empire maritime, les Quatre Cents trouvèrent ainsi qu'ils
l'avaient réellement affaiblie ; tandis que l'hostilité prononcée
de l'armement à Samos non-seulement mit fin à toutes leurs
espérances au dehors, mais rendit leur situation à l'intérieur tout à fait précaire.

A partir du moment où les collègues d'Antiphôn apprirent
pour la première fois, par l'arrivée de Chæreas à Athènes, la
proclamation de la démocratie à Samos, — la discorde, la défiance et l'alarme commencèrent à se répandre même parmi les
membres de leur association, avec la conviction que l'oligarchie ne pourrait jamais se maintenir si ce n'est par la présence
d'une garnison péloponésienne à Athènes. Antiphôn et Phrynichos, les principaux esprits qui dirigeaient la majorité des
Quatre Cents, dépêchèrent des députés à Sparte pour conclure la paix (ces députés n'arrivèrent jamais à Sparte, étant
saisis par les Parali et envoyés prisonniers à Argos, comme
il a été dit plus haut). Ils se mirent de plus à élever un fort
spécial à Eetioneia, le môle avancé qui resserrait et com-

____

(1) Thucydide, VIII, 64.

mandait, du côté septentrional, l'entrée étroite de Peiræeus. Toutefois, contre ces actes, il commença à s'élever, même dans le sein des Quatre Cents, une minorité d'opposition qui affectait le sentiment populaire, et dont les personnages les plus marquants étaient Theramenês et Aristokratês (1).

Bien que ces deux hommes se fussent mis en avant d'une manière saillante, comme auteurs et acteurs dans toute la marche de la conspiration, ils s'étaient trouvés amèrement désappointés par le résultat. Individuellement, ils avaient moins d'ascendant sur leurs collègues que Peisandros, Kallæschros, Phrynichos et autres; tandis que, collectivement, le pouvoir mal acquis des Quatre Cents avait diminué en importance autant que ses périls s'étaient aggravés, par la perte de l'empire étranger et l'aliénation de leur armement samien. A ce moment commença l'œuvre de la jalousie et des disputes parmi les conspirateurs heureux, dont chacun était entré dans le complot avec des espérances illimitées d'ambition personnelle, — chacun ayant compté monter sur-le-champ à la première place dans le nouveau corps oligarchique. Au sein d'une démocratie (fait observer Thucydide) les luttes pour le pouvoir et la prééminence provoquent chez les compétiteurs malheureux moins de violente antipathie et de sentiment d'injustice que dans une oligarchie; car les candidats vaincus acquiescent avec relativement peu de répugnance au vote défavorable d'un corps considérable mélangé de citoyens inconnus; mais ils sont irrités d'être mis de côté par un petit nombre de compagnons connus, leurs rivaux aussi bien que leurs égaux; de plus, au moment où une oligarchie d'hommes ambitieux vient de s'élever sur les ruines d'une démocratie, chacun des conspirateurs est dans une attente exagérée, — chacun d'eux croit avoir des droits

---

(1) Thucydide, VIII, 89, 90. La manière dont Lysias représente le caractère et les motifs de Theramenês dans discours contre Eratosthenês (Orat. XII, sect. 66, 67, 79; Orat. XIII, Cont. Agorat. sect. 12-17), est tout à fait en harmonie avec celle de Thucydide (VIII, 89): cf. Aristoph. Ran. 541-966; Xénoph. Hellen. II, 3, 27-30.

à devenir immédiatement le premier du corps, et est mécontent s'il n'est mis qu'au même niveau que les autres (1).

---

(1) Thucydide, VIII, 89. Ἦν δὲ τοῦτο μὲν σχῆμα πολιτικὸν τοῦ λόγου αὐτοῖς, κατ' ἰδίας δὲ φιλοτιμίας οἱ πολλοὶ αὐτῶν τῷ τοιούτῳ προσέκειντο, ἐν ᾧπερ καὶ μάλιστα ὀλιγαρχία ἐκ δημοκρατίας γενομένη ἀπόλλυται. Πάντες γὰρ αὐθημερὸν ἀξιοῦσιν οὐχ ὅπως ἴσοι, ἀλλὰ καὶ πολὺ πρῶτος αὐτὸς ἕκαστος εἶναι · ἐκ δὲ δημοκρατίας αἱρέσεως γιγνομένης, ῥᾷον τὰ ἀποβαίνοντα, ὡς οὐκ ἀπὸ τῶν ὁμοίων, ἐλασσούμενός τις φέρει.

Je donne dans le texte ce qui me paraît être le sens propre de ce passage, dont les derniers mots sont obscurs. V. les longues notes des commentateurs, en particulier du docteur Arnold et de Poppo. Le docteur Arnold considère τῶν ὁμοίων comme un neutre, et donne la paraphrase du dernier membre comme il suit : « Tandis que sous un ancien gouvernement établi, ils (les hommes ambitieux de talent) sont préparés à échouer : ils savent qu'ils ont contre eux toute la force du gouvernement, et ainsi leur est épargnée la peine particulière d'être battus dans une course loyale, où eux et leurs compétiteurs partent avec des avantages égaux, et où il n'y a rien pour diminuer la mortification de la défaite. Ἀπὸ τῶν ὁμοίων ἐλασσούμενος, c'est, étant battu quand le jeu est égal, quand les conditions de la lutte sont équitables. »

Je ne puis être d'accord avec le docteur Arnold pour l'explication de ces mots, ni pour le sens général du passage. Il pense que Thucydide veut affirmer ce qui s'applique en·général « à une minorité d'opposition quand elle réussit à révolutionner le gouvernement établi, que le gouvernement soit une démocratie ou une monarchie, — que la minorité soit un parti aristocratique ou un parti populaire. » Il me semble au contraire que l'affirmation porte seulement sur le cas spécial d'une conspiration oligarchique renversant une démocratie, et que la comparaison faite est applicable seulement à l'état de choses tel qu'il était sous la précédente démocratie.

Ensuite, l'explication des mots que donne le docteur Arnold suppose que « être battu dans une course loyale, ou lorsque les conditions de la lutte sont équitables, » cause au vaincu le maximum de peine et d'offense. Ce n'est assurément pas le fait ; ou plutôt, le fait est le contraire. L'homme qui perd sa cause ou échoue dans une élection à cause d'une faveur injuste, de la jalousie ou de l'antipathie, est plus offensé que s'il avait subi son échec dans des circonstances où il ne trouverait pas à se plaindre d'une injustice. Dans les deux cas, il est mortifié sans doute ; mais s'il y a injustice, il est offensé et irrité aussi bien que mortifié ; il est disposé à se venger d'hommes qu'il regarde comme ses ennemis personnels. Il est important de distinguer la mortification d'un simple échec, du mécontentement et de l'irritation que produit la pensée que l'échec est dû à une injustice ; c'est ce mécontentement, tendant à éclater en une opposition active, que Thucydide a présent à l'esprit dans la comparaison qu'il fait entre l'état de sentiment qui précède et celui qui suit le renversement de la démocratie.

Il me semble que les mots τῶν ὁμοίων sont masculins, et qu'ils ont trait (comme πάντες et ἴσοι de la ligne précédente) à la minorité privilégiée des confédérés égaux, que l'on suppose s'être rendus récemment maîtres du gouvernement. A Sparte, le mot οἱ ὅμοιοι acquit une sorte de sens technique pour désigner la petite minorité supérieure des riches citoyens spartiates, qui monopolisaient entre leurs mains le pouvoir politique, à l'exclu-

Tels furent les sentiments d'ambition désappointée, mêlés de découragement, qui s'élevèrent dans une minorité des

---

sion pratique des autres (V. Xénoph. Hellen. III, 3, 5 ; Xénoph. Resp. Lac. X, 7 ; XIII, 1 ; Démost. Cont. Lep. 1, 88). Or, ces ὅμοιοι ou pairs, indiqués ici par Thucydide comme les pairs d'une oligarchie nouvellement formée, sont non-seulement égaux entre eux, mais rivaux les uns avec les autres, et personnellement connus les uns des autres. Il est important de se rappeler tous ces attributs comme impliqués tacitement (bien que non désignés ou *signalés ensemble* littéralement) par le mot ὅμοιοι ou pairs, parce que la comparaison faite par Thucydide est fondée sur tous les attributs pris ensemble, précisément comme Aristote (Rhétor. II, 8 ; II, 13, 4), en parlant de l'envie et de la jalousie prêtes à naître à l'égard de τοὺς ὁμοίους, les regarde comme ἀντεράστας et ἀνταγωνίστας.

Les Quatre Cents à Athènes étaient tous pairs, — égaux, rivaux, et personnellement connus les uns des autres, — qui venaient de s'élever au pouvoir suprême par une conspiration commune. Théramenês, l'un d'eux, se croit des droits à la prééminence, mais il s'en voit écarté ; les hommes qui l'en écartent étant ce petit corps d'égaux et de rivaux connus. Il est disposé à imputer l'exclusion à des motifs personnels de la part de ce petit groupe, — à l'ambition personnelle de la part de chacun, — au mauvais vouloir, — à la jalousie, — à l'injuste partialité : de sorte qu'il se croit offensé, et le sentiment de l'injure est envenimé par la circonstance que ceux qui l'ont faite sont un corps de collègues peu nombreux, connu et limité. Tandis que, si son exclusion s'était accomplie sous la démocratie, par le suffrage d'une réunion considérable de citoyens, mélangée et personnellement inconnue, — il aurait été bien moins disposé à en garder un sentiment d'offense. Sans doute il aurait été mortifié ; mais il n'aurait pas vu dans les électeurs des rivaux jaloux et égoïstes, et ils ne formeraient pas sous ses yeux un corps défini sur lequel se concentrerait son indignation. C'est ainsi que Nikomachidês, — que Sokratês (V. Xénophon, Memor. III, 4) rencontre revenant mortifié parce que le peuple a choisi pour général un autre que lui, — aurait été non-seulement mortifié, mais irrité, et en outre disposé à la vengeance, s'il avait été exclu par un petit nombre de pairs et de rivaux.

Tel est, à mon avis, la comparaison que Thucydide veut établir entre l'effet du désappointement causé par le suffrage d'un corps nombreux et mêlé de citoyens, comparé avec celui que cause un petit groupe de pairs oligarchiques à un compétiteur de leur troupe, surtout à un moment où les espérances de tous ces pairs sont exagérées, par suite de la récente acquisition de leur pouvoir. Je crois que la remarque de l'historien est tout à fait juste ; que le désappointement dans le premier cas est moins intense, — moins lié au sentiment de l'injure, — et moins propre à amener à une manifestation active d'inimitié. C'est un des avantages d'un suffrage nombreux.

Je ne puis mieux expliquer les jalousies qui doivent éclater à peu près sûrement dans un petit nombre de ὅμοιοι ou pairs rivaux, que par la description que fait Justin des principaux officiers d'Alexandre le Grand, immédiatement après la mort de ce monarque (Justin, XII, 2) : —

« Cæterum, occiso Alexandro, non, ut læti, ita et securi fuere, omnibus unum locum competentibus : nec minus milites invicem se timebant, quorum et libertas solutior et favor incertus erat.

Quatre Cents, immédiatement après la nouvelle de la proclamation de la démocratie à Samos dans l'armement. Theramenês, le chef de cette minorité, — homme d'une ardente ambition, adroit, mais inconstant et perfide, non moins prêt à abandonner son parti qu'à trahir son pays, bien que moins enclin aux atrocités extrêmes que beaucoup de ses compagnons oligarchiques, — se mit à chercher un bon prétexte pour se détacher d'une entreprise précaire. Profitant de l'illusion que les Quatre Cents avaient eux-mêmes présentée au sujet des Cinq Mille fictifs, il démontra avec insistance que, puisque les dangers qui entouraient l'autorité nouvellement établie étaient beaucoup plus formidables qu'on ne l'avait cru, il était nécessaire de populariser le parti en inscrivant sur les rôles et en produisant ces Cinq Mille comme un corps réel au lieu d'un corps fictif (1).

Cette opposition, formidable dès le début même, s'enhardit et se développa encore plus quand les députés revinrent de Samos et racontèrent l'accueil que leur avait fait l'armement, aussi bien que la réponse, faite au nom de la flotte, par laquelle Alkibiadès ordonnait aux Quatre Cents de se dissoudre sur-le-champ, mais en même temps approuvait la

---

Inter ipsos vero æqualitas discordiam augebat, nemine tantum cæteros excedente, ut ei aliquis se submitteret. »

Cf. Plutarque, Lysandre, c. 23.

Haack et Poppo pensent que ὁμοίων ne peut être masculin, parce que ἀπὸ τῶν ὁμοίων ἐλασσούμενος ne serait pas alors exact, mais qu'il devrait y avoir ὑπὸ τῶν ὁμοίων ἐλασσούμενος. En toute circonstance je contesterais l'exactitude de cette critique ; car il y a bien assez de cas semblables pour défendre l'usage de ἀπὸ ici (V. Thucydide, I, 17 ; III, 82 ; IV. 115 ; VI, 28, etc.). Mais nous n'avons pas besoin d'entrer dans le débat ; car le génitif τῶν ὁμοίων dépend plutôt de τὰ ἀποβαίνοντα, qui précède, que de ἐλασσούμενος, qui suit ; et la préposition ἀπὸ est celle à laquelle nous nous attendrions naturellement.

Pour le marquer, j'ai mis une virgule après ἀποβαίνοντα aussi bien qu'après ὁμοίων.

Dans le fait, montrer qu'une opinion n'est pas exacte ne fournit pas une preuve *certaine* que Thucydide n'a pas pu l'avancer, car il pouvait se tromper. Mais ce doit compter pour une bonne présomption, à moins que les mots ne nous lient péremptoirement au contraire ; ce qu'ils ne font pas dans le cas actuel.

(1) Thucydide, VIII, 86, 2. Dans cette phrase, depuis φοβούμενοι jusqu'à καθιστάναι, j'avoue que je ne comprends que le dernier membre. Il est inutile de discuter les nombreuses corrections conjecturales d'un texte corrompu, aucune n'étant satisfaisante.

constitution des Cinq Mille, jointe au rétablissement de l'ancien sénat. Inscrire sur les rôles les Cinq Mille immédiatement serait faire la moitié du chemin au-devant de l'armée, et il y avait lieu d'espérer qu'à ce prix on pourrait effectuer un compromis et une réconciliation dont Alkibiadês lui-même avait parlé comme praticables (1). Outre la réponse formelle, les députés firent connaître les sentiments furieux manifestés par l'armement, et son impatience, que personne si ce n'est Alkibiadês ne pouvait refréner, de retourner directement à Athènes et de la délivrer des Quatre Cents. De là résultèrent une conviction plus grande que la domination de ces derniers ne pouvait pas durer, et l'ambition, de la part d'autres aussi bien que de Theramenês, de se mettre en avant comme chefs d'une opposition populaire contre elle, au nom des Cinq Mille (2).

---

(1) Thucydide, VIII, 86-89. Andocide avance (dans un discours prononcé bien des années plus tard devant le peuple d'Athènes, — De Reditu suo, sect. 10-15) que pendant ce printemps il fournit à l'armement à Samos du bois propre à la construction des rames, — obtenu seulement par la faveur spéciale d'Archelaos, roi de Macédoine, et dont l'armement avait grand besoin à ce moment. Il allègue, en outre, qu'il visita ensuite Athènes pendant que les Quatre Cents en étaient complétement les maîtres, et que Peisandros, à la tête de ce corps oligarchique, menaça ses jours pour avoir fourni un secours si précieux à la flotte en hostilité à ce moment avec Athènes. Bien qu'il sauvât sa vie en s'attachant à l'autel, cependant il avait eu à endurer des chaînes et maints durs traitements.

Je ne sais pas ce qu'il y a de vrai dans ces droits qu'Andocide présente à la faveur de la démocratie subséquente.

(2 Thucydide, VIII, 89. Σαφέστατα δὲ αὐτοὺς ἐπῆρε τὰ ἐν τῇ Σάμῳ τοῦ Ἀλκιβιάδου ἰσχυρὰ ὄντα, καὶ ὅτι αὐτοῖς οὐκ ἐδόκει μόνιμον τὸ τῆς ὀλιγαρχίας ἔσεσθαι. Ἠγωνίζετο οὖν εἷς ἕκαστος προστάτης τοῦ δήμου ἔσεσθαι.

C'est un passage remarquable en ce qu'il indique ce que veut réellement dire προστάτης τοῦ δήμου, — « le chef d'une opposition populaire. » Theramenês et les autres personnes dont il est parlé ici ne mentionnèrent même pas le nom de la démocratie, — ils prirent simplement le nom des Cinq Mille, — cependant ils sont encore appelés πρόσταται τοῦ δήμου, vu que les Cinq Mille étaient une sorte de démocratie ayant droit à ce titre, comparés aux Quatre Cents.

Les mots désignent le chef d'un parti populaire, en tant qu'opposé à un parti oligarchique (V. Thucydide, III, 70 ; IV, 66 ; VI, 35), sous la forme d'un gouvernement soit entièrement démocratique, soit, du moins, dans lequel l'assemblée publique est fréquemment convoquée et décide de beaucoup d'affaires importantes. Thucydide n'applique les mots à aucun Athénien, si ce n'est dans le cas dont nous nous occu-

Afin de résister à cette opposition populaire, Antiphôn et Phrynichos s'appliquèrent avec une assiduité démagogique à caresser et à retenir ensemble la majorité des Quatre Cents, aussi bien qu'à conserver leur pouvoir sans diminution. Ils n'étaient nullement disposés à satisfaire à cette demande, que la fiction des Cinq Mille fût convertie en réalité. Ils savaient bien que l'inscription sur les rôles de tant d'associés (1) équivaudrait à une démocratie, et serait, en substance du moins, sinon dans la forme, une suppression de leur propre pouvoir. Ils étaient allés trop loin en ce moment pour pouvoir reculer sans danger ; tandis que l'attitude menaçante à Samos, ainsi que l'opposition qui s'élevait contre eux à Athènes, aussi bien dans leur propre corps qu'en dehors de lui, ne servait qu'à les exciter à accélérer leurs mesures pour faire la paix avec Sparte et à assurer l'introduction d'une garnison lacédæmonienne.

Dans cette vue, immédiatement après que leurs ambassadeurs furent revenus de Samos, les deux principaux chefs, Antiphôn et Phrynichos, allèrent eux-mêmes avec dix autres collègues en toute hâte à Sparte, prêts à acheter la paix et la promesse de l'aide spartiate presque à tout prix. En même temps on poursuivit avec un redoublement de zèle la construction de la forteresse à Eetioneia, sous prétexte de défendre l'entrée du Peiræeus contre l'armement de Samos, s'il exécutait sa menace de venir, — mais avec le dessein réel d'y amener une armée et une flotte lacédæmoniennes.

---

pons maintenant et relatif à Theramenês ; il n'emploie pas ces mots même par rapport à Kleôn, bien qu'il se serve d'expressions qui semblent équivalentes (III, 36 ; IV, 21 : — Ἀνὴρ δημαγωγὸς κατ' ἐκεῖνον τὸν χρόνον ὢν καὶ τῷ πλήθει πιθανώτατος, etc. — C'est bien différent des mots qu'il applique à Periklês, — ὢν γὰρ δυνατώτατος τῶν καθ' ἑαυτὸν καὶ ἄγων τὴν πολιτείαν (I, 127). Même par rapport à Nikias, il le réunit à Pleistoanax à Sparte, et parle de tous les deux comme σπεύδοντες τὰ μάλιστα τὴν ἡγεμονίαν (V, 16).

Cf. la note du docteur Arnold sur VI, 35 ; et Wachsmuth Hellen. Alterth. I, 2, Beylage, I, p. 435-438.

(1) Thucydide, VIII, 92. Τὸ μὲν καταστῆσαι μετόχους τοσούτους, ἄντικρυς ἂν δῆμον ἡγούμενοι, etc.

Aristote (Polit. V, 5, 4) appelle Phrynichos le *démagogue* des Quatre-Cents, c'est-à-dire la personne qui servait *leurs* intérêts et luttait en *leur* faveur avec le plus d'ardeur.

Pour accomplir ce dernier objet, on fournit toute facilité. L'extrémité nord-ouest de la fortification de Peiræeus, au nord du port et de son entrée, fut coupée par un mur transversal s'étendant au sud de manière à rejoindre le port : à partir du bout méridional de ce mur transversal, et formant un angle avec lui, on construisit un nouveau mur, faisant face au port et courant jusqu'à l'extrémité du môle qui resserrait l'entrée du port du côté septentrional, môle auquel il rencontrait la fin du mur septentrional du Peiræeus. Une citadelle séparée fut enfermée ainsi, défendable contre toute attaque du Peiræeus, — ayant en outre des portes et des poternes particulières, larges et distinctes, aussi bien que des facilités pour admettre un ennemi dans ses murs (1). Le nouveau mur transversal fut mené de manière à traverser un vaste portique ou halle ouverte, le plus considérable du Peiræeus; la plus grande moitié de ce portique se trouva ainsi renfermée dans la nouvelle citadelle, et on ordonna que tout le blé, tant celui qui était actuellement en magasin que celui qui devait plus tard être importé dans le Peiræeus, y fût déposé et vendu de là pour la consommation. Comme Athènes se nourrissait presque exclusivement du blé apporté d'Eubœa et d'ailleurs, depuis l'occupation permanente de Dekeleia, — les Quatre Cents se rendirent maîtres par cet arrangement de toute la subsistance des citoyens, aussi bien que de l'entrée dans le port, soit pour admettre les Spartiates, soit pour exclure l'armement de Samos (2).

---

(1) Thucydide, VIII, 90-92. Τὸ τεῖχος τοῦτο, καὶ πυλίδας ἔχον, καὶ ἐσόδους, καὶ ἐπεισαγωγὰς τῶν πολεμίων, etc.

Je présume que la dernière expression a trait aux facilités pour admettre l'ennemi venant soit du côté de la mer, soit du côté de la terre, — c'est-à-dire de l'extrémité nord-ouest de l'ancien mur du Peiræeus, qui formait un côté de la nouvelle citadelle. V. Leake, Topographie Athen's, p. 269, 270, tr. al.

(2) Thucydide, VIII, 90. Διωκοδόμησαν δὲ καὶ στοὰν, etc.

Je suis d'accord avec la note de la traduction de M. Didot, à savoir que ce portique, ou « halle » ouverte de trois côtés, doit être considéré comme ayant existé auparavant, et non pas comme ayant été construit alors, ce qui semble être la supposition du colonel Leake et des commentateurs en général.

Bien que Theramenès lui-même, un des généraux nommés sous les Quatre Cents, dénonçât, conjointement avec ses partisans, le dessein perfide de cette nouvelle citadelle, cependant la majorité des Quatre Cents persista dans sa résolution; de sorte que la construction fit de rapides progrès sous la surveillance du général Alexiklès, l'un des plus ardents de la faction oligarchique (1). Telle était l'habitude d'obéissance à Athènes à l'égard d'une autorité établie dès qu'elle était une fois constituée, — et si grandes la crainte et la défiance produites par la croyance générale à la réalité des Cinq Mille, auxiliaires inconnus que l'on supposait prêts à imposer les ordres des Quatre Cents, — que le peuple, et même des hoplites citoyens en armes, allèrent travailler à la construction, malgré leurs soupçons quant à sa destination. Bien que non achevé, il était assez avancé pour être défendable, quand Antiphôn et Phrynichos revinrent de Sparte. Ils y étaient allés prêts à tout livrer, — non-seulement leur armée navale, mais leur cité même, — et à acheter leur sûreté personnelle en faisant les Lacédæmoniens maîtres du Peiræeus (2). Cependant nous lisons avec étonnement que ces derniers ne purent être décidés à conclure aucun traité, et qu'ils ne manifestèrent que de la lenteur à saisir cette occasion précieuse. Si Alkibiadès à ce moment avait joué leur jeu, comme il l'avait fait un an auparavant, immédiatement avant la révolte de Chios, — s'ils avaient eu des chefs énergiques pour les pousser à prêter un concours sincère à la trahison des Quatre Cents, qui combinaient à présent et la volonté et le pouvoir de mettre Athènes entre leurs mains, s'ils étaient secondés par des forces suffisantes, — ils auraient en cet instant accablé leur grande ennemie

---

(1) Thucydide, VIII, 91, 92. Ἀλεξι-κλέα, στρατηγὸν ὄντα ἐκ τῆς ὀλιγαρχίας καὶ μάλιστα πρὸς τοὺς ἑταίρους τετραμμένον, etc.

(2) Thucydide, VIII, 91. Ἀλλὰ καὶ τοὺς πολεμίους ἐσαγαγόμενοι ἄνευ τει-χῶν καὶ νεῶν ξυμβῆναι, καὶ ὁπωσοῦν τὰ τῆς πόλεως ἔχειν, εἰ τοῖς γε σώμασι σφῶν ἄδεια ἔσται.

Ibid. Ἐπειδὴ οἱ ἐκ τῆς Λακεδαίμονος πρέσβεις οὐδὲν πράξαντες ἀνεχώρησαν τοῖς πᾶσι ξυμβατικὸν, etc.

chez elle, avant que l'armement de Samos eût pu être amené pour la sauver.

Si nous considérons qu'il n'y eut que la lenteur et la stupidité des Spartiates qui empêchèrent Athènes d'être prise, nous pouvons voir que l'armement à Samos avait une excuse raisonnable à l'impatience qu'il avait témoignée auparavant de revenir dans sa patrie, et qu'Alkibiadès, en combattant cette intention, brava un danger extrême que son incroyable chance détourna seule. Pourquoi les Lacédæmoniens restèrent-ils inactifs, tant dans le Péloponèse qu'à Dekeleia, tandis qu'Athènes était ainsi trahie et dans les angoisses mêmes de la dissolution, c'est ce dont nous ne pouvons rendre compte ; il est possible que la prudence des éphores se soit défiée d'Antiphôn et de Phrynichos, à cause de l'immensité même de leurs concessions. Tout ce qu'ils voulurent bien promettre, ce fut qu'une flotte lacédæmonienne de quarante-deux trirèmes (en partie de Tarente et de Lokri), — prête en ce moment à partir de Las dans le golfe Laconien, et à faire voile vers l'Eubœa sur l'invitation du parti mécontent dans cette île, — se détournerait de sa course directe de manière à se tenir aux aguets près d'Ægina et de Peiræeus, prête à profiter, pour attaquer, de toute occasion que lui fourniraient les Quatre Cents (1).

Toutefois, Théramenês eut connaissance de cette escadre, même avant qu'elle doublât le cap Malea, et il la dénonça comme destinée à opérer de concert avec les Quatre Cents pour occuper Eetioneia. Pendant ce temps-là, Athènes devint un théâtre de mécontentement et de désordre chaque jour plus grands, après l'ambassade avortée d'Antiphôn et de Phrynichos, et leur retour de Sparte. L'ascendant coercitif des Quatre Cents disparaissait silencieusement, tandis que

---

(1) Thucydide, VIII, 91. Ἦν δέ τι καὶ τοιοῦτον ἀπὸ τῶν τὴν κατηγορίαν ἐχόντων, καὶ οὐ πάνυ διαβολῇ μόνον τοῦ λόγου.
Les termes de répugnance, dans lesquels Thucydide admet l'accord perfide d'Antiphôn et de ses collègues avec les Lacédæmoniens, méritent d'être mentionnés — et c. 94, τάχα μέν τι καὶ ἀπὸ ξυγκειμένου λόγου.

la haine que leur usurpation avait inspirée, en même temps
que la crainte de leur concert perfide avec l'ennemi.public,
se manifestait de plus en plus bruyamment dans les conversations particulières, aussi bien que dans des réunions
qui se formaient secrètement dans un grand nombre de maisons,.et en particulier dans celle du peripolarchos (le capitaine des peripoli, ou jeunes hoplites qui constituaient la principale police du pays). Cette haine ne tarda.point, de passion
violente qu'elle était, à se traduire en acte. Phrynichos, au
moment où il quittait le sénat, fut assassiné par deux confédérés, dont l'un était un peripolos, ou jeune hoplite, au
milieu de la place du marché remplie de monde, et en plein
jour. Celui qui frappa le coup s'échappa; mais son compagnon fut saisi et mis à la torture par ordre des Quatre
Cents (1) : c'était cependant un étranger, d'Argos, et il ne
put ou ne voulut révéler le nom d'aucun complice qui eût
dirigé le complot. On ne put obtenir de lui que des indications générales au sujet de réunions et d'une vaste désaffection. Et les Quatre Cents, restant ainsi sans preuves spéciales,
n'osèrent pas mettre la main sur Theramenès, le chef déclaré
de l'opposition, — comme nous verrons Kritias le faire six
ans plus tard, sous le gouvernement des Trente. Comme on
ne put découvrir ni punir les assassins de Phrynichos, Theramenès et ses associés devinrent plus hardis dans leur opposition qu'auparavant. Et l'approche de la flotte lacédæmonienne sous Agesandridas, — qui, après avoir pris
station à ce moment à Epidauros, avait fait une descente à
Ægina, et se tenait aux aguets à la hauteur du Peiræeus,
tout à fait hors de la marche directe vers l'Eubœa, — cette
approche, dis-je, prêta une double force à toutes leurs assertions antérieures au sujet des dangers imminents qui se rattachaient à la citadelle bâtie à Eetioneia.

Au milieu de cette alarme et de cette discorde exagérées,

---

(1) Thucydide, VIII, 91. Ce que dit Plutarque est différent à bien des égards
(Alkibiadês, c. 25).

le corps général des hoplites ressentit une aversion (1) chaque jour croissante, contre la nouvelle citadelle. Enfin les hoplites de la tribu dans laquelle Aristokratès (le partisan le plus chaud de Theramenès) était taxiarque, se trouvant de service et occupés à continuer la construction, se mirent en pleine révolte à l'occasion de ce travail, saisirent la personne d'Alexiklès, le général qui commandait, et le retinrent emprisonné dans une maison voisine; tandis que les peripoli, ou police militaire composée de jeunes gens, postés à Munychia, sous Hermôn, les encouragèrent dans cet acte (2). La nouvelle de cette violence ne tarda pas à parvenir aux Quatre Cents, qui à ce moment tenaient séance dans le palais du sénat, Theramenès lui-même étant présent. Ils exhalèrent d'abord leur rage et leurs menaces contre lui comme étant l'instigateur de la révolte, accusation dont il ne put se justifier qu'en offrant d'aller un des premiers délivrer le prisonnier. Il partit sur-le-champ en toute hâte pour le Peiræeus, accompagné d'un des généraux son collègue, qui partageait ses sentiments politiques. Un troisième d'entre les généraux, Aristarchos, l'un des oligarques les plus ardents, le suivit, probablement par défiance, avec quelques-uns des jeunes chevaliers (cavaliers ou classe la plus riche de l'État) identifiés avec la cause des Quatre Cents. Les partisans oligarchiques coururent se ranger en armes, — des exagérations alarmantes étant répandues qu'Alexiklès avait été mis à mort, et que le Peiræeus était au pouvoir des soldats; tandis qu'au Peiræeus les insurgés s'imaginèrent que les hoplites de la ville étaient en marche pour les attaquer. Pendant un certain temps, tout fut confusion et colère, et l'accident fâcheux le plus léger aurait pu enflammer ce sentiment et faire verser dans un carnage le sang des citoyens. L'irritation ne fut apaisée que par les prières et les remontrances les plus instantes des citoyens âgés (aidés par Thukydidès de

---

(1) Thucydide, VIII, 92. Τὸ δὲ μέγιστον, τῶν ὁπλιτῶν τὸ στῖφος ταῦτα ἐβούλετο.

(2) Plutarque, Alkibiad. c. 26, représente Hermôn comme l'un des assassins de Phrynichos.

Pharsalos, proxenos ou hôte public d'Athènes dans sa ville natale) au sujet de la folie ruineuse d'une telle discorde quand un ennemi étranger était presque aux portes de la ville.

L'excitation périlleuse de cette crise temporaire, qui mit au grand jour les sentiments politiques réels de chacun, prouva que la faction oligarchique, dont le nombre avait été exagéré jusque-là, était beaucoup moins puissante que ses adversaires ne se l'étaient imaginé. Et les Quatre Cents s'étaient trouvés trop embarrassés quant au moyen d'entretenir l'apparence de leur autorité même dans Athènes pour pouvoir envoyer des forces considérables afin de protéger leur citadelle à Eetioncia, bien qu'ils fussent renforcés, seulement huit jours avant leur chute, par au moins un membre supplémentaire, remplaçant probablement un prédécesseur qui était mort accidentellement (1). Theramenês, en arrivant au Peiræeus, se mit à parler aux hoplites mutinés d'un ton de mécontentement simulé; tandis qu'Aristarchos et ses compagnons oligarchiques leur tinrent le langage le plus dur, et les menacèrent de l'armée, qu'ils croyaient voir venir bientôt de la ville. Mais ces menaces rencontrèrent une égale fermeté de la part des hoplites, qui firent appel à Theramenês lui-même, et le sommèrent de dire s'il croyaït que la construction de cette citadelle fût pour le bien d'Athènes, ou s'il ne vaudrait pas mieux qu'elle fût démolie. Son opinion avait été pleinement déclarée à l'avance, et il répondit que, s'ils jugeaient convenable de la démolir, il donnait son assentiment cordial. Sans plus de retard, hoplites et peuple sans armes montèrent pêle-mêle sur les murs et commencèrent la démolition avec empressement, au cri général : — « Que quiconque est pour les Cinq Mille plutôt que pour les Quatre Cents prête son bras à cette œuvre. »

---

(1) V. Lysias, Orat. XX, pro Polystrato. Le fait que Polystratos ne fut que huit jours membre des Quatre Cents, avant leur chute, est répété à trois reprises distinctes dans ce discours (c. 2, 4, 5, p. 672, 674, 679, Reiske), et a tout l'air de la vérité.

L'idée de l'ancienne démocratie était dans l'esprit de tout le monde ; mais personne ne prononçait le mot ; la crainte des Cinq Mille imaginaires continuant encore. Le travail de la démolition semble avoir été poursuivi tout ce jour, et n'avoir été achevé que le lendemain ; après quoi les hoplites relâchèrent Alexiklês, sans lui faire aucun mal (1).

Deux choses, parmi ces détails, méritent d'être signalées, comme jetant du jour sur le caractère athénien. Bien qu'Alexiklês fût fortement oligarchique aussi bien qu'impopulaire, ces mutins ne lui font aucun mal, mais se contentent de l'emprisonner. Ensuite, ils ne se permettent pas de commencer la démolition réelle de la citadelle, avant d'avoir la sanction formelle de Theramenês, un des généraux constitués. La forte habitude de légalité, imprimée dans l'esprit de tous les citoyens athéniens par leur démocratie, — et le soin, même en s'en écartant, de s'en écarter le moins possible, — sont évidemment démontrés par ces actes.

Les événements de ce jour portèrent un coup fatal à l'ascendant des Quatre Cents. Cependant ils s'assemblèrent le matin comme d'ordinaire dans le palais du sénat ; et ils paraissent, à ce moment, alors qu'il était trop tard, avoir ordonné à l'un de leurs membres, de dresser une liste réelle, donnant un corps à la fiction des Cinq Mille (2). Cependant

---

(1) Thucydide, VIII, 92, 93. Dans le discours de Démosthène (ou de Dinarque) contre Theokrinês (c. 17, p. 1343) l'orateur Epicharês fait allusion à cette destruction du fort à Eetioneia par Aristokratês, oncle de son grand-père. L'allusion mérite surtout d'être remarquée à cause de la mention erronée de Kritias et du retour du dêmos de l'exil, — trahissant une confusion complète entre les événements du temps des Quatre-Cents et ceux du temps des Trente.

(2) Lysias, Orat. XX, pro Polystrato, c. 4, p. 675, Reiske.

On confia cette tâche à Polystratos, membre tout nouveau des Quatre-Cents, et probablement à cause de cela moins impopulaire que les autres. Dans sa défense après le rétablissement de la démocratie, il prétendit avoir entrepris cette tâche bien contre sa volonté, et avoir dressé une liste contenant neuf mille noms au lieu de cinq mille.

Il se peut que ce soit dans cette assemblée des Quatre Cents qu'Antiphôn prononça son discours où il recommandait fortement la concorde, — Περὶ ὁμονοίας. Toute son éloquence était nécessaire précisément alors pour ramener le parti oligarchique, s'il était possible, à une action commune. Philostrate (Vit. Sophistar. c. 15, p. 500,

les hoplites qui étaient au Peiræeus, après avoir fini de détruire les nouvelles fortifications, firent la démarche plus importante encore d'entrer, armés comme ils l'étaient, dans le théâtre de Dionysos tout à côté (dans Peiræeus, mais sur la limite de Munychia) et d'y tenir une assemblée en forme; probablement en vertu de la convocation du général Theramenès, suivant les formes de la précédente démocratie. Là ils prirent la résolution de remettre leur assemblée à l'Anakeiôn (ou temple de Kastor et de Pollux, les Dioskuri), dans la ville même, au pied et tout près de l'Akropolis; ils s'y dirigèrent immédiatement et s'y établirent, en conservant encore leurs armes. La position des Quatre Cents était tellement changée, que, bien qu'ils eussent, le jour précédent, pris l'offensive contre une explosion spontanée de mutins dans le Peiræeus, ils furent à ce moment forcés de se mettre sur la défensive contre une assemblée en forme, tout armée, dans la ville et tout près du palais du sénat qu'ils occupaient. Se sentant trop faibles pour essayer aucune violence, ils envoyèrent des députés à l'Anakeiôn pour négocier et offrir des concessions. Ils s'engageaient à publier la liste *des véritables* Cinq Mille, et de les réunir, dans le dessein de pourvoir à la cessation et au renouvellement périodiques des Quatre Cents, qui seraient pris tour à tour parmi les Cinq Mille, dans tel ordre que ces derniers eux-mênès détermineraient. Mais ils demandaient qu'on donnât du temps pour accomplir cette opération, et qu'on maintînt la paix intérieure, sans laquelle il n'y avait pas d'espérance de se défendre contre l'ennemi du dehors. Un grand nombre des hoplites de la ville elle-même se joignirent à l'assemblée dans l'Anakeiôn, et prirent part aux débats. La position des Quatre Cents n'étant plus telle qu'elle inspirât de la crainte, les langues des orateurs se donnèrent alors de nouveau libre carrière, et de nouveau les oreilles de la multitude s'ou-

---

éd. Olear.) exprime une grande admiration pour ce discours, auquel Harpokration et Suidas font plusieurs fois allusion. V. Westermann, Gesch. der Griech. Beredsamkeit, Beilage, II, p. 176.

vrirent, — pour la première fois depuis l'arrivée de Peisandros de Samos, avec le plan d'une conspiration oligarchique. Ce renouvellement de parole publique et exempte de crainte, principe de vie particulier à la démocratie, ne fut pas moins utile en apaisant la discorde intestine qu'en exaltant le sentiment de patriotisme commun contre l'ennemi étranger (1). L'assemblée se sépara à la fin, après avoir fixé une époque prochaine pour une seconde réunion qui se tiendrait dans le théâtre de Dionysos, afin d'opérer le rétablissement de la concorde (2).

Le jour et à l'heure où cette assemblée convoquée dans le théâtre de Dionysos était sur le point de se réunir, la nouvelle se répandit dans Peiræeus et dans Athènes, que les quarante-deux trirèmes sous le Lacédæmonien Agesandridas, après avoir quitté récemment le port de Megara, faisaient voile le long de la côte de Salamis dans la direction de Peiræeus. Cet événement, tout en causant une consternation universelle dans toute la ville, confirma tous les avertissements antérieurs de Theramenès quant à la destination perfide de la citadelle récemment démolie, et chacun se réjouit que la démolition eût été faite juste à temps. Renonçant à leur réunion projetée, les citoyens se précipitèrent d'un commun accord vers le Peiræeus, où quelques-uns se postèrent pour garder les murs et l'entrée du port, — d'autres montèrent sur les trirèmes qui s'y trouvaient, — d'autres encore lancèrent à l'eau quelques nouvelles trirèmes des hangars. Agesandridas à bord de son vaisseau longea le rivage, près de l'entrée du Peiræeus; mais il ne trouva rien qui lui promît un concours à l'intérieur, ni qui l'engageât à

----

(1) Thucydide, VIII, 93. Τὸ δὲ πᾶν πλῆθος τῶν ὁπλιτῶν, ἀπὸ πολλῶν καὶ πρὸς πολλοὺς λόγων γιγνομένων, ἠπιώτερον ἦν ἢ πρότερον, καὶ ἐφοβεῖτο μάλιστα περὶ τοῦ παντός πολιτικοῦ.

(2) Thucydide, VIII, 93. Ξυνεχώρησαν δὲ ὥστ' ἐς ἡμέραν ῥητὴν ἐκκλησίαν ποιῆσαι ἐν τῷ Διονυσίῳ περὶ ὁμονοίας.

La définition du temps doit ici faire allusion au lendemain ou au surlendemain; du moins, il semble impossible que la ville pût rester plus longtemps sans gouvernement.

faire l'attaque projetée. En conséquence, il passa au delà et s'avança vers Sunion dans une direction méridionale. Après avoir doublé le cap de Sunion, il dirigea alors sa course le long de la côte de l'Attique au nord, s'arrêta pendant quelque temps entre Thorikos et Prasiæ, et prit bientôt station à Orôpos (1).

Bien que soulagés quand ils virent qu'il passait au delà du Peiræeus, sans faire d'attaque, les Athéniens reconnurent que sa destination devait alors être contre l'Eubœa, qui n'était pas moins importante pour eux que le Peiræeus, puisque c'était de cette île qu'ils tiraient leurs principales provisions. En conséquence, ils prirent immédiatement la mer avec toutes les trirèmes qui pouvaient être montées et qui se trouvaient prêtes dans le port. Mais, par suite de la précipitation du moment, jointe à la défiance et à la discorde qui régnaient alors, ainsi qu'à l'absence de leur grande armée navale qui était à Samos, — les équipages qu'on réunit étaient inexpérimentés et mal choisis, et l'armement insuffisant. Polystratos, un des membres des Quatre Cents, peut-être d'autres d'entre eux aussi, étaient à bord : ils avaient plus d'intérêt à la défaite qu'à la victoire (2). Thymocharês, l'amiral, les conduisit en doublant le cap Sunion à Eretria, en Eubœa, où il trouva quelques autres trirèmes, qui portèrent toute sa flotte à trente-six voiles.

A peine était-il arrivé au port et débarqué que, sans donner à ses hommes le temps de se procurer du rafraîchissement, il se vit forcé de combattre avec les quarante-deux vaisseaux d'Agesandridas, qui ne faisait que de franchir le détroit en venant d'Orôpos, et s'approchait déjà du port.

---

(1) Thucydide, VIII, 94.

(2) Lysias, Orat. XX, pro Polystrato, c. 4, p. 676, Reiske.

D'après un autre passage de ce discours, il semblerait que Polystratos commandât la flotte, — ce qui est assez possible, — conjointement avec Thymocharês, suivant un usage athénien ordinaire (c. 5. p. 679). Son fils qui le défend affirme qu'il fut blessé dans la bataille.

Diodore (XIII, 34) mentionne la discorde qui régnait parmi les équipages à bord de ces vaisseaux sous Thymocharês :.c'est presque le seul point que nous apprenne la maigre indication qu'il donne sur cette intéressante période.

Cette surprise avait été préparée par le parti anti-athénien d'Eretria, qui eut soin, à l'arrivée de Thymocharès, qu'il ne se trouvât pas de provisions sur la place du marché, de sorte que ses hommes furent forcés de se disperser et d'en obtenir des maisons situées à l'extrémité de la ville; et en même temps on hissa un signal, visible à Orôpos, de l'autre côté du détroit (large de moins de sept mille, = 11 kilomètres), indiquant à Agesandridas le moment précis d'amener sa flotte pour l'attaque, avec ses équipages frais après le repas du matin. Thymocharès, en voyant l'ennemi approcher, donna l'ordre de s'embarquer, mais à son désappointement, il se trouva que beaucoup de ses hommes étaient si loin qu'ils ne purent être ramenés à temps, — de sorte qu'il fut forcé de sortir du port et de rencontrer les Péloponésiens avec des vaisseaux montés d'une manière très-insuffisante. Dans une bataille qui se livra tout près de l'entrée du port Érétrien, il fut, après une courte lutte, complétement défait, et sa flotte poussée à la côte. Quelques-uns de ses vaisseaux s'enfuirent à Chalkis, d'autres à un poste fortifié où les Athéniens eux-mêmes avaient une garnison non loin d'Eretria; cependant il ne tomba pas moins de vingt-deux trirèmes, sur les trente-six, entre les mains d'Agesandridas, et une grande partie de leurs marins furent tués ou faits prisonniers. Parmi ceux qui échappèrent, beaucoup aussi trouvèrent la mort sous les coups des Érétriens, dans la ville desquels ils s'enfuirent pour chercher un abri. A la nouvelle de cette bataille, non-seulement Eretria, mais aussi toute l'Eubœa (excepté Oreus, au nord de l'île, où habitaient des Klêruchi athéniens) se déclara en révolte contre Athènes, ce qui avait été projeté plus d'une année auparavant, — et elle prit ses mesures pour se défendre de concert avec Agesandridas et les Bœôtiens (1).

Athènes pouvait difficilement endurer un désastre, si immense et si grave en lui-même, dans l'état de détresse où était actuellement la cité. Sa dernière flotte était détruite:

____

(1) Thucydide, VIII, 5; VIII, 95.

son île la plus rapprochée et la plus voisine arrachée de ses
flancs ; île qui naguère avait plus produit pour ses besoins
que l'Attique elle-même, mais qui à ce moment était sur le
point de devenir un voisin hostile et agressif (1). La première révolte de l'Eubœa, qui avait éclaté trente-quatre ans
auparavant lorsque la puissance athénienne était à son apo-
gée, avait porté même alors un coup terrible à Athènes, et
avait été une des principales circonstances qui lui avaient
imposé l'humiliation de la trêve de Trente ans. Mais cette
seconde révolte arriva quand non-seulement elle n'avait pas
le moyen de reconquérir l'île, mais quand elle ne pouvait
pas même empêcher que le Peiræeus ne fût bloqué par la
flotte de l'ennemi.

La crainte et la terreur que causa la nouvelle à Athènes
furent sans bornes ; elles dépassèrent même ce qu'on avait
éprouvé après la catastrophe sicilienne, ou la révolte de
Chios. Il n'y avait pas en ce moment de seconde réserve
dans le trésor, telle que les mille talents qui avaient rendu
un service si essentiel dans l'occasion mentionnée en dernier
lieu. Outre leurs dangers qui les menaçaient au dehors, les
Athéniens étaient accablés par deux calamités intérieures
qui en elles-mêmes étaient à peine supportables, — l'éloignement de leur flotte à Samos, et la discorde, non encore
apaisée, dans leurs murailles, où les Quatre Cents tenaient
encore provisoirement les rênes du gouvernement, ayant à
leur tête les chefs les plus capables et les moins scrupuleux.
Dans leur profond désespoir, les Athéniens ne s'attendaient
à rien moins qu'à voir la flotte victorieuse d'Agesandridas
(forte de plus de soixante trirèmes, comprenant les prises
récentes) à la hauteur du Peiræeus, empêchant toute impor-
tation et les menaçant d'une famine prochaine, dans une
opération combinée avec Agis à Dekeleia. L'entreprise aurait

---

(1) Thucydide, VIII, 95. Pour voir
ce que devint l'Eubœa à une période
plus récente, consult. Démosthène, De
Fals. Legat. c. 64, p. 409 : — Τὰ ἐν
Εὐβοίᾳ κατασκευασθησόμενα ὁρμητήρια
ἐφ' ὑμᾶς, etc.; et Démosthène, De Coronâ, c. 71 : — Ἅπλους δ' ἡ θάλασσα
ὑπὸ τῶν ἐκ τῆς Εὐβοίας ὁρμωμένων
λῃστῶν γέγονε, etc.

été facile ; car ils n'avaient ni vaisseaux ni marins pour la repousser ; et son arrivée à ce moment critique aurait très-probablement permis aux Quatre Cents de reprendre leur ascendant, avec le moyen aussi bien qu'avec la disposition d'introduire dans la ville une garnison lacédæmonienne (1). Et bien que l'arrivée de la flotte athénienne de Samos eût prévenu cette extrémité, cependant elle n'aurait pu arriver à temps, si ce n'est dans la supposition d'un blocus prolongé. De plus, la translation seule de la flotte de Samos à Athènes aurait laissé l'Iônia et l'Hellespont sans défense contre les Lacédæmoniens et les Perses, et aurait causé la perte de tout l'empire athénien. Rien n'aurait pu sauver Athènes, si les Lacédæmoniens dans cette conjoncture avaient agi avec une vigueur raisonnable, au lieu de borner leurs efforts à l'Eubœa, conquête aisée et certaine à ce moment. Comme dans la première occasion, où Antiphôn et Phrynichos vinrent à Sparte prêts à faire tout sacrifice en vue d'obtenir un arrangement avec les Lacédæmoniens et leur aide, — de même actuellement, à un plus haut degré encore, Athènes dut son salut uniquement à ce fait que les ennemis qu'elle avait à ce moment devant elle étaient des Spartiates indolents et lourds, — et non d'entreprenants Syracusains sous la conduite de Gylippos (2). Et c'est la seconde occasion (pouvons-nous ajouter) où Athènes se trouva à deux doigts de sa perte par suite de la politique d'Alkibiadês en retenant l'armement à Samos.

Heureusement pour les Athéniens, Agesandridas ne parut pas à la hauteur de Peiræeus ; de sorte que les vingt trirèmes, qu'ils s'arrangèrent pour garnir d'hommes afin de se défendre, n'eurent pas d'ennemi à repousser (3). Consé-

---

(1) Thucydide, VIII, 96. Μάλιστα δ' αὐτοὺς καὶ δι' ἐγγυτάτου ἐθορύβει, εἰ οἱ πολέμιοι τολμήσουσι νενικηκότες εὐθὺς σφῶν ἐπὶ τὸν Πειραιᾶ ἔρημον ὄντα νεῶν πλεῖν · καὶ ὅσον οὐκ ἤδη ἐνόμιζον αὐτοὺς παρεῖναι. Ὅπερ ἄν, εἰ τολμηρότεροι ἦσαν, ῥᾳδίως ἂν ἐποίησαν · καὶ ἢ διέστησαν ἂν ἔτι μᾶλλον τὴν πόλιν ἐφορμοῦντες, ἢ εἰ ἐπολιόρκουν μένοντες, καὶ τὰς ἀπ' Ἰωνίας ναῦς ἠνάγκασαν ἂν βοηθῆσαι, etc.

(2) Thucyd. VIII, 96 ; VII, 21-55.

(3) Thucydide, VIII, 97.

quemment il fut donné aux Athéniens de jouir d'un moment de repos, qui leur permit de se remettre en partie de leur consternation et de leur discorde intestine. Leur premier acte, quand la flotte hostile ne parut pas, fut de réunir une assemblée publique, et cela aussi dans la Pnyx même, théâtre habituel des assemblées démocratiques, bien fait pour inspirer de nouveau le patriotisme qui était resté muet et avait couvé sous la cendre pendant les quatre derniers mois. Dans cette assemblée, le courant de l'opinion s'éleva violemment contre les Quatre Cents (1). Même ceux qui (comme le conseil des Anciens appelés Probouli) avaient conseillé leur nomination dans l'origine, les dénoncèrent avec les autres, bien qu'ils fussent sévèrement réprimandés par le chef oligarchique Peisandros pour leur inconséquence. On finit par voter ce qui suit : — 1. Déposer les Quatre Cents. — 2. Mettre tout le gouvernement entre les mains des *Cinq Mille*. — 3. Tout citoyen qui fournissait une armure complète soit pour lui-même, soit pour tout autre, devait être de droit membre du corps de *ces* Cinq Mille. — 4. Aucun citoyen ne devait recevoir de paye pour une fonction politique quelconque, sous peine d'être solennellement maudit ou excommunié (2). Tels furent les points arrêtés

---

(1) C'est à cette assemblée que je rapporte avec confiance le remarquable dialogue de discussion entre Peisandros et Sophoklês, un des Probouli athéniens, mentionné dans la Rhétorique d'Aristote, III, 18, 2. Il n'y eut pas d'autre occasion où les Quatre Cents aient jamais été publiquement appelés à se défendre à Athènes.

Ce n'est pas Sophokle le poëte tragique, mais une autre personne du même nom qui paraît dans la suite comme l'un des membres de l'oligarchie des Trente.

(2) Thucydide, VIII, 97. Καὶ ἐκκλησίαν ξυνέλεγον, μίαν μὲν εὐθὺς τότε πρῶτον ἐς τὴν Πνύκα καλουμένην, οὗπερ καὶ ἄλλοτε εἰώθεσαν, ἐν ᾗπερ καὶ τοὺς τετρακοσίους καταπαύσαντες τοῖς πεντακισχιλίοις ἐψηφίσαντο τὰ πράγματα παραδοῦναι· εἶναι δὲ αὐτῶν, ὅποσοι καὶ ὅπλα παρέχονται· καὶ μισθὸν μηδένα φέρειν, μηδεμίᾳ ἀρχῇ, εἰ δὲ μὴ, ἐπάρατον ἐποιήσαντο. Ἐγίγνοντο δὲ καὶ ἄλλαι ὕστερον πυκναὶ ἐκκλησίαι, ἀφ' ὧν καὶ νομοθέτας καὶ τἄλλα ἐψηφίσαντο ἐς τὴν πολιτείαν.

Dans ce passage, je suis en désaccord avec les commentateurs sur deux points. D'abord, ils comprennent ce nombre de Cinq Mille comme une liste définie et réelle de citoyens, contenant cinq mille noms, ni plus ni moins. En second lieu, ils expliquent νομοθέτας, non avec le sens ordinaire qu'il a dans

par la première assemblée tenue dans la Pnyx. Les archontes, le sénat des Cinq Cents, etc., furent renouvelés ; après quoi l'on tint également beaucoup d'autres assemblées,

---

le langage constitutionnel athénien, mais avec le sens de ξυγγραφεῖς (c. 67), « personnes pour faire la constitution, correspondant aux ξυγγραφεῖς nommés par le parti aristocratique un peu auparavant, » — pour employer les mots du docteur Arnold.

Quant au premier point, qui est défendu aussi par le docteur Thirlwall (Hist. Gr. ch. XXVIII, vol. IV, p. 51, 2ᵉ éd.), le docteur Arnold admet réellement ce qui est la base de mon opinion, quand il dit : — « Naturellement le nombre des citoyens capables de se pourvoir d'armes pesantes *a dû dépasser de beaucoup* cinq mille ; et il est dit dans la défense de Polystratos, l'un des Quatre Cents (Lysias, p. 675, Reiske), qu'il dressa une liste de neuf mille. Mais nous devons supposer que tous ceux qui pouvaient fournir des armes pesantes *étaient susceptibles d'être élus comme membres des Cinq Mille*, que les membres fussent fixés par le sort, ou par élection, ou à tour de rôle ; comme on avait proposé de nommer les Quatre Cents en les prenant à tour de rôle dans les Cinq Mille (VIII, 93). »

Le docteur Arnold avance ici une supposition qui ne s'accorde nullement avec le sens exact des mots de Thucydide : — Εἶναι δὲ αὐτῶν, ὅποσοι καὶ ὅπλα παρέχονται. Ces mots signifient distinctement que tous ceux qui fournissaient des armes pesantes *seraient des Cinq Mille ; appartiendraient de droit à ce corps* : ce qui est un peu différent d'être susceptible de faire partie des Cinq Mille, soit par le sort, soit à tour de rôle, soit autrement. Le langage de Thucydide, quand il décrit (dans le passage auquel s'en réfère le docteur Arnold, c. 93) la formation projetée des Quatre Cents pris à tour de rôle

dans les Cinq Mille, est très-différent : — Καὶ ἐκ τούτων ἐν μέρει τοὺς τετρακοσίους ἔσεσθαι, etc. M. Boeckh (Public Economy of Athens, b. II, ch. 21, p. 268, trad. angl.) n'est pas satisfaisant quand il décrit cet événement.

L'idée que je me fais des Cinq Mille, comme étant un nombre existant dès le commencement seulement en parole et en imagination, et qui ne fut pas réalisé et n'était pas destiné à l'être, — coïncide avec le sens complet de ce passage de Thucydide, aussi bien qu'avec tout ce qui a été dit auparavant à leur sujet.

J'ajouterai ici que ὅποσοι ὅπλα παρέχονται signifie des personnes fournissant des armes, soit pour elles seules, soit pour d'autres aussi (Xénoph. Hell. III, 4, 15).

Quant au second point, à savoir la signification de νομοθέτας, je m'appuie sur le sens général de ce mot dans le langage politique athénien : voir l'explication dans le tome VII, ch. 7 de cette Histoire. Les commentateurs ont à produire quelque justification du sens inusité qu'ils lui assignent : — « Personnes désignées pour faire la constitution ; — commissaires qui rédigèrent la nouvelle constitution, » comme le traduit le docteur Arnold, s'accordant avec les autres. Jusqu'à ce qu'une justification soit produite, j'ose croire que νομοθέται est un mot qui n'était pas employé dans ce sens par rapport aux candidats choisis par la démocratie et destinés à agir avec elle : car il implique une détermination finale, décisive, pleine d'autorité, — tandis que les ξυγγραφεῖς, ou « commissaires chargés de rédiger une constitution, » avaient seulement le devoir de soumettre quelque chose à l'approbation de l'assemblée publique

dans lesquelles on constitua les nomothetæ, les dikastes, et autres institutions essentielles au jeu de la démocratie. On rendit aussi divers autres votes, en particulier sur la proposition de Kritias, secondé par Theramenês (1), pour rappeler de l'exil Alkibiadês et quelques-uns de ses amis; tandis qu'on envoya en outre des messages, tant à lui qu'à l'armement à Samos, confirmant sans doute la nomination récente de généraux, leur apprenant ce qui s'était passé dernièrement à Athènes, aussi bien que demandant leur plein concours et leurs efforts soutenus contre l'ennemi commun.

---

ou autorité compétente ; c'est-à-dire, en admettant que l'assemblée publique restât un pouvoir réel et efficace.

De plus, il est difficile que les mots καὶ τἄλλα fussent employés à la suite immédiate de νομοθέτας si ce dernier mot signifiait ce que supposent les commentateurs : — « Des commissaires chargés de faire une constitution et *les autres choses qui regardent la constitution*. « Ces commissaires sont assurément beaucoup trop éminents, et ils ont trop d'initiative dans leur fonction pour être nommés de cette manière. Ajoutons que les articles les plus essentiels de la nouvelle constitution (si nous devons l'appeler ainsi) ont déjà été spécifiés comme établis par un vote public, avant que ces νομοθέται soient même nommés.

Il est important de mentionner que même les Trente, qui furent nommés six ans plus tard pour rédiger une constitution, au moment où Sparte était maîtresse d'Athènes, et où le peuple était complétement abattu, ne sont pas appelés νομοθέται, mais sont désignés par une circonlocution qui équivaut à ξυγγραφεῖς. — Ἔδοξε τῷ δήμῳ, τριάκοντα ἄνδρας ἔλεσθαι, οἳ τοὺς πατρίους νόμους ξυγγράψουσι, καθ' οὓς πολιτεύσουσι. — Αἱρεθέντες δὲ, ἐφ' ᾧ τε ξυγγράψαι νόμους καθ' οὕστινας πολιτεύ-

σοιντο, τούτους μὲν ἀεὶ ἔμελλον ξυγγράφειν τε καὶ ἀποδεικνύναι, etc. (Xénoph. Hellen. II, 3, 2-11). Xénophon appelle Kritias et Chariklês les Nomothetæ des Trente (Memor. I, 2, 30), mais ce n'est pas une démocratie.

Pour la signification de νομοθέτης (terme appliqué très-généralement à Solôn, quelquefois à d'autres, soit par une licence de rhétorique, soit par un sarcasme ironique), ou de νομοθέται, corps nombreux de personnes choisies et assermentées, — V. Lysias, Cont. Nikomach. sect. 3, 33, 37 ; Andocide, De Mysteriis, sect. 81-85 c. 14, p. 38, — où les Nomothetæ sont un corps assermenté de Cinq Cents, exerçant conjointement avec le sénat la fonction d'accepter ou de rejeter les lois qui leur sont proposées.

(1) Plutarque, Alkib. c. 33. Cornélius Népos (Alcibiad. c. 5, et Diodore, XIII, 38-42) mentionne Theramenês comme le principal auteur du décret qui rappelait Alkibiadês de l'exil. Mais les mots mêmes de l'élégie composée par Kritias, où ce dernier s'attribue cet acte, sont cités par Plutarque, et ils sont une très-bonne preuve. Sans doute bien des principaux personnages appuyèrent la proposition, et aucun ne s'y opposa.

Thucydide accorde un éloge marqué à l'esprit général de modération et d'harmonie patriotique qui régnèrent à ce moment à Athènes, et qui dirigea la conduite politique du peuple (1). Mais il n'appuie point l'opinion (comme on l'a cru quelquefois), et il n'est pas non plus vrai que les Athéniens aient introduit alors une nouvelle constitution. En mettant fin à l'oligarchie et au gouvernement des Quatre Cents, ils rétablirent l'ancienne démocratie, vraisemblablement avec deux modifications seulement, — d'abord la limitation partielle du droit de suffrage, — ensuite la cessation de tout payement pour fonctions politiques. L'accusation portée contre Antiphôn, qui fut jugé immédiatement après, alla devant le sénat et le dikasterion, exactement selon les anciennes formes démocratiques de procédure. Mais nous devons présumer que le sénat, les dikastes, les nomothetæ, les ekklesiastæ (ou citoyens qui assistaient à l'assemblée), les orateurs publics qui poursuivaient les criminels d'État ou défendaient toute loi attaquée, — ont dû fonctionner pour le moment sans paye.

De plus, les deux modifications que nous venons de mentionner n'eurent que peu d'effet pratique. Le corps exclusif des Cinq Mille citoyens, constitué ouvertement dans cette occasion, ne fut ni exactement réalisé, ni conservé longtemps. Il fut constitué, même alors, comme une limite plutôt nominale que réelle; total nominal qui, cessant de n'être plus qu'une simple page blanche telle que les Quatre Cents l'avaient créée dans l'origine, contenait en effet un nombre de noms individuels plus grand que le total, et sans ligne assignable de démarcation. Le seul fait, que tout homme qui fournissait une armure complète avait droit d'être des Cinq

---

(1) Thucydide, VIII, 97. Καὶ οὐχ ἥκιστα δὴ τὸν πρῶτον χρόνον ἐπί γε ἐμοῦ Ἀθηναῖοι φαίνονται εὖ πολιτεύσαντες· μετρία γὰρ ἥ τε ἐς τοὺς ὀλίγους καὶ τοὺς πολλοὺς ξύγκρασις ἐγένετο, καὶ ἐκ πονηρῶν τῶν πραγμάτων γε-νομένων τοῦτο πρῶτον ἀνήνεγκε τὴν πόλιν.

Je renvoie le lecteur à une note sur ce passage qui se trouve dans un de mes précédents volumes, et sur l'explication qu'en donne le docteur Arnold (V. tome VII, ch. 6, p. 310).

Mille, — et non eux seuls, mais d'autres en outre (1), — montre qu'on ne songe pas à s'attacher à ce nombre ni à aucun autre nombre précis. Si nous pouvons ajouter foi à un discours composé par Lysias (2), les Quatre Cents (après la démolition de leur forteresse projetée à Eetioneia, et quand le pouvoir leur échappait) avaient eux-mêmes nommé dans leur sein un comité chargé de dresser pour la première fois une liste réelle des véritables Cinq Mille : et Polystratos, membre de ce comité, tire vanité auprès de la démocratie qui s'établit ensuite pour avoir fait que la liste comprît neuf mille noms au lieu de cinq mille. Comme cette liste de Polystratos (si en effet elle a existé) n'a jamais été ni publiée ni adoptée, je me borne à mentionner la description qu'on en donne pour expliquer ma thèse, à savoir, que le nombre de cinq mille fut compris alors de tout côté comme une expression indéterminée pour désigner un suffrage étendu, mais non universel. Le nombre avait été inventé d'abord par Antiphôn et par les chefs des Quatre Cents pour voiler leur usurpation et intimider la démocratie ; ensuite, il servit le projet de Theramenès et de la minorité des Quatre Cents, comme base destinée à créer une sorte d'opposition dynastique (pour employer le langage moderne) dans les limites de l'oligarchie, — c'est-à-dire sans paraître dépasser les principes reconnus par l'oligarchie elle-même ; enfin, il fut employé par le parti démocratique en général comme un terme moyen commode pour revenir insensiblement à l'ancien système, avec aussi peu de disputes que possible ; car Alkibiadès et l'armement avaient fait dire à Athènes qu'ils adhéraient aux Cinq Mille et à l'abolition des fonctions civiles salariées (3).

Mais le suffrage exclusif de ceux qu'on appelait les Cinq Mille, surtout avec l'interprétation numérique étendue

---

(1) Les mots de Thucydide (VIII, 97) : — Εἶναι δὲ αὐτῶν, ὁπόσοι καὶ ὅπλα παρέχονται, — montrent que ce corps n'était pas composé *exclusivement* de ceux qui fournissaient des armures. On n'avait jamais pu songer, par exemple, à exclure les Hippeis ou Chevaliers.

(2) Lysias, Orat. XX, pro Polystrato, c. 4, p. 675, Reiske.

(3) Thucydide, VIII, 86.

actuellement adoptée, était de peu de valeur soit pour eux-
mêmes, soit pour l'État (1) ; tandis que c'était un coup insultant porté aux sentiments de la multitude exclue, en particulier à de braves et actifs marins comme les Parali. Bien
que prudent comme moyen de transition momentanée, il ne
pouvait rester, et l'on ne fit aucune tentative pour le garder
en permanence, — dans une communauté accoutumée depuis si longtemps au droit de cité universel, et où les nécessités de la défense contre l'ennemi exigeaient de tous les
citoyens des efforts énergiques.

Même quant aux fonctions gratuites, les membres des
Cinq Mille eux-mêmes se fatiguèrent bientôt, non moins
que les citoyens plus pauvres, de servir sans paye, en qualité de sénateurs ou autrement ; de sorte qu'il n'y eut qu'un
déficit financier absolu qui empêchât le rétablissement,
entier ou partiel, de la paye. Et ce déficit ne fut jamais assez
complet pour arrêter la dépense du Diobolon, ou distribution de deux oboles à chaque citoyen à l'occasion de diverses
fêtes religieuses. Cette distribution continua sans interruption, bien qu'il soit possible que le nombre des occasions
dans lesquelles on la faisait ait été diminué (2).

Dans quelle mesure ou avec quelle restriction un rétablissement de la paye civile se consolida-t-il pendant les
sept années qui s'écoulèrent entre les Quatre Cents et les
Trente ? c'est ce que nous ne pouvons dire. Mais en laissant
ce point indécis, nous pouvons montrer que, dans l'espace
d'une année après la déposition des Quatre Cents, le suffrage de ceux qu'on appelait les Cinq Mille s'étendit et
devint le suffrage de tous les Athéniens sans exception,

---

(1) Thucydide, VIII, 92. Τὸ μὲν καταστῆσαι μετόχους τοσούτους, ἄντικρυς
ἂν δῆμον ἡγούμενοι, etc.

(2) V. les importantes inscriptions
financières dans le Corpus Inscriptio-
num de Boeckh, part. I, numéros 147,
148, qui attestent des déboursés considérables pour la distribution du Diobolon, en 410-409 avant J.-C.

Il ne semble pas non plus qu'il y eût
beaucoup de diminution pendant ces
mêmes années dans la dépense et le
faste particuliers des Chorêgi, aux fêtes
et aux autres représentations. V. le
discours XXI de Lysias, — Ἀπολογία
Δωροδοκίας, — ch. 1, 2, p. 698-700,
Reiske.

c'est-à-dire la démocratie antérieure dans sa plénitude. Un décret mémorable, rendu environ onze mois après cet événement, — au commencement de l'archontat de Glaukippos (juin ou juillet 410 av. J.-C.), où le sénat des Cinq Cents, les dikastes et autres fonctionnaires civils furent renouvelés pour l'année suivante, d'après l'ancien usage démocratique, — ce décret, dis-je, nous montre la démocratie complète, non-seulement en action, mais dans tout l'éclat de sentiment produit par un rétablissement récent. Il paraît qu'on pensa que ce premier renouvellement d'archontes et d'autres fonctionnaires, dans la démocratie rétablie, devait être marqué par une proclamation expresse de sentiment, analogue au serment solennel si propre à remuer les cœurs, prononcé à Samos l'année précédente. Conséquemment, Demophantos proposa et fit rendre un (psèphisma ou) décret (1), prescrivant la forme d'un serment par lequel tous les Athéniens s'engageaient à soutenir la constitution démocratique.

Les termes de son décret et de son serment sont frappants. « Si un homme renverse la démocratie à Athènes, ou occupe une magistrature après le renversement de la démocratie, il sera un ennemi pour les Athéniens. Qu'il soit mis à mort impunément et que ses biens soient confisqués au profit du public, sauf un dixième pour Athênê. Que l'homme qui l'aura tué, que le complice instruit de cet acte, soient considérés comme saints et en bonne odeur auprès des dieux. Que tous les Athéniens prononcent un serment avec le sacrifice de victimes accomplies dans leurs tribus et dans leurs dêmes respectifs, et s'engagent à le tuer (2). Que le serment soit comme il suit : — Je tuerai de ma

---

(1) Au sujet de la date de ce psèphisma ou décret, V. Boeckh, Staatshaushaltung der Athener, vol. II, p. 168 (dans le commentaire sur diverses inscriptions annexées à son ouvrage, non compris dans la traduction anglaise de sir G. Lewis), et Meier, De Bonis Damnatorum, sect. II, p. 6-10. Wachsmuth en place par erreur la date après les Trente. — V. Hellen. Alterth. II, IX, p. 267.

(2) Andocide, De Mysteriis, sect. 95-99 (ch. 16, p. 48, R.). Ὁ δ' ἀποκτείνας τὸν ταῦτα ποιήσαντα, καὶ ὁ συμβουλεύ-

propre main, si je le peux, tout homme qui renversera la démocratie à Athènes, ou qui occupera ensuite une charge après le renversement de la démocratie, ou qui prendra les armes dans le dessein de se faire despote, ou qui aidera le despote à s'établir. Et si un autre le tue, je regarderai le meurtrier comme saint aux yeux et des dieux et des démons, pour avoir tué un ennemi des Athéniens. Et je m'engage, en parole, en action et par un vote, à vendre ses biens et à céder au meurtrier une moitié du produit, sans en rien retenir. Si un homme périt en tuant ou en essayant de tuer le despote, je serai plein de bonté tant pour lui que pour ses enfants, comme pour Harmodios et Aristogeitón et leurs descendants. Et par le présent acte j'annule tous les serments qui ont été prononcés hostiles au peuple athénien, soit à Athènes, soit au camp (à Samos), soit ailleurs, et j'en relève ceux qui les ont prononcés (1). Que tous les Athéniens jurent ceci comme serment régulier immédiat avant la fête des Dionysia, avec des sacrifices et des victimes accomplies (2); en invoquant sur celui qui le tiendra, des biens en abondance; — mais sur celui qui le violera, la ruine pour lui-même aussi bien que pour sa famille. »

σας, ὅσιος ἔστω καὶ εὐαγής. Ὁμόσαι δ' Ἀθηναίους ἅπαντας καθ' ἱερῶν τελείων, κατὰ φυλὰς καὶ κατὰ δήμους, ἀποκτείνειν τὸν ταῦτα ποιήσαντα.

Le commentaire de Sievers (Commentationes de Xenophontis Hellenicis, Berlin, 1833, p. 18, 19) sur les événements de cette époque n'est pas clair.

(1) Andocide, De Mysteriis, sect. 95-99 (ch. 16, p. 48, R.). Ὁπόσοι δ' ὅρκοι ὀμώμονται Ἀθήνῃσιν ἢ ἐν τῷ στρατοπέδῳ ἢ ἄλλοθί που ἐναντίοι τῷ δήμῳ τῶν Ἀθηναίων, λύω καὶ ἀφίημι.

A quels serments anti-constitutionnels particuliers est-il fait allusion ici? c'est ce que nous ne pouvons dire. Tous ceux des conspirateurs oligarchiques,

tant à Samos qu'à Athènes, sont sans doute destinés à être abrogés; et ce serment actuel, comme celui de l'armement à Samos (Thucyd. VIII, 75), doit être juré par tout le monde, en comprenant ceux qui avaient auparavant fait partie de la conspiration oligarchique. Il se peut aussi qu'il soit destiné à abroger le pacte juré par les membres des sociétés politiques ou ξυνωμόσιαι entre eux, en ce que ce pacte les obligeait à commettre des actes anti-constitutionnels (Thucyd. VIII, 54-81).

(2) Andocide, De Mysteriis, sect. 95-99 (ch. 16, p. 48, R.). Ταῦτα δὲ ὀμοσάντων Ἀθηναῖοι πάντες καθ' ἱερῶν τελείων, τὸν νόμιμον ὅρκον, πρὸ Διονυσίων, etc.

Tel fut le remarquable décret que non-seulement les Athéniens rendirent dans le sénat et dans l'assemblée publique, moins d'une année après la déposition des Quatre Cents, mais encore qu'ils firent graver sur une colonne tout près de la porte du palais du sénat. Il indique clairement non-seulement le retour de la démocratie, mais une intensité extraordinaire de sentiment démocratique qui l'accompagne. La constitution que *tous* les Athéniens jurèrent ainsi de maintenir par les mesures de défense les plus énergiques, doit avoir été une constitution dans laquelle *tous* les Athéniens avaient des droits politiques, et non une de cinq mille personnes privilégiées à l'exclusion des autres (1). Ce décret devint invalide après l'expulsion des Trente, en vertu de la résolution générale prise alors de n'agir d'après aucune loi rendue avant l'archontat d'Eukleidès, à moins qu'elle ne fût spécialement remise en vigueur. Mais la colonne sur laquelle il fut gravé resta encore, et on y put en lire les termes au moins jusqu'à l'époque de l'orateur Lykurgue, quatre-vingts ans plus tard (2).

Toutefois, la seule déposition des Quatre Cents et la translation du pouvoir politique aux Cinq Mille, qui s'effectuèrent dans la première assemblée publique tenue après la défaite essuyée à la hauteur d'Eretria, — furent suffisantes pour engager la plupart des chefs violents des Quatre Cents à quitter Athènes sur-le-champ. Peisandros, Alexiklès et autres se retirèrent secrètement à Dekeleia (3); Aristarchos

---

(1) Ceux qui pensent qu'une nouvelle constitution fut établie (après la déposition des Quatre Cents) sont embarrassés pour fixer l'époque à laquelle fut rétablie l'ancienne démocratie. K.-F. Hermann et autres supposent, sans preuve spéciale, qu'elle le fut au moment où Alkibiadês revint à Athènes, en 407 avant J.-C. Voir K.-F. Hermann, Griech. Staatsalterthümer, I, 167, note 13.

(2) Lykurgue, adv. Leokrat. sect.

131, c. 31, p. 225 : cf. Demosth. adv. Leptin. s. 138, c. 34, p. 506.

Si nous avions besoin d'un exemple pour prouver de quelle manière insouciante et insignifiante les orateurs mentionnent le nom de *Solón*, nous le trouverions dans ce passage d'Andocide. Il appelle ce psêphisma de Demophantos *une loi de Sólon* (s. 96): V. t. IV, c. 4 de cette Histoire.

(3) Thucydide, VIII, 98. La plupast de ces fugitifs revinrent six ans plus

seul fit de sa fuite le moyen de porter un nouveau coup à sa patrie. Comme il était l'un des généraux, il profita de cette autorité pour marcher, — avec quelques-uns des plus grossiers de ces archers scythes, qui faisaient la police de la ville, — vers Œnoê, sur la frontière bœôtienne, qui était à ce moment assiégée par un corps de Corinthiens et de Bœôtiens réunis. Aristarchos, de concert avec les assiégeants, se présenta à la garnison, et lui apprit que Sparte et Athènes venaient de conclure la paix, et que l'une des conditions était que Œnoê serait livrée aux Bœôtiens. Il lui ordonna donc, en qualité de général, d'évacuer la place, une trève étant accordée pour qu'elle retournât dans ses foyers. La garnison, qui avait été étroitement bloquée et tenue complétement dans l'ignorance de l'état actuel de la politique, obéit à cet ordre sans réserve ; de sorte que les Bœôtiens acquirent la possession de cette place frontière très-importante, — nouvelle épine dans le flanc d'Athènes, outre Dekeleia (1).

C'est ainsi que la démocratie athénienne fut rétablie de nouveau et que se termina le divorce entre la ville et l'armement à Samos, après une interruption de quatre mois environ causée par l'heureuse conspiration des Quatre Cents. Ce fut seulement par une sorte de miracle, — ou plutôt par la lenteur et la stupidité incroyables de ses ennemis étrangers, — qu'Athènes échappa vivante à cette criminelle agression de ses propres citoyens les plus capables et les plus riches. Que la démocratie victorieuse frappât et punît les principaux acteurs qui y avaient pris part, — et qui avaient rassasié leur ambition égoïste au prix de tant

---

tard, après la bataille d'Ægospotami, quand le peuple athénien fut de nouveau assujetti à une oligarchie dans les personnes des Trente. Plusieurs d'entre eux devinrent membres du sénat qui fonctionnait sous les Trente (Lysias cont. Agorat. sect. 80, c. 18, p. 495).

Il ne semble pas clairement prouvé qu'Aristotelês et Chariklês fussent du nombre des Quatre Cents qui à ce moment allèrent en exil, comme l'affirme Wattenbach (De Quadringent. Ath. Factione, p. 66):

(1) Thucydide, VIII, 89-90. Ἀρίσταρχος, ἀνὴρ ἐν τοῖς μάλιστα καὶ ἐκ πλείστου ἐναντίος τῷ δήμῳ, etc.

de souffrances, d'anxiété et de péril qu'ils avaient infligés à
leur pays, — ce n'était rien de plus qu'une rigoureuse justice. Mais les circonstances du cas étaient particulières :
car la contre-révolution avait été accomplie en partie avec
l'aide d'une minorité au sein des Quatre Cents eux-mêmes,
— Theramenês, Aristokratês et autres, avec le Conseil des
Anciens appelés Probouli, qui tous avaient été, au début,
ou chefs ou complices dans ce système de terrorisme et d'assassinat, par lequel la démocratie avait été renversée et les
maîtres oligarchiques établis dans le palais du sénat. On ne
pouvait donc soumettre à une enquête et à un jugement les
premières opérations de la conspiration, bien qu'elles fussent au nombre de ses traits les plus mauvais, sans compromettre ces personnes comme ayant participé au crime.
Theramenês esquiva la difficulté en choisissant pour sujet
de blâme un acte récent de la majorité des Quatre Cents,
auquel lui et ses partisans s'étaient opposés, et à propos duquel il n'avait donc pas d'intérêts contraires soit à la justice, soit au sentiment populaire. Il se présenta pour accuser la dernière ambassade envoyée à Sparte par les Quatre
Cents, — envoyée avec des instructions pour acheter la
paix et une alliance presqu'à tout prix, — et qui se rattachait à la construction du fort à Eetioneia, destiné à recevoir une garnison de l'ennemi. Il choisit cet acte de trahison manifeste, auquel avaient pris part Antiphôn, Phrynichos
et dix autres députés connus, comme l'objet spécial d'un
jugement et d'un châtiment publics, autant dans l'intérêt
général qu'en vue d'obtenir pour lui-même de la faveur dans
la démocratie rétablie. Mais on se souvint longtemps comme
d'une trahison perfide de la conduite de Theramenês, qui
dénonçait ainsi ses anciens amis et complices, après avoir
prêté sa main et son cœur à leurs premiers actes, qui
n'étaient pas les moins coupables, et plus tard on se servit
de cette conduite comme d'une excuse pour l'atroce injustice commise à son égard (1).

---

(1) Lysias, Cont. Eratosth. ch. II, p. 427, sect. 66-68. Βουλόμενος δὲ

Sur les douze ambassadeurs qui furent chargés de cette mission, tous, excepté Phrynichos, Antiphôn, Archeptolemos et Onomaklês, semblent s'être déjà enfuis à Dekeleia ou ailleurs. Phrynichos (ainsi que je l'ai mentionné un peu plus haut) avait été assassiné plusieurs jours auparavant. Au sujet de sa mémoire, le sénat rétabli des Cinq Cents venait déjà de rendre un vote condamnatoire, décrétant que ses biens seraient confisqués et sa maison rasée jusqu'au sol, et conférant la faveur du droit de cité, avec une récompense pécuniaire, aux deux étrangers qui prétendaient l'avoir assassiné (1). Les trois autres, Antiphôn, Archeptolemos et Onomaklês (2) furent présentés de nom au sénat par les généraux (au nombre desquels était probablement Thera-

---

(Theramenês) τῷ ὑμετέρῳ πλήθει πιστὸς δοκεῖν εἶναι, Ἀντιφῶντα καὶ Ἀρχεπτόλεμον, φιλτάτους ὄντας αὐτῷ, κατηγορῶν ἀπέκτεινεν · εἰς τοσοῦτον δὲ κακίας ἦλθεν, ὥστε ἅμα μὲν διὰ τὴν πρὸς ἐκείνους πίστιν ὑμᾶς κατεδουλώσατο, διὰ δὲ τὴν πρὸς ὑμᾶς τοὺς φίλους ἀπώλεσεν. Cf. Xénophon, Hellen. II, 3, 30-33.

(1) Que ces votes, relatifs à la mémoire et à la mort de Phrynichos, précédassent le jugement d'Antiphôn, — c'est ce que nous pouvons conclure des mots par lesquels se termine la sentence rendue contre Antiphôn : V. Plutarque, Vit. X. Orat. p. 384, B. Cf. Schol. Aristoph. Lysistr. 313.

Les orateurs Lysias et Lykurgue contiennent, au sujet de la mort de Phrynichos, des assertions qui ne sont pas en harmonie avec Thucydide. Ces deux orateurs s'accordent à rappeler les noms des deux étrangers qui prétendaient avoir tué Phrynichos, et dont la réclamation fut admise plus tard par le peuple, et reconnue par une récompense formelle et un vote leur conférant le droit de cité. — Thrasyboulos de Kalydôn, — Apollodoros de Megara (Lysias, cont. Agorat. ch. 18, p. 492; Lykurg. cont. Leokrat. ch. 29, p. 217).

Lykurgue dit que Phrynichos fut assassiné de nuit « près de la fontaine voisine des saules, » ce qui est tout à fait en contradiction avec Thucydide, qui avance que l'acte fut commis en plein jour, et dans la place du marché. Agoratos, contre lequel le discours de Lysias est dirigé, prétendait avoir été l'un des assassins, et réclamait une récompense pour ce motif.

Lykurgue dit que le peuple athénien, sur la proposition de Kritias, exhuma et jugea le cadavre de Phrynichos, et qu'Aristarchos et Alexiklês furent mis à mort pour s'être chargés de sa défense. — Cette histoire est certainement fausse en partie, et probablement fausse d'un bout à l'autre. Aristarchos était alors à Œnoê, Alexiklês à Dekeleia.

(2) Onomaklês avait été l'un des collègues de Phrynichos, comme général de l'armement en Iônia, l'automne précédent (Thucyd. VIII, 25).

Dans une des biographies de Thucydide (p. 22 de l'édition du Dr Arnold), il est dit qu'Onomaklês fut exécuté avec les deux autres ; mais le document cité dans le Pseudo-Plutarque contredit cette assertion.

menês), comme étant allés en mission à Sparte dans le dessein de nuire à Athènes, en partie à bord d'un vaisseau de
l'ennemi, en partie grâce à la garnison spartiate de Dekeleia.
Sur cette présentation, qui était sans doute un document de
quelque longueur et entrait dans des détails, un sénateur
nommé Andrôn fit la proposition suivante : — Les généraux,
aidés par dix sénateurs à leur choix, saisiraient les trois
personnes accusées et les tiendraient en prison pour être
jugées ; — les Thesmothetæ enverraient à chacune des trois
une invitation formelle de se préparer à être jugées pro-
chainement devant le Dikasterion, sous l'accusation de
haute trahison, — et les présenteraient en justice au jour
fixé, assistés par les généraux, par les dix sénateurs choisis
comme auxiliaires, et par tout autre citoyen qui voudrait se
joindre à eux, en qualité d'accusateurs. Chacune des trois
devait être jugée séparément, et si elle était condamnée,
être traitée suivant la loi pénale de la ville contre les traîtres,
ou personnes coupables de trahison (1).

Bien que les trois personnes indiquées ainsi fussent toutes
à Athènes, ou du moins fussent supposées y être, le jour où
cette résolution fut prise par le sénat, cependant avant
qu'elle fût exécutée, Onomaklês avait fui ; de sorte qu'Antiphôn et Archeptolemos seuls furent emprisonnés pour être
jugés. Eux aussi ont dû avoir plus d'une occasion pour quitter la ville, et nous aurions pu supposer qu'Antiphôn aurait
cru tout à fait aussi nécessaire de se retirer que Peisandros
et Alexiklês. Un homme si fin que lui, qui n'avait à aucune
époque été très-populaire, a dû savoir qu'à ce moment du
moins il avait tiré l'épée contre ses concitoyens d'une manière qui ne pouvait jamais être pardonnée. Cependant, il
préféra volontairement rester : et cet homme, qui avait
donné l'ordre de faire disparaître par un assassinat secret
un si grand nombre des orateurs démocratiques, fut averti

---

(1) Plutarque, Vit. X. Orat. p. 834 :
Cf. Xénophon, Hellen. I, 7, 22.
Apolêxis fut un des accusateurs
d'Antiphôn : V. Harpokration, v. Στα-
σιώτης.

suffisamment par la démocratie triomphante et trouva auprès d'elle un jugement équitable, sur une accusation distincte et spécifiée. Le discours qu'il fit pour sa défense, bien qu'il ne lui procurât pas l'acquittement, fut écouté, non-seulement avec patience, mais avec admiration, comme nous en pouvons juger par l'effet puissant et durable qu'il produisit. Thucydide en parle comme de la plus magnifique défense contre une accusation capitale, dont il eût eu connaissance (1); et le poëte Agathôn, un des auditeurs sans doute, complimenta chaudement Antiphôn sur son éloquence; et ce dernier répondit que l'approbation d'un juge si éclairé était à ses yeux une ample compensation pour le verdict hostile de la multitude. Lui et Archeptolemos furent tous deux reconnus coupables par le Dikasterion et condamnés aux châtiments des traîtres. Ils furent remis entre les mains des magistrats appelés les Onze (les chefs de la justice exécutive à Athènes), pour être mis à mort par le supplice ordinaire de la ciguë. Leurs biens furent confisqués: on ordonna de raser leurs maisons et d'en marquer l'emplacement vacant par des colonnes, avec l'inscription : « Demeure d'Antiphôn le traître, — d'Archeptolemos le traître. » On ne permit pas qu'ils fussent enterrés soit en Attique, soit dans un territoire quelconque soumis à la domination athénienne (2). Leurs enfants, légitimes et illégitimes, furent

---

(1) Thucydide, VIII, 68; Aristote Ethic. Eudem. III, 5. Καὶ αὐτός τε (᾽Αντιφῶν) — ἄριστα φαίνεται τῶν μέχρι ἐμοῦ, ὑπὲρ αὐτῶν τούτων αἰτιαθεὶς — θανάτου δίκην ἀπολογησάμενος. — « Et lui aussi pour lui-même, » etc. Thucydide venait de dire auparavant qu'Antiphôn rendait les plus grands services à d'autres plaideurs comme conseil, mais qu'il parlait rarement devant le peuple ou devant le Dikasterion. Les mots καὶ αὐτός τε, qui suivent immédiatement, montrent sa grande puissance, quand il lui arrivait de plaider sa propre cause.

Ruhnken semble avoir tout à fait raison (Dissert. de Antiphont. p. 818, Reiske) quand il regarde le discours περὶ μεταστάσεως comme la défense prononcée par Antiphôn pour lui-même, bien que Westermann (Geschichte der Griechisch. Beredsamkeit, p. 277) combatte cette opinion. Il est fait allusion à ce discours dans plusieurs des articles d'Harpokration.

(2) C'est ainsi qu'on ne permit pas d'enterrer en Attique Themistoklês, vu que c'était un traître (Thucyd. I, 138; Cornél. Népos, Vita Themistocl. II, 10). On dit que ses amis y rapportèrent ses os en secret.

privés du droit de cité, et le citoyen qui adopterait les descendants des uns ou des autres d'entre eux devait également
se voir enlever ses priviléges.

Telle fut la sentence rendue par le Dikasterion, suivant
la loi athénienne sur la trahison. On ordonna qu'elle fût
gravée sur la même colonne d'airain que le décret en l'honneur des meurtriers de Phrynichos. C'est sur cette colonne
qu'elle fut copiée et qu'elle a passé ainsi dans l'histoire (1).

Combien de membres de l'oligarchie des Quatre Cents
furent réellement jugés ou punis, c'est ce que nous n'avons
pas le moyen de savoir : mais il y a lieu de croire qu'il n'y
eut de mis à mort qu'Antiphôn et Archeptolemos, — peut-
être aussi Aristarchos, qui avait livré Œnoê aux Bœôtiens.
On dit que ce dernier fut jugé selon les formes et condamné (2) : bien que nous ne sachions pas par quel accident

---

(1) Elle est donnée tout au long dans
le Pseudo-Plutarque, Vit. X. Orat.
p. 833, 834. Elle fut conservée par
Cæcilius, Sicilien et maître de rhétorique, de l'époque d'Auguste, qui possédait soixante discours attribués à
Antiphôn, dont il regardait vingt-cinq
comme apocryphes.

Antiphôn laissa une fille, que Kallæschros demanda en mariage selon les
formes de la loi, étant autorisé à le
faire en raison d'une parenté rapprochée (ἐπεδικάσατο). Kallæschros était
lui-même un des Quatre Cents, —
peut-être frère de Kritias. Il semble
singulier que le pouvoir légal de demander à la justice la main d'une
femme, par droit de proche parenté
(τοῦ ἐπιδικάζεσθαι), pût s'étendre à
une femme privée de ses priviléges et
de tous ses droits comme citoyenne.

Si nous pouvons en croire Harpokration, Andrôn (qui proposa dans le sénat
de faire juger Antiphôn et Archeptolemos) avait été lui-même membre des
Quatre Cents oligarques, aussi bien que
Theramenês (Harp. v. Ἀνδρῶν).

La note du Dᵣ Arnold, sur le passage

(VIII, 68) où Thucydide appelle Antiphôn ἀρετῇ οὐδενὸς ὕστερος, — « ne le
cédant à personne en vertu, » — mérite
bien d'être consultée. Ce passage
montre d'une manière remarquable
quelles étaient les qualités politiques
et privées qui déterminaient l'estime
de Thucydide. Il prouve que ses sympathies étaient pour le parti oligarchique, et que si les exagérations des
orateurs de l'opposition ou démagogues,
telles que celles qu'il impute à Kleôn
et à Hyperbolos, provoquaient sa haine
amère, — les exagérations de la guerre
oligarchique, c'est-à-dire les assassinats
multipliés, ne lui faisaient pas aimer
moins un homme. Mais il montre en
même temps sa grande sincérité dans
le récit des faits : car il révèle sans les
déguiser les assassinats aussi bien que
la trahison d'Antiphôn.

(2) Xénophon, Hellenic. I, 7, 28.
C'est le sens naturel du passage, bien
qu'il *puisse* signifier aussi bien qu'un
jour fut fixé pour le procès, mais
qu'Aristarchos ne parut pas. Il se peut
qu'Aristarchos ait été fait prisonnier
dans l'un des engagements qui se li-

il tomba plus tard au pouvoir des Athéniens, après être parvenu une fois à s'enfuir. Les biens de Peisandros (qui lui-même s'était échappé) furent confisqués, et accordés en totalité ou en partie comme récompense à Apollodôros, un des assassins de Phrynichos (1); on confisqua probablement aussi les biens des autres oligarques fugitifs de marque. Polystratos, un autre des Quatre Cents, qui n'était devenu membre de ce corps que peu de jours avant sa chute, fut jugé pendant son absence (absence que ses défenseurs expliquèrent plus tard en disant qu'il avait été blessé dans le combat naval livré à la hauteur d'Eretria), et condamné à une forte amende. Il semble que chacun des Quatre Cents fut appelé à subir une reddition de compte et un procès de responsabilité (suivant l'usage général à Athènes pour les magistrats qui sortaient de charge). Ceux d'entre eux qui ne parurent pas au jugement furent condamnés à l'amende, à l'exil, ou à avoir leurs noms enregistrés comme traîtres. Mais la plupart de ceux qui se présentèrent semblent avoir été acquittés, en partie, nous dit-on, au moyen de présents faits aux logistæ ou officiers chargés d'apurer les comptes, bien que quelques-uns fussent condamnés soit à une amende soit frappés d'une incapacité politique partielle, avec les hoplites qui avaient été les partisans les plus prononcés des Quatre Cents (2).

---

vraient entre la garnison de Dekeleia et les Athéniens. Les exilés athéniens en corps s'établirent à Dekeleia et firent une guerre constante aux citoyens à Athènes. V. Lysias, De Bonis Niciæ fratris, Or. XVIII, c. 4, p. 604; Pro Polystrato, Orat. XX. c. 7, p. 688; Andocide, De Mysteriis, c. 17, p. 50.

(1) Lysias, De Oleâ Sacrâ, Or. VII, ch. 2, p. 263, Reiske.

(2) « Quadringentis ipsa dominatio fraudi non fuit, imo qui cum Theramene et Aristocrate steterant, in magno honore habiti sunt: omnibus autem rationes reddendæ fuerunt; qui solum vertissent, proditores judicati sunt, nomina in publico proposita » (Wattenbach, De Quadringentorum Athenis Factione, p. 65).

Le pséphisma de Patrokleidês (rendu six ans plus tard, après la bataille d'Ægospotamos) nous apprend que les noms de ceux des Quatre Cents qui ne restèrent pas pour être jugés, furent gravés sur d'autres colonnes que ceux qui furent condamnés à une amende ou frappés d'incapacité. — Andocide, De Mysteriis, sect. 75-78. — Καὶ ὅσα ὀνόματα τῶν τετρακοσίων τινὸς ἐγγέγραπται, ἢ ἄλλο τι περὶ τῶν ἐν τῇ ὀλιγαρχίᾳ πραχθέντων ἔστι που γεγραμμένον, πλὴν ὅποσα ἐν στήλαις γέγραπ-

Quelque peu distinctement que nous reconnaissions les actes particuliers des Athéniens lors de ce rétablissement

---

ται τῶν μὴ ἔνθαδε μεινάντων, etc. (Ces derniers noms, comme étant les plus criminels, furent exceptés de l'amnistie de Patrokleidês).

Nous voyons ici qu'il y eut deux catégories parmi les Quatre Cents condamnés :

1. Ceux qui restèrent pour subir leur jugement de responsabilité, et qui furent condamnés à une amende, qu'ils ne pouvaient pas payer, ou frappés d'une incapacité positive.

· 2. Ceux qui ne restèrent pas pour subir leur jugement, et furent condamnés « *par contumace* ».

Avec cette première catégorie, nous trouvons d'autres noms outre ceux des Quatre Cents, reconnus coupables comme leurs partisans : — Ἄλλο τι (ὄνομα) περὶ τῶν ἐν τῇ ὀλιγαρχίᾳ πραχθέντων. Parmi ces partisans, nous pouvons ranger les soldats mentionnés un peu auparavant (sect. 75) : — Οἱ στρατιῶται, οἷς ὅτι ἐπέμειναν ἐπὶ τῶν τυράννων ἐν τῇ πόλει, τὰ μὲν ἄλλα ἦν ἅπερ τοῖς ἄλλοις πολίταις, εἰπεῖν δ' ἐν τῷ δήμῳ οὐκ ἐξῆν αὐτοῖς οὐδὲ βουλεῦσαι, où la préposition ἐπὶ semble signifier non-seulement contemporanéité, mans une sorte de connexion intime, comme la phrase ἐπὶ προστάτου οἰκεῖν (V. Matthiæ, Gr. Gr. sect. 584 ; Kühner, Gr. Gr. sect. 611).

Le discours de Lysias, Pro Polystrato, est obscur en plusieurs points ; mais nous reconnaissons que Polystratos était un de ceux des Quatre Cents qui ne vinrent pas pour subir leur jugement de responsabilité, et qu'en conséquence il fut condamné par défaut. On porta contre lui de graves accusations, et on assura faussement qu'il était cousin de Phrynichos, tandis qu'il était seulement en réalité du même dême que lui (sect. 20, 24, 11). La défense explique pourquoi il fit défaut,

en disant qu'il avait été blessé à la bataille d'Eretria, et que le jugement se fit immédiatement après la déposition des Quatre Cents (sect. 14, 24). Il fut condamné à une lourde amende et privé de ses droits de citoyen (sect. 15, 33, 38). Il paraîtrait que l'amende dépassa ce que ses biens pouvaient acquitter ; conséquemment cette amende, restant sans être payée, retombait sur ses fils après sa mort, et s'ils ne pouvaient la payer, ils étaient dans la situation de débiteurs publics insolvables à l'égard de l'État, qui les privait de l'exercice des droits de citoyen tant que la dette restait sans être payée. Mais tant que Polystratos vivait, ses fils n'étaient pas responsables envers l'État pour le payement de cette dette ; et *ils* restaient donc encore citoyens et dans le plein exercice de leurs droits, bien que *lui* fût privé des siens. Ils étaient trois fils, qui tous avaient servi avec honneur comme hoplites, et même comme cavaliers, en Sicile et ailleurs. Dans le discours dont nous nous occupons, l'un d'eux présente au Dikasterion une pétition, où il demande que la sentence rendue contre son père soit mitigée, — en partie sur le motif qu'elle n'est pas méritée, étant rendue pendant que son père craignait de se présenter pour se défendre, — en partie comme récompense des services militaires distingués de tous les trois fils. Le discours fut prononcé à une époque postérieure à la bataille de Kynossêma, pendant l'automne de cette année (sect. 31), mais non bien longtemps après le renversement des Quatre Cents, et certainement (à ce que je crois) longtemps avant les Trente ; de sorte que l'assertion de Taylor (Vit. Lysiæ, p. 55), que *tous* les discours qui restent de Lysias ont une date postérieure aux Trente, doit être admise avec cette exception.

de la démocratie, nous savons par Thucydide que leur prudence et leur modération furent exemplaires. L'éloge qu'il accorde en termes si expressifs à leur conduite dans cette circonstance, est en effet doublement remarquable (1) : d'abord parce qu'il vient d'un exilé, peu ami de la démocratie, et grand admirateur d'Antiphôn; ensuite parce que la conjoncture était éminemment une épreuve pour la moralité populaire, et qu'elle était de nature à dégénérer, par une tendance presque naturelle, en excès de vengeance et de persécution réactionnaires. A cette époque, la démocratie avait cent ans, si l'on date de Kleisthenês, — et cinquante ans, si l'on date même des réformes finales d'Éphialtês et de Periklês; de sorte que le gouvernement du pays par lui-même et l'égalité politique faisaient partie du sentiment habituel du cœur de chaque homme, — sentiment accru dans le cas actuel par le fait qu'Athènes était non-seulement une démocratie, mais une démocratie souveraine, qui avait des dépendances au dehors (2). A un moment où, par suite de désastres antérieurs sans exemple, elle est à peine en état de soutenir la lutte contre ses ennemis étrangers, un petit groupe de ses citoyens les plus riches, profitant de sa faiblesse, s'arrangent par un tissu de fraude et de force non moins infâme qu'habilement combiné, pour concentrer dans leurs mains les pouvoirs de l'État, et pour enlever à leurs concitoyens la garantie contre un mauvais gouvernement, le sentiment de l'égalité des droits, et la liberté de parole établie depuis longtemps. Et ce n'est pas tout : non-seulement ces conspirateurs installent une souveraineté oligarchique dans le palais du sénat, mais encore ils soutiennent cette souveraineté en appelant du dehors une garnison étrangère, et en livrant Athènes à ses ennemis péloponésiens. Il est impos-

---

(1) Ce témoignage de Thucydide suffit amplement pour réfuter les vagues assertions du Discours XXV de Lysias (Δήμου Καταλυσ. Ἀπολ. sect. 34, 35) au sujet des énormités commises à ce moment par les Athéniens : bien que

M. Mitford copie ces assertions comme si elles étaient de l'histoire réelle, en les rapportant à une époque qui arrive quatre ans après (History of Greece, ch. 20, sect. 1, vol. IV, p. 327).

(2) Thucydide, VIII, 68.

sible d'imaginer deux injures plus mortelles, et Athènes ne
se serait garantie ni de l'une ni de l'autre, si son ennemie
étrangère avait manifesté une activité raisonnable. A considérer l'immensité du péril, l'extrême difficulté d'y échapper,
et la condition affaiblie dans laquelle resta Athènes même
après qu'elle y eut échappé, — nous aurions bien pu nous
attendre à trouver dans le peuple une violence d'hostilité
réactionnaire telle que tout observateur de sang-froid, tout
en tenant compte de la provocation, aurait dû néanmoins
condamner; et peut-être analogue en quelque sorte à cette
exaspération qui, dans des circonstances très-semblables,
avait causé les massacres sanglants à Korkyra (1). Et quand
nous voyons que c'est précisément l'occasion que Thucydide
(observateur un peu moins qu'impartial) choisit pour louer
sa bonne conduite et sa modération, nous sentons profondément les bonnes habitudes que sa démocratie antérieure a
dû lui donner, et qui servaient en ce moment de correctif à
l'impulsion du mouvement actuel. Il était devenu familier
avec la force d'union que possède un sentiment commun; il
avait appris à regarder comme sacrée l'inviolabilité de la
loi et de la justice, même à l'égard de son ennemi le plus
dangereux; et ce qui n'était pas moins important, la fré-
quence et la liberté de la discussion politique l'avaient habi-
tué non-seulement à substituer les luttes de la parole à celles
de l'épée, mais encore à comprendre sa situation avec les
dangers présents et futurs, au lieu d'être entraîné par une
vengeance rétrospective aveugle contre le passé.

Il y a peu de contrastes dans l'histoire grecque plus mémorables ou plus instructifs, que celui qui existe entre
cette conspiration oligarchique, — conduite par quelques-
unes des mains les plus habiles d'Athènes, — et le mouvement démocratique qui se continuait au même moment à
Samos, dans l'armement athénien et parmi les citoyens samiens. Dans la première, nous n'avons qu'égoïsme et ambition personnelle dès le début : d'abord, une association en

____

(1) V. au sujet des événements de Korkyra, t. VIII, ch. 4.

vue de saisir au profit des membres les pouvoirs du gouvernement, — puis, quand cet objet a été accompli, une rupture entre les associés, produite par un désappointement non moins égoïste. Nous ne voyons d'appel fait qu'aux plus mauvaises tendances; soit à des tours pour travailler la crédulité du peuple, soit à des meurtres extra-judiciaires pour agir sur son sentiment de crainte. Dans le second, au contraire, le sentiment invoqué est celui d'un patriotisme commun, et d'une sympathie égale, bien disposée pour tous. Ce que nous lisons dans Thucydide, — quand les soldats de l'armement et les citoyens samiens s'engagèrent mutuellement par des serments solennels à soutenir leur démocratie, à maintenir l'harmonie et les bons sentiments entre eux, à poursuivre énergiquement la guerre contre les Péloponésiens, et à rester en inimitié avec les conspirateurs oligarchiques à Athènes, ce tableau, dis-je, est un des plus dramatiques et des plus entraînants de son histoire (1). De plus, nous reconnaissons à Samos la même absence de vengeance réactionnaire qu'à Athènes, après que l'attaque des oligarques, Athéniens aussi bien que Samiens, a été repoussée; bien que ces oligarques eussent commencé par assassiner Hyperbolos et autres. Il y a dans tout ce mouvement démocratique à Samos une exaltation généreuse de sentiment commun qui domine le sentiment personnel, et en même temps une absence de férocité contre des adversaires, telles qu'elles ne furent jamais inspirées au cœur grec que par la démocratie.

Il est vrai, en effet, que ce fut un mouvement spécial d'enthousiasme généreux, et que les détails d'un gouvernement démocratique n'y répondent qu'imparfaitement. Ni dans la vie d'un individu, ni dans celle d'un peuple, le mouvement ordinaire et journalier ne paraît en rien digne de ces époques particulières dans lesquelles un homme est élevé au-dessus de son niveau, et devient capable d'un dévouement et d'un héroïsme extrêmes. Bien que la prépondérance complète

____

(1) Thucydide, VIII, 75.

de ces émotions ne soit jamais que transitoire, cependant
elles ont leur fondement dans des veines de sentiment qui
ne sont pas même à d'autres époques complétement éteintes,
mais qui comptent parmi les nombreuses forces tendant à
modifier et à améliorer l'action humaine, si elles ne peuvent
la gouverner. Même leurs moments de prépondérance transitoire laissent par derrière une traînée lumineuse et rendent
les hommes qui ont passé par là plus aptes à concevoir de
nouveau la même impulsion généreuse, bien qu'à un moindre
degré. Un des mérites de la démocratie grecque, c'est
d'avoir fait naître ce sentiment égal et patriotique d'une
union constante ; quelquefois, et en de rares occasions,
telles que la scène à Samos, avec une intensité extrême, de
manière à passionner une multitude unanime ; plus fréquemment, en courant plus faible, capable toutefois de
donner quelque chance à un orateur honnête et éloquent de
faire avec succès appel au sentiment public contre l'égoïsme
ou la corruption. Si nous suivons les mouvements d'Antiphôn et des conspirateurs ses complices à Athènes, con-
temporains des manifestations démocratiques à Samos, nous
verrons que non-seulement la conspiration ne renfermait pas
de pareille impulsion généreuse, mais que le succès du plan
des conspirateurs dépendait de leur talent à chasser du cœur
athénien tout patriotisme commun et actif. A l' « ombre
froide » de leur oligarchie, — même en supposant l'absence
de cruauté et de rapacité, qui probablement n'auraient pas
tardé à dominer si leur règne avait duré, comme nous le
verrons bientôt par l'histoire de la seconde oligarchie des
Trente, — il ne serait pas resté à la multitude athénienne
d'autre sentiment que la crainte, la servilité, ou du moins
une disposition docile et muette à suivre des chefs qu'elle ne
choisissait ni ne contrôlait. Ceux qui regardent les différentes formes de gouvernement comme distinguées les unes
des autres surtout par les sentiments que chacune d'elles tend
à inspirer, chez les magistrats aussi bien que chez les citoyens, trouveront dans les scènes contemporaines d'Athènes
et de Samos d'instructives comparaisons entre l'oligarchie
et la démocratie grecques.

CHAPITRE III

LA DÉMOCRATIE ATHÉNIENNE RÉTABLIE, APRÈS LA DÉPOSITION
DES QUATRE CENTS JUSQU'A L'ARRIVÉE DE CYRUS LE JEUNE
EN ASIE MINEURE.

Situation embarrassée d'Athènes après les Quatre Cents. — Flotte péloponésienne;
Abydos se révolte contre Athènes. — Strombichidês va de Chios à l'Hellespont ; condition améliorée des citoyens de Chios. — Mécontentement de la
flotte péloponésienne à Milêtos. — Strombichidês retourne de Chios à Samos.
— Escadre et armée péloponésiennes à l'Hellespont ; Byzantion se révolte contre
Athènes. — Mécontentement et réunion contre Astyochos à Milêtos. — Le
commissaire spartiate Lichas enjoint aux Milésiens d'obéir à Tissaphernês ; mécontentement des Milésiens. — Mindaros remplace Astyochos comme amiral.
— Flotte phénicienne à Aspendos ; duplicité de Tissaphernês. — Alkibiadês à
Aspendos ; son double jeu entre Tissaphernês et les Athéniens. — Phéniciens
renvoyés d'Aspendos sans avoir combattu ; motifs de Tissaphernês. — Mindaros
quitte Milêtos avec sa flotte ; il va à Chios ; Thrasyllos et la flotte athénienne à
Lesbos. — Mindaros évite Thrasyllos et arrive à l'Hellespont. — L'escadre athénienne de l'Hellespont s'enfuit de Sestos pendant la nuit. — Thrasyllos et la
flotte athénienne à l'Hellespont. — Bataille de Kynossêma ; victoire de la flotte
athénienne. — Réjouissances à Athènes pour la victoire. — Pont jeté sur l'Euripos, unissant l'Eubœa à la Bœôtia. — Révolte de Kyzikos. — Ardeur de
Pharnabazos contre Athènes ; importance de l'argent persan. — Tissaphernês
recherche de nouveau la faveur des Péloponésiens. — Alkibiadês retourne
d'Aspendos à Samos. — Nouveaux combats à l'Hellespont. — Theramenês
envoyé d'Athènes avec des renforts. — Nouveaux troubles à Korkyra. — Alkibiadês est saisi par Tissaphernês et confiné à Sardes. — Fuite d'Alkibiadês ;
concentration de la flotte athénienne ; Mindaros assiége Kyzikos. — Bataille de
Kyzikos ; victoire des Athéniens ; Mindaros est tué, et toute la flotte péloponésienne prise. — Découragement des Spartiates ; propositions de paix faites à
Athènes. — Le Lacédæmonien Endios à Athènes ; ses propositions de paix. —
Refusées par Athènes ; opposition de Kleophôn. — Motifs de l'opposition de
Kleophôn. — Question politique, telle qu'elle était alors, entre la paix et la
guerre. — Aide empressée fournie par Pharnabazos aux Péloponésiens ; Alkibiadês et la flotte athénienne au Bosphore. — Les Athéniens occupent Chrysopolis et lèvent un péage sur les vaisseaux passant par le Bosphore. — Les Lacédæmoniens sont chassés de Thasos. — Klearchos le Lacédæmonien est envoyé à
Byzantion. — Thrasyllos envoyé d'Athènes en Iônia. — Thrasyllos et Alki-

biadês à l'Hellespont. — Pylos est reprise par les Lacédæmoniens ; honte encourue par l'Athénien Anytos pour ne pas l'avoir secourue. — Prise de Chalkêdon par Alkibiadês et les Athéniens. — Convention conclue par les Athéniens avec Pharnabazos. — Byzantion pris par les Athéniens. — Pharnabazos escorte quelques députés athéniens se rendant à Suse, pour traiter avec le Grand Roi.

L'oligarchie des Quatre Cents à Athènes (installée dans le palais du sénat, vers février ou mars 411 av. J.-C., et déposée vers juillet de la même année), après quatre ou cinq mois de danger et de discorde qui faillirent mettre la république au pouvoir de ses ennemis, avait été terminée à ce moment par le rétablissement de sa démocratie ; avec toutes les circonstances accessoires qui ont été amplement détaillées. Je retourne maintenant aux opérations militaires et navales sur la côte asiatique, coutemporaines en partie des dissensions politiques à Athènes, décrites plus haut.

Il a déjà été dit que la flotte péloponésienne de quatre-vingt-quatorze trirèmes (1), après n'être pas resté moins de quatre-vingts jours inactive à Rhodes, était retenue à Milêtos vers la fin de Mars, avec l'intention de procéder à la délivrance de Chios, qu'une partie de l'armement athénien sous Strombichidês avait assiégée pendant quelque temps, et qui était à ce moment dans la plus grande détresse. Toutefois le gros de la flotte athénienne à Samos empêcha Astyochos d'effectuer ce projet, vu qu'il ne jugea pas prudent d'engager une bataille générale. Il fut influencé par les présents, aussi bien que par les tromperies de Tissaphernês, qui ne cherchait qu'à affaiblir les deux parties, en prolongeant la guerre, et qui déclarait alors être sur le point de faire venir la flotte phénicienne à son aide. Astyochos avait dans sa flotte les vaisseaux qui avaient été amenés pour coopérer avec Pharnabazos à l'Hellespont, et qui étaient ainsi également incapables d'arriver à leur destination. Pour obvier à cette difficulté, on envoya le Spartiate Derkyllidas avec un corps de troupes par terre, vers l'Hellespont, pour y rejoindre Pharnabazos, et agir contre Abydos et les dé-

---

(1) Thucydide, VIII, 44, 45.

pendances d'Athènes du voisinage. Abydos, rattachée à Milêtos par des liens coloniaux, donna l'exemple en se révoltant contre Athènes et en passant à Derkyllidas et à Pharnabazos; exemple suivi, deux jours après, par la ville voisine de Lampsakos.

Il ne paraît pas qu'il y eût à ce moment de forces athéniennes dans l'Hellespont; et la nouvelle du danger qui menaçait l'empire de ce nouveau côté, apportée à Chios, alarma Strombichidès, le commandant de l'armement qui assiégeait cette ville. Les habitants de Chios, que poussaient au désespoir les progrès de la famine aussi bien que le manque de secours de la part d'Astyochos, et qui avaient récemment porté leur flotte à 36 trirèmes contre les 32 athéniennes, grâce à l'arrivée de 12 vaisseaux sous Leôn (obtenus de Milêtos pendant l'absence d'Astyochos à Rhodes), avaient fait une sortie et livré un combat naval acharné aux Athéniens, avec quelque avantage (1). Néanmoins Strombichidès se crut forcé de mener immédiatement vingt-quatre trirèmes et un corps d'hoplites au secours de l'Hellespont. Par là, les gens de Chios devinrent assez maîtres de la mer, pour s'approvisionner de nouveau, bien que l'armement athénien et le poste fortifié restassent encore dans l'île. Astyochos put aussi rappeler à Milêtos Leôn avec les douze trirèmes, et fortifier ainsi sa flotte principale (2).

Il paraît que c'était le moment, où le parti oligarchique tant dans la ville que dans le camp à Samos, dressait son plan de conspiration qui a déjà été raconté et où les généraux athéniens était divisés d'opinion, — Charminos se rangeant dans ce parti, Leôn et Diomedôn lui étant contraires. Informé de la dissension qui régnait dans le camp, Astyochos jugea le moment favorable pour faire voile avec toute sa flotte jusqu'au port de Samos, et pour offrir la bataille; mais les Athéniens n'étaient pas en état de quitter le port. Il retourna

---

(1) Thucydide, VIII, 61, 62. Οὐκ ἔλασσον ἔχοντες signifie un certain succès, mais non très-décisif.

(2) Thucydide, VIII, 63.

donc à Milêtos, où il resta de nouveau inactif, dans l'attente (réelle ou prétendue) de l'arrivée des vaisseaux phéniciens. Mais le mécontentement de ses troupes, en particulier du contingent syracusain, devint bientôt irrésistible. Non-seulement elles murmurèreht de l'inaction de l'armement pendant ce moment précieux de désunion dans le camp athénien, mais encore elles découvrirent la politique insidieuse de Tissaphernês qui ruinait insensiblement leur force sans résultat ; politique qu'ils ressentaient encore plus vivement à cause de son irrégularité à leur fournir une paye et des provisions, ce qui leur causait une sérieuse détresse. Pour apaiser leurs cris, Astyochos fut forcé de convoquer une assemblée générale, qui se prononça en faveur d'une bataille immédiate. Conséquemment, il partit de Milêtos avec toute sa flotte de cent douze trirèmes, pour se rendre au promontoire de Mykale, immédiatement en face de Samos, — en ordonnant aux hoplites milésiens de traverser le promontoire par terre et d'aller vers le même point. La flotte athénienne, qui ne comptait à ce moment que quatre-vingt-deux voiles, dans l'absence de Strombichidês, était amarrée près de Glaukê, sur le continent de Mykale ; mais comme elle vint à connaître la décision publique de combattre, que venaient de prendre les Péloponésiens, elle se retira à Samos, n'étant pas disposée à engager la lutte avec un nombre si inférieur (1).

Il paraît que ce fut pendant ce dernier intervalle d'inaction de la part d'Astyochos, que le parti oligarchique de Samos fit sa tentative et échoua ; tentative suivie d'une réaction qui amena, peu de temps après, la grande manifestation démocratique, et le serment collectif solennel de l'armement athénien, — et de plus la nomination de nouveaux généraux, dévoués et unanimes. L'armement était alors animé d'un grand enthousiasme, et désirait en venir aux mains avec l'ennemi ; et on avait rappelé immédiatement Strombychidês, pour que la flotte fût réunie contre le prin-

---

(1) Thucydide, VIII, 78, 79.

cipal ennemi à Milêtos. Cet officier avait recouvré Lampsakos; mais il avait échoué dans sa tentative sur Abydos (1). Après avoir établi un poste fortifié central à Sestos, il rejoignit alors à Samos la flotte qui, par son arrivée, atteignit le chiffre de cent huit voiles. Il arriva la nuit, au moment où la flotte péloponésienne se préparait à renouveler son attaque, en partant de Mykale le lendemain matin. Cette flotte se composait de cent douze vaisseaux, et était conséquemment encore supérieure en nombre aux Athéniens. Mais, ayant appris à ce moment et l'arrivée de Strombichidès, et la nouvelle ardeur aussi bien que l'unanimité des Athéniens, les commandants péloponésiens n'osèrent pas persister dans leur résolution de combattre. Ils retournèrent à Milêtos; les Athéniens se portèrent à l'entrée du port de cette ville, et ils eurent la satisfaction d'offrir la bataille à un ennemi peu disposé à l'accepter (2).

Cet aveu d'infériorité était bien fait pour aigrir encore plus les mécontentements de la flotte péloponésienne à Milêtos. Tissaphernès était devenu de plus en plus parcimonieux dans la fourniture de la paye et des provisions; tandis que le rappel d'Alkibiadès à Samos, qui s'effectua précisément à cette époque, combiné avec l'intimité non interrompue qui régnait en apparence entre lui et le satrape, la confirma dans la pensée que ce dernier la trompait et l'affamait avec intention, dans l'intérêt d'Athènes. En même temps, il arriva d'instantes sollicitations de Pharnabazos, qui sollicitait la coopération de la flotte de l'Hellespont, avec des promesses libérales de paye et d'entretien. Klearchos, qui avait été envoyé avec la dernière escadre de Sparte, dans le dessein exprès d'aller au secours de Pharnabazos, réclama l'autorisation d'exécuter les ordres qu'il avait reçus; tandis qu'Astyochos aussi, qui avait renoncé à l'idée de toute action combinée, crut avantageux actuellement de diviser la flotte qu'il ne savait comment nourrir. En conséquence, il envoya Klearchos avec quarante trirèmes, de Milêtos à l'Hellespont;

---

(1) Thucydide, VIII, 62. (2) Thucydide, VIII, 79.

et il lui donna toutefois pour instructions d'esquiver les Athéniens à Samos, en se dirigeant d'abord vers l'ouest dans la mer Ægée. Assailli par de violentes tempêtes, il fut forcé avec la plus grande partie de son escadre de chercher abri à Dêlos, et même il souffrit assez d'avaries pour retourner à Milètos, d'où il se rendit lui-même par terre à l'Hellespont. Cependant, dix de ses trirèmes, sous le Mégarien Helixos, résistèrent à la tempête et poursuivirent leur voyage jusqu'à l'Hellespont, qui, à ce moment, n'était pas gardé, vu que Strombichidès semble avoir ramené toute son escadre. Helixos passa sans obstacle à Byzantion, ville dorienne et colonie mégarienne, d'où il lui était déjà venu des invitations secrètes, et qu'il engagea maintenant à se révolter contre Athènes. Cette fâcheuse nouvelle fit reconnaître aux généraux athéniens, dont la marche détournée de Klearchos avait trompé la vigilance, la nécessité de garder l'Hellespont, où ils envoyèrent un détachement, et tentèrent même en vain de reprendre Byzantion. Soixante autres trirèmes se rendirent ensuite de Milètos à l'Hellespont et à Abydos, permettant ainsi aux Péloponésiens de surveiller ce détroit aussi bien que le Bosphore et Byzantion (1), et même de ravager la Chersonèse de Thrace.

Cependant les mécontentements de la flotte, à Milètos, éclatèrent en une mutinerie ouverte contre Astyochos et Tissaphernès. Non payés et seulement à moitié nourris, les marins se réunirent en groupes pour parler de leurs griefs; ils dénonçaient Astyochos comme les ayant livrés dans son intérêt au satrape, qui ruinait l'armement d'une manière perfide d'après les inspirations d'Alkibiadès. Même quelques-uns des officiers, dont on avait jusque-là acheté le silence, commencèrent à tenir le même langage; ils s'apercevaient que le mal était en train de devenir irréparable, et que les hommes étaient actuellement sur le point de déserter. Surtout l'incorruptible Hermokratès de Syracuse, et Dorieus le commandant thurien, épousèrent avec ardeur les réclama-

______

(1) Thucydide, VIII, 80-99.

tions de leurs marins qui, étant pour la plupart citoyens
(en plus grande proportion que les équipages des vaisseaux
péloponésiens), allèrent en corps trouver Astyochos, pour
se plaindre bruyamment et demander l'arriéré de leur paye.
Mais le général péloponésien les reçut avec hauteur et même
avec menace, et leva son bâton pour frapper le commandant
Dorieus qui défendait leur cause. Le ressentiment des marins fut tel qu'ils s'élancèrent pour accabler Astyochos de
traits : toutefois il se réfugia sur un autel voisin, de sorte
qu'il ne lui fut fait réellement aucun mal (1).

Et le mécontentement ne se borna pas aux marins de la
flotte. Les Milésiens aussi, fâchés et inquiets du fort que Tissaphernês avait construit dans leur ville, guettèrent une
occasion de l'attaquer par surprise, et en chassèrent la garnison. Bien que l'armement en général, plein à ce moment
d'antipathie contre le satrape, s'associât par la sympathie à
cet acte, cependant le commissaire spartiate Lichas le blâma
sévèrement ; il donna à entendre aux Milésiens qu'eux, aussi
bien que les autres Grecs, dans le territoire du roi, étaient
obligés de servir Tissaphernês dans toutes les limites raisonnables, — et même de gagner ses bonnes grâces par une ex-
trème obéissance, jusqu'à ce que la guerre fût heureusement
terminée. Il paraît que dans d'autres questions aussi, Lichas
avait fortifié l'autorité du satrape sur eux au lieu de la
mitiger, de sorte que les Milésiens en conçurent contre lui
une haine violente (2), et quand bientôt après il mourut de
maladie, ils refusèrent la permission de l'ensevelir dans le
lieu (probablement quelque endroit d'honneur) que ses compatriotes survivants avaient déterminé. Bien que Lichas, en
agissant ainsi, ne fît qu'exécuter les stipulations de son traité
avec la Perse, cependant il est certain que les Milésiens, au
lieu d'acquérir l'autonomie suivant les promesses générales

(1) Thucydide, VIII, 83, 84.
(2) Thucydide, VIII, 84. Ὁ μέντοι
Λίχας οὔτε ἠρέσκετο αὐτοῖς, ἔφη τε
χρῆναι Τισσαφέρνει καὶ δουλεύειν Μι-
λησίους καὶ τοὺς ἄλλους ἐν τῇ βασιλέως
τὰ μέτρια, καὶ ἐπιθεραπεύειν ἕως ἂν
τὸν πόλεμον εὖ θῶνται. Οἱ δὲ Μιλήσιοι
ὠργίζοντό τε αὐτῷ καὶ διὰ ταῦτα καὶ δι'
ἄλλα τοιουτότροπα, etc.

de Sparte, en furent à ce moment plus loin que jamais, et que la souveraine Athènes les avait mieux protégés que Sparte contre la Perse.

Toutefois, à ce moment, l'armement avait perdu presque toute subordination, quand Myndaros arriva de Sparte en qualité d'amiral pour remplacer Astyochos, qui fut rappelé et partit. Hermokratês et quelques députés milésiens profitèrent de cette occasion pour aller à Sparte se plaindre de Tissaphernês ; tandis que ce dernier, de son côté, y envoya un ambassadeur nommé Gaulitês (Karien familier également avec les deux langues, la grecque et la karienne) pour le défendre contre les accusations souvent répétées d'Hermokratês, qui lui reprochait d'avoir déloyalement retenu la paye, d'accord avec Alkibiadês et les Athéniens, — et en même temps pour dénoncer les Milésiens de son côté, comme ayant injustement démoli son fort (1). En même temps, il jugea nécessaire de mettre en avant un nouveau prétexte, en vue de donner plus de force aux négociations de son ambassadeur à Sparte, de calmer l'impatience de l'armement, et de se concilier le nouvel amiral Mindaros. Il annonça que la flotte phénicienne était sur le point d'arriver à Aspendos en Pamphylia, et qu'il s'y rendait pour la rencontrer, dans le dessein de l'amener sur le théâtre de la guerre afin qu'elle coopérât avec les Péloponésiens. Il invita Lichas à l'accompagner, et s'engagea à laisser à Milêtos Tamos, comme son lieutenant, pendant son absence, avec ordre de fournir la paye et les vivres à la flotte (2).

Mindaros, nouveau commandant, sans aucune expérience de la fausseté de Tissaphernês, fut trompé par ses assurances plausibles, et même captivé par la perspective prochaine d'un si puissant renfort. Il dépêcha un officier nommé Philippos avec deux trirèmes pour doubler le cap Triopien jusqu'à Aspendos, tandis que le satrape y allait par terre.

____

(1) Thucydide, VIII, 85.   (2) Thucydide, VIII, 87.

Il y eut de nouveau un délai d'une assez grande longueur, pendant que Tissaphernês était absent et à Aspendos, pour ce dessein ostensible. Il s'écoula quelque temps avant que Mindaros fût désabusé ; car Philippos trouva la flotte phénicienne à Aspendos, et en conséquence conçut d'abord l'espoir qu'elle allait réellement en avant. Mais le satrape ne tarda pas à montrer que son objet actuellement, comme jusqu'alors, n'était rien de plus que retard et tromperie. Les vaisseaux phéniciens étaient au nombre de 147 ; flotte plus que suffisante pour terminer la guerre maritime, si on l'eût employée avec ardeur. Mais Tissaphernês affecta de croire que c'étaient des forces peu considérables, indignes de la majesté du grand roi, qui avait commandé qu'une flotte de trois cents voiles fût préparée pour le service (1). Il resta quelque temps à attendre, à ce qu'il prétendait, qu'il y eût plus de vaisseaux en route, sans tenir compte d'aucune des remontrances des officiers lacédæmoniens.

Bientôt arriva l'exilé Alkibiadês, avec treize trirèmes athéniennes, se présentant comme étant dans les meilleurs termes avec le satrape. Il se servit aussi de l'approche de la flotte phénicienne pour tromper ses compatriotes à Samos, en promettant d'aller trouver Tissaphernês à Aspendos, de manière à le déterminer, s'il était possible, à employer la flotte pour aider Athènes, — mais tout au moins, à *ne pas* l'employer pour aider Sparte. La dernière alternative de la promesse était assez sûre, puisqu'il savait bien que Tissaphernês n'avait pas l'intention d'appliquer la flotte à aucun dessein réellement efficace. Mais il pouvait par là se faire honneur auprès de ses compatriotes pour avoir servi à priver l'ennemi d'un renfort si formidable.

---

(1) Thucydide, VIII, 87. Ce total plus grand que, comme le prétendait Tissaphernês, le Grand Roi se proposait d'envoyer, est spécifié par Diodore à trois cents voiles. Thucydide n'assigne aucun nombre précis (Diodore, XIII, 38, 42, 46).

Dans une occasion subséquente aussi, on nous parle de la flotte phénicienne comme étant destinée à être portée à trois cents voiles (Xénoph. Hellen. III, 4. 1). Il semble que c'était une sorte de nombre constant pour une flotte digne du monarque persan.

En partie, la confiance qui régnait en apparence entre Tissaphernès et Alkibiadès, — en partie les défaites imprudentes du premier, fondées sur l'incroyable prétexte que le nombre des vaisseaux était insuffisant, — finirent par convaincre Philippos que la conduite actuelle n'était qu'une nouvelle manifestation de fraude. Après un long et fâcheux intervalle, il informa Mindaros, — non sans des injures pleines d'indignation de la part du satrape, — qu'il n'y avait rien à espérer de la flotte à Aspendos. Cependant, à vrai dire, la conduite de Tissaphernès, en faisant venir les Phéniciens à cet endroit, et en retenant encore l'ordre d'aller plus loin et d'en venir à un engagement, était aux yeux de tous mystérieuse et inexplicable. Quelques-uns s'imaginaient qu'il agissait ainsi en vue de tirer des présents plus considérables des Phéniciens eux-mêmes, à titre de récompense pour les avoir renvoyés chez eux sans combattre, comme il paraît qu'ils le furent réellement. Mais Thucydide suppose qu'il n'avait pas d'autre motif que celui qui avait déterminé sa conduite pendant la dernière année, — c'était de prolonger la guerre et d'appauvrir à la fois Athènes et Sparte, en avançant une nouvelle déception, qui durerait pendant quelques semaines, et fournirait autant de retard (1). L'historien a sans doute raison : mais sans son assurance, il eût été difficile de croire que le besoin de soutenir un prétexte frauduleux, pendant un temps si court, eût été regardé comme un motif suffisant pour faire venir cette grande flotte de Phénicie à Aspendos, et ensuite pour la renvoyer sans l'avoir employée.

Après avoir fini par perdre l'espoir qu'il mettait dans les vaisseaux phéniciens, Mindaros résolut de rompre toute relation avec le perfide Tissaphernès, — d'autant plus que Tamos, lieutenant de ce dernier, bien que laissé ostensiblement pour payer et nourrir la flotte, accomplissait ce devoir avec plus d'irrégularité que jamais. Il se décida donc à con-

____

(1) Thucydide, VIII, 87, 88, 89.

duire la flotte à l'Hellespont afin de coopérer avec Pharnabazos, qui continuait encore ses promesses et ses invitations. La flotte péloponésienne (1) (forte de soixante-treize trirèmes, déduction faite de treize qui avaient été envoyées sous Dorieus pour étouffer quelques troubles à Rhodes), après avoir été soigneusement préparée à l'avance, fut mise en mouvement par un ordre soudain, de sorte qu'aucun avis antérieur ne put parvenir aux Athéniens à Samos. Après avoir été retenu quelques jours à Ikaros par le mauvais temps, Mindaros atteignit Chios en sûreté. Mais il y fut poursuivi par Thrasyllos, qui passa, avec cinquante-cinq trirèmes, au nord de Chios, et se trouva ainsi entre l'amiral lacédæmonien et l'Hellespont. Croyant que Mindaros resterait quelque temps à Chios, Thrasyllos plaça des vigies tant sur les hautes terres de Lesbos que sur le continent vis-à-vis de Chios, afin d'être à même d'avoir une connaissance instantanée de tout mouvement que ferait la flotte de l'ennemi (2). Pendant ce temps-là il employa les forces athéniennes à réduire la ville lesbienne d'Eresos, qui avait été dernièrement déterminée à se révolter par un corps de trois cents assaillants venus de Kymè sous le Thèbain Anaxandros, — c'étaient en partie des exilés méthymnæens avec quelques amis politiques, en partie des mercenaires étrangers, — qui réussirent à entraîner Eresos après avoir échoué dans une attaque dirigée sur Methymna. Thrasyllos trouva devant Eresos une petite escadre athénienne de cinq trirèmes sous Thrasyboulos, qui avait été dépêchée de Samos pour essayer de prévenir la révolte, mais qui était arrivée trop tard. Il fut rejoint en outre par deux trirèmes de l'Hel-

---

(1) Diodore, XIII, 38.

(2) Thucydide, VIII, 100. Αἰσθόμενος δὲ ὅτι ἐν τῇ Χίῳ εἴη, καὶ νόμισας αὐτὸν καθέξειν αὐτοῦ, σκοποὺς μὲν κατεστήσατο καὶ ἐν τῇ Λέσβῳ, καὶ ἐν τῇ ἀντιπέρας ἠπείρῳ, εἰ ἄρα ποι κινοῖντο αἱ νῆες, ὅπως μὴ λάθοιεν, etc.

J'explique τῇ ἀντιπέρας ἠπείρῳ comme signifiant le continent vis-à-vis de *Chios*, et non vis-à-vis de *Lesbos*. Les mots peuvent admettre l'un ou l'autre sens, puisque Χίῳ et αὐτοῦ paraissent si immédiatemeni auparavant ; et la situation pour les vigies était beaucoup plus convenable, vis-à-vis de la partie septentrionale de *Chios*.

lespont, et par d'autres de Methymna, de sorte que sa flotte entière atteignit le chiffre de soixante-sept trirèmes, avec lesquelles il se mit en devoir d'assiéger Eresos; comptant sur ses vigies pour l'avertir à temps dans le cas où la flotte ennemie se dirigerait vers le nord.

La route que, dans la pensée de Thrasyllos, devait suivre la flotte péloponésienne, était d'aller de Chios vers le nord par le détroit qui sépare la partie nord-est de cette île du mont Mimas, sur le continent asiatique : après quoi elle voguerait probablement au delà d'Eresos, sur le côté occidental de Lesbos, comme étant la route la plus courte vers l'Hellespont, — bien qu'elle pût aussi faire le tour sur le côté oriental, entre Lesbos et le continent, par une route un peu plus longue. Les vigies athéniennes étaient placées de manière à voir la flotte péloponésienne si elle passait par ce détroit ou si elle s'approchait de l'île de Lesbos. Mais Mindaros ne fit ni l'un ni l'autre ; échappant ainsi à leur surveillance et arrivant à l'Hellespont à l'insu des Athéniens. Après avoir employé deux jours à approvisionner ses vaisseaux, et reçu en outre, des gens de Chios, trois tesserakostæ (monnaie de Chios d'une valeur inconnue) pour chacun de ses marins, il partit de cette île le troisième jour, mais il se dirigea vers le sud et fit le tour de l'île en toute hâte sur son côté occidental ou côté de la mer. Après avoir atteint et passé la latitude septentrionale de Chios, il alla vers l'est, ayant Lesbos à quelque distance à gauche, directement vers le continent, qu'il toucha à un port appelé Karterii, dans le territoire Phokæen. Là il s'arrêta pour donner à son équipage le repas du matin ; ensuite il traversa l'arc du golfe de Kymè jusqu'aux petits îlots appelés Arginusæ (tout près du continent asiatique, en face de Mitylênè), où il s'arrêta de nouveau pour souper. Continuant son voyage en avant pendant la plus grande partie de la nuit, il fut à Harmatonte (sur le continent, directement au nord et en face de Methymna) pour le repas du lendemain matin ; puis avançant encore à la hâte après une courte halte, il doubla le cap Lekton, vogua le long de la Troade et au delà de Tenedos, et atteignit l'entrée de l'Hellespont avant minuit ; là il répartit ses vaisseaux

à Sigeion, à Rhœteion, et dans d'autres lieux voisins (1).
Par cette course bien imaginée et par ce voyage rapide,
la flotte péloponésienne évita complétement les vigies de

---

(1) Thucydide, VIII, 101. La dernière partie de ce voyage est assez claire; la première l'est moins. Je la décris dans le texte différemment de tous les meilleurs et les plus récents éditeurs de Thucydide, dont je diffère avec d'autant moins de répugnance qu'ils prennent tous ici la liberté la plus grande avec le texte, en insérant la négation οὐ *d'une manière purement conjecturale*, sans l'autorité d'un seul manuscrit. Niebuhr a établi comme une sorte de règle de critique que cela ne devait jamais se faire ; cependant nous trouvons ici Krüger qui la recommande, et Haack, Goeller, le docteur Arnold, Poppo et M. Didot qui l'adoptent tous comme faisant partie du texte de Thucydide, sans même imiter la prudence de Bekker dans sa petite édition, qui avertit le lecteur de mettre le mot entre crochets. Bien plus, le docteur Arnold va jusqu'à dire dans une note: « *Cette correction est si certaine et si nécessaire, que ce qui montre seulement l'inattention des premiers éditeurs, c'est qu'elle n'ait pas été faite depuis longtemps.* »

Les mots de Thucydide, *sans* cette correction et tels qu'ils étaient généralement avant l'édition de Haack (même dans celle de Bekker de 1821), sont : —

Ὁ δὲ Μίνδαρος ἐν τούτῳ καὶ αἱ ἐκ τῆς Χίου τῶν Πελοποννησίων νῆες ἐπισιτισάμεναι δύσιν ἡμέραις, καὶ λαβόντες παρὰ τῶν Χίων τρεῖς τεσσαρακοστὰς ἕκαστος Χίας τῇ τρίτῃ διὰ ταχέων ἀπαίρουσιν ἐκ τῆς Χίου πελάγιαι, ἵνα μὴ περιτύχωσι ταῖς ἐν τῇ Ἐρέσῳ ναυσὶν, ἀλλὰ ἐν ἀριστέρᾳ τὴν Λέσβον ἔχοντες ἔπλεον εἰς τὴν ἤπειρον. Καὶ προσβαλόντες τῆς Φωκαΐδος ἐς τὸν ἐν Καρτερίοις λιμένα, καὶ ἀριστοποιησάμενοι, παραπλεύσαντες τὴν Κυμαίαν δειπνοποιοῦνται ἐν Ἀργεννούσαις τῆς ἠπείρου, ἐν τῷ ἀντιπέρας τῆς Μιτυλήνης, etc.

Haack et les autres éminents critiques que nous venons de mentionner soutiennent tous que ces mots, dans cet état, sont absurdes et contradictoires, et qu'il est indispensable d'insérer οὐ devant πελάγιαι; de sorte que la phrase, dans leurs éditions, est ainsi : ἀπαίρουσιν ἐκ τῆς Χίου οὐ πελάγιαι. Ils se figurent tous la flotte de Mindaros comme partant de la ville de Chios pour aller *au nord*, et sortant par le détroit septentrional. Si l'on admet cela, ils disent, d'une manière assez plausible, que les mots de l'ancien texte renferment une contradiction, parce que Mindaros allait dans la direction d'Eresos, et ne s'en éloignait pas, bien que même alors la propriété de leur correction soit contestable. Mais le mot πελάγιος, quand on l'applique à des vaisseaux partant de Chios, — bien qu'il puisse signifier qu'ils tournent l'extrémité nord-est de l'île et qu'ils vont ensuite à l'ouest autour de Lesbos, — veut encore naturellement, et plus naturellement, les représenter comme *partant par la mer extérieure* ou voguant *sur le côté de la mer* (autour de la côte méridionale et occidentale) *de l'île*. Si l'on accepte *ce sens*, les anciens mots s'expliquent parfaitement bien. Ἀπαίρειν ἐκ τῆς Χίου πελάγιος est la phrase naturelle et propre pour décrire le circuit de Mindaros autour de la côte méridionale et occidentale de Chios. C'était aussi la seule voie par laquelle il aurait pu éviter les vigies et les vaisseaux de Thrasyllos ; et c'est dans le même dessein d'éviter des vaisseaux athéniens que nous voyons (VIII, 80) l'escadre de Klearchos, dans une autre occasion, faire un long circuit en prenant le large. Si l'on suppose (ce que

Thrasyllos, et parvint à l'entrée de l'Hellespont, avant que cet amiral fût seulement informé de son départ de Chios. Toutefois, quand elle arriva à Harmatonte, en face et pres-

---

doivent faire ceux qui lisent οὐ πελάγιαι) que Mindaros remonta d'abord le détroit septentrional entre Chios et le continent, et qu'ensuite il dirigea sa course à l'est vers Phokæa, c'eût été la marche que Thrasyllos comptait qu'il ferait ; et il n'est guère possible d'expliquer comment il ne fut pas aperçu à la fois par les vigies athéniennes, aussi bien que par la garnison athénienne, à son poste de Delphinion, dans Chios elle-même. Tandis qu'en prenant la route détournée autour de la côte méridionale et occidentale, il ne vint jamais en vue ni des unes ni de l'autre, et il put, quand il arriva à la latitude nord de l'île, tourner à droite et prendre une course directe à l'est *avec Lesbos à sa gauche*, mais à une distance suffisante de la terre pour être hors de la vue de toutes les vigies. Ἀνάγεσθαι ἐκ τῆς Χίου πελάγιος (Xénoph. Hellen. II, 1, 17) veut dire aller en pleine mer, à une grande distance de la côte d'Asie. Ce passage n'indique pas d'une manière décisive si les vaisseaux tournaient l'extrémité sud-est ou nord-est de l'île.

On nous dit ici que les marins de Mindaros reçurent des gens de Chios, par tête, *trois tessarakostœ de Chios*. Or c'est une petite monnaie du pays, qui n'est mentionnée nulle part ailleurs ; et il est surprenant de trouver cette dénomination d'argent si petite et si locale spécifiée ici par Thucydide, comparée avec la manière différente dont Xénophon décrit les payements de Chios aux marins péloponésiens (Hellen. I, 6, 12 ; II, 1, 5). Mais le voyage de Mindaros autour du sud et de l'ouest de l'île explique la circonstance. Il doit avoir débarqué deux fois dans l'île pendant cette circumnavigation (peut-être en partant le soir) pour dîner et souper ; et cette monnaie de Chios (qui probablement n'avait pas cours hors de l'île), servit à chaque homme pour acheter des provisions aux lieux de débarquement de Chios. Il ne convenait pas à Mindaros de prendre à bord de ses vaisseaux *plus* de provisions en nature à l'île de Chios, parce qu'il avait déjà avec lui un fonds de provisions pour deux jours, — partie subséquente de son voyage le long de la côte d'Asie, jusqu'à Sigeion, pendant laquelle il ne pouvait donner de temps pour s'arrêter et en acheter, et où dans le fait le territoire n'était pas ami.

C'est assez si je puis montrer que l'ancien texte de Thucydide s'explique très-bien, sans la violente intrusion de ce οὐ conjectural. Mais je puis prouver davantage : car cette négation rend réellement, même la construction de la phrase, au moins gauche, sinon inadmissible. Assurément, ἀπαίρουσιν οὐ πελάγιαι, ἀλλά, — devrait être suivi d'un adjectif ou d'un participe corrélatif appartenant au même verbe ἀπαίρουσιν : cependant, si nous prenons ἔχοντες comme ce participe corrélatif, comment devons-nous expliquer ἔπλεον ? Afin d'exprimer le sens que présente Haack, nous devrions certainement avoir des mots différents, tels que : — Οὐκ ἄπηραν ἐκ τῆς Χίου πελάγιαι, ἀλλ' ἐν ἀριστέρᾳ τὴν Λέσβον ἔχοντες ἔπλεον ἐπὶ τὴν ἤπειρον. Même le changement de temps du présent au passé, quand nous suivons la construction de Haack, est gauche ; tandis que si nous comprenons les mots dans le sens que je propose, le changement de temps est parfaitement admissible, puisque les deux verbes ne se rapportent pas au même mouvement ni à la même partie du voyage. *« La flotte part de Chios par le côté de l'île tourné vers la mer ; mais, quand elle vint à avoir* qu'en vue de la station athénienne à Methymna, sa marche ne put plus rester un secret. A mesure qu'elle avançait davantage le long de la Troade, l'importante nouvelle circulait partout, et était promulguée par des fanaux et des signaux, en grand nombre sur les montagnes, par des amis aussi bien que par des ennemis.

Ces signaux étaient parfaitement visibles et parfaitement intelligibles pour les deux escadres hostiles qui étaient de garde à ce moment de chaque côté de l'Hellespont : dix-huit trirèmes athéniennes à Sestos en Europe, — seize trirèmes péloponésiennes à Abydos en Asie. Pour les premières, c'eût été leur ruine complète si elles avaient été prises par ce puissant ennemi dans l'étroit canal de l'Hellespont. Elles quittèrent Sestos au milieu de la nuit, passèrent en face d'Abydos et suivirent une marche méridionale près et le long du rivage de la Chersonèse, dans la direction d'Elæonte, à l'extrémité méridionale de la péninsule, de manière à avoir la chance de s'enfuir en pleine mer et de rejoindre Thrasyllos. Mais il ne leur eût pas été possible de dépasser même la station des ennemis à Abydos, si les vaisseaux de garde péloponésiens n'avaient reçu de Mindaros les ordres les plus sévères, transmis avant qu'il partît de Chios, ou peut-être même avant qu'il quittât Milêtos, et dont la teneur était que s'il essayait de partir, ils guettassent spécialement et avec vigilance sa venue, et qu'ils se réservassent pour lui prêter le secours dont il pourrait avoir besoin dans le cas où il serait attaqué par Thrasyllos. Quand les signaux annoncèrent pour la première fois l'arrivée de Mindaros, les vaisseaux de garde

---

Lesbos à sa gauche, elle vogua droit vers le continent. »

J'espère qu'il n'est pas trop tard pour établir ma γραφὴν ξενίας, ou protestation contre le droit non justifié de cité dans le texte de Thucydide que les éditeurs modernes ont accordé à ce mot où au chapitre 101. L'ancien texte devrait certainement être rétabli; ou si ces éditeurs ne veulent pas changer leur manière de voir, ils devraient au moins mettre le mot entre crochets. Dans l'édition de Thucydide, publiée à Leipzig, 1845, par C.-A. Koth, je remarque que le texte est encore correctement imprimé, sans la négation.

péloponésiens à Abydos ne pouvaient savoir dans quelle position il était, ni si le gros de la flotte athénienne ne le suivait pas de près. En conséquence, ils agirent en vertu des ordres antérieurs, se tenant en réserve dans leur station à Abydos, jusqu'à ce que le jour arrivât, et qu'ils fussent mieux informés. Ainsi ils ne s'occupèrent pas de l'escadre athénienne de l'Hellespont quand elle s'enfuit de Sestos pour gagner Elæonte (1).

- - - - - - - - - - - - - - - - - -

(1) Thucydide, VIII, 102. Οἱ δὲ Ἀθηναῖοι ἐν τῇ Σηστῷ, ... ὡς αὐτοῖς οἵ τε φρυκτωροὶ ἐσήμαινον, καὶ ᾐσθάνοντο τὰ πυρὰ ἐξαίφνης πολλὰ ἐν τῇ πολεμίᾳ φανέντα, ἔγνωσαν ὅτι ἐσπλέουσιν οἱ Πελοποννήσιοι. Καὶ τῆς αὐτῆς ταύτης νυκτός, ὡς εἶχον τάχους, ὑπομίξαντες τῇ Χερσονήσῳ, παρέπλεον ἐπ᾽ Ἐλαιοῦντος, βουλόμενοι ἐκπλεῦσαι ἐς τὴν εὐρυχωρίαν τὰς τῶν πολεμίων ναῦς. Καὶ τὰς μὲν ἐν Ἀβύδῳ ἐκκαίδεκα ναῦς ἔλαθον προειρημένης φυλακῆς τῷ φιλίῳ ἐπίπλῳ, ὅπως αὐτῶν ἀνακῶς ἔξουσιν, ἢν ἐκπλέωσι· τὰς δὲ μετὰ τοῦ Μινδάρου ἅμα ἕῳ κατιδόντες, etc.

Ici encore nous avons un texte difficile, qui a beaucoup embarrassé les commentateurs, et que je me permets de traduire (comme il est dans mon texte) autrement qu'eux tous. Les mots — προειρημένης φυλακῆς τῷ φιλίῳ ἐπίπλῳ, ὅπως αὐτῶν ἀνακῶς ἔξουσιν, ἢν ἐκπλέωσι — signifient, suivant le Scholiaste : — « Quoiqu'une surveillance lui eût été enjointe (i. e. à l'escadre de garde péloponésienne à Abydos) par la flotte amie (de Mindaros) qui approchait, afin qu'elle guettât rigoureusement les Athéniens à Sestos, dans le cas où ces derniers feraient voile pour s'éloigner. »

Le docteur Arnold, Goeller, Poppo et M. Didot acceptent tous cette interprétation, bien que tous conviennent qu'elle est très-dure et très-confuse. Le premier dit : « Ceci encore est d'une manière très-étrange destiné à signi-

fier, — προειρημένου αὐτοῖς ὑπὸ τῶν ἐπιπλεόντων φιλῶν φυλάσσειν τοὺς πολεμίους.

Expliquer τῷ φιλίῳ ἐπίπλῳ comme équivalent de ὑπὸ τῶν ἐπιπλεόντων φίλων a certainement quelque chose de si dur, que nous devons être heureux de l'esquiver. Et l'interprétation du Scholiaste comprend une autre liberté que je ne puis m'empêcher de considérer comme contestable. Il ajoute, dans sa paraphrase, le mot καίτοι — quoique — de sa propre imagination. Il n'y a aucune indication de quoique, soit expresse, soit impliquée, dans le texte de Thucydide ; et il me paraît hasardeux d'admettre dans le sens une particule aussi décisive sans aucune autorité. Le génitif absolu, quand il est ajouté à l'affirmation principale contenue dans le verbe, indique habituellement quelque chose qui se rattache naturellement à elle en manière de cause, d'accompagnement, d'explication ou de modification, — et non pas quelque chose qui lui soit opposé et qui ait besoin d'être précédé d'un quoique ; car dans ce dernier cas le mot quoique est exprimé ; on ne le laisse pas sous-entendre. Après que Thucydide nous a dit que les Athéniens, à Sestos, esquivèrent leurs ennemis postés en face, à Abydos, — quand il en vient ensuite à ajouter quelque chose sous forme de génitif absolu, nous nous attendons à ce que ce soit un nouveau fait qui explique pourquoi et comment ils s'échappèrent ; mais si le nouveau

En arrivant vers le jour près de la pointe méridionale de la Chersonèse, ces Athéniens furent aperçus par la flotte de Mindaros qui était arrivée la nuit précédente aux stations

---

fait qu'il nous dit, loin d'expliquer la fuite, la rend plus extraordinaire (par exemple, que les Péloponésiens avaient reçu l'ordre sévère de les surveiller), il préparerait assurément le lecteur pour ce nouveau fait par une particule expresse telle que *quoique* ou *nonobstant*. « Les Athéniens s'échappèrent, *quoique* les Péloponésiens eussent reçu les ordres les plus sévères de les surveiller et de les bloquer. » Comme on ne peut trouver dans les mots grecs rien qui soit équivalent à la particule adversative *quoique*, ou qui l'implique, j'en conclus, comme chose très-probable, qu'on ne doit pas la chercher dans le sens.

Différant des commentateurs, je pense que ces mots προειρημένης φυλακῆς τῷ φιλίῳ ἐπίπλῳ, ὅπως αὐτῶν ἀνακῶς ἕξουσιν, ἦν ἐκπλέωσι, *donnent* la raison du fait qui a été annoncé immédiatement avant, et qui était réellement extraordinaire ; à savoir que l'escadre athénienne pût passer par Abydos, et s'enfuir de Sestos à Elæonte. Cette raison était que l'escadre péloponésienne de garde avait reçu auparavant de Mindaros l'ordre spécial *de concentrer son attention et sa vigilance sur son escadre qui approchait ;* de là il résulta qu'elle laissa les Athéniens à Sestos sans faire attention à eux.

Les mots τῷ φιλίῳ ἐπίπλῳ équivalent à τῷ τῶν φίλων ἐπίπλῳ, et le pronom αὐτῶν, qui suit immédiatement, se rapporte à φίλων (la flotte de Mindaros qui approchait), et non aux Athéniens à Sestos, comme l'expliquent le Scholiaste et les commentateurs. Cette méprise au sujet du rapport d'αὐτῶν me semble les avoir tous induits en erreur.

Il est certain que τῷ φιλίῳ ἐπίπλῳ doit être expliqué comme équivalant à τῷ τῶν φίλων ἐπίπλῳ : mais il ne l'est pas à ὑπὸ τῶν ἐπιπλεόντων φίλων, — et il n'est pas non plus possible d'expliquer les mots comme le Scholiaste les comprenait : — « *des ordres avaient été donnés antérieurement par l'approche (ou l'arrivée) de leurs amis ;* » par là nous changerions ὁ ἐπίπλους en une personnalité agissant et donnant des ordres. « L'approche de leurs amis » est un événement, — dont on peut dire proprement « qu'il a produit un effet, » — mais dont on ne peut pas dire « qu'il a donné antérieurement des ordres. » Il me semble que τῷ φιλίῳ ἐπίπλῳ est le datif gouverné par φυλακῆς, — « *une surveillance pour l'arrivée des Péloponésiens* » ayant été ordonnée (à ces vaisseaux de garde à Abydos), — « *ils avaient reçu l'ordre de veiller sur la marche de leurs amis qui approchaient.* » La préposition *sur* exprime ici exactement le sens du datif grec, — c'est-à-dire, l'*objet*, le *but*, ou les *personnes dont l'intérêt est en jeu.*

Les mots qui suivent immédiatement — ὅπως αὐτῶν (τῶν φίλων) ἀνακῶς ἕξουσιν, ἦν ἐκπλέωσι — sont un développement des conséquences qui doivent résulter de φυλακῆς τῷ φιλίῳ ἐπίπλῳ. « Ils veilleront sur l'approche de la flotte principale, afin de pouvoir consacrer à sa sûreté une attention spéciale et extrême, en cas qu'elle parte. » Pour la phrase ἀνακῶς ἔχειν, cf. Hérodote, I, 24 ; VIII, 109 ; Plutarque, Thêseus, c. 33 : Ἀνακῶς, φυλακτῶς, προνοητικῶς, ἐπιμελῶς ; — les notes d'Arnold et de Goeller sur ce passage ; et Kühner, Gr. Gr. sect. 533 : Ἀνακῶς ἔχειν τινος pour ἐπιμελεῖσθαι. Les mots ἀνακῶς ἔχειν expriment la vigilance inquiète et spéciale que l'escadre péloponésienne à Abydos avait l'ordre d'exercer sur l'arrivée de Mindaros et de sa flotte, qui était une question de

opposées de Sigeion et de Rhœteion. Ce dernier leur donna immédiatement la chasse ; mais les Athéniens, à ce moment en pleine mer, parvinrent, pour la plupart, à s'enfuir à Im-

---

doute et de danger ; mais ils ne seraient pas proprement applicables au devoir de cette escadre par rapport à l'escadre athénienne opposée à Sestos, qui était à peine supérieure en forces, et qui était en outre une ennemie avouée, en vue de son propre port.

Enfin, les mots ἢν ἐκπλέωσι se rapportent *à Mindaros et à sa flotte sur le point de partir de Chios, qui en sont le sujet,* — et non aux Athéniens à Sestos.

La phrase entière serait ainsi, si nous écartons les particularités de Thucydide, et que nous exprimions le sens en grec ordinaire. — Καὶ τὰς μὲν ἐν Ἀβύδῳ ἐκκαίδεκα ναῦς (Ἀθηναῖοι) ἔλαθον · προείρητο γὰρ (ἐκείναις ταῖς ναῦσιν) φυλάσσειν τὸν ἐπίπλουν τῶν φίλων, ὅπως αὐτῶν (τῶν φίλων) ἀνακῶς ἕξουσιν, ἢν ἐκπλέωσι. Le verbe φυλάσσειν ici (et naturellement le substantif abstrait φυλακὴ qui le représente) signifie *veiller sur* ou *attendre :* comme Thucydide, II, 3 : Φυλάξοντες ἔτι νύκτα, καὶ αὐτὸ τὸ περίορθρον ; et VIII, 41, ἐφύλασσε.

Si nous expliquons les mots de cette manière, ils paraîtront en parfaite harmonie avec le plan général et le dessein de Mindaros. Cet amiral est déterminé à mener la flotte à l'Hellespont, mais à éviter un engagement avec Thrasyllos en le faisant. Le projet est difficile à accomplir, et ne peut s'exécuter que par un grand secret dans la manière d'agir, aussi bien qu'en prenant une route inaccoutumée. A l'avance il envoie de Chios (peut-être même de Milêtos, avant de quitter cette ville), l'ordre à l'escadre péloponésienne de garder l'Hellespont à Abydos. Il songe au cas possible où Thrasyllos peut découvrir son plan, l'intercepter au passage, et peut-être le bloquer ou le forcer de combattre dans quelque rade ou

baie sur la côte vis-à-vis de Lesbos, ou sur la Troade (ce qui serait effectivement arrivé, s'il avait été vu par un seul bateau pêcheur ennemi en faisant le tour de l'île de Chios). Or, l'ordre envoyé en avant enjoint à l'escadre péloponésienne à Abydos ce qu'elle a à faire dans cette éventualité ; puisque sans cet ordre le capitaine de cette escadre n'aurait su que faire, en admettant que Mindaros fût intercepté par Thrasyllos, — il n'aurait su s'il devait rester de garde à l'Hellespont, ce qui était son devoir spécial, ou laisser l'Hellespont non gardé, tenir son attention concentrée sur Mindaros, et avancer pour le secourir. « Que votre première pensée soit d'assurer l'arrivée sans danger de la flotte principale à l'Hellespont, et de sortir pour lui prêter assistance, si elle est attaquée dans sa route ; fût-il même nécessaire, dans ce dessein, de laisser pour un temps l'Hellespont non gardé. » Mindaros ne pouvait dire à l'avance le moment exact où il partirait de Chios, — et il n'était pas à vrai dire absolument certain qu'il partirait si l'ennemi le surveillait ; il envoya donc son ordre, *conditionnel,* parce qu'il pouvait se faire qu'il partît (ἢν ἐκπλέωσι). Mais il fut assez heureux, grâce au plan bien imaginé de son voyage, pour gagner l'Hellespont sans rencontrer un ennemi. Toutefois, l'escadre péloponésienne à Abydos, après avoir reçu son ordre spécial, — quand elle apprit par les fanaux qu'il approchait, ne songea qu'à se réserver pour lui prêter assistance s'il en avait besoin, et ne s'occupa pas des Athéniens qui étaient en face d'elle. Comme il faisait nuit, probablement la meilleure chose qu'elle pût faire, fut d'attendre le jour à Abydos, jusqu'à ce qu'elle pût apprendre des détails sur sa position, et

bros, — non toutefois sans avoir perdu quatre trirèmes, dont l'une fut même prise avec tout son équipage à bord, près du temple de Protesilaos à Elæonte ; les équipages des trois autres purent gagner le rivage. Mindaros fut alors rejoint par l'escadre d'Abydos, et leurs forces combinées (au nombre de quatre-vingt-six trirèmes) furent occupées pendant un jour à essayer de prendre Elæonte d'assaut. Échouant dans cette entreprise, la flotte se retira à Abydos. Avant qu'elle pût y parvenir tout entière, Thrasyllos, avec sa flotte, arriva en hâte d'Eresos, fort désappointé d'avoir vu ses vigies esquivées et tous ses calculs déjoués. Deux trirèmes péloponésiennes, qui avaient été plus aventureuses que les autres en poursuivant les Athéniens, tombèrent entre ses mains. Il attendit à Elæonte que l'escadre athénienne fugitive revînt d'Imbros, et ensuite il se mit à préparer ses trirèmes, au nombre de soixante-seize, pour une action générale.

Après cinq jours de préparatifs, il mena sa flotte au combat ; il vogua au nord vers Sestos en remontant l'Hellespont, les vaisseaux à la file, le long de la côte de la Chersonèse, c'est-à-dire sur le côté européen. L'escadre de gauche, ou la plus avancée sous Thrasyllos, alla même au delà du cap appelé Kynossèma, ou Tombeau-du-Chien, illustré par la légende et la chapelle de la reine de Troie Hekabê (Hécube) ; elle était ainsi presque en face d'Abydos, tandis que l'escadre de droite, sous Thrasyboulos, n'était pas loin de l'entrée méridionale du détroit, presque vis-à-vis de Dardanos. Mindaros, de son côté, amena pour combattre quatre-vingt-six trirèmes (dix de plus que Thrasyllos en tout), s'étendant d'Abydos à Dardanos sur le rivage asiatique ; les Syracusains sous Hermokratês étant à la droite, opposés à Thrasyllos, tandis que Mindaros avec les vaisseaux péloponésiens

comment ou dans quel lieu elle pourrait le secourir.

Nous voyons ainsi à la fois le dessein général de Mindaros, et de quelle manière l'ordre qu'il avait transmis à l'escadre péloponésienne à Abydos, fit indirectement que l'escadre athénienne 'enfuit depuis Sestos sans être arrêtée.

étaient à la gauche, opposés à Thrasyboulos. Les epibatæ ou
hoplites de marine à bord des vaisseaux de Mindaros étaient,
dit-on, supérieurs aux Athéniens; mais les derniers l'em-
portaient par l'habileté de leurs pilotes et par les manœuvres
nautiques; néanmoins la description de la bataille nous dit
combien la manœuvre athénienne avait décliné depuis les
glorieux exploits de Phormiôn au commencement de la
guerre du Péloponèse; et cet éminent homme de mer n'aurait pas non plus choisi pour théâtre d'une bataille navale
les eaux resserrées de l'Hellespont. Mindaros prit l'offensive,
il s'avança pour attaquer près du rivage européen, et essaya
de déborder ses adversaires des deux côtés, aussi bien que
de les pousser contre la terre. Thrasyllos à une aile, et Thrasyboulos à l'autre, par des mouvements rapides, s'éten-
dirent de manière à déjouer la tentative qu'il faisait de les
déborder; mais en agissant ainsi, ils dégarnirent et affai-
blirent le centre, auquel le cap avancé de Kynossêma enlevait même la vue de l'aile gauche. Laissé ainsi sans appui, le
centre fut attaqué vigoureusement et rudement traité par la
division centrale de Mindaros. Ses vaisseaux furent poussés
à la côte, et les assaillants débarquèrent même pour poursuivre leur victoire contre les hommes sur le rivage. Mais
ce succès partiel jeta le désordre dans la division centrale
elle-même des Péloponésiens, tandis que Thrasyboulos et
Thrasyllos continuaient une lutte d'abord égale, et bientôt
victorieuse, contre les vaisseaux de la droite et de la gauche
de l'ennemi. Après avoir repoussé ces deux divisions, ils
chassèrent aisément les vaisseaux du centre en désordre, de
sorte que toute la flotte péloponésienne fut mise en fuite, et
trouva asile d'abord dans le fleuve Meidios, ensuite à Abydos.
Le peu de largeur de l'Hellespont interdit soit une poursuite
prolongée, soit de nombreuses prises. Néanmoins huit vaisseaux de Chios, cinq de Corinthe, deux d'Ambrakia et autant de bœôtiens, et un de chacune des villes de Sparte, de
Syracuse, de Pellênê et de Leukas, — tombèrent entre les
mains des amiraux athéniens, qui toutefois, de leur côté,
perdirent quinze vaisseaux. Ils élevèrent un trophée sur le
cap de Kynossêma, près de la tombe ou chapelle d'Hekabê;

sans négliger les devoirs habituels d'enterrer leurs morts, et de rendre à l'ennemi les siens par suite de la demande ordinaire d'une trêve (1).

Une victoire si incomplète et si indécise aurait été peu prisée par les Athéniens, dans les temps qui précédèrent l'expédition de Sicile. Mais depuis ce désastre écrasant, suivi de tant d'autres malheurs, et pour dernier coup, de la défaite de Thymocharis avec la révolte de l'Eubœa, leur courage avait si tristement baissé, que la trirème qui apporta la nouvelle de la bataille de Kynossêma, vraisemblablement vers la fin d'août 411 avant J.-C., fut accueillie avec les plus grands transports de joie et de triomphe. Ils commencèrent à croire que leur déclin avait atteint son point le plus bas, et que la chance s'était mise à tourner en leur faveur, en présentant quelques espérances de succès définitif dans la guerre. Bientôt il arriva une autre preuve d'heureuse fortune qui fortifia cette opinion. Mindaros fut obligé de se renforcer à l'Hellespont en envoyant Hippokratês et Epiklês qu'il chargea d'amener la flotte de cinquante trirèmes qui opérait alors en Eubœa (2). C'était déjà pour Athènes un grand soulagement, grâce auquel son voisinage perdait un ennemi importun. Mais il prit des proportions plus grandes encore par suite des malheurs subséquents de la flotte qui, en doublant le cap du mont Athos pour se rendre en Asie, fut assaillie par une terrible tempête et presque détruite, et qui perdit un grand nombre de ses marins, de sorte qu'il n'y eut que des restes sous Hip-

---

(1) Thucydide, VIII, 105, 106; Diodore, XIII, 39, 40.

Le récit général que Diodore fait de cette bataille est, même dans ses traits les plus essentiels, inconciliable avec Thucydide. Il est inutile d'essayer de fondre les deux récits. Je n'ai guère pu emprunter de Diodore autre chose que ce qu'il avance de la supériorité des pilotes athéniens, et des epibatæ péloponésiens. Il dit que vingt-cinq nou-veaux vaisseaux arrivèrent pour se joindre aux Athéniens au milieu de la bataille, et déterminèrent la victoire en leur faveur. Cette circonstance est évidemment prise du conflit subséquent qui se livra quelques mois après.

Toutefois, nous lui devons la mention de la chapelle ou tombe d'Hekabê, sur le promontoire de Kynossêma.

(2) Thucydide, VIII, 107; Diodore, XIII, 41.

pokratês qui survécurent et rejoignirent Mindaros (1).

Mais bien qu'Athènes fût ainsi délivrée de toute crainte d'agression du côté de l'Eubœa, les conséquences de ce départ de la flotte furent telles qu'elles montrèrent combien l'île elle-même s'était soustraite d'une manière irréparable à sa suprématie. Les habitants de Chalkis et des autres villes laissées à ce moment sans défense étrangère contre elle, s'occupèrent conjointement avec les Bœôtiens, dont l'intérêt dans ce cas était même plus grand que le leur, à enlever à l'Eubœa son caractère insulaire, en construisant un môle ou pont qui traversait l'Euripos, la partie la plus resserrée du détroit Eubœen, où Chalkis était séparée de la Bœôtia. On jeta de chaque côté un môle, gardé à chaque extrémité par une tour, et ne laissant qu'une ouverture au milieu, assez large pour qu'il y passât un seul vaisseau et couverte par un pont de bois. Ce fut en vain que l'Athénien Theramenês, avec trente trirèmes, se présenta pour s'opposer aux progrès de l'entreprise. Les Eubœens et les Bœôtiens la poursuivirent avec tant de monde et avec tant d'ardeur, qu'elle fut bientôt achevée. L'Eubœa, tout récemment l'île la plus importante attachée à Athènes, fait désormais partie du continent, complétement indépendante d'elle, quand même il plairait à la fortune de rétablir sa puissance maritime (2).

---

(1) Diodore, XIII, 41. Il est probable que cette flotte était en grande partie bœôtienne ; et douze marins qui échappèrent au naufrage rappelèrent leur délivrance par une inscription dans le temple d'Athênê à Korôneia ; inscription que lut et copia Éphore. Par une confiance exagérée et trop littérale dans ses termes, Diodore est conduit à affirmer que ces douze hommes furent les seules personnes sauvées, et que tout le reste périt. Mais nous savons parfaitement qu'Hippokratês lui-même survécut, et qu'il était vivant à la bataille subséquente de Kyzikos (Xénophon, Hellen. I, 1, 23).

Relativement au danger de naviguer autour du promontoire de l'Athos, je renvoie le lecteur à un autre chapitre de cet ouvrage, où est décrit le canal maritime creusé à travers l'isthme par ordre de Xerxês, avec une citation instructive des Voyages du colonel Leake. V. tome VI, ch. 7 de cette Histoire.

(2) Diodore, XIII, 47. Il place cet événement une année plus tard ; mais je suis d'accord avec Sievers, qui croit qu'il suivit de près le départ de la flotte qui protégeait l'île (Sievers, Comment. in Xenoph. Hellen. p. 9 ; not. p. 66).

V. les « Travels in Northern Greece » du colonel Leake, pour une description de l'Euripos et du terrain adjacent, avec un plan, vol. II, ch. 14, p. 259-265.

La bataille de Kynossêma n'amena pas de conséquences très-importantes, si ce n'est qu'elle encouragea les Athéniens. Précisément même après l'action, la ville de Kyzikos (Cyzique) se révolta contre eux, et quatre jours après, la flotte athénienne, réparée à la hâte à Sestos, fit voile vers cette place pour la reprendre. Elle n'était pas fortifiée : de sorte qu'ils réussirent avec peu de difficultés, et ils y mirent une garnison ; en outre, quand ils s'y rendaient, ils obtinrent un avantage de plus en prenant, à la hauteur de la côte méridionale de la Propontis, ces huit trirèmes péloponésiennes qui avaient accompli, quelque temps auparavant, la révolte de Byzantion. Mais d'autre part, aussitôt que la flotte athénienne eut quitté Sestos, Mindaros alla de la station d'Abydos à Elæonte, et recouvra toutes les trirèmes prises sur lui à Kynossêma, que les Athéniens y avaient déposées, excepté quelques-unes qui étaient tellement endommagées que les habitants d'Elæonte y mirent le feu (1).

Mais ce qui commença à ce moment à constituer un élément de la guerre beaucoup plus important, ce furent la différence de caractère entre Tissaphernès et Pharnabazos, et le transport de la flotte péloponésienne de la satrapie du premier à celle du second. Tissaphernès, en ne fournissant ni secours ni paye aux Péloponésiens, avait par ses promesses et ses présents perfides, affaibli toute leur conduite pendant la dernière année, dans le dessein arrêté de ruiner les deux parties belligérantes. Parnabazos était un homme brave et sérieux qui s'appliqua à les aider énergiquement, au moyen d'hommes aussi bien que d'argent, et qui fit tous

---

Je ne puis établir d'après le colonel Leake quelle est la largeur exacte du canal. Strabon parle de son temps d'un pont qui atteignait soixante mètres (X, p. 400). Mais il a dû y avoir des changements considérables faits par les habitants de Chalkis à l'époque d'Alexandre le Grand (Strabon, X, p. 447). Le pont décrit ici par Diodore, couvrant un espace ouvert assez large pour un seul vaisseau, n'a guère pu avoir plus de six mètres de largeur, car il n'était pas du tout destiné à rendre le passage aisé. Les anciens vaisseaux pouvaient tous abaisser leurs mâts. Je ne puis m'empêcher de croire que le colonel Leake (p. 259) a dû lire dans Diodore (XIII, 47) — où au lieu de ό.

(1) Thucydide, VIII, 107.

ses efforts pour abattre la puissance athénienne; comme nous
le verrons faire les mêmes efforts, dix-huit mois plus tard,
pour la rétablir en partie. Dès ce moment, l'aide des Perses
devient une réalité dans la guerre grecque; et en général,
— d'abord par les mains de Pharnabazos, ensuite par celles
de Cyrus le jeune, — la réalité déterminante. Car, comme
nous le verrons, tandis que les Péloponésiens sont pour la
plupart bien payés sur le trésor persan, — les Athéniens,
privés de toute ressource semblable, sont forcés de compter
sur des contributions qu'ils peuvent lever çà et là, sans
droit établi ni accepté, et d'interrompre pour cela la carrière de succès même la plus remplie de promesses. Vingt-
six ans plus tard, à une époque où Sparte avait perdu ses
alliés persans, le Lacédæmonien Teleutias essayait d'apaiser
la mutinerie de ses marins non payés, en leur disant combien il était plus noble d'arracher une paye à l'ennemi au
moyen de leurs épées, que de l'obtenir en s'abaissant
devant l'étranger (1); et probablement les généraux athéniens, pendant ces années antérieures de lutte, essayèrent
de semblables appels à la générosité de leurs soldats. Mais
il n'en est pas moins certain que le payeur nouveau et
permanent introduit à ce moment, donna de terribles avantages à la cause spartiate.

La bonne paye et la coopération sincère que les Péloponésiens recevaient alors de Pharnabazos, ne firent que les
indigner davantage contre la perfidie antérieure de Tissaphernês. Sous l'influence de ce sentiment, ils s'empressèrent
de prêter leur aide aux habitants d'Antandros pour chasser
son général Arsakês avec la garnison persane. Arsakês,
poussé par une rancune inexpliquée, avait récemment commis un assassinat perfide contre les Déliens établis à Adramyttion : il avait invité leurs principaux citoyens à prendre
part comme alliés à une expédition, et les avait fait tous en-

---

(1) Xénophon, Hellen. V, 1, 17. Cf.
une explication semblable, dans des
circonstances plus nobles, du Spartiate
Kallikratidas, Xénoph. Hellen. I, 6, 7;
Plutarque, Lysand. c. 6.

tourer, accabler de traits et massacrer pendant le repas du matin. Un tel acte était plus que suffisant pour exciter la haine et l'alarme parmi les Antandriens voisins, qui appelèrent d'Abydos, par la chaîne de montagnes de l'Ida, un corps d'hoplites péloponésiens, dont l'aide délivra Antandros des Perses (1).

A Milêtos aussi bien qu'à Knidos, Tissaphernês avait déjà subi la même humiliation (2) : Lichas ne vivait plus pour appuyer ses prétentions; et l'on ne nous dit pas non plus qu'il ait obtenu de résultat à la suite des plaintes de son ambassadeur Gaulitês à Sparte. Dans ces circonstances, il commença à craindre de s'être chargé d'un poids d'inimitié qui pouvait devenir sérieusement funeste, et il ne fut pas sans être jaloux de la popularité et du succès possible de Pharnabazos. La fraude relative à la flotte phénicienne, maintenant que Mindaros avait ouvertement rompu avec lui et quitté Milêtos, n'était plus utile à aucun dessein. En conséquence il la renvoya dans ses foyers, prétendant avoir appris que les villes phéniciennes étaient en danger par suite d'attaques soudaines de l'Arabie et de l'Égypte (3), tandis qu'il quitta lui-même Aspendos pour visiter de nouveau l'Iônia, aussi bien que pour s'avancer vers l'Hellespont, dans le dessein de renouveler des relations personnelles avec les Péloponésiens mécontents. Il désirait, tout en essayant encore d'excuser sa perfidie au sujet de la flotte phénicienne, protester en même temps contre leur conduite récente à Antandros, ou du moins obtenir quelque garantie contre la répétition d'une pareille hostilité. Toutefois, la visite qu'il fit à l'Iônia semble avoir occupé quelque temps, et il essaya de se concilier les Grecs ioniens par un splendide sacrifice offert à Artemis, à Ephesos (4). Après avoir quitté Aspen-

---

(1) Thucydide, VIII, 108; Diodore, XIII, 42.

(2) Thucydide, VIII, 109.

(3) Diodore, XIII, 46. C'est l'assertion de Diodore, et elle semble assez probable, bien qu'il fasse une étrange confusion dans les affaires persanes de cette année, en omettant le nom de Tissaphernês, et en mêlant les actes de Tissaphernês avec le nom de Pharnabazos.

(4) Thucydide, VIII, 109. C'est à ce

dos (autant que nous pouvons le reconnaître) vers le commencement d'août (411 av. J.-C.), il n'arriva pas à l'Hellespont avant le mois de novembre (1).

Aussitôt que la flotte phénicienne eut disparu, Alkibiadès retourna avec ses treize trirèmes de Phasêlis à Samos. Lui aussi, comme Tissaphernês, fit servir cet acte à sa propre fourberie. Il se fit honneur auprès de ses compatriotes d'avoir attaché plus fortement que jamais la bonne volonté du satrape à la cause d'Athènes, et de l'avoir décidé à aban-

point que nous devons nous séparer de l'historien Thucydide, dont l'ouvrage non-seulement se termine sans atteindre d'époque ni de limite définie, mais même s'interrompt (tel que nous le possédons) au milieu d'une phrase.

Toute l'étendue de cette perte irréparable ne peut guère être comprise que par ceux qui ont été appelés à étudier son ouvrage avec l'attention profonde et minutieuse nécessaire à un historien de la Grèce. Passer de Thucydide aux Hellenica de Xénophon, c'est descendre d'une manière vraiment triste; et cependant, si nous considérons l'histoire grecque comme un ensemble, nous avons tout lieu de nous réjouir que même un ouvrage aussi inférieur que le second nous soit parvenu. Les vues et les conceptions historiques de Thucydide, telles qu'il les expose dans sa préface, sont élevées et philosophiques à un degré tout à fait étonnant, quand nous songeons qu'il n'avait pas sous les yeux de modèles préexistants d'où il pût les tirer. Et les huit livres de son ouvrage (malgré l'état incomplet du dernier) ne sont pas indignes de ces vastes promesses, soit dans l'esprit, soit dans l'exécution. Même le caractère particulier, condensé et dur de son style, bien que parfois il nous cache sa pensée complète, a pour effet général d'ajouter beaucoup de force à ses idées et de les imprimer beaucoup plus pro-

fondément dans l'esprit de tout lecteur attentif.

Dans le courant de mes deux derniers volumes, j'ai eu souvent l'occasion de mentionner les critiques que renferme l'édition de Thucydide, due au docteur Arnold; le plus généralement sur des points où je suis en désaccord avec lui. Je l'ai fait, en partie parce que je crois que l'édition du docteur Arnold est la plus employée par les lecteurs anglais de Thucydide, — en partie à cause de la haute estime que j'ai pour l'esprit libéral, l'érudition et le jugement qui règnent dans ces critiques en général d'un bout à l'autre du livre. Le docteur Arnold mérite en particulier ce grand éloge, qu'on ne doit pas souvent accorder même à des commentateurs savants et exacts, c'est de concevoir et d'apprécier l'antiquité comme un tout vivant, et non pas seulement comme un agrégat de mots et d'abstractions. Ses critiques sont continuellement adoptées par Goeller dans la seconde édition de son Thucydide, et dans une large mesure par Poppo également. Comme je désire sincèrement que son édition puisse conserver longtemps sa prééminence parmi les lecteurs anglais de Thucydide, j'ai pensé qu'il était de mon devoir d'indiquer bien des points sur lesquels ses remarques avancent ou impliquent des idées sur l'histoire grecque différentes des miennes.

(1) Xénophon, Hellen. I, 1, 9.

donner son intention d'amener la flotte phénicienne (1). A ce moment, Dorieus était à Rhodes avec treize trirèmes, après avoir été dépêché par Mindaros (avant son départ de Milêtos) afin d'arrêter le développement d'un parti favorable aux Athéniens dans l'île. Il se peut que la présence de ces forces ait menacé les intérêts d'Athènes à Kôs et à Halikarnassos; car nous voyons à ce moment Alkibiadès se rendre de Samos à ces villes avec neuf trirèmes nouvelles ajoutées à ses treize. Après avoir élevé des fortifications à la ville de Kôs, il y établit une garnison athénienne avec un officier athénien. Il leva sur Halikarnassos des contributions considérables; sur quel prétexte, ou était-ce par simple besoin d'argent, c'est ce que nous ignorons. Ce fut vers le milieu de septembre qu'il retourna à Samos (2).

A l'Hellespont, Mindaros avait été renforcé après la bataille de Kynossèma par l'escadre d'Eubœa, du moins par la partie de cette escadre qui avait échappé à la tempête à la hauteur du mont Athos (411 av. J.-C.). Le départ de la flotte péloponésienne d'Eubœa permit aux Athéniens d'envoyer également un peu plus de vaisseaux à leur flotte à Sestos. Rangées ainsi sur les côtes opposées du détroit, les deux flottes en vinrent à un second engagement, dans lequel les Péloponésiens, sous Agesandridas, eurent l'avantage, toutefois avec peu de fruit. Ce fut vers le mois d'octobre vraisemblablement que Dorieus, avec ses quatorze trirèmes, vint de Rhodes pour rejoindre Mindaros à l'Hellespont. Il avait espéré probablement remonter le détroit jusqu'à Abydos pendant la nuit, mais il fut surpris par le jour à quelque distance de l'entrée, près de Rhœteion; et les vedettes athéniennes signalèrent à l'instant son approche. On dépêcha vingt trirèmes athéniennes pour l'attaquer; alors Do-

---

(1) Thucydide, VIII, 108. Diodore (XIII, 38) parle de cette influence d'Alkibiadès sur le satrape comme si elle était réelle. Plutarque (Alkib. c. 26) tient un langage plus réservé.

(2) Thucydide, VIII, 108. Πρὸς τὸ μετόπωρον. Haack et Sievers (V. Sievers, Comment. ad Xenoph. Hellen. p. 103) expliquent ce mot comme indiquant le milieu d'août, ce que je crois trop tôt dans l'année.

rieus s'enfuit et chercha son salut en tirant ses vaisseaux
sur le rivage, dans la baie enfoncée près de Dardanos. L'escadre athénienne l'y attaqua, mais elle fut repoussée et forcée de retourner à Madytos. Mindaros fut lui-même spectateur de cette scène, à distance, étant occupé à sacrifier à
Athênè sur la colline vénérée d'Ilion. Il alla en hâte immédiatement à Abydos, où il arma sa flotte entière de quatre-
vingt-quatre trirèmes ; Pharnabazos lui prêtait son concours
sur le rivage avec son armée de terre. Après avoir délivré
les vaisseaux de Dorieus, son premier soin fut de résister à
la flotte athénienne entière, qui vint bientôt l'attaquer sous
Thrasyboulos et Thrasyllos. Il s'engagea entre les deux
flottes un combat naval acharné qui dura presque toute la
journée avec une issue douteuse ; à la fin, vers le soir, on
vit approcher vingt nouvelles trirèmes. Elles se trouvèrent
être l'escadre d'Alkibiadès qui venait de Samos ; il avait probablement appris que l'escadre de Dorieus avait rejoint le
gros de la flotte péloponésienne, et il était venu avec son
renfort pour faire contre-poids (1). Aussitôt que son signal
ou pavillon de pourpre fut reconnu, la flotte athénienne se
sentit animée d'un redoublement d'ardeur. Les nouveaux
venus l'aidèrent à pousser l'action si vigoureusement, que la
flotte péloponésienne fut repoussée jusqu'à Abydos et jetée
à la côte. Les Athéniens y poursuivirent leur succès et s'ef-
forcèrent de l'enlever tout entière en la remorquant. Mais
l'armée de terre persane la protégea, et l'on vit Pharnabazos
lui-même le premier au combat ; il s'avança même dans l'eau
en personne aussi loin que son cheval avait pied. Le gros de
la flotte péloponésienne fut sauvé ainsi. Cependant les Athéniens se retirèrent avec une victoire importante : ils emme-
naient trente trirèmes comme prises et avaient reconquis
celles qu'ils avaient eux-mêmes perdues dans les deux engagements précédents (2).

---

(1) Diodore (XIII, 46) et Plutarque
(Alkib. c. 27) disent qu'il vint à l'Hellespont par hasard, — κατὰ τύχην, —
ce qui est assurément très-improbable.

(2) Xénoph. Hellen. I, 1, 6, 7.

Mindaros tint sa flotte défaite dans l'inaction à Abydos pendant l'hiver (411-410 av. J.-C.), et il envoya demander des renforts dans le Péloponèse aussi bien que chez ses alliés; en même temps, il s'engagea conjointement avec Pharnabazos dans des opérations par terre contre divers alliés d'Athènes sur le continent. Les amiraux athéniens, de leur côté, au lieu de tenir leur flotte réunie pour poursuivre la victoire, furent forcés d'en disperser une grande partie en escadres volantes destinées à recueillir de l'argent; ils ne conservèrent que quarante voiles à Sestos, tandis que Thrasyllos en personne se rendit à Athènes annoncer la victoire et demander des renforts. Conformément à cette requête, trente trirèmes furent envoyées sous Theramenês, qui essaya d'abord sans succès d'empêcher la construction du pont entre la Bœôtia et l'Eubœa, et ensuite alla dans les îles afin d'y recueillir de l'argent. Il fit un butin considérable en opérant des descentes sur le territoire ennemi, et il extorqua aussi de l'argent de diverses personnes, qui songeaient à se révolter ou que l'on supposait disposées à le faire, parmi les dépendances d'Athènes. A Paros, où l'oligarchie établie par Peisandros lors de la conspiration des Quatre Cents existait encore, Theramenês déposa et condamna à l'amende les hommes qui l'avaient exercée, — et il établit une démocratie à sa place. De là il passa en Macedonia pour prêter assistance à Archelaos, roi de ce pays, et il reçut probablement de lui une paye temporaire; il l'aida pendant quelque temps au siége de Pydna, bloquant la ville par mer pendant que les Macédoniens l'assiégeaient par terre. Le blocus ayant duré tout l'hiver, Theramenês fut invité, avant la prise de la ville, à rejoindre le gros de la flotte athénienne en Thrace; cependant Archelaos prit Pydna peu de temps après, et transporta la ville avec ses habitants du bord de la mer à une distance de deux milles (= 3 kilom.) à l'intérieur (1). Nous retrouvons dans tous ces actes la preuve de ce terrible manque d'argent, qui pous-

____

(1) Diodore, XIII, 17, 49.

sait actuellement les Athéniens à l'injustice, aux extorsions et à une conduite à l'égard de leurs alliés telles qu'on n'en avait jamais vu d'exemple dans les premières années de la guerre.

C'est à cette époque que nous trouvons mentionnée une nouvelle commotion intestine à Korkyra, moins souillée toutefois d'énormités sauvages que celles que nous avons racontées dans la septième année de la guerre. Il paraît que le parti oligarchique de l'île, qui avait été pour le moment presque détruit à cette époque, avait depuis regagné de la force, et qu'il fut encouragé par les malheurs d'Athènes à dresser des plans en vue de livrer l'île aux Lacédæmoniens. Les chefs démocratiques, informés de cette conspiration, envoyèrent chercher à Naupaktos l'amiral athénien Konôn. Il amena un détachement de six cents Messêniens, avec le secours desquels ils saisirent, sur la place du marché, les conspirateurs oligarchiques, dont ils mirent quelques-uns à mort et bannirent plus de mille. La grandeur de leurs alarmes est attestée par ce fait, qu'ils affranchirent les esclaves et conférèrent le droit de cité aux étrangers. Les exilés, s'étant retirés sur le continent opposé, revinrent bientôt après et furent admis dans la place du marché, grâce à la connivence d'un parti à l'intérieur. Il s'engagea dans l'enceinte des murs un combat sérieux, que finirent par terminer un compromis et le rétablissement des exilés (1). Nous ne savons rien au sujet des détails de ce compromis, mais il semble avoir été rédigé sagement et fidèlement observé, car

---

(1) Diodore, XIII, 48. Sievers (Comment. ad Xenoph. Hellen. p. 12, et p. 65, note 58) conteste la réalité de ces tumultes de Korkyra, mentionnés ici par Diodore, mais non signalés dans les Hellenika de Xénophon, et contredits, selon lui, par la conclusion négative qu'on peut tirer de Thucydide, — IV, 48, — ὅσα γε κατὰ τὸν πόλεμον τόνδε. Mais il me paraît que F.-W. Ullrich (Beitraege zur Erklaerung des Thukydides, p. 95-99) a bien expliqué cette phrase de Thucydide comme signifiant, dans l'endroit cité ici, les dix premières années de la guerre du Péloponèse, entre la surprise de Platée et la paix de Nikias.

Je ne vois pas de raison pour révoquer en doute la vérité de ces troubles de Korkyra auxquels Diodore fait allusion ici.

nous n'entendons parler de Korkyra que trente-cinq ans environ après cette période, et l'île nous est alors présentée comme étant au point le plus élevé de culture et de prospérité (1). Sans doute l'affranchissement des esclaves et l'admission de tant de nouveaux étrangers au droit de cité contribuèrent à ce résultat.

Cependant Tissaphernês, après avoir achevé de prendre ses mesures en Iônia, arriva à l'Hellespont peu après la bataille d'Abydos, — vraisemblablement vers novembre 411 avant J.-C. Il désirait conserver quelque crédit auprès des Péloponésiens, et pour cela une occasion ne tarda pas à se présenter. Alkibiadês, qui commandait alors la flotte athénienne à Sestos, vint le visiter dans tout l'orgueil de la victoire, en lui apportant les présents accoutumés ; mais le satrape se saisit de sa personne et l'envoya comme prisonnier à Sardes, affirmant qu'il avait l'ordre exprès du Grand Roi de faire la guerre aux Athéniens (2). Ce fut la fin de toutes les illusions d'Alkibiadês, relativement à un prétendu pouvoir d'influencer les conseils persans. Cependant ces illusions avaient déjà servi son dessein en lui procurant dans le camp athénien une position nouvelle, que son énergie militaire le mit à même de soutenir et de justifier.

Vers le milieu de cet hiver (410 av. J.-C.), la supériorité de la flotte de Mindaros à Abydos, sur la flotte athénienne à Sestos, était devenue si grande (en partie, à ce qu'il semblerait, par suite de renforts obtenus par la première, en partie à cause de la dispersion de la seconde en escadres volantes nécessitée par le manque de paye), que les Athéniens n'osèrent plus conserver leur position à l'Hellespont. Ils firent voile autour de la pointe méridionale de la Chersonèse et se postèrent à Kardia, sur le côté occidental de l'isthme de cette péninsule. Là, au commencement du printemps, ils furent rejoints par Alkibiadês, qui avait trouvé moyen de s'échapper (avec Mantitheus, autre prisonnier athénien) de

---

(1) Xénoph. Hellen. VI, 2, 25.

(2) Xénoph. Hellen. I, 1, 9 ; Plut. Alkib. c. 27.

Sardes, d'où il était allé d'abord à Klazomenæ et ensuite à Lesbos, où il réunit une petite escadre de cinq trirèmes. Les escadres dispersées de la flotte athénienne étant à ce moment appelées toutes à se concentrer, Theramenês vint à Kardia de Macedonia, et Thrasyboulos de Thasos, ce qui rendit la flotte athénienne supérieure en nombre à celle de Mindaros. On apporta la nouvelle que ce dernier était allé avec sa flotte de l'Hellespont à Kyzikos, et qu'il était alors occupé au siége de cette ville, conjointement avec Pharnabazos et l'armée de terre persane.

Ses vigoureuses attaques avaient, en effet, déjà emporté la place, quand les amiraux athéniens résolurent de l'y attaquer, et s'arrangèrent pour le faire par surprise. Après avoir passé d'abord de Kardia à Elæonte, au sud de la Chersonèse, ils remontèrent de nuit l'Hellespont jusqu'à Prokonnesos, de sorte que leur passage ne fut pas remarqué par les vaisseaux de garde péloponésiens à Abydos (1).

S'arrêtant à Prokonnesos pendant une nuit, et saisissant tous les bateaux de l'île, afin que ses mouvements fussent tenus secrets, Alkibiadês avertit ses marins assemblés qu'ils devaient se préparer à combattre à la fois sur mer, sur terre et sur des murailles. « Nous n'avons pas d'argent (dit-il), tandis que nos ennemis en ont reçu én abondance du Grand Roi. » Ni zèle chez les hommes, ni combinaison chez les commandants ne firent défaut. On débarqua un corps d'hoplites sur le continent, dans le territoire de Kyzikos, en vue d'opérer une diversion; ensuite la flotte fut partagée en trois divisions sous Alkibiadês, Theramenês et Thrasyboulos. Le premier, s'avançant près de Kyzikos avec sa seule division, défia la flotte de Mindaros, et parvint à l'attirer par une prétendue fuite à une certaine distance du port; tandis que les autres divisions athéniennes, à la faveur d'un temps brumeux et pluvieux, s'avancèrent à l'improviste, lui cou-

---

(1) Diodore, XIII, 49. Diodore signale spécialement ce fait, qui doit évidemment être exact. Sans cela, il n'eût pas été possible de surprendre Mindaros.

pèrent la retraite, et le forcèrent à échouer ses vaisseaux sur le continent voisin. Après un combat où l'on montra beaucoup de vaillance et d'acharnement, en partie à bord des vaisseaux, en partie sur le rivage, à un moment s'annonçant mal pour les Athéniens, malgré leur supériorité en nombre, mais assez peu intelligible dans ses détails, et différemment compris par nos deux autorités, — la flotte péloponésienne sur mer et les forces de Pharnabazos. sur terre furent complétement défaites, Mindaros lui-même fut tué; et la flotte entière fut prise, jusqu'à la dernière trirème, excepté celles de Syracuse, qui furent brûlées par leurs propres équipages ; tandis que la ville de Kyzikos elle-même se rendit aux Athéniens, et fut soumise à une contribution considérable, étant exemptée de tout autre mal. Le butin que firent les vainqueurs fut abondant et d'une grande valeur. Le nombre des trirèmes prises ou détruites ainsi est différemment donné : l'estimation la plus basse le porte à 60, la plus élevée à 80 (1).

Cette action capitale, habilement conçue et bravement exécutée par Alkibiadès et ses deux collègues (vers avril 410 av. J.-C.), changea sensiblement la position relative des parties belligérantes. Les Péloponésiens n'avaient pas à ce moment de flotte de quelque importance en Asie, bien qu'ils conservassent probablement encore une petite escadre à la station de Milètos; tandis que la flotte athénienne était plus puissante et plus menaçante que jamais. L'effroi de l'armée défaite est fortement dépeint dans la dépêche laconique envoyée par Hippokratês (secrétaire du dernier amiral Mindaros) aux Éphores à Sparte. — « Tout honneur et tout avantage nous ont abandonnés : Mindaros est tué : les hommes meurent de faim : nous ne savons que faire (2). » Sans doute les Éphores apprirent le même récit déplorable de la bouche de plus d'un témoin : car cette dépêche parti-

---

(1) Xénophon, Hellenic. I, 1, 14-20. Diodore, XIII, 50, 51.

Les nombreuses différences qui existent entre Diodore et Xénophon, dans les événements de ces dernières années, sont réunies par Sievers, Comment. in Xenoph. Hellen. note 62, p. 65, 66 *seq.*

(2) Xénoph. Hellen. I, 1, 23. Ἔρρει ι

culière ne leur parvint jamais ; elle avait été interceptée et portée à Athènes. Si décourageante était l'idée qu'ils avaient de l'avenir, qu'il vint à Athènes une ambassade lacédæmonienne conduite par Endios pour proposer la paix ; ou plutôt peut-être Endios (ancien ami et hôte d'Alkibiadès, qui était déjà venu auparavant à Athènes, en qualité de député) fut-il autorisé à y venir à ce moment de nouveau pour sonder les dispositions de la ville, sorte de mission non officielle qui permettait qu'on la désavouât facilement s'il n'en résultait rien. Car il est remarquable que Xénophon ne fasse pas mention de cette ambassade ; et bien que son silence ne suffise pas pour nous autoriser à révoquer en doute la réalité de l'événement, — qui est avancé par Diodore, peut-être sur l'autorité de Théopompe, et qui n'est nullement improbable en lui-même, — néanmoins il m'amène à douter que les Éphores eux-mêmes aient consenti à faire ou à sanctionner la proposition. Il faut se rappeler que Sparte, sans parler de ses obligations à l'égard de ses confédérés en général, était engagée en ce moment par une convention spéciale, à l'égard de la Perse, à ne pas conclure de paix séparée avec Athènes.

Suivant Diodore, Endios, ayant été admis à parler dans l'assemblée athénienne, invita les Athéniens à faire la paix avec Sparte, aux conditions suivantes : les deux parties resteraient précisément dans l'état où elles étaient ; on retirerait les garnisons des deux côtés ; on échangerait les prisonniers, un Lacédæmonien contre un Athénien. Endios insista dans son discours sur le tort mutuel que se faisaient les deux peuples en prolongeant la guerre : mais il soutint qu'Athènes était celle des deux villes qui souffrait le plus, et qui avait le plus grand intérêt à accélérer la paix. Elle n'avait pas d'argent, tandis que Sparte avait le Grand Roi comme trésorier : elle se voyait privée des produits de l'Attique par la garnison de Dekeleia, tandis que le Péloponèse était paisible : toute son influence et tout son pouvoir dé-

---

τὰ καλά· Μίνδαρος ἀπεσσούα· πεινῶντι τὤνδρες· ἀπορέομες τί χρὴ δρᾶν. Plutarque, Alkib. c. 28.

pendaient de sa supériorité sur la mer, dont Sparte pouvait se passer, tout en conservant sa prééminence (1).

Si nous pouvons en croire Diodore, tous les citoyens les plus intelligents d'Athènes conseillèrent d'accepter cette proposition. Il n'y eut d'opposition que parmi les démagogues, les perturbateurs, ceux qui avaient coutume d'attiser le feu de la guerre afin d'en tirer du profit pour eux-mêmes. En particulier, le démagogue Kleophôn, qui jouissait à ce moment d'une grande influence, insista sur l'éclat de la récente victoire, et sur les nouvelles chances de succès qui s'ouvraient alors devant les Athéniens; si bien que l'assemblée finit par rejeter la proposition d'Endios (2).

Il fut facile à ceux qui écrivirent après la bataille d'Ægospotamos et la prise d'Athènes, d'être sages après coup, et de répéter les dénonciations habituelles contre un peuple insensé qu'égarait un démagogue corrompu. Mais si, abstraction faite de la connaissance que nous avons de l'issue finale de la guerre, nous examinons la teneur de cette proposition (même en admettant qu'elle ait été formelle et autorisée) aussi bien que le moment auquel elle fut faite, — nous hésiterons avant de prononcer que Kleophôn fût fou, encore bien moins corrompu, pour en avoir recommandé le rejet. Quant à l'accusation d'intérêt corrompu dans la continuation de la guerre, j'ai déjà fait à propos de Kleôn quelques remarques, tendant à montrer qu'on ne peut pas à juste titre attribuer un tel intérêt aux démagogues de ce caractère (3). C'étaient des hommes essentiellement peu belliqueux, et ils avaient tout autant de chance personnellement de perdre que de gagner à un état de guerre. Cela est particulièrement vrai, relativement à Kleophôn pendant les dernières années de la guerre, — vu que la position financière d'Athènes était à ce moment si malheureuse que tous les moyens dont elle pouvait disposer avaient été épuisés pour se procurer des vaisseaux et des hommes, et qu'il ne restait que peu ou point

---

(1) Diodore, XIII, 52.
(2) Diodore, XIII, 53.

(3) V. tome IX, ch. 4.

de surplus pour le péculat politique. Les amiraux, qui payaient les marins en levant des contributions au dehors, pouvaient bien s'enrichir, si telle était leur disposition; mais les politiques à l'intérieur avaient beaucoup moins de chances de faire de tels gains qu'ils n'en auraient eu en temps de paix. En outre, même si Kleophôn devait jamais profiter tant de la continuation de la guerre, cependant en admettant qu'Athènes finît par y être écrasée, il était certain à l'avance d'être privé non-seulement de tous ses gains et de sa position, mais aussi de la vie.

En voilà assez quant à l'accusation d'intérêt corrompu dirigée contre lui. Quant à la question de savoir si son avis était judicieux, il n'est pas aussi facile d'en décider. A considérer le temps où la proposition fut faite, nous devons nous rappeler que la flotte péloponésienne en Asie venait d'être anéantie, et que la lettre laconique elle-même d'Hippokratès aux Éphores, qui divulguait d'une manière si énergique la détresse de ses troupes, était en ce moment sous les yeux de l'assemblée athénienne. D'autre part, les dépêches des généraux athéniens, annonçant leur victoire, avaient excité à Athènes un sentiment de triomphe universel, manifesté par des actions de grâce publiques (I). Nous ne pouvons douter qu'Alkibiadès et ses collègues ne promissent une vaste carrière de succès prochains, peut-être le rétablissement de la plus grande partie de l'empire maritime perdu. Dans cette disposition du peuple athénien et de ses généraux, justifiée comme elle l'était à un haut degré par la réalité, quelle est la proposition qui vient d'Endios? Ce qu'il propose n'est, en réalité, nullement une concession. Laisser les deux parties dans leur position actuelle, — retirer les garnisons, — rendre les prisonniers. Il n'y avait qu'un côté par lequel Athènes aurait gagné en acceptant ces propositions. Elle aurait retiré sa garnison de Pylos, — elle aurait été délivrée de celle de Dekeleia : un tel échange aurait été un avantage considérable pour elle. A cela nous devons ajouter le soula-

---

(1) Diodore, XIII, 52.

gement produit par la simple cessation de la guerre, — soulagement sans doute réel et important.

Or, la question est de savoir si un homme d'État comme Periklês aurait conseillé à ses compatriotes de se contenter d'une concession dans cette mesure, immédiatement après la grande victoire de Kyzikos, et les deux victoires moins importantes qui la précédaient? J'incline à croire qu'il ne l'aurait pas fait. Il y aurait plutôt vu un artifice diplomatique calculé pour paralyser Athènes pendant l'intervalle où ses ennemis étaient sans défense, et pour leur donner le temps de construire une nouvelle flotte (1). Sparte ne pouvait s'engager ni pour la Perse ni pour ses confédérés péloponésiens : dans le fait l'expérience passée avait montré qu'elle ne pouvait le faire avec effet. Aussi, en acceptant les propositions, Athènes n'aurait-elle pas été réellement soulagée du fardeau entier de la guerre : elle aurait seulement affaibli l'ardeur et lié les mains de ses troupes, à un moment où elles se sentaient en plein cours de succès. L'armement, à coup sûr, — et les généraux, Alkibiadês, Theramenês et Thrasyboulos, — auraient considéré comme un déshonneur l'acceptation de ces conditions à un tel moment. Elle les aurait frustrés de conquêtes auxquelles ils aspiraient ardemment, et à cette époque non sans raison; conquêtes tendant à rendre à Athènes cette supériorité qui lui avait été si récemment enlevée. Et elle aurait causé cette mortification, non-seulement sans la dédommager de quelque autre manière, mais encore avec une grande probabilité qu'elle imposerait à tous les citoyens la nécessité de redoubler d'efforts dans un avenir peu éloigné, lorsque serait arrivé le moment favorable pour ses ennemis.

Si donc, passant de l'accusation vague que ce fut le démagogue Kleophôn qui se plaça entre Athènes et la conclusion de la paix, nous examinons quelles étaient les conditions

---

(1) Philochore (ap. Schol. ad Eurip. Orest. 371) paraît avoir dit que les Athéniens rejetèrent la proposition comme étant faite peu sincèrement — Λακεδαιμονίων πρεσβευσαμένων περὶ εἰρήνης ἀπιστήσαντες οἱ Ἀθηναῖοι οὐ προσήκαντο. Cf. aussi Schol. ad Eurip. Orest. 722 — Philochori Fragment. 117-118, éd Didot.

particulières de paix qu'il engageait ses compatriotes à rejeter, nous trouverons qu'il avait à l'appui de son conseil des
raisons très-fortes, pour ne pas dire prépondérantes. Fit-il
usage de cette proposition, inadmissible en elle-même, pour
essayer d'appeler la conclusion de la paix à des conditions
plus convenables et plus solides, c'est ce dont on peut bien
douter. Probablement de tels efforts n'auraient pas réussi,
même s'ils eussent été faits : cependant un homme d'État
tel que Periklês en aurait fait l'essai, dans la conviction
qu'Athènes poursuivait la guerre avec un désavantage qui
devait la ruiner à la longue. Un simple orateur d'opposition
tel que Kleophôn, même quand il se faisait une idée probablement juste de la proposition qu'il avait à examiner, ne
voyait pas aussi loin dans l'avenir.

Cependant la flotte athénienne régnait seule dans la Propontis et dans ses deux détroits adjacents, le Bosphore et
l'Hellespont (mai, juin, etc., 410 av. J.-C.), bien que Pharnabazos, dans son ardeur et sa générosité, non-seulement
fournît de la nourriture et des vêtements aux malheureux
marins de sa flotte vaincue, mais encore encourageât la
construction de nouveaux vaisseaux à la place de ceux qui
avaient été pris. Tandis qu'il armait les marins, qu'il leur
donnait leur paye pour deux mois, et qu'il les répartissait
comme gardes le long de la côte de la satrapie, il accordait
en même temps une fourniture illimitée de bois de construction pour les vaisseaux provenant des abondantes forêts du
mont Ida, et il aidait les officiers à mettre de nouvelles trirèmes sur les chantiers à Antandros, ville près de laquelle
(à un endroit appelé Aspaneus) on exportait particulièrement
le bois idæen (1).

Après avoir pris ces dispositions, il s'occupa de secourir
Chalkêdon, que les Athéniens avaient déjà commencé à attaquer. Leur première opération après la victoire avait été de
faire voile pour Perinthos et Selymbria, qui toutes deux
s'étaient révoltées auparavant contre Athènes : la première

---

(1) Xénophon, Hellen, I, 1, 24-26 ; Strabon, XIII, p. 606.

de ces villes, intimidée par les événements récents, les reçut
et se rattacha à Athènes; la seconde repoussa une telle demande, mais se racheta d'une attaque pour le moment par
le payement d'une amende pécuniaire. Alkibiadês les conduisit ensuite à Chalkêdon, en face de Byzantion, sur le
bord asiatique le plus méridional du Bosphore. Être maîtresse de ces deux détroits, le Bosphore et l'Hellespont,
était un point de la première importance pour Athènes;
d'abord, parce que dans ce cas elle pourrait assurer l'arrivée
des navires de blé pour sa consommation; ensuite, parce
qu'il était en son pouvoir d'imposer une dîme ou droit sur
tous les bâtiments de commerce qui y passaient, assez semblable aux droits imposés par les Danois au Sund même jusqu'au temps actuel. Pour les raisons contraires, naturellement, l'importance de la position était également grande
pour les ennemis d'Athènes. Jusqu'au printemps de la précédente année, Athènes avait été la maîtresse incontestée
des deux détroits. Mais la révolte d'Abydos dans l'Hellespont (vers avril 411 av. J.-C.) et celle de Byzantion avec
Chalkêdon dans le Bosphore (vers juin 411 av. J.-C.)
l'avaient privée de cette prééminence; et les provisions
qu'elle avait obtenues pendant ces quelques derniers mois
n'avaient pu passer dans ces intervalles que quand ses flottes
qui y stationnaient avaient la prépondérance, de manière à
leur fournir une escorte. En conséquence, il est extrêmement probable que ses provisions de blé venant du Pont-
Euxin pendant l'automne de 411 avant J.-C. avaient été
relativement restreintes.

Bien que Chalkêdon elle-même, assistée par Pharnabazos,
tînt encore contre Athènes, Alkibiadês prit alors possession
de Chrysopolis, son port non fortifié sur la côte orientale du
Bosphore, vis-à-vis de Byzantion. Il fortifia cette place, y
établit une escadre avec une garnison permanente, et l'érigea
en port régulier destiné à lever un péage sur tous les vaisseaux venant du Pont-Euxin (1). Les Athéniens semblent

----

(1) V. Demosthène, De Coronâ, c. 71; et Xénophon, Hellen. I, 1, 22. Καὶ

avoir habituellement levé ce péage à Byzantion, jusqu'à la révolte de cette ville, le comptant au nombre de leurs sources constantes de revenu : il fut rétabli à ce moment sous les auspices d'Alkibiadês. En tant qu'il était levé sur des navires qui apportaient leurs produits pour être vendus et consommés à Athènes, il finit naturellement par être payé sous forme d'augmentation de prix, — par les citoyens et les metœki athéniens. On laissa à Chrysopolis trente trirèmes sous Theramenês pour assurer cette perception, escorter les navires marchands amis, et à d'autres égards pour molester l'ennemi.

Le reste de la flotte alla en partie à l'Hellespont, en partie en Thrace, où la diminution de la force maritime des Lacédæmoniens se manifesta déjà par rapport à l'attachement des villes. A Thasos en particulier (1), les citoyens, sous la conduite d'Ekphantos, chassèrent l'harmoste lacédæmonien Eteonikos avec sa garnison, et admirent Thrasyboulos avec une armée athénienne. On se rappellera que c'était une des villes dans lesquelles Peisandros et les Quatre Cents conspirateurs (au commencement de 411 av. J.-C.) avaient renversé la démocratie et établi un gouvernement oligarchique, sous prétexte que les villes alliées seraient fidèles à Athènes dès qu'elle serait délivrée de ses institutions démocratiques. Tous les calculs de ces oligarques avaient été désappointés, comme Phrynichos l'avait prédit dès le principe. Les Thasiens, aussitôt que leur parti oligarchique eut été mis en possession du gouvernement, rappelèrent

---

δεκατευτήριον κατεσκεύασαν ἐν αὐτῇ (Χρυσυπόλει), καὶ τὴν δεκάτην ἐξελέγοντο τῶν ἐκ τοῦ Πόντου πλοίων. Cf. IV, 8, 27 et V, 1, 28 ; et Diodore, XIII, 64.

L'expression τὴν δεκάτην implique que cette dîme était quelque chose de connu et d'établi antérieurement.

Polybe (IV, 44) fait honneur à Alkibiadês pour avoir été le premier à suggérer à Athènes cette méthode de gain. Mais il est prouvé qu'elle était pratiquée longtemps auparavant, — même avant l'empire athénien, pendant les temps de la prépondérance persane (V. Hérodote, VI, 5).

V. un passage frappant, qui explique l'importance pour Athènes de la possession de Byzantion, dans Lysias, Orat. XXVIII, cont. Ergokl. sect. 6.

(1) Xénoph, Hellen. I, 1, 32; Démosth. cont. Leptin. s. 48, c. 14, p. 471.

leurs exilés mal disposés (1), sous les auspices desquels la garnison et l'harmoste laconiens avaient été introduits depuis. Eteonikos, chassé alors, accusa l'amiral lacédæmonien Pasippidas d'avoir concouru lui-même à son expulsion, gagné par des présents de Tissaphernès ; accusation qui semble improbable, mais à laquelle crurent les Lacédæmoniens, qui en conséquence bannirent Pasippidas, et envoyèrent Kratesippidas pour le remplacer. Le nouvel amiral trouva à Chios une petite flotte que Pasippidas avait déjà commencé à réunir chez les alliés, pour suppléer aux pertes récentes (2).

Le ton à Athènes, depuis les dernières victoires navales, était devenu plus confiant et plus énergique. Agis, avec sa garnison à Dekeleia, bien que les Athéniens ne pussent l'empêcher de ravager l'Attique, en approchant un jour des murs de la ville, fut cependant repoussé avec ardeur et succès par Thrasyllos. Mais ce qui mortifia le plus le roi lacédæmonien, ce fut de voir de son poste élevé de Dekeleia l'affluence abondante dans le Peiræeus de bâtiments de blé venant du Pont-Euxin, renouvelée de nouveau dans l'automne de 410 avant J.-C., depuis l'occupation du Bosphore et de l'Hellespont par Alkibiadês. Pour recevoir ces navires en sûreté, on fortifia Thorikos peu après. Agis s'écria qu'il était inutile de priver les Athéniens des produits de l'Attique tant qu'on leur permettait de recevoir une quantité de blé importé. En conséquence il prépara, conjointement avec les Mégariens, une petite escadre de quinze trirèmes, avec laquelle il dépêcha Klearchos à Byzantion et à Chalkêdon. Ce Spartiate était un hôte public des Byzantins, et il avait déjà été signalé pour commander des auxiliaires destinés à cette ville. Il semble avoir commencé son voyage pendant l'hiver suivant (410-409 av. J.-C.), et être parvenu à Byzantion en sûreté, bien que trois vaisseaux de son escadre eussent été détruits par les neuf trirèmes athéniennes qui gardaient l'Hellespont (3).

---

(1) Thucyd. VIII, 64.
(2) Xénophon, Hellen. I, 1, 32.

(3) Xénophon, Hellen. I, 1, 35-36.
Il dit que les vaisseaux de Klearchos,

Le printemps suivant, on dépêcha Thrasyllos d'Athènes à la tête de forces nouvelles et considérables pour agir en Iônia. Il commandait 50 trirèmes, 1,000 hoplites réguliers, 100 cavaliers et 5,000 marins, avec les moyens d'armer ces derniers comme peltastes; il avait aussi des transports pour ses troupes outre les trirèmes (1). Après avoir fait reposer son armement trois jours à Samos, il opéra une descente à Pygela, et réussit ensuite à se rendre maître de Kolophôn avec son port Notion. Puis il menaça Ephesos; mais cette place était défendue par une armée puissante que Tissaphernès avait convoquée, en proclamant « qu'on allât au secours de la déesse Artemis, » aussi bien que par vingt-cinq nouvelles trirèmes de Syracuse et deux de Sélinonte, récemment arrivées (2). Ces ennemis infligèrent à Thrasyllos, près d'Ephesos, une sérieuse défaite dans laquelle il perdit trois cents hommes, et fut forcé de faire voile vers Notion. En route vers ce lieu, pendant qu'il faisait une courte halte à Methymna au nord de Lesbos, Trasyllos vit les vingt-cinq trirèmes Syracusaines en marche pour se rendre d'Ephesos à Abydos. Il les attaqua immédiatement, en prit quatre avec les équipages entiers, et donna la chasse aux autres jusqu'à leur station à Ephesos. On envoya tous ceux qui furent pris à Athènes, où on leur donna comme prison les carrières de pierres de Peiræeus, sans doute en représaille du traitement que l'on avait fait subir aux prisonniers athéniens à Syracuse; cependant l'hiver

---

étant attaqués par les Athéniens dans l'Hellespont, s'enfuirent d'abord à *Sestos*, et ensuite à Byzantion. Mais *Sestos* était la station *athénienne*. Le nom doit sûrement être mis par inadvertance pour *Abydos*, la station péloponésienne.

(1) Xénophon, Hellen. I, 1, 34; I, 2, 1. Diodore (XIII, 64) confond Thrasyboulos avec Thrasyllos.

(2) Hénophon, Hellen. I, 2, 5-11. Xénophon distingue ces vingt-cinq trirèmes syracusaines en τῶν προτέρων εἴκοσι νεῶν, — et ensuite αἱ ἕτεραι πέντε, αἱ νεωστὶ ἥκουσαι. Mais il me semble que les vingt trirèmes, aussi bien que les cinq, ont dû venir en Asie depuis la bataille de Kyzikos, — bien qu'il se puisse que les cinq soient arrivées un peu plus tard. Tous les vaisseaux syracusains de la flotte de Mindaros furent détruits; et il paraît impossible d'imaginer que cet amiral puisse avoir laissé vingt vaisseaux syracusains à Ephesos ou à Milêtos, outre ceux qu'il prit avec lui pour aller à l'Hellespont.

suivant ils parvinrent par se frayer un chemin pour sortir et s'enfuirent à Dekeleia. Parmi ces prisonniers se trouvait Alkibiadês l'Athénien (cousin et compagnon d'exil du général athénien du même nom), que Thrasyllos fit mettre en liberté, tandis que les autres étaient envoyés à Athènes (1).

Après le retard causé par cette poursuite, il ramèna son armement à l'Hellespont et rejoignit Alkibiadês à Sestos (409 av. J.-C.). Leurs forces combinées furent menées, vraisemblablement vers le commencement de l'automne, à Lampsakos sur le côté asiatique du détroit; ils fortifièrent cette place et en firent leur quartier général pendant l'automne et l'hiver, se nourrissant au moyen d'excursions de rapine faites dans toute la satrapie voisine de Pharnabazos. Toutefois, il est curieux d'apprendre que, quand Alkibiadês se mit en devoir de réunir toute l'armée (les hoplites, suivant la coutume athénienne, prenant rang selon leurs tribus), ses propres soldats, qui n'avaient jamais été battus, refusèrent de fraterniser avec ceux de Thrasyllos, qui avaient été récemment vaincus à Ephesos. Et cet éloignement ne disparut pas avant une expédition commune contre Abydos; Pharnabazos, qui se présentait avec une armée considérable consistant surtout en cavalerie, pour secourir cette ville, fut attaqué et défait dans une bataille à laquelle prirent part tous les Athéniens présents. L'honneur des hoplites de Thrasyllos fut regardé alors comme rétabli, de sorte qu'il leur fut permis sans nouvelle difficulté de se mêler dans les rangs (2). Toutefois, même l'armée entière ne put accomplir la conquête d'Abydos, que les Péloponésiens et Pharnabazos conservèrent encore comme station sur l'Hellespont.

Cependant Athènes s'était tellement dégarnie de forces, par le considérable armement envoyé naguère avec Thrasyllos, que ses ennemis dans son voisinage furent encouragés à entreprendre des opérations actives (409 av. J.-C.).

---

(1) Xénophon, Hellen. I, 2, 8-15.

(2) Xénophon, Hellen. 1, 2, 13-17; Plutarque, Alkib. c. 29.

Les Spartiates dépêchèrent une expédition, tant de trirèmes que de forces de terre, pour attaquer Pylos, qui était toujours restée comme poste athénien et comme refuge pour les Ilotes révoltés depuis qu'elle avait été fortifiée pour la première fois par Demosthenês en 425 avant J.-C. La place fut vigoureusement attaquée tant par mer que par terre, et elle ne tarda pas à être vivement pressée. Sensibles à sa détresse, les Athéniens envoyèrent à son secours trente trirèmes sous Anytos, qui revint cependant sans même parvenir à la place, un temps orageux ou des vents défavorables l'ayant empêché de doubler le cap Malea. Bientôt après Pylos fut obligée de se rendre, la garnison la quittant en vertu d'une capitulation (1). Mais Anytos, à son retour, encourut au plus haut degré le mécontentement de ses compatriotes, et fut jugé pour avoir trahi, ou pour n'avoir pas fait tout son possible afin de remplir la mission qui lui avait été confiée. On dit qu'il n'échappa à une condamnation qu'en gagnant le Dikasterion, et qu'il fut le premier Athénien qui ait jamais obtenu un verdict par corruption (2). Aurait-il pu réellement parvenir à Pylos, et les obstacles qui l'arrêtèrent étaient-ils de nature à être vaincus par un officier énergique ? c'est ce que nous n'avons pas le moyen de déterminer; encore moins pouvons-nous établir s'il échappa réellement en gagnant les juges. Toutefois, l'histoire semble prouver que le public athénien en général le jugea digne d'être condamné, et qu'il fut surpris par son acquittement, au point de l'expliquer en supposant, à tort ou à raison, l'emploi de moyens qui n'avaient jamais été essayés auparavant.

---

(1) Diodore, XIII, 64. La manière dédaigneuse dont Xénophon (Hellen. I, 2, 18) écarte cette prise de Pylos, comme étant une simple retraite de quelques Ilotes fugitifs de Malea, — aussi bien que l'emploi qu'il fait du nom *Koryphasion*, et non de *Pylos*, — prouve combien il écrivait d'après les renseignements qu'il recevait des Lacédæmoniens.

(2) Diodore, XIII, 64; Plutarque, Coriolan, c. 14.

Aristote, Ἀθηναίων πολιτεία, ap. Harpokration. v. Δεκάζων, — et dans la collection des Fragm. d'Aristote, n° 72, éd. Didot (Fragment. Historic. Græc. vol. II, p. 127).

Ce fut vers le même temps aussi que les Mégariens recouvrèrent par surprise leur port de Nisæa, qui avait été occupé
par une garnison athénienne depuis 424 avant J.-C. Les
Athéniens firent un effort pour la reprendre, mais ils
échouèrent, bien qu'ils défissent les Mégariens dans un engagement (1).

Thrasyllos, pendant l'été de 409 avant J.-C., et même les
forces combinées de Thrasyllos et d'Alkibiadès pendant
l'automne de la même année, semblent avoir fait moins
qu'on ne l'aurait attendu d'une armée aussi considérable :
en effet ce doit être à quelque époque de cette année que le
Lacédæmonien Klearchos, avec ses quinze vaisseaux mégariens, remonta l'Hellespont jusqu'à Byzantion, ne le trouvant gardé que par neuf trirèmes athéniennes (2). Mais les
opérations de 408 avant J.-C. furent plus importantes.
L'armée entière, sous Alkibiadès et les autres commandants, fut réunie pour le siége de Chalkèdon et de Byzantion. Les Chalkédoniens, ayant connaissance de ce projet,
mirent leurs biens meubles en sûreté en les confiant à leurs
voisins les Thraces Bithyniens ; preuve remarquable des bons
sentiments et de la confiance qui existaient entre les deux
peuples, faisant un fort contraste avec l'hostilité perpétuelle
qui, de l'autre côté du Bosphore, séparait Byzantion et les
tribus thraces adjacentes (3). Mais la précaution fut déjouée
par Alkibiadès, qui entra dans le territoire des Bithyniens
et les força par des menaces à livrer les effets qui leur
avaient été confiés. Il se mit ensuite en devoir de bloquer
Chalkèdon au moyen d'un mur de bois mené en travers du
Bosphore jusqu'à la Propontis ; bien que la continuité de ce
mur fût interrompue par un fleuve et vraisemblablement par
quelque terrain raboteux sur le bord immédiat du fleuve.
Le mur de blocus était déjà achevé quand Pharnabazos parut
avec une armée pour secourir la place, et s'avança jusqu'au
Hêrakleion (ou temple d'Hêraklès), qui appartenait aux

---

(1) Diodore, XIII, 65.

(2) Xénophon, Hellen. I, 1, 36.

(3) Polybe, IV, 44-45.

Chalkédoniens. Profitant de son approche, Hippokratês, l'harmoste lacédæmonien de la ville, exécuta une vigoureuse sortie ; mais les Athéniens repoussèrent tous les efforts que fît Pharnabazos pour s'ouvrir un passage à travers les lignes et pour le rejoindre, — de sorte qu'après une lutte acharnée les troupes de sortie furent repoussées dans la ville, et Hippokratês lui-même fut tué (1).

Le blocus de la ville fut alors rendu si sûr, qu'Alkibiadês s'éloigna avec une partie de l'armée afin de lever de l'argent et de réunir des forces pour le siége de Byzantion qui devait suivre. Pendant son absence, Theramenês et Thrasyboulos traitèrent avec Pharnabazos pour la capitulation de Chalkèdon. Il fut convenu que la ville redeviendrait une dépendance tributaire d'Athènes, payant le même tribut qu'avant la révolte, et que les arrérages pendant la période subséquente seraient acquittés. De plus, Pharnabazos lui-même s'engagea à payer aux Athéniens vingt talents au nom de la ville, et aussi à escorter quelques députés athéniens jusqu'à Suse, les mettant à même de soumettre au Grand Roi des propositions d'arrangement. Les Athéniens s'engagèrent à s'abstenir de toute hostilité contre la satrapie de Pharnabazos jusqu'au retour de ces députés (2). A cet effet, on

---

(1) Xénophon, Hellen. I, 3, 5-7 ; Diodore, XIII, 66.

(2) Xénoph. Hellen. I, 3, 9. Ὑποτελεῖν τὸν φόρον Χαλκηδονίους Ἀθηναίοις ὅσονπερ εἰώθεσαν, καὶ τὰ ὀφειλόμενα χρήματα ἀποδοῦναι · Ἀθηναίους δὲ μὴ πολεμεῖν Χαλκηδονίοις, ἕως ἂν οἱ παρὰ βασιλέα πρέσβεις ἔλθωσιν.

Ce passage confirme les doutes que j'avançais dans un précédent chapitre sur la question de savoir si ces Athéniens réalisèrent jamais ou purent jamais réaliser leur projet de changer le tribut (imposé sur les alliés dépendants), en un droit de cinq pour cent, *ad valorem*, sur les importations et les exportations, projet qui est mentionné par Thucydide (VII, 28) comme ayant été arrêté du moins, sinon exécuté, pendant l'été de 413 avant J.-C. Dans le marché fait ici avec les Chalkédoniens, il semble impliqué que le payement du tribut était le dernier arrangement qui subsistât entre Athènes et Chalkèdon, à l'époque de la révolte de cette dernière.

Ensuite, j'approuve la remarque faite par Schneider dans sa note sur le passage Ἀθηναίους δὲ μὴ πολεμεῖν Χαλκηδονίοις. Il signale la teneur du traité tel qu'il est dans Plutarque — τὴν Φαρναβάζου δὲ χώραν μὴ ἀδικεῖν (Alkib. c. 31), ce qui est certainement bien mieux approprié aux circonsfances. Au lieu de Χαλκηδονίοις il propose de lire Φαρναβάζῳ. En tout cas, c'est là le sens.

échangea mutuellement des serments après qu'Alkibiadès fut revenu de son expédition. Car Pharnabazos refusa positivement de signer la ratification avec les autres généraux, jusqu'au moment où Alkibiadès serait là pour ratifier aussi en personne ; preuve et de la grande importance individuelle de ce dernier et de la facilité notoire avec laquelle il trouvait des excuses pour esquiver une convention. En conséquence, Pharnabazos envoya à Chrysopolis deux ambassadeurs pour recevoir les serments d'Alkibiadès, tandis que deux parents d'Alkibiadès vinrent à Chalkèdon comme témoins de ceux de Pharnabazos. Outre le serment commun prononcé avec ses collègues, Alkibiadès prit un engagement spécial d'amitié et d'hospitalité personnelles avec le satrape, et en reçut de lui un semblable.

Alkibiadès avait occupé le temps de son absence à prendre Selymbria, où il obtint une somme d'argent, et à rassembler un corps considérable de Thraces, avec lequel il marcha par terre vers Byzantion (408 av. J.-C.). Cette place fut alors assiégée, immédiatement après la capitulation de Chalkèdon, par les forces réunies des Athéniens. On l'entoura d'un mur de circonvallation, et l'on fit diverses attaques au moyen de traits et de machines de siége. Toutefois la garnison lacédæmonienne, sous l'harmoste Klearchos, aidée de quelques Mégariens sous Helixos et de Bœôtiens sous Kœratadas, fut parfaitement en état de les repousser. Mais il ne fut pas si facile d'en agir avec les ravages de la famine. Après que le blocus eut duré quelque temps, les provisions commencèrent à manquer ; de sorte que Klearchos, rigoureux et dur même dans les circonstances ordinaires, devint inexorable et oppressif par suite de son inquiétude exclusive pour la nourriture de ses soldats ; et même il enferma le fonds de provisions pendant que la population de la ville mourait de faim autour de lui. Voyant que son seul espoir était dans un secours extérieur, il sortit de la ville pour solliciter l'aide de Pharnabazos et pour réunir, s'il était possible, une flotte pour quelques opérations agressives qui pussent détourner l'attention des assiégeants. Il laissa la défense à Kœratadas et à Helixos, bien convaincu que les Byzantins étaient trop compromis par leur révolte contre Athènes pour oser abandonner Sparte, quelles que fussent leurs souffrances. Mais les conditions favorables récemment accordées à Chalkèdon, et la famine cruelle et croissante, engagèrent Kydôn et un parti byzantin à ouvrir les portes pendant la nuit et à admettre Alkibiadès avec les Athéniens dans la vaste place intérieure appelée le Thrakion. Helixos et Kœratadas, informés de cette attaque seulement lorsque l'ennemi tenait réellement la ville de tous les côtés, tentèrent en vain de résister et furent obligés de se rendre à discrétion. On les envoya prisonniers à Athènes, où Kœratadas parvint à s'échapper pendant la confusion du débarquement au Peiræeus. On accorda des conditions favorables à la ville, qui fut replacée dans sa position d'alliée dépendante d'Athènes, et probablement eut à payer ses arrérages de tribut de la même manière que Chalkèdon (1).

La marche d'un siége dans l'antiquité était si lente, que la réduction de Chalkèdon et de Byzantion occupa presque toute l'année; cette dernière place se rendit vers le commencement de l'hiver (2) (408 av. J.-C.). Toutefois c'étaient des acquisitions d'une importance capitale pour Athènes; elles la rendaient de nouveau maîtresse incontestée du Bosphore, et lui assuraient deux précieux alliés tributaires. Outre cette amélioration dans sa position, l'arrangement qu'on venait de conclure avec Pharnabazos était aussi une démarche de grande valeur, et de promesses plus grandes encore. Il était évident que le satrape s'était fatigué de supporter tout le poids de la guerre au profit des Péloponésiens, et qu'il était tout disposé à aider les Athéniens à entrer en arrangements avec le Grand Roi. Le seul fait qu'il avait retiré à Sparte son appui sincère, même s'il n'en devait résul-

---

(1) Xénophon, Hellen. I, 3, 15-22; Diodore, XIII, 67 ; Plutarque, Alkib. c. 31.

Le récit donné par Xénophon de la reddition de Byzantion, que j'ai suivi dans le texte, est parfaitement clair et probable. Il ne s'accorde pas avec le stratagème compliqué décrit dans Diodore et dans Plutarque, aussi bien que dans Frontin, III, 11, 3, et auquel il est fait aussi allusion dans Polyen, I, 48, 2.

(2) Xénophon, Hellen. I, 4, 1.

ter aucune autre chose, était d'une importance immense
pour Athènes; et tel fut en effet le résultat qu'on obtint.
Ses députés, cinq Athéniens et deux Argiens (tous, probablement, appelés d'Athènes, ce qui explique quelque retard)
reçurent l'ordre après le siége de Chalkêdon de rejoindre
Pharnabazos à Kyzikos. Quelques ambassadeurs lacédæmoniens, et même le Syracusain Hermokratês, qui avait été
condamné et banni par ses concitoyens, profitèrent de la
même escorte, et tous se mirent en route pour Suse. Leur
marche fut arrêtée, pendant les rigueurs extrêmes de l'hiver, à Gordion en Phrygia; et c'est en poursuivant leur
voyage dans l'intérieur au commencement du printemps,
qu'ils rencontrèrent le jeune prince Cyrus, fils du roi Darius,
qui venait en personne pour gouverner un poste important
de l'Asie Mineure. Quelques députés lacédæmoniens (Bœotios et autres) voyageaient avec lui, après avoir rempli leur
mission à la cour de Perse (1).

---

(1) Xénophon, Hellen, I, 4, 2-3.

CHAPITRE IV

LA DÉMOCRATIE ATHÉNIENNE RÉTABLIE, APRÈS LA DÉPOSITION
DES QUATRE CENTS, JUSQU'A L'ARRIVÉE DE CYRUS LE JEUNE
EN ASIE MINEURE.

Cyrus le Jeune ; effets de son arrivée en Asie Mineure. — Pharnabazos retient les
députés athéniens. — Lysandros, amiral lacédæmonien en Asie. — Actes du
précédent amiral, Kratesippidas. — Lysandros visite Cyrus à Sardes. — Son
adroite politique ; il acquiert l'estime particulière de Cyrus. — Paye abondante
de l'armement péloponésien fournie par Cyrus. — Factions organisées par Lysandros dans les villes asiatiques. — Conduite d'Alkibiadês en Thrace et en
Asie. — Son arrivée à Athènes. — Sentiments et détails qui se rattachent à son
arrivée. — Il est bien accueilli unanimement. — Effet produit sur Alkibiadês.
— Sentiment des Athéniens à son égard. — Dispositions à s'abstenir de s'arrêter sur ses torts antérieurs, et de le soumettre à un nouveau jugement. —
Confiance aveugle et enivrement d'Alkibiadês. — Il protége la célébration des
mystères d'Eleusis par terre, contre la garnison de Dekeleia. — Tentative inutile d'Agis pour surprendre Athènes. — Alkibiadês fait voile avec un armement vers l'Asie ; insuccès à Andros ; échec complet des espérances du côté de
la Perse. — Lysandros à Ephesos ; sa politique prudente, refusant le combat ;
désappointement d'Alkibiadês. — Alkibiadês va à Phokæa, laissant sa flotte
sous le commandement d'Antiochos ; oppression exercée par Alkibiadês à Kymê.
— Plaintes des Kymæens à Athènes ; défaite d'Antiochos à Notion, pendant
l'absence d'Alkibiadês. — Mécontentement et plaintes dans l'armement contre
Alkibiadês. — Murmures et accusation contre lui transmise à Athènes. —
Changement de sentiment à Athènes ; mécontentement des Athéniens contre
lui. — Motifs raisonnables de ce changement et de ce mécontentement. — Conduite différente à l'égard de Nikias et d'Alkibiadês. — On enlève à Alkibiadês
son commandement ; on nomme dix généraux pour lui succéder ; il se retire en
Chersonèse. — Konôn et ses collègues ; prise et délivrance du Rhodien Dorieus
par les Athéniens. — Kallikratidas remplace Lysandros ; son noble caractère.
— Murmures et mauvais vouloir contre Kallikratidas ; énergie et droiture avec
lesquelles il les réprime. — Sa conduite courageuse à l'égard des Perses. — Son
appel aux Milésiens ; sentiments panhelléniques. — Il prépare une flotte imposante ; ses succès à Lesbos ; il délivre les captifs et la garnison athénienne à
Methymna. — Noble caractère de sa conduite ; patriotisme panhellénique
exalté de Kallikratidas. — Il bloque Konôn et la flotte athénienne à Mitylênê.

— Position triomphante de Kallikratidas. — Condition désespérée de Konôn, son stratagème pour envoyer des nouvelles à Athènes et demander du secours. — Kallikratidas défait l'escadre de Diomedôn. — Prodigieux effort des Athéniens pour secourir Konôn; flotte athénienne considérable équipée et envoyée aux Arginusæ. — Kallikratidas retire de Mitylênê la plus grande partie de sa flotte, et laisse Eteonikos continuer le blocus. — Les deux flottes rangées pour la bataille; habileté nautique comparative, renversée depuis le commencement de la guerre. — Bataille des Arginusæ; défaite des Lacédæmoniens; mort de Kallikratidas. — Il eût mieux valu pour la Grèce, et même pour Athènes, que Kallikratidas eût été vainqueur aux Arginusæ. — Eteonikos et sa flotte s'enfuient heureusement de Mitylênê à Chios. — Joie causée à Athènes par la victoire; indignation soulevée par le fait que les marins athéniens des vaisseaux désemparés n'avaient pas été recueillis après la bataille. — État des faits au sujet des vaisseaux désemparés et des hommes qui y avaient été laissés. — Dépêche envoyée à Athènes par les généraux, affirmant qu'une tempête les avait empêchés de sauver les hommes qui se noyaient. — Colère justifiable et sympathie blessée des Athéniens; émotion extrême parmi les parents des hommes noyés. — On remplace les généraux, et on leur enjoint de revenir à Athènes. — Interrogatoire des généraux devant le sénat et le peuple à Athènes. — Débat dans l'assemblée publique; Theramenês accuse les généraux comme coupables d'avoir négligé de sauver les hommes qui se noyaient. — Effet de l'accusation de Theramenês produit sur l'assemblée. — Défense des généraux; ils affirment qu'ils avaient chargé Theramenês lui-même de remplir ce devoir. — Raison pour laquelle les généraux n'avaient pas mentionné cette commission dans leur dépêche. — Récit différent donné par Diodore. — Version probable de la manière dont les faits se passèrent réellement. — Justification des généraux; valable jusqu'à quel point? La tempête alléguée; fuite d'Eteonikos. — Sentiments du public athénien; comment le cas lui fut présenté; décision ajournée jusqu'à une assemblée future. — La fête des Apatouria, la grande solennité de famille de la race ionienne survient dans ce moment. — Explosion de sentiment aux Apatouria mal représentée par Xénophon. — Proposition de Kallixenos dans le sénat contre les généraux; adoptée et soumise à l'assemblée publique. — Injustice de la résolution, qui privait les généraux des garanties habituelles que présentait un procès judiciaire; Psêphisma de Kannônos. — Opposition faite par Euryptolemos sur le motif de la forme constitutionnelle; Graphê Paranomôn. — Émotion de l'assemblée; obstacle constitutionnel renversé. — Les Prytanes refusent de mettre la question aux voix; leur opposition vaincue, à l'exception de celle de Sokratês. — Changement de disposition dans l'assemblée une fois que la discussion eut commencé; amendement proposé et développé par Euryptolemos. — Discours d'Euryptolemos. — Son amendement est rejeté; la proposition de Kallixenos est adoptée. — Les six généraux sont condamnés et exécutés. — Injustice de cette conduite; violation des maximes et des sentiments démocratiques. — Vif repentir du peuple bientôt après; honte et mort de Kallixenos. — Causes de l'émotion populaire. — Les généraux n'étaient pas des hommes innocents.

L'arrivée de Cyrus, connu communément sous le nom de Cyrus le Jeune, en Asie Mineure, fut un événement de la plus grande importance, qui ouvrit ce qu'on peut appeler la dernière phase de la guerre du Péloponèse.

C'était le plus jeune des deux fils du roi de Perse Darius
Nothus et de la cruelle reine Parysatis, et il était à ce moment envoyé par son père, comme satrape de Lydia, de la
grande Phrygia et de la Kappadokia ; aussi bien que comme
général de toute cette division militaire dont le centre était
Kastôlos. Son commandement ne comprenait pas à cette
époque les villes grecques sur la côte, qu'on laissa encore à
Tissaphernês et à Pharnabazos (1). Mais néanmoins il apporta
avec lui un vif intérêt à la guerre des Grecs, et un sentiment anti-athénien intense, avec le plein pouvoir que lui
avait conféré son père de le traduire en acte. Tout ce que
voulait ce jeune homme, il le voulait fortement : son activité physique, s'élevant au-dessus de ces tentations de plaisir sensuel qui énervait souvent les grands parmi les Perses,
provoquait l'admiration même des Spartiates (2) ; et son caractère énergique était combiné avec une certaine mesure de
talent. Bien qu'il n'eût pas conçu encore le dessein réfléchi
de monter sur le trône de Perse, dessein qui absorba plus tard
tout son esprit, et qui fut si près de réussir grâce à l'appui
des Dix Mille Grecs, — cependant il me semble avoir eu dès
le commencement les sentiments et l'ambition d'un roi en
perspective, et non ceux d'un satrape. Il venait sachant
bien que les Athéniens étaient les puissants ennemis qui
avaient humilié l'orgueil des rois persans, tenu les Grecs
insulaires loin de la vue d'un vaisseau persan, et même affran-
chi en pratique les Grecs continentaux sur la côte, — pendant les soixante dernières années. Aussi était-il animé de
l'ardent désir d'abattre la puissance athénienne, très différent du perfide jeu de bascule de Tissaphernês, et beaucoup
plus formidable même que l'inimitié directe et ardente de
Pharnabazos qui avait moins d'argent, moins de faveur à la
cour, et moins de feu juvénile. De plus, Pharnabazos, après

----

(1) L'Anabasis de Xénophon (I, 1,
6-8 ; I, 9, 7-9) est une meilleure autorité, et a un langage plus exact que les
Hellenica, I, 4, 3.

(2) V. l'anecdote de Cyrus et de
Lysandros dans Xénophon, Œconom.
IV, 21, 23.

avoir sincèrement épousé la cause des Péloponésiens pendant les trois dernières années, était à ce moment devenu las des alliés qu'il avait eus si longtemps à sa solde. Au lieu de chasser avec peu de peine l'influence athénienne de ses côtes, comme il s'y était attendu, — il voyait son gouvernement ravagé, ses revenus diminués ou absorbés, et une flotte athénienne toute-puissante dans la Propontis et l'Hellespont ; tandis que la flotte péloponésienne, qu'il avait eu tant de peine à faire venir, était détruite. Décidément las de la cause péloponésienne, il penchait même pour Athènes ; et il se peut que les ambassadeurs qu'il escortait vers Suse eussent jeté les bases d'un changement de politique persane en Asie Mineure, quand le voyage de Cyrus vers la côte renversa tous ces calculs. Le jeune prince apportait avec lui une antipathie contre Athènes fraîche, vive et jeune, — un pouvoir inférieur seulement à celui du Grand Roi lui-même, — et une détermination énergique d'en user sans réserve pour assurer la victoire aux Péloponésiens.

A partir du moment où Pharnabazos et les députés athéniens rencontrèrent Cyrus, leur marche ultérieure vers Suse devint impossible. Bœotios et les autres ambassadeurs lacédæmoniens qui voyageaient avec le jeune prince, se vantèrent avec extravagance d'avoir obtenu tout ce qu'ils demandaient à Suse ; tandis que Cyrus lui-même déclara que ses pouvoirs avaient une étendue illimitée sur toute la côte, tous en vue de poursuivre vigoureusement la guerre de concert avec les Lacédæmoniens. Pharnabazos, en apprenant cette nouvelle, et en voyant le sceau du Grand Roi sur les mots : « — J'envoie Cyrus, comme seigneur de tous ceux qui se réunissent à Kastôlos, — » non-seulement refusa de laisser les députés athéniens s'avancer plus loin, mais même il fut obligé d'obéir aux ordres du jeune prince, qui demanda avec insistance ou qu'ils lui fussent livrés, ou du moins qu'ils fussent retenus pendant quelque temps dans l'intérieur, afin qu'aucune information ne fût portée à Athènes. Le satrape repoussa la première de ces requêtes, ayant engagé sa parole pour leur sûreté ; mais il accéda à la seconde, — et il les retint en Kappadokia pendant un espace de temps qui ne dura pas moins de trois ans, jusqu'à ce qu'Athènes fût abattue et sur le point de se rendre; alors il obtint de Cyrus la permission de les renvoyer à la côte (1).

Cette arrivée de Cyrus (407 av. J.-C.), qui l'emportait sur la perfidie de Tissaphernês aussi bien que sur la lassitude de Pharnabazos, et qui fournissait aux ennemis d'Athènes un double flot d'or persan à un moment où le courant aurait autrement été desséché, — fut un article d'une grande valeur dans cette somme de causes qui concoururent à déterminer le résultat de la guerre (2). Mais, tout important que fût cet événement en lui-même, il le fut rendu plus encore par le caractère de l'amiral lacédæmonien Lysandros, avec lequel le jeune prince fut pour la première fois en rapport quand il arriva à Sardes.

Lysandros était venu pour remplacer Kratesippidas vers décembre 408 avant J.-C., ou janvier 407 avant J.-C. (3). Il

---

(1) Xénophon, Hellen. I, 4, 3-8. Les mots employés ici relativement aux députés, quand ils revinrent après leur détention de trois années, — ὅθεν πρὸς τὸ ἄλλο στρατόπεδον ἀπέπλευσαν, — me paraissent être une inadvertance. Les députés ont dû revenir dans le printemps de 404 avant J.-C., à une époque où Athènes n'avait pas de *camp*. La ville se rendit en avril 404 avant J.-C. Xénophon parle par mégarde comme si l'état de choses qui existait au moment du départ des ambassadeurs continuait encore à leur retour.

(2) Les mots de Thucydide (II, 65) impliquent ceci comme étant son opinion — Κύρῳ τε ὕστερον βασιλέως παιδὶ προσγενομένῳ, etc.

(3) Le commencement de la navarchia ou année de commandement maritime de Lysandros me paraît établi pour cet hiver. Il avait eu en réalité le commandement pendant quelque temps avant l'arrivée de Cyrus à Sardes — Οἱ δὲ Λακεδαιμόνιοι, πρότερον τούτων οὐ πολλῷ χρόνῳ Κρατησιππίδα τῆς ναυαρχίας παρεληλυθυίας, Λύσανδρον

ἐξέπεμψαν ναύαρχον. Ὁ δὲ ἀφικόμενος ἐς Ῥόδον, καὶ ναῦς ἐκεῖθεν λαβὼν, ἐς Κῶ καὶ Μίλητον ἔπλευσεν · ἐκεῖθεν δὲ ἐς Ἔφεσον · καὶ ἐκεῖ ἔμεινε, ναῦς ἔχων ἑβδομήκοντα, μέχρις οὗ Κῦρος ἐς Σάρδεις ἀφίκετο (Xénoph. Hellen. I, 5, 1).

M. Fynes Clinton (Fast. Hellen. ad ann. 407 av. J.-C.) a, je présume, été trompé par les premiers mots de ce passage, — πρότερον τούτων οὐ πολλῷ χρόνῳ, — quand il dit : — « Pendant le séjour d'Alkibiadês à Athènes, Lysander est envoyé comme ναύαρχος, — Xenoph. Hellen. I, 5, 1. Vinrent ensuite la défaite d'Antiochos, la déposition d'Alcibiadês, et la substitution de ἄλλους δέκα, entre septembre 407 *et septembre 406, où Callicratidas succéda à Lysander.* »

Or, Alkibiadês vint à Athènes dans le mois de Thargelion, ou vers la fin de mai 407, et il y resta jusqu'au commencement de septembre 407. Cyrus arriva à Sardes avant qu'Alkibiadês parvînt à Athènes, et Lysandros avait été pendant quelque temps à son poste avant

fut le dernier (après Brasidas et Gylippos) de ce trio d'éminents Spartiates qui firent à Athènes toutes ses blessures capitales, dans le cours de cette longue guerre. Il était né de parents pauvres, et on dit même qu'il appartenait à cette classe appelée Mothakes, que l'aide seule des riches mettait à même de fournir sa contribution aux repas publics, et de garder sa place dans la discipline et l'éducation constantes. Non-seulement c'était un excellent officier (1), entièrement compétent pour les devoirs du commandement militaire, mais il possédait aussi de grands talents pour l'intrigue, et pour organiser un parti politique aussi bien que pour entretenir de la discipline dans ses mouvements. Bien qu'indifférent aux tentations d'argent ou de plaisir (2), et acceptant volontiers la pauvreté pour laquelle il était né, il était absolument sans scrupule dans la poursuite d'objets ambitieux, soit pour son pays, soit pour lui-même. Sa famille, quoique pauvre, jouissait d'une position élevée à Sparte, — elle appartenait à la gens des Hêraklides, sans être rattachée aux rois par aucune parenté : de plus, sa réputation personnelle comme Spartiate était excellente, vu que son observation des règles de la discipline avait été rigoureuse et exemplaire. Les habitudes de contrainte volontaire acquises ainsi lui furent d'un grand secours quand il devint nécessaire à son ambition de rechercher la faveur des grands. Son insouciance à l'égard

---

l'arrivée de Cyrus ; de sorte que Lysandros ne fut pas envoyé « pendant le séjour d'Alkibiadês à Athènes, » mais quelques mois avant. Encore moins est-il exact de dire que Kallikratidas succéda à Lysandros en septembre 406. La bataille des Arginusæ, dans laquelle Kallikratidas périt, fut livrée vers août 406, après qu'il avait été amiral pendant plusieurs mois. Les mots πρότερον τούτων, quand on les explique avec le contexte qui suit, doivent évidemment être compris dans un sens plus large, — « ces événements, » — et signifier la série générale d'événements qui com-

mence, I, 4, 8, — les actes d'Alkibiadês depuis le commencement du printemps de 407.

(1) Ælien. V. H. XII, 43; Athénée, VI, p. 271. L'assertion que Lysandros appartenait à la classe des Mothakes, est donnée par Athénée comme venant de Phylarchos, et je ne vois pas de raison pour la révoquer en doute. Ælien dit la même chose relativement à Gylippos, et à Kallikratidas également; je ne sais sur quelle autorité.

(2) Théopompe, Fragm. 21, éd. Didot; Plutarque, Lysand. c. 30.

du mensonge et du parjure est expliquée par différents mots
courants qu'on lui attribue, — tels que : On doit tromper les
enfants avec des dés, et les hommes avec des serments (1).
Une ambition égoïste, tendant à agrandir la puissance de son
pays d'une manière qui non-seulement fût en rapport avec
son propre pouvoir, mais encore qui le servît, — le guida
depuis le commencement jusqu'à la fin de sa carrière. C'est
par cette qualité principale qu'il s'accordait avec Alkibiadês : en immoralité indifférente quant aux moyens, il le dépassa même. Il semble avoir été cruel ; attribut qui n'entrait
pas dans le caractère habituel d'Alkibiadês. D'autre part,
l'amour de jouissance personnelle, de luxe et de faste, qui
comptait tant chez Alkibiadês, était entièrement inconnu
de Lysandros. La base de son caractère était spartiate, elle
tendait à absorber tout, les désirs, l'ostentation et l'expan-
sion d'esprit, dans l'amour du commandement et de l'influence, — et non athénienne, qui tendait au développement
de maintes impulsions diversifiées, au nombre desquelles se
trouvait l'ambition, sans toutefois être l'unique.

Kratesippidas, le prédécesseur de Lysandros, semble
avoir joui du commandement maritime pendant un temps
plus long que la période annuelle ordinaire ; car il avait
remplacé Pasippidas dans le milieu de l'année de ce dernier.
Mais la puissance maritime de Sparte était alors si faible
(elle ne s'était pas encore relevée de la défaite ruineuse
essuyée à Kyzikos), qu'il ne fit que peu de chose ou rien.
Nous apprenons à son sujet seulement qu'il appuya, à son
profit, une révolution politique à Chios. Gagné par un parti
d'exilés de cette île, il prit possession de l'akropolis, les
réinstalla dans l'île, et les aida à déposer et à chasser le
parti alors en charge, au nombre de six cents. Il est évident
que ce n'était pas une question entre la démocratie et l'oligarchie ; mais entre deux partis oligarchiques, dont l'un
réussit à acheter le concours factieux de l'amiral spartiate.
Les exilés qu'il chassa se rendirent maîtres d'Atarneus,

____

(1) Plutarque, Lysand. c. 8.

place forte appartenant aux gens de Chios sur le continent
en face de Lesbos. De là, ils firent la guerre comme ils le
purent, à leurs rivaux maîtres de l'île en ce moment, et aussi
à d'autres parties de l'Iônia, non sans quelque succès et
quelque profit, comme on le verra par leur condition environ
dix ans plus tard (1).

L'usage de rétablir les gouvernements des villes asiatiques,
inaugurée ainsi par Kratesippidas, fut étendu et réduit en
système par Lysandros; non pas à la vérité dans un intérêt
privé, qu'il méprisa toujours, mais dans des vues d'ambition.
Étant parti du Péloponèse avec une escadre, il la renforça
à Rhodes, et fit ensuite voile plus loin vers Kôs (île athénienne, de sorte qu'il n'a pu qu'y toucher) et vers Milêtos.
Il prit sa station définitive à Ephesos, le point le plus rap-
proché de Sardes, où l'on attendait l'arrivée de Cyrus;
et pendant ce temps, il porta sa flotte au nombre de soixante-
dix trirèmes. Aussitôt que Cyrus fut arrivé à Sardes (vers
avril ou mai 407 av. J.-C.), Lysandros alla lui faire sa cour
avec quelques ambassadeurs lacédæmoniens, et se vit bien
accueilli et honoré de toutes marques de faveur. Se plaignant
amèrement du double jeu de Tissaphernês, — qu'ils accusèrent d'avoir rendus inutiles les ordres du roi et sacrifié les
intérêts de l'empire, par suite des séductions d'Alkibiadês,
— ils supplièrent Cyrus d'adopter une nouvelle politique,
et d'exécuter les stipulations du traité en prêtant l'aide la
plus vigoureuse pour abattre l'ennemi commun. Cyrus répondit que tels étaient les ordres formels qu'il avait reçus
de son père, et qu'il était prêt à les remplir de tout son
pouvoir. Il avait apporté avec lui (disait-il) cinq cents talents,
qui seraient aussitôt consacrés à la cause : s'ils ne suffisaient
pas, il aurait recours à des fonds particuliers que son père
lui avait donnés; et s'il en fallait plus encore, il ferait monnaie du trône d'or et d'argent sur lequel il était assis (2).

------

(1) Diodore, XIII, 65; Xénophon,
Hellen. III, 2, 11. Je présume que cette
conduite de Kratesippidas est le fait
que critique Isokrate, De Pace, sect.
128, p. 240, éd. Bekk.

(2) Xénophou, Hellen. I, 5, 3-4. Dio-

Lysandros et les ambassadeurs répondirent par les remerciements les plus chaleureux à ces magnifiques promesses, qui ne devaient pas être de vaines paroles dans la bouche d'un bouillant jeune homme tel que Cyrus. Les espérances qu'ils conçurent de son caractère et de ses sentiments déclarés furent si vives, qu'ils se hasardèrent à lui demander de rétablir le taux de la paye à une drachme attique entière par tête pour les marins : ce qui avait été le taux promis par Tissaphernês au moyen de ses envoyés à Sparte, quand il engagea pour la première fois les Lacédæmoniens à traverser la mer Ægée, et quand il était douteux qu'ils vinssent — mais ce qui n'avait été réellement payé que pendant le premier mois, et avait ensuite été réduit à une demi-drachme, fournie en pratique avec une irrégularité misérable. Comme motif à l'appui de cette demande d'augmentation de paye, on assurait Cyrus qu'il déciderait les marins athéniens à déserter en si grand nombre, que la guerre se terminerait bientôt, et naturellement la dépense aussi. Mais Cyrus refusa d'accéder à cette requête, en disant que le taux de la paye avait été fixé tant par les ordres exprès du roi que par les termes du traité, et qu'il ne pouvait s'en écarter (1). Lysan-

---

dore, XIII, 70; Plutarque, Lysand. c. 4. Ce semble avoir été une métaphore favorite, soit employée par les grands de Perse, soit du moins qu'on leur attribue ; nous l'avons déjà entendue un peu plus haut de la bouche de Tissaphernês.

(1) Xénophon, Hellen. I, 5, 5. Εἶναι δὲ καὶ τὰς συνθήκας οὕτως ἐχούσας, τριάκοντα μνᾶς ἑκάστῃ νηὶ τοῦ μηνὸς διδόναι, ὁπόσας ἂν βούλοιντο τρέφειν Λακεδαιμόνιοι.

Cela n'est pas rigoureusement exact. Le taux de la paye n'est spécifié ni dans l'une ni dans l'autre des trois conventions, telles que les donne Thucydide, VIII, 18, 37, 58. Ce semble avoir été, dès le commencement, une chose d'accord et de promesse en paroles ; d'abord les envoyés de Tissaphernês à Sparte promirent une drachme par jour, — ensuite, le satrape lui-même à Milêtos rabattit la drachme à une demi-drachme, et promit ce taux diminué pour l'avenir (VIII, 29).

M. Mitford dit : — « Lysander proposa qu'une drachme attique, *qui était de huit oboles*, près de dix pence anglais, fût accordée comme paye journalière à chaque marin. »

Dans une phrase précédente, M. Mitford avait présenté *trois oboles* comme n'étant pas tout à fait égales à *quatre pence* anglais. Naturellement donc il est évident qu'il ne regardait pas trois oboles comme la moitié d'une drachme (Hist. Gr. ch. 20, sect. 1, vol. IV, p. 317, 8ᵉ éd. 1814).

Il est tellement connu qu'une drachme équivalait à *six* oboles (c'est-à-dire, une

dros fut forcé d'acquiescer à cette réponse. Les ambassadeurs furent traités avec distinction et reçus à un banquet; puis Cyrus, buvant à la santé de Lysandros, le pria de déclarer quelle faveur il pourrait lui accorder qui lui plairait le plus. « C'est de donner une obole de plus par tête pour la paye de chaque marin, » répliqua Lysandros. Cyrus y consentit immédiatement, s'étant engagé personnellement par sa manière de poser la question. Mais la réponse le frappa d'étonnement et d'admiration; car il s'était attendu qu'il demanderait une faveur ou un présent pour lui-même, — il le jugeait non-seulement suivant l'analogie de la plupart des Perses, mais encore d'Astyochos, et des officiers de l'armement péloponésiens à Milêtos, dont on lui avait probablement fait connaître les services intéressés rendus à Tissaphernês. Comparée avec une telle corruption, et avec la méprisable insouciance de Theramenês (le Spartiate) relativement à la condition des marins (1), la conduite de Lysandros formait un contraste marqué et honorable.

L'incident décrit ici non-seulement procura aux marins de la flotte péloponésienne la paye journalière de quatre oboles (au lieu de trois) par homme, mais encore assura à Lysandros lui-même auprès de Cyrus un degré de confiance et d'estime dont il sut bien profiter. J'ai déjà fait remarquer (2), par rapport à Periklês et à Nikias, qu'une réputation d'incorruptibilité personnelle, bien établie, rare comme l'était cette qualité chez les principaux politiques grecs, comptait parmi les articles les plus précieux dans le capital d'un ambitieux — même à ne la considérer que par rapport à la conservation de sa propre influence. Si la preuve d'un pareil désintéressement avait tant de prix aux yeux du peuple

---

drachme æginéenne à six oboles æginéennes, et une drachme attique à six oboles attiques', que j'aurais cru presque que le mot *huit* (dans la première phrase citée ici), était une faute d'impression pour *six*, — si la phrase citée ensuite n'avait pas démenti clairement que

M. Mitford croyait réellement qu'une drachme était égale à *huit* oboles. C'est une erreur qu'assurément il est surprenant de trouver.

(1) Thucydide, VIII, 29.
(2) V. t. IX, ch. 1.

athénien, elle agit plus puissamment encore sur l'esprit de
Cyrus. Pour ses idées de Perse et de prince qui lui conseil-
laient de gagner des partisans par la munificence (1), un
homme qui méprisait les présents était un phénomène commandant le plus haut sentiment d'étonnement et de respect.
Désormais, non-seulement il eut dans Lysandros une confiance aveugle quant à l'argent, mais il le consulta quant à la
manière de poursuivre la guerre, et même il condescendit à
seconder son ambition personnelle au détriment de cet
objet (2).

À son retour de Sardes à Ephesos, après ce succès sans
pareil dans son entrevue avec Cyrus, Lysandros fut en état
non-seulement de tenir compte à sa flotte de tous les arrérages actuellement dus, mais encore de lui payer un mois
d'avance, au taux plus élevé de quatre oboles par homme, et
de promettre cette haute paye pour l'avenir. L'esprit de la
satisfaction et de la confiance les plus grandes se répandit
dans tout l'armement. Mais les vaisseaux étaient dans un
état médiocre, ayant été armés à la hâte et avec parcimonie
depuis la dernière défaite à Kyzikos. En conséquence, Lysandros employa son influence actuelle à les mettre en meilleur ordre, à leur procurer un attirail plus complet, et à
appeler des équipages d'élite (3). Il fit une autre démarche
grosse de résultats importants. Il appela à Ephesos quelques-
uns des principaux personnages les plus actifs de chacune
des villes asiatiques, et il les organisa en sociétés ou factions
disciplinées, correspondant avec lui-même. Il poussa ces
associations à poursuivre la guerre contre Athènes avec le
plus de vigueur possible, et il leur promit qu'aussitôt après
la fin de la guerre, elles seraient revêtues du gouvernement
de leurs villes respectives et maintenues dans ce pouvoir
par l'influence spartiate (4). Son crédit nouvellement établi

---

(1) V. le remarquable caractère de
Cyrus le Jeune, donné dans l'Anabasis
de Xénophon, I, 9, 22-28.
(2) Xénophon, Hellenica, II, 1,
13 ; Plutarque, Lysand. c. 4-9.
(3) Xénoph. Hellen. I, 5, 10.
(4) Diodore, XIII, 70; Plutarque,
Lysand. c. 5.

auprès de Cyrus et les ressources abondantes dont il était maître actuellement, ajoutèrent une double force à une invitation qui n'était que trop séduisante en elle-même. Et ainsi, tout en inspirant une nouvelle ardeur qui provoquait les efforts guerriers et communs dans ces villes, il se procurait en même temps pour lui-même une correspondance sur tous les points, telle qu'aucun successeur ne pouvait l'entretenir ; il rendait par là la continuation de son commandement presque essentielle au succès. On verra les fruits de ses manœuvres factieuses dans les subséquentes dékarchies ou oligarchies de Dix, après la complète réduction d'Athènes.

Tandis que Lysandros et Cyrus étaient ainsi en train d'assurer de nouveau une efficacité redoutable à leurs efforts dans la lutte (pendant l'été de 407 av. J.-C.), l'exilé victorieux Alkibiadès avait rempli l'importante et délicate démarche de rentrer dans sa ville natale pour la première fois. D'après l'arrangement conclu avec Pharnabazos après la réduction de Chalkêdon, il était interdit à la flotte athénienne d'attaquer la province de ce satrape, et elle fut forcée ainsi de chercher ailleurs sa subsistance. Byzantion et Selymbria, au moyen de contributions levées en Thrace, la nourrirent pendant l'hiver ; au printemps (407 av. J.-C.), Alkibiadès la ramena à Samos, d'où il entreprit une expédition contre la côte de Karia, levant des contributions jusqu'à la somme de cent talents. Thrasyboulos, avec trente trirèmes, alla attaquer la Thrace, où il réduisit Thasos, Abdêra et toutes ces villes qui s'étaient révoltées contre Athènes ; Thasos étant alors dans une détresse spéciale par suite de la famine aussi bien que d'anciennes séditions. Ce succès lui procura sans doute entre autres avantages une contribution importante destinée à nourrir sa flotte. En même temps Thrasyllos conduisit une autre division de l'armée à Athènes ; Alkibiadès l'envoyait comme précurseur de son retour (1).

---

(1) Xénoph. Hellen. I, 4, 8-10 ; Diodore, XIII, 72. La chronologie de Xénophon, bien qu'elle ne soit pas aussi claire que nous pourrions le désirer,

Avant l'arrivée de Thrasyllos, le peuple avait déjà manifesté ses dispositions favorables à l'égard d'Alkibiadès en le choisissant (407 av. J.-C.) de nouveau général de l'armement, avec Thrasyboulos et Konôn. A ce moment Alkibiadès se dirigeait de Samos vers Athènes avec vingt trirèmes, et il apportait avec lui toutes les contributions récemment levées. Il s'arrêta d'abord à Paros; il visita ensuite la côte de la Laconie, et enfin jeta un regard dans le port lacédæmonien de Gytheion, où, comme il l'avait appris, on était en train de préparer trente trirèmes. La nouvelle qu'il reçut de sa réélection comme général, fortifiée par les invitations et les exhortations pressantes de ses amis, aussi bien que par le rappel de ses parents bannis, — le détermina enfin à faire voile vers Athènes. Il parvint au Peiræeus à un jour marqué, — la fête des Plyntèria le 25 du mois Thargêlion (vers la fin de mai 407 av. J.-C.). C'était un jour d'une triste solennité, considéré comme peu propice pour un acte d'importance quelconque. La statue de la déesse Athênê était dépouillée de tous ses ornements, dissimulée, aux regards de tous, et lavée ou nettoyée avec des cérémonies mystérieuses, par la gent sacrée appelée Praxiergidæ (1). La déesse semblait ainsi détourner sa face, et refuser de regarder l'exilé de retour. Telle fut du moins l'explication de ses ennemis; et comme la tournure subséquente des événements tendit à les justifier, elle a été conservée; tandis qu'on a oublié la contre-interprétation plus favorable, suggérée sans doute par ses amis.

Quelques auteurs de l'antiquité, — en particulier Douris

---

mérite incontestablement la préférence sur celle de Diodore.

(1) V. la description d'une solennité semblable accomplie par des prêtresses désignées et par d'autres femmes à Argos (le lavage annuel de la statue d'Athênê dans le fleuve Inachos) et décrite par le poëte Kallimaque — Hymnus in Lavacrum Palladis — avec les abondantes notes explicatives d'Ezekiel Spanheim. Ici encore nous trouvons des analogies dans le sentiment existant de la religion des Hindous. Le colonel Sleeman rapporte : — « L'eau du Gange, qui a servi à laver l'image du dieu Vishnou, est considérée comme une boisson très-sainte, bonne pour les princes. Celle avec laquelle l'image du dieu Siva est lavée ne doit pas être bue » (Rambles and Recollections of an Indian Official, c. 23, p. 182).

de Samos, auteur postérieur de deux générations environ, — ont représenté de la manière la plus extravagante la pompe et la splendeur du retour d'Alkibiabês. On a dit qu'il apportait avec lui deux cents ornements qui avaient appartenu aux proues des vaisseaux pris sur l'ennemi, ou (selon quelques-uns) les deux cents vaisseaux eux-mêmes ; que sa trirème était ornée de boucliers dorés et argentés, et garnie de voiles de pourpre ; que Kallipidês, un des acteurs les plus distingués du moment, remplit les fonctions de keleustês, et fit entendre le chant ou le mot de commandement pour les rameurs ; que Chrysogonas, un joueur de flûte qui avait gagné le premier prix aux jeux Pythiens, était également à bord, jouant l'air du retour (1). Tous ces détails, inventés avec une déplorable facilité pour expliquer un idéal de faste et d'insolence, sont réfutés par le récit plus simple et plus croyable de Xénophon. La rentrée d'Alkibiadês non-seulement fut sans faste, mais elle se fit même au milieu de la défiance et de l'appréhension. Il n'avait avec lui que vingt trirèmes ; et bien qu'encouragé, non-seulement par les assurances de ses amis, mais encore par la nouvelle qu'il venait d'être réélu général, il éprouvait néanmoins quelque crainte de débarquer, même à l'instant où il amarra son vaisseau au quai dans le Peiræeus. Une multitude immense s'y était assemblée de la ville et du port, animée par la curiosité, par l'intérêt et par d'autres émotions de toute sorte, pour le voir arriver. Mais il se fiait si peu à ses sentiments, qu'il hésita d'abord à mettre le pied sur le rivage, et qu'il resta sur le pont cherchant des yeux ses amis et ses parents. Bientôt il vit Euryptolemos son cousin et autres, qui l'accueillirent cordialement, et au milieu desquels il débarqua. Mais eux aussi redoutaient tellement ses nombreux ennemis, qu'ils se formèrent en une sorte de garde du corps pour l'entourer et le protéger contre une attaque possible, pendant sa marche du Peiræeus à Athènes (2).

---

(1) Diodore, XIII, 68 ; Plutarque, Alkib. c. 31 ; Athenée, XII, p. 535.

(2) Xénoph. Hellen. I, 4, 18-19. Ἀλκιβιάδης δὲ, πρὸς τὴν γῆν ὁρμισθεὶς,

Cependant il n'y eut pas besoin de protection. Non-seulement ses ennemis ne tentèrent contre lui aucune violence, mais ils ne lui firent aucune opposition quand il prononça sa défense devant le sénat et devant l'assemblée publique. Protestant devant l'une aussi bien que devant l'autre de son innocence quant à l'acte impie dont on l'avait accusé, il dénonça amèrement l'injustice de ses ennemis, et déplora doucement, mais d'une manière pathétique, le mauvais vouloir du peuple. Tous ses amis parlèrent avec chaleur dans le même sens. Le sentiment en sa faveur, tant du sénat que de l'assemblée publique, fut si vif et si prononcé, que personne n'osa leur parler en sens contraire (1). On annula la sentence de condamnation rendue contre lui; les Eumolpidæ reçurent l'ordre de révoquer la malédiction qu'ils avaient prononcée sur sa tête; le registre de la sentence fut détruit, et la planche de plomb, sur laquelle était gravée la malédiction, jetée à la mer; on lui rendit ses biens confisqués; enfin on le proclama général avec de pleins pouvoirs, et on l'autorisa à préparer une expédition de 100 trirèmes, de 1,500 hoplites pris sur le rôle régulier et de 150 cavaliers. Tout cela fut voté sans opposition, au milieu du silence de ses ennemis et des acclamations de ses amis, — au milieu de promesses illimitées d'exploits futurs faites par lui-même et d'assurances pleines de confiance, que ses amis répétaient à des auditeurs bien disposés, en leur disant qu'Alkibiadês était le seul homme capable de rétablir l'empire et la grandeur d'Athènes. L'attente générale, que lui et ses amis s'appliquèrent à exciter par tous les moyens possibles, était que sa carrière victorieuse des trois dernières années était une préparation à des triomphes encore plus grands pendant les suivantes.

ἀπέβαινε μὲν οὐκ εὐθέως, φοβούμενος τοὺς ἐχθρούς · ἐπαναστὰς δὲ ἐπὶ τοῦ καταστρώματος, ἐσκόπει τοὺς αὐτοῦ ἐπιτηδείους, εἰ παρείησαν. Κατιδὼν δὲ Εὐρυπτόλεμον τὸν Πεισιάνακτος, ἑαυτοῦ δὲ ἀνεψιὸν, καὶ τοὺς ἄλλους οἰκείους καὶ φίλους μετ' αὐτῶν, τότε ἀποβὰς ἀναβαίνει ἐς τὴν πόλιν, μετὰ τῶν παρεσκευασμένων, εἴ τις ἅπτοιτο, μὴ ἐπιτρέπειν.

(1) Xénophon, Hellen. I, 4, 20; Plut. Alkib. c. 33; Diodore, XIII, 69.

Nous pouvons être convaincus, si nous songeons aux appréhensions d'Alkibiadès à son entrée dans le Peiræeus et à la garde du corps organisée par ses amis, que ce triomphe écrasant et incontesté surpassa de beaucoup les espérances de l'un et des autres. Il l'enivra et l'amena à dédaigner des ennemis qu'il avait tant redoutés il n'y avait qu'un instant. Cette erreur, jointe à l'insouciance et à l'insolence produites par ce qui semblait être un ascendant illimité, fut la cause de sa future ruine. Mais la vérité est que ces ennemis, quelque silencieux qu'ils restassent, n'avaient point cessé d'être formidables. A ce moment, il y avait huit ans qu'avait duré l'exil d'Alkibiadès, depuis août 415 avant J.-C. environ jusqu'à mai 407. Or, l'absence était à bien des égards une bonne chose pour sa réputation, vu que son arrogante conduite privée avait été loin des regards et ses impiétés oubliées en partie. Il y avait même dans la majorité une disposition à accepter sa dénégation explicite du fait qu'on lui imputait, et à s'arrêter surtout sur les manœuvres indignes employées par ses ennemis pour s'opposer à sa demande d'un jugement instantané immédiatement après que l'accusation avait été portée, et cela afin de pouvoir le calomnier pendant son absence. On le caractérisait comme un patriote animé par les plus nobles motifs, qui avait mis des talents de premier ordre et d'immenses richesses privées au service de la république, mais qui avait été ruiné par une conspiration de parleurs corrompus et méprisables, inférieurs à lui à tous égards ; hommes dont la seule chance de succès auprès du peuple consistait à chasser ceux qui valaient mieux qu'eux, tandis que lui (Alkibiadès), loin d'avoir un intérêt contraire à la démocratie, était le favori naturel et digne d'un peuple démocratique (1). Ainsi, en ce qui touchait aux anciennes causes d'impopularité, le temps et l'absence avaient beaucoup contribué à en affaiblir l'effet et à aider ses amis à les contre-balancer en signalant les perfides manœuvres politiques employées contre lui.

----

(1) Xénoph. Hellen. I, 4, 14-16.

Mais si les anciennes causes d'impopularité avaient, relativement parlant, disparu ainsi, il s'en était élevé depuis d'autres d'un caractère plus grave et plus ineffaçable. Son hostilité vindicative à l'égard de son pays avait été non-seulement déclarée avec ostentation, mais activement manifestée par des coups mortels qui n'avaient été que trop effectivement dirigés contre les forces vitales d'Athènes. L'envoi de Gylippos à Syracuse, — la fortification de Dekeleia, — les révoltes de Chios et de Milêtos, — les premiers commencements de la conspiration des Quatre Cents, — avaient tous été expressément les mesures d'Alkibiadês. Même quant à elles, l'enthousiasme du moment chercha à les excuser en partie : on affirma qu'il n'avait jamais cessé d'aimer son pays, malgré ses torts à son égard, et qu'il avait été forcé par les nécessités de l'exil de servir des hommes qu'il détestait, au risque journalier de sa vie (1). Toutefois ces prétextes ne pouvaient réellement en imposer à personne. La trahison d'Alkibiadês pendant la période de son exil ne pouvait être ni justifiée ni niée, et aurait été plus que suffisante comme sujet d'accusation pour ses ennemis, si leurs langues eussent été libres. Mais sa position était tout à fait singulière : après avoir causé à sa patrie un dommage immense, il lui avait rendu depuis d'importants services, et promettait d'en rendre plus encore. Il est vrai que les services subséquents n'égalaient nullement les torts antérieurs, et ils n'avaient pas dans le fait été rendus exclusivement par lui, puisque les victoires d'Abydos et de Kyzikos appartiennent autant à Theramenês et à Thrasyboulos qu'à Alkibiadês (2) ; de plus, le présent ou capital particulier qu'il avait promis d'apporter avec lui, — l'alliance et la paye des Perses pour Athènes,— avait été une illusion complète. Cependant les armes athéniennes avaient été remarquablement heureuses depuis qu'il

---

(1) Xénoph. Hellen. I, 4, 15.

(2) Ce point est touché avec justesse, plus d'une fois, par Cornélius Népos — Vit. Alkib. c. 6 — « Quanquam Theramenes et Thrasybulus eisdem rebus præfuerant. » Et encore dans la vie de Thrasybulus (c. 1), « Primum Peloponnesiaco bello multa hic (Thrasybulus) sine Alcibiade gessit ; ille nullam rem sine hoc. »

s'était réuni à ses compatriotes, et nous pouvons voir que non-seulement les rapports ordinaires, mais même des juges aussi bons que Thucydide, attribuaient ce résultat à son énergie et à sa direction supérieures.

Si l'on ne touche ces particularités, il est impossible de comprendre entièrement la position toute particuliére de cet exilé devant le peuple athénien lors de son retour dans l'été de 407 avant J.-C. Le passé plus éloigné le montrait comme l'un des pires criminels, — le passé récent comme un précieux serviteur et un bon patriote, — l'avenir promettait qu'il persisterait dans ce dernier caractère, autant qu'on en pouvait juger par des indications positives. Or, c'était un cas dans lequel il n'était pas possible que la discussion et les récriminations servissent à aucun dessein utile. Il y avait toute raison pour renommer Alkibiadès à son commandement; mais cela ne pouvait se faire qu'à la condition d'interdire la critique de ses crimes passés, et d'accepter provisoirement ses bonnes actions subséquentes comme justifiant l'espoir d'actions encore meilleures à venir. L'instinct populaire sentit parfaitement cette situation, et imposa un silence absolu à ses ennemis (1). Nous ne devons pas en conclure que le peuple eût oublié les actes anciens d'Alkibiadès, ou qu'il n'eût à son égard qu'une confiance et une admiration sans réserve. Dans son sentiment actuel et très-justifiable d'heureux espoir, il décida qu'il aurait pleine liberté de poursuivre sa nouvelle et meilleure carrière, s'il le voulait, et qu'il serait défendu à ses ennemis de raviver le souvenir d'un passé irréparable, de manière à fermer la porte contre lui. Mais ce qui était interdit aux lèvres des hommes comme hors de saison ne fut pas effacé de leur mémoire; et ses ennemis, bien que réduits au silence pour le moment, n'en furent pas rendus moins puissants pour l'avenir. Toute cette traînée de matière combustible resta à l'état

---

(1) Xénoph. Hellen. I, 4, 20. Λεχθέντων δὲ καὶ ἄλλων τοιούτων, καὶ οὐδενὸς ἀντειπόντος, διὰ τὸ μὴ ἀνασχέσθαι ἂν τὴν ἐκκλησίαν, etc.

de repos, prête à être enflammée par une mauvaise conduite
ou une négligence, peut-être même par un mauvais succès
irrépréhensible de la part d'Alkibiadês.

Dans des conjonctures où sa future conduite devait avoir
tant d'importance, il montra (comme nous le verrons bientôt) qu'il se trompait complétement sur les dispositions du
peuple. Enivré par le triomphe inattendu de sa réception,
— par suite de cette sensibilité fatale si commune chez les
Grecs distingués, — il oublia son histoire d'autrefois, et
s'imagina que le peuple aussi l'avait oubliée et pardonnée,
en prenant son silence étudié et prudent pour une preuve
d'oubli. Il se crut en possession assurée de la confiance publique, et regarda ses nombreux ennemis comme s'ils n'existaient plus, parce qu'il ne leur était pas permis de parler à
l'heure la moins opportune. Sans doute ses amis partagèrent
sa joie, et ce sentiment de fausse sécurité causa sa ruine
future.

Deux collègues, recommandés par Alkibiadês lui-même,
— Adeimantos et Aristokratês, — furent nommés par le
peuple comme généraux des hoplites pour partir avec lui,
en cas d'opérations sur le rivage (1). En moins de trois mois,
son armement fut prêt; mais il différa à dessein son départ
jusqu'au jour du mois Boedromion (vers le commencement
de septembre), où se célébraient les mystères d'Eleusis et
où la procession solennelle de la foule des initiés avait coutume de se faire, le long de la Voie Sacrée d'Athènes à Eleusis. Pendant sept années de suite, toujours depuis l'établissement d'Agis à Dekeleia, cette marche avait été forcément
discontinuée, et la procession transportée par mer, et maints
détails de cérémonie négligés. Alkibiadês en cette occasion
fit recommencer la marche par terre, dans toute sa pompe

____

(1) Xénoph. Hellen. I, 4, 21. Diodore (XIII, 69) et Cornélius Népos
(Vit. Alcib. c. 7) donnent tous deux
Thrasyboulos et Adeimantos comme ses
collègues; tous deux disent aussi que
ses collègues furent choisis sur sa recommandation. Je suis Xénophon pour
les noms, et aussi pour le fait qu'ils
furent nommés comme κατὰ γῆν στρα-
τηγοί.

et sa solennité ; il réunit toutes ses troupes en armes pour la
protéger, dans le cas où une attaque serait faite de Dekeleia. Il n'en fut tenté aucune ; de sorte qu'il eut la satisfaction de faire revivre cette illustre scène dans toute sa régularité, et d'escorter les nombreux fidèles pour aller et
revenir, sans la plus légère interruption ; — exploit flatteur
pour les sentiments religieux du peuple, et qui faisait sentir
agréablement que le pouvoir athénien n'était pas diminué ;
tandis que pour sa propre réputation, il était spécialement
politique, en ce qu'il servait à faire sa paix avec les Eumolpidæ, et les Deux Déesses, à cause desquelles il avait été
condamné (1).

Immédiatement après les mystères, il partit avec son armement. Il paraît qu'Agis à Dekeleia, bien qu'il n'eût pas
voulu sortir pour attaquer Alkibiadês quand il s'était posté
pour protéger la procession d'Eleusis, s'était néanmoins
senti humilié par le défi qui lui avait été fait. Bientôt après,
il profita du départ de cette grande armée pour appeler des
renforts du Péloponèse et de la Bœôtia, et pour tenter de
surprendre les murs d'Athènes pendant une nuit sombre.
S'il s'attendait à quelque connivence à l'intérieur, le complot échoua ; l'alarme fut donnée à temps, de sorte que les
hoplites les plus âgés et les plus jeunes se trouvèrent à leurs
postes pour défendre les murs. Les assaillants, — qui mon-
taient, dit-on, à 28,000 hommes, dont la moitié se composait d'hoplites, avec 1,200 cavaliers, dont 900 Bœôtiens, —
on les vit le lendemain tout près des murs de la ville, qui
furent abondamment garnis avec tout ce qui restait de forces
à Athènes. Dans un combat acharné de cavalerie qui suivit,
les Athéniens remportèrent l'avantage même sur les Bœôtiens. Agis campa la nuit suivante dans le jardin d'Akadê-
mos ; de nouveau le matin il rangea ses troupes et offrit le
combat aux Athéniens, qui, assure-t-on, s'avancèrent en

---

(1) Xénoph. Hellen. I, 4, 20 ; Plut.
Alkib. c. 34. Ni Diodore, ni Cornélius
Népos ne mentionnent ce remarquable
incident au sujet de l'escorte de la procession d'Eleusis.

ordre de bataille, mais restèrent sous la protection des traits des murs, de sorte qu'Agis n'osa pas les attaquer (1). Nous pouvons bien douter que les Athéniens soient sortis, puisque pendant des années ils avaient été accoutumés à se regarder comme inférieurs aux Péloponésiens en bataille rangée. Agis se retira alors, satisfait apparemment d'avoir offert la bataille, de manière à effacer l'affront qu'il avait reçu de la marche des initiés d'Eleusis au mépris de son voisinage.

Le premier exploit d'Alkibiadès fut d'aller à Andros, qui à ce moment était soumise à un harmoste et à une garnison de Lacédæmoniens (407 av. J.-C. sept. et oct.). Débarquant dans l'ile, il dévasta les champs, défit les troupes indigènes et les Lacédæmoniens, et les força à s'enfermer dans la ville : il l'assiégea inutilement pendant quelques jours, et ensuite s'avança plus loin vers Samos, laissant Konôn dans un poste fortifié, avec vingt vaisseaux, afin de poursuivre le siége (2). C'est à Samos qu'il connut pour la première fois l'état de la flotte péloponésienne à Ephesos, — l'influence acquise par Lysandros sur Cyrus, — les fortes dispositions anti-athéniennes du jeune prince, — et le taux élevé de la paye, soldée même en avance, que les marins péloponésiens recevaient alors réellement. C'est à ce moment qu'il fut convaincu pour la première fois de la ruine des espérances qu'il avait conçues, non sans de bonnes raisons, l'année précédente, et dont il s'était sans doute vanté à Athènes, à savoir que l'alliance de la Perse serait neutralisée du moins, si non gagnée, par les envoyés que Pharnabazos escortait vers Suse. Ce fut inutilement qu'il détermina Tissaphernès à intervenir auprès de Cyrus, à lui présenter quelques ambassadeurs athéniens, et à lui inculquer ses propres idées quant aux véritables intérêts de la Perse ; c'est-à-dire que la guerre fût entretenue et prolongée de manière à épuiser les deux parties belligérantes grecques, chacune d'elles au

---

(1) Diodore, XIII, 72, 73.

(2) Xénoph. Hellen. I, 4, 22-1, 5-18 ; Plut. Alkib. c. 35 ; Diodore, XIII, 69. Ce dernier dit que Thrasyboulos fut laissé à Andros, — ce qui ne peut être vrai.

moyen de l'autre. Une pareille politique, qui ne convenait en aucun temps au caractère fougueux de Cyrus, lui était devenue plus répugnante encore depuis ses rapports avec Lysandros. Il ne voulut pas même consentir à voir les ambassadeurs, et il ne fut probablement pas non plus fâché de traiter avec dédain un satrape voisin et rival. Profond fut le découragement parmi les Athéniens à Samos, quand ils furent convaincus avec peine qu'ils devaient abandonner pour eux-mêmes tout espoir du côté de la Perse; et de plus, que la paye persane était à la fois plus ample et plus assurée pour leurs ennemis qu'elle ne l'avait jamais été auparavant (1).

Lysandros avait à Ephesos une flotte de quatre-vingt-dix trirèmes, qu'il s'occupait à réparer et à augmenter, étant encore inférieur en nombre aux Athéniens. C'est en vain qu'Alkibiadès essaya de le provoquer à une action générale. C'était tout à fait l'intérêt des Athéniens, à part leur supériorité de nombre, puisqu'ils étaient mal fournis d'argent, et obligés de lever des contributions partout où ils pouvaient; mais Lysandros était décidé à ne pas combattre, à moins qu'il ne pût le faire avec avantage, et Cyrus, ne craignant pas de soutenir la dépense prolongée de la guerre, lui avait même enjoint cette politique prudente, avec l'espérance en outre d'une flotte phénicienne qui viendrait à son aide, — ce qui dans sa bouche n'était pas une vaine promesse, comme ce l'avait été dans celle de Tissaphernès (2). Ne pouvant livrer une bataille générale, et n'ayant pas d'opération immédiate ou capitale qui fixât son attention, Alkibiadès devint négligent, et s'abandonna en partie à l'amour du plaisir, en partie à des entreprises de pillage où il ne tenait compte de rien, dans le dessein d'obtenir de

----

(1) Xénoph. Hellen. I, 5, 9; Plut. Lysand. c. 4. Ce dernier nous dit que les vaisseaux athéniens furent bientôt dégarnis par la désertion des marins; exagération d'une grande négligence.

(2) Plutarque, Lysand. c. 9. Je me permets d'antidater les assertions qu'il y avance, quant aux encouragements donnés par Cyrus à Lysandros.

l'argent pour payer son armée. Thrasyboulos était venu de son poste sur l'Hellespont et était occupé en ce moment à fortifier Phokæa, probablement dans la pensée d'établir un poste qui permît de piller l'intérieur. Il y fut rejoint par Alkibiadès, qui y vint avec une escadre, laissant à Samos le gros de sa flotte. Il le laissa sous le commandement de son pilote favori Antiochos, mais avec l'ordre de ne combattre pour aucun motif avant son retour.

Tandis qu'il était occupé à sa visite à Phokæa et à Klazomenæ, Alkibiadès, peut-être très à court d'argent, conçut l'inexplicable projet d'enrichir ses hommes par le pillage du territoire voisin de Kymê, dépendance alliée d'Athènes. Débarquant à l'improviste sur ce territoire, après avoir fabriqué quelques calomnies frivoles contre les Kymæens, il s'empara d'abord de beaucoup de richesses et fit un nombre considérable de prisonniers. Mais les habitants se réunirent en armes, défendirent bravement leurs possessions, et repoussèrent ses hommes jusqu'à leurs vaisseaux; ils recouvrèrent leurs biens pillés, et les mirent en sûreté dans l'intérieur de leurs murs. Piqué de cet insuccès, Alkibiadès fit venir de Mitylênê un renfort d'hoplites, et s'avança jusqu'aux murs de Kymê, où il défia en vain les citoyens de s'avancer pour combattre. Il ravagea ensuite le territoire sans rencontrer d'obstacles; tandis que les Kymæens n'eurent pas d'autre ressource que d'envoyer des ambassadeurs à Athènes se plaindre d'un outrage aussi énorme fait par un général athénien à une dépendance athénienne inoffensive (1).

C'était une accusation grave, et ce n'était pas la seule à

------

(1) Diodore, XIII, 73. Je suis Diodore pour cette histoire au sujet de Kymê, qu'il copia probablement sur l'historien kymæen Éphore. Cornélius Népos (Alcib. c. 7) y fait une courte allusion.

Xénophon (Hellen. I, 5, 11), aussi bien que Plutarque (Lysand. c. 5), mentionne la visite d'Alkibiadès à Thrasyboulos, à Phokæa. Toutefois ils ne nomment point Kymê : suivant eux, la visite à Phokæa n'a ni but ni conséquences assignables. Mais le pillage de Kymê est une circonstance à la fois suffisamment probable en elle-même, et appropriée à l'occasion.

laquelle Alkibiadês eût à faire face à Athènes. Pendant qu'il était à Phokæa et à Kymê, Antiochos le pilote, qu'il avait laissé en qualité de commandant, désobéissant à l'ordre exprès qui lui avait été donné de ne pas livrer bataille, alla d'abord de Samos à Notion, port de Kolophôn, — et de là à l'entrée du port d'Ephesos, où se trouvait la flotte péloponésienne. Entrant dans le port avec son propre vaisseau et un autre, il passa devant les proues des trirèmes péloponésiennes, les insulta avec mépris et les défia au combat. Lysandros détacha quelques vaisseaux pour le poursuivre, et il s'ensuivit graduellement un engagement général, ce qui était exactement ce que désirait Antiochos. Mais les vaisseaux athéniens étaient tous en désordre, et chacun d'eux venait au combat séparément, comme il pouvait; tandis que la flotte péloponésienne était bien rangée et tenue ensemble, de sorte que le combat fut tout à l'avantage de cette dernière. Les Athéniens, forcés de prendre la fuite, furent poursuivis jusqu'à Notion et perdirent quinze trirèmes, dont plusieurs avec tout leur équipage. Antiochos lui-même fut tué. Avant de se retirer à Ephesos, Lysandros eut la satisfaction de dresser son trophée sur le rivage de Notion; tandis que la flotte athénienne fut ramenée à sa station de Samos (1).

Ce fut en vain qu'Alkibiadês, revenant en hâte à Samos, réunit toute la flotte athénienne, fit voile jusqu'à l'entrée du port d'Ephesos, et y rangea ses vaisseaux en ordre de bataille, défiant l'ennemi d'avancer. Lysandros ne voulut pas lui fournir l'occasion d'effacer le récent déshonneur. Et comme nouvelle mortification pour Athènes, les Lacédæmoniens s'emparèrent bientôt après de Teos et de Delphinion; ce dernier était un poste fortifié que les Athéniens avaient occupé pendant les trois dernières années dans l'île de Chios (2).

---

(1) Xénoph. Hellen. I, 5, 12-15; Diodore, XIII, 71; Plutarque, Alkib. c. 35; Plutarque, Lysand. c. 5.

(2) Xénoph. Hellen. I, 5, 15; Diodore, XIII, 76.
Je copie Diodore, en mettant Teos,

Même avant la bataille de Notion, il paraît que des plaintes et du mécontentement étaient nés dans l'armement contre Alkibiadès. Il était parti avec une armée magnifique, non inférieure, par le nombre de trirèmes et d'hoplites, à celle qu'il avait menée contre la Sicile, et avec de vastes promesses, faites tant par lui-même que par ses amis, d'exploits à venir. Toutefois, dans un espace de temps qui ne peut guère avoir été moins de trois mois, il n'avait pas obtenu un seul succès; tandis que, d'autre part, on devait compter le désappointement par rapport à la Perse, — qui avait eu un grand effet sur les dispositions de l'armement, et qui, bien que n'étant pas sa faute, était contraire aux espérances qu'il avait fait concevoir, — puis le honteux pillage de Kymê, — et la défaite essuyée à Notion. Il était vrai qu'Alkibiadès avait donné à Antiochos l'ordre péremptoire de ne pas combattre, et la bataille avait été hasardée par suite d'une désobéissance flagrante à ses injonctions. Mais cette circonstance ne faisait que fournir un nouveau motif de mécontentement, d'un caractère plus grave. Si Antiochos avait désobéi, si outre sa désobéissance, il avait montré une vanité puérile et une négligence extrême de toutes les précautions militaires, qui l'avait choisi pour lieutenant, et cela encore contre tout précédent athénien, en mettant le pilote, officier payé du vaisseau, au-dessus des triérarques qui payaient leurs pilotes, et servaient à leurs frais? Ce fut Alkibiadès qui plaça dans cette situation grave et responsable Antiochos, favori personnel, excellent compagnon de table, mais dépourvu de toutes les qualités qui conviennent à un commandant. Et cela tourna l'attention sur un autre point du caractère d'Alkibiadès, — ses habitudes d'excessive indulgence pour lui-même et de dissipation. Le camp, avec de bruyants murmures, l'accusait de négliger les intérêts du service pour faire des parties avec

---

suivant une note de Weiske, au lieu d'Eiôn, qui se trouve dans Xénophon. Cependant je copie ce dernier, en attribuant ces prises à l'année de Lysandros, au lieu de celle de Kallikratidas.

de joyeux compagnons et des femmes ioniennes, et d'admettre dans sa confiance ceux qui contribuaient le plus à l'amusement de ces heures de plaisir (1).

Ce fut dans le camp de Samos que cette indignation générale contre Alkibiadês naquit d'abord, et fut de là formellement transmise à Athènes, par la bouche de Thrasyboulos, fils de Thrasôn (2), — et non de l'éminent Thrasyboulos (fils de Lykos), qui a déjà été souvent mentionné dans cette histoire, et qui le sera encore. Il vint en même temps à Athènes des plaintes de Kymê, contre l'agression et le pillage de cette ville par Alkibiadês sans que rien les eût provoqués ; et vraisemblablement des plaintes d'autres endroits encore (3). On alla même jusqu'à l'accuser d'être en collusion coupable pour livrer la flotte à Pharnabazos et aux Lacédæmoniens, et de s'être déjà pourvu de trois châteaux forts dans la Chersonèse pour s'y retirer, aussitôt que le plan serait mûr pour l'exécution.

Ces accusations graves et se propageant au loin, jointes au désastre subi à Notion et au désappointement complet de toutes les promesses de succès, — étaient plus que suffi-

---

(1) Plutarque, Alkib. c. 36. Il raconte, dans le dixième chapitre de la même biographie, une anecdote décrivant la manière dont Antiochos gagna pour la première fois la faveur d'Alkibiadês, alors jeune homme : il attrapa une caille apprivoisée, qui s'était échappée de son sein.

(2) Une personne nommée *Thrasôn* est mentionnée dans l'Inscription Choiseul (n° 147, p. 221, 222 du Corp. Insc. de Boeckh) comme l'un des Hellenotamiæ de l'année 410 avant J.-C. Il est désigné par son dême comme Butades : il est assez probablement le père de Thrasyboulos.

(3) Xénoph. Hellen. I, 5, 16-17. Ἀλκιβιάδης μὲν οὖν, πονηρῶς καὶ ἐν τῇ στρατιᾷ φερόμενος, etc. Diodore, XIII, 73 : Ἐγένοντο δὲ καὶ ἄλλαι πολλαὶ διαβολαὶ κατ' αὐτοῦ, etc.

Plutarque, Alkib. c. 36. Un des discours qui restent de Lysias (Orat. XXI. Ἀπολογία Δωροδοκίας) est prononcé par le triérarque de cette flotte, sur le vaisseau duquel Alkibiadês lui-même voulut monter. Ce triérarque se plaint d'Alkibiadês comme ayant été un compagnon très-incommode et très-gênant (sect. 7). Son témoignage sur ce point est précieux ; car il ne semble pas qu'il y ait ici de disposition à établir quelque chose contre Alkibiadês. Le triérarque mentionne le fait qu'Alkibiadês préféra *sa* trirème, simplement comme preuve qu'elle était la mieux équipée ou une des mieux équipées de toute la flotte. Archestratos et Erasinidês la préférèrent plus tard, pour la même raison.

santes pour changer les sentiments du peuple d'Athènes à
l'égard d'Alkibiadès. Il n'avait rien dans sa vie antérieure
qui pût lui servir de défense; ou plutôt, il avait une réputation pire qu'une obscurité complète, capable de rendre les
imputations les plus criminelles de trahison non improbables
en elles-mêmes. Les commentaires de ses ennemis, qui
avaient été exclus de force de la discussion publique pendant
sa visite d'été à Athènes, purent alors s'exercer de nouveau
en liberté; et tous les souvenirs fâcheux de sa vie passée
furent sans doute ravivés. Le peuple avait refusé de les
écouter, afin qu'il eût toute latitude pour se réhabiliter, et
qu'il pût justifier le droit réclamé pour lui par ses amis,
d'être jugé seulement sur ses exploits subséquents, accom-
plis depuis l'année 411 avant J.-C. Il avait eu alors toute
latitude pour agir; on l'avait trouvé en défaut; et la confiance populaire, qui lui avait été accordée provisoirement,
lui était en conséquence retirée.

Il n'est pas juste de représenter le peuple athénien (bien
que Plutarque et Cornélius Népos nous placent sous les
yeux ce tableau) comme ayant mis dans Alkibiadès, au mois
de juillet, une confiance extravagante et sans limites, lui
demandant plus qu'il ne pouvait accomplir, — et comme
passant ensuite au mois de décembre, avec une précipitation
puérile, de la confiance à un mécontentement plein de colère,
parce que ses espérances impossibles n'étaient pas encore
réalisées. Que le peuple conçût de vastes espérances, d'un
armement si considérable, c'est ce dont on ne peut douter;
mais les plus vastes de toutes probablement (comme dans
l'exemple de l'expédition de Sicile) était celles que nourrissait Alkibiadès lui-même et que divulguaient ses amis. Mais
nous ne sommes pas appelé à déterminer ce que le peuple
aurait fait, si Alkibiadès, après avoir rempli tous les devoirs
d'un commandant fidèle, habile et entreprenant, n'eût pas
néanmoins réussi, à cause d'obstacles en dehors de sa volonté, à réaliser leurs espérances et ses promesses. Tel ne
fut pas le cas : ce qui arriva fut essentiellement différent.
Outre l'absence de grands succès, il avait encore été négligent ou insouciant dans l'accomplissement de ses principaux

devoirs, — il avait exposé les armes athéniennes à une défaite, par le choix honteux qu'il avait fait d'un indigne lieutenant (1), — il avait violé le territoire et les biens d'une dépendance alliée, à un moment où Athènes avait un intérêt capital à cultiver par tous les moyens l'attachement des alliés qui lui restaient. La vérité est, comme je l'ai fait remarquer auparavant, qu'il avait été gâté réellement par la réception enivrante que la ville lui avait faite d'une manière si inattendue. Ce public rempli d'espoir, déterminé même, au prix d'un silence forcé quant au passé, à lui donner tout le bénéfice d'un avenir méritoire, mais exigeant comme condition que cet avenir fût réellement méritoire, — il l'avait pris pour un public d'admirateurs assurés, dont il avait déjà gagné la faveur et qu'il pouvait considérer comme lui appartenant. Il devint un tout autre homme après cette visite, comme Miltiadês après la bataille de Marathôn ; ou plutôt les mouvements d'un caractère essentiellement dissolu et insolent s'affranchirent de la contrainte qui les avait retenus en partie auparavant. A l'époque de la bataille de Kyzikos, — quand Alkibiadês travaillait à regagner la faveur de ses compatriotes offensés et était encore incertain s'il réussirait, — il n'aurait pas commis la faute de quitter sa flotte et de la laisser sous les ordres d'un lieutenant tel qu'An-

---

(1) Xénoph. Hellen: I, 5, 16. Οἱ Ἀθηναῖοι, ὡς ἠγγέλθη ἡ ναυμαχία, χαλεπῶς εἶχον τῷ Ἀλκιβιάδῃ, οἰόμενοι δι' ἀμέλειάν τε καὶ ἀκράτειαν ἀπολωλεκέναι τὰς ναῦς.

L'expression qu'emploie Thucydide par rapport à Alkibiadês, demande quelques mots de commentaire (VI, 15) — καὶ δημοσίᾳ κράτιστα διαθέντα τὰ τοῦ πολέμου, ἰδίᾳ ἕκαστοι τοῖς ἐπιτηδεύμασιν αὐτοῦ ἀχθεσθέντες, καὶ ἄλλοις ἐπιτρέψαντες (les Athéniens), οὐ διὰ μακροῦ ἔσφηλαν τὴν πόλιν.

La « poursuite zélée et effective des affaires de la guerre » attribuée ici à Alkibiadês est vraie de toute la période entre son exil et sa dernière visite à Athènes (de septembre 415 à septembre 407 av. J.-C. environ). Pendant les quatre premières années de cette période, il agit d'une manière très-efficace contre Athènes ; pendant les quatre dernières années, d'une manière très-efficace à son service.

Mais l'assertion n'est certainement pas vraie de son dernier commandement, qui finit avec la bataille de Notion ; et elle n'est vraie qu'en partie (du moins, c'est une exagération de la vérité) pour la période qui précède son exil.

tiochos. Si donc le sentiment athénien à l'égard d'Alkibiadês éprouva un changement complet pendant l'automne de 407 avant J.-C., ce fut la conséquence d'un changement dans *son* caractère et dans *sa* conduite; changement en pire, précisément au moment critique où tout reposait sur sa bonne conduite, et sur le succès qu'il devait mériter du moins, s'il ne pouvait le commander.

Dans le fait, nous pouvons faire observer que les fautes de Nikias devant Syracuse et par rapport à l'arrivée de Gylippos, furent beaucoup plus graves et plus funestes que celles d'Alkibiadês pendant ce moment décisif de sa carrière, — et le désappointement d'espérances antérieures au moins égal. Cependant si ces fautes et ce désappointement amenèrent le renvoi et la disgrâce d'Alkibiadês, ils ne décidèrent pas le peuple athénien à congédier Nikias, bien qu'il le désirât lui-même, et ils ne l'empêchèrent même pas d'envoyer un second armement qui devait être ruiné comme le premier. Le contraste est très-instructif, en ce qu'il démontre sur quels points reposait une estime durable à Athènes; combien de temps la plus triste incapacité publique pouvait rester inaperçue, quand elle était couverte par la piété, le décorum, de bonnes intentions et une haute position (1); combien était éphémère l'ascendant d'un homme bien supérieur en talent et en énergie, outre une position égale, — quand ses qualités morales et sa vie antérieure étaient de nature à provoquer la crainte et la haine de beaucoup, et l'estime de personne. Cependant en général, Nikias, à le considérer comme serviteur de l'État, fut beaucoup plus

---

(1) Pour bien juger le cas de Nikias, il serait nécessaire de prendre l'inverse du jugement de Thucydide relativement à Alkibiadês, cité dans ma dernière note, et de dire — καὶ δημοσίᾳ κάκιστα διαθέντα τὰ τοῦ πολέμου, ἰδίᾳ ἕκαστοι τὰ ἐπιτηδεύματα αὐτοῦ ἀγασθέντες, καὶ αὐτῷ ἐπιτρέ-ψαντες, οὐ διὰ μακροῦ ἔσφηλαν τὴν πόλιν.

Le lecteur comprendra naturellement que ces derniers mots grecs *ne* sont *pas* une citation réelle, mais une transformation des mots réels de Thucydide, dans le dessein de jeter du jour sur le contraste entre Alkibiadês et Nikias.

funeste à son pays qu'Alkibiadès. Le tort fait à Athènes par
ce dernier consista surtout dans les services avoués qu'il
rendit à ses ennemis.

En apprenant la nouvelle de la défaite de Notion et les
plaintes accumulées contre Alkibiadès, les Athéniens votèrent que son commandement lui serait enlevé, et ils' nom-
mèrent des généraux pour le remplacer. On ne le cita pas
en justice, et nous ne savons pas si l'on proposa une semblable démarche. Cependant sa conduite à Kymè, si elle fut
telle que nous la lisons, méritait largement une peine judiciaire ; et le peuple, s'il avait agi ainsi à son égard, ne l'aurait fait qu'en vertu des estimables fonctions que lui attribue
l'oligarque Phrynichos et qui consistaient à « servir de refuge
à ses alliés dépendants, et à châtier les actes arrogants et
oppressifs exercés contre eux par les grands (1). » Toutefois,
dans la position périlleuse d'Athènes, par rapport à la guerre
étrangère, un pareil procès politique aurait produit beaucoup
de dissensions et de malheurs. Et Alkibiadès évitait la question en ne venant pas à Athènes. Aussitôt qu'il y eut appris
sa destitution, il quitta immédiatement l'armée pour se
rendre à ses postes fortifiés dans la Chersonèse.

Les dix nouveaux généraux nommés furent Konôn, Diomedôn, Leôn, Periklês, Erasinidês, Aristokratês, Archestratos, Protomachos, Thrasyllos, Aristogenês. Konôn reçut
l'ordre de venir immédiatement d'Andros, avec les vingt
vaisseaux qu'il y avait, pour recevoir la flotte d'Alkibiadès ;
tandis que Phanosthenês se rendit à Andros avec quatre
trirèmes pour remplacer Konôn (2).

En route, Phanosthenês rencontra Dorieus le Rhodien et
deux trirèmes thuriennes, qu'il prit avec tous les hommes à
bord. Les captifs furent envoyés à Athènes, où tous furent mis
en prison (en cas d'échange futur), à l'exception de Dorieus

---

(1) Thucydide, VIII, 48. Τὸν δὲ δῆμον, σφῶν τε (des dépendances alliées)
καταφυγὴν, καὶ ἐκείνων (i. e. des grands
personnages appelés καλοκάγαθοὶ ou
optimates) σωφρονιστὴν.

(2) Xénoph. Hellen. I, 5, 18; Diodore, XIII, 74.

lui-même. Ce dernier avait été condamné à mort et banni
de sa ville natale de Rhodes, avec ses parents; probablement
pour cause de désaffection politique, à l'époque où Rhodes
était membre de l'alliance athénienne. Étant depuis lors
devenu citoyen de Thurii, il avait servi avec distinction
dans la flotte de Mindaros, tant à Milêtos que dans l'Hellespont. Les Athéniens eurent alors tellement pitié de lui qu'ils
le relâchèrent aussitôt et sans condition, sans même demander de rançon ni d'équivalent. Quelle circonstance particulière détermina leur compassion, que l'on voit avec plaisir
faire contraste avec les tristes habitudes usitées dans la
guerre grecque et chez les deux parties belligérantes, c'est
ce que ne nous aurait jamais appris le maigre récit de Xénophon. Mais nous savons par d'autres sources que Dorieus
(fils de Diagoras de Rhodes) s'illustra plus que tous les autres
Grecs par ses victoires au pankration dans les fêtes Olympiques, Isthmiques et Néméennes, — qu'il avait remporté le
premier prix à trois jeux Olympiques de suite (dont l'Olym-
piade 88, ou 428 av. J.-C., était la seconde), distinction
tout à fait sans précédent, outre huit prix Isthmiques et sept
Néméens, — que son père Diagoras, ses frères et ses cousins
étaient tous célèbres comme athlètes heureux, — enfin, que
la famille était illustre d'ancienne date dans son île natale de
Rhodes, et descendait même du héros messênien Aristo-
menês. Quand les Athéniens virent devant eux comme prisonnier un homme, sans doute, d'une taille et d'un air magnifiques (comme nous pouvons le conclure d'après ses succès
d'athlète), et entouré d'une auréole de gloire qui faisait la
plus grande impression sur l'imagination grecque, — ils ou-
blièrent aussitôt les sentiments et les usages de la guerre.
Bien que Dorieus eût été un de leurs ennemis les plus
acharnés, ils ne purent se décider à toucher à sa personne,
ni même à exiger de lui aucune condition. Relâché par eux
en cette occasion, il vécut pour être mis à mort, environ
trente ans plus tard, par les Lacédæmoniens (1).

---

(1) Xénoph. Hellen. I, 5, 19 ; Pausanias, VI, 7, 2.

Lorsque Konôn arriva à Samos pour prendre le commandement, il trouva la flotte dans un état de grand découragement, par suite, non-seulement de la honteuse affaire de Notion, mais encore des espérances désappointées se rattachant à Alkibiadès, et des difficultés à obtenir une paye régulière. Le dernier inconvénient se faisait sentir si péniblement, que la première mesure de Konôn fut de réduire le nombre de l'armement d'un chiffre au-dessus de cent trirèmes à soixante-dix ; et de réserver pour la flotte diminuée tous les meilleurs marins de la plus grande. Avec cette flotte, lui et ses collègues croisèrent le long des côtes des ennemis afin de recueillir du butin et de l'argent pour la paye (1).

Apparemment, vers la même époque où Konôn remplaça Alkibiadès (c'est-à-dire, vers décembre 407 av. J.-C. ou janvier 406 av. J.-C), l'année du commandement de Lysandros expira, et Kallikratidàs arriva de Sparte pour le remplacer. Son arrivée fut accueillie avec un mécontentement non déguisé par les principaux Lacédæmoniens de l'armement, par les chefs des villes asiatiques et par Cyrus. C'est alors que se fit sentir toute l'influence de ces correspondances et de ces intrigues factieuses que Lysandros avait établies avec eux tous, afin de travailler indirectement à la perpétuité de son commandement. Tandis qu'on se plaignait à haute voix de la conduite impolitique de Sparte qui changeait tous les ans son amiral, — Cyrus et les autres concoururent avec Lysandros à semer de difficultés la route du nouveau successeur.

Kallikratidas, que par malheur les Destins ne firent que montrer (2), et auquel ils ne permirent pas de rester au milieu du monde grec, était un des plus nobles caractères de son époque. Outre un courage, une énergie et une incorruptibilité achevés, il se distinguait par deux qualités, toutes deux très-rares parmi les Grecs éminents : une manière

---

(1) Xénoph. Hellen. I, 5, 20. Cf. I, 6, 16 ; Diodore, XIII, 77.

(2) Virgile, Enéide, VI, 870.

Ostendent terris hunc tantum fata,
[neque ultra
Esse sinent.

d'agir absolument droite — et un patriotisme panhellénique à la fois compréhensif, exalté et indulgent. Lysandros ne lui remit qu'une bourse vide, ayant rendu à Cyrus tout l'argent qui restait en sa possession, sous prétexte qu'il lui avait été confié personnellement (1). De plus, en remettant la flotte à Kallikratidas à Ephesos, il se vanta de lui remettre en même temps l'empire de la mer, grâce à la victoire remportée récemment à Notion. « Conduis la flotte à partir d'Ephesos le long de la côte de Samos, en passant par la station athénienne (répondit Kallikratidas), et livre-la moi à Milêtos ; je croirai alors à ton empire de la mer. » Lysandros n'eut rien à ajouter, si ce n'est qu'il ne se donnerait plus de peine, maintenant que son commandement avait été transféré à un autre.

Kallikratidas remarqua bientôt que les principaux Lacédæmoniens de la flotte, gagnés aux intérêts de son prédécesseur, murmuraient ouvertement à son arrivée et entravaient secrètement toutes ses mesures ; alors il les convoqua tous et leur dit : « Pour moi, je suis tout à fait content de rester dans mes foyers ; si Lysandros ou tout autre prétend être meilleur général que moi, je n'ai rien à dire contre cela. Mais, envoyé ici par les autorités de Sparte pour commander la flotte, je n'ai pas d'autre choix que d'exécuter leurs ordres de mon mieux. Vous savez actuellement jusqu'où s'étend mon ambition (2) ; vous connaissez aussi les murmures qui se répandent contre notre cité commune (à cause de son changement fréquent d'amiraux). Songez-y et donnez-

---

(1) Nous pouvons voir par la conduite de Lysandros à la fin de la guerre comment ce remboursement ne fut qu'une manœuvre destinée à paralyser son successeur, — et non un acte d'obligation vraie et consciencieuse à l'égard de Cyrus, comme le représente M. Mitford. Il emporta alors à Sparte tout le reste des tributs de Cyrus qu'il avait en sa possession, au lieu de les rendre à Cyrus (Xénoph. Hellen. II, 3, 8). L'obligation de les rendre à Cyrus était plus grande à la fin de la guerre qu'elle ne l'était au moment où parut Kallikratidas, et où la guerre durait encore ; car la guerre était une affaire commune que les Perses et les Spartiates avaient juré de poursuivre en combinant leurs efforts.

(2) Xénoph. Hellen. I, 6, 6. Ὑμεῖς δὲ, πρὸς ἃ ἐγώ τε φιλοτιμοῦμαι, καὶ ἡ πόλις ἡμῶν αἰτιάζεται (ἴστε γὰρ αὐτὰ, ὥσπερ καὶ ἐγὼ) ξυμβουλεύετε, etc.

moi votre opinion. — Resterai-je où je suis? — ou retournerai-je à Sparte pour communiquer ce qui est arrivé ici? »

Cette remontrance, à la fois piquante et digne, produisit tout son effet. Tous répondirent que son devoir était de rester et de garder le commandement. Dès cet instant, les murmures et les cabales cessèrent.

Ses embarras suivants naquirent de la manœuvre de Lysandros, qui avait rendu à Cyrus tous les fonds destinés à la continuité de la paye. Naturellement cette démarche était admirablement calculée pour faire regretter à tout le monde le changement de commandant. Kallikratidas, qu'on avait envoyé sans fonds, parce qu'on avait compté pleinement sur l'argent inépuisable fourni par Sardes, se trouva alors obligé de s'y rendre en personne pour solliciter un renouvellement des libéralités. Mais Cyrus, désireux de manifester de toute manière sa partialité pour le dernier amiral, différa de le recevoir, — d'abord pendant deux jours, puis pour un nouvel intervalle, jusqu'à ce que la patience de Kallikratidas se fatiguât, au point qu'il quitta Sardes de dégoût sans avoir eu d'entrevue. L'humiliation de mendier ainsi aux portes du palais était une chose si insupportable pour ses sentiments, qu'il déplora amèrement ces misérables dissensions entre les Grecs, qui contraignaient les deux parties de s'abaisser devant l'étranger pour avoir de l'argent, jurant que s'il survivait à la campagne de l'année, il ferait tout son possible pour amener un accommodement entre Athènes et Sparte (1).

Dans l'intervalle, il déploya toute son énergie à obtenir de l'argent par quelque autre voie, et il mit ainsi la flotte à la mer, sachant bien que le moyen de triompher de la résistance de Cyrus était de montrer qu'il pouvait se passer de lui. Faisant voile d'abord d'Ephesos à Milêtos, il dépêcha de là une petite escadre à Sparte, pour révéler sa pauvreté inattendue et demander de prompts secours d'argent. Dans l'intervalle il convoqua une assemblée de Milésiens, leur

____

(1) Xénoph. Hellen. I, 6, 7 ; Plut. Lysand. c. 6.

communiqua la mission qu'il venait d'envoyer à Sparte et leur demanda une avance momentanée jusqu'à ce que cet argent arrivât. Il leur rappela que la nécessité de cette demande résultait entièrement de la manœuvre de Lysandros, qui avait rendu les fonds qu'il avait entre les mains ; — qu'il s'était déjà adressé en vain à Cyrus pour avoir de l'argent de nouveau, mais qu'il n'avait trouvé qu'un dédain insultant qui ne pouvait plus être enduré ; qu'eux (les Milésiens), qui habitaient au milieu des Perses et avaient déjà éprouvé le maximum de mauvais traitement de leur part, devaient actuellement être les premiers à faire la guerre et à donner un exemple de zèle aux autres alliés (1), afin de se délivrer le plus tôt possible de la dépendance d'oppresseurs si impérieux. Il promit que quand arriveraient la remise de Sparte et l'heure du succès, il les récompenserait richement de leur empressement. « Montrons, avec l'aide des Dieux, à ces étrangers (dit-il en terminant) que nous pouvons punir nos ennemis sans les adorer. »

Le spectacle de ce généreux patriote luttant contre une dépendance dégradante à l'égard de l'étranger, qui devenait alors malheureusement familière aux principaux Grecs des deux côtés, — excite notre sympathie et notre admiration les plus vives. Nous pouvons ajouter que son langage aux Milésiens, leur rappelant les maux qu'ils avaient endurés de la part des Perses comme motif propre à les encourager à la guerre, — est plein d'instruction quant à la nouvelle situation faite aux Grecs asiatiques depuis la ruine de l'empire athénien. Ils n'avaient pas souffert de pareils maux pendant qu'Athènes était capable de les protéger, et qu'ils étaient disposés à être protégés par elle, — pendant l'intervalle de plus de cinquante années entre l'organisation complète de la confédération de Dèlos et le désastre de Nikias devant Syracuse.

---

(1) Xénoph. Hellen. I, 6, 9. Ὑμᾶς δὲ ἐγὼ ἀξιῶ προθυματάτους εἶναι ἐς τὸν πόλεμον, διὰ τὸ οἰκοῦντας ἐν βαρβά- ροις πλεῖστα κακὰ ἤδη ὑπ' αὐτῶν πεπονθέναι.

L'énergie simple et franche de Kallikratidas imposa à tous ceux qui l'entendirent, et même inspira tant d'alarme à ceux des principaux Milésiens qui jouaient sous main le jeu de Lysandros, qu'ils furent les premiers à proposer un don considérable d'argent pour la guerre et à offrir des sommes énormes de leurs propres bourses; exemple qui fut probablement suivi bientôt par d'autres villes alliées (406 av. J.-C.). Quelques-uns des amis de Lysandros essayèrent de joindre leurs offres à des conditions; ils demandèrent une garantie pour la destruction de leurs ennemis politiques, espérant compromettre ainsi le nouvel amiral. Mais il refusa énergiquement toutes ces complaisances coupables (1). Bientôt il put réunir à Milètos cinquante nouvelles trirèmes, outre celles qu'avait laissées Lysandros, le tout faisant une flotte de cent quarante voiles. Les habitants de Chios lui ayant fourni une somme de cinq drachmes pour chaque marin (égale à la paye de dix jours au taux ordinaire), il fit voile avec toute la flotte au nord vers Lesbos. Cette nombreuse flotte, la plus grande qui eût encore été réunie pendant toute la guerre, ne comptait que dix trirèmes lacédæmoniennes (2), tandis qu'une proportion considérable, et des mieux équipées, se composait de trirèmes eubœennes et bœôtiennes (3). Dans son voyage vers Lesbos, Kallikratidas semble s'être emparé de Phokæa et de Kymê (4), peut-être avec une facilité plus grande par suite du mauvais traitement récemment infligé aux Kymæens par Alkibiadès. Il alla ensuite attaquer Methymna, sur la côte septentrionale de Lesbos, ville non-seulement attachée fortement à Athènes, mais encore défendue par une garnison athénienne. Bien que repoussé d'abord, il renouvela ses attaques jusqu'à ce qu'enfin il prît la ville d'assaut. Toutes les richesses qui s'y

---

(1) Plutarque, Apophthegm. Lacon. p. 222 C; Xénoph. Hellen. I, 6, 12.

(2) Xénoph. Hellen. I, 6, 34.

(3) Diodore, XIII, 99.

(4) Je l'induis de ce fait qu'à l'époque de la bataille des Arginusæ, ces deux villes paraissent comme attachées aux Péloponésiens; tandis que, pendant le commandement d'Alkibiadès, elles avaient été toutes les deux athéniennes (Xénoph. Hellen. I, 5, 11; I, 6, 33; Diodore, XIII, 73 99).

trouvaient furent pillées par les soldats, et les esclaves réunis et vendus à leur profit. Les alliés demandèrent en outre, y comptant suivant l'usage ordinaire, que les prisonniers méthymnæens et athéniens fussent vendus également. Mais Kallikratidas refusa péremptoirement d'accéder à cette requête, et il les mit tous en liberté le lendemain, déclarant que, tant qu'il aurait le commandement, il n'y aurait pas un seul Grec réduit à l'esclavage s'il pouvait l'empêcher (1).

Celui qui ne s'est pas familiarisé avec les détails de la guerre grecque ne peut sentir toute la grandeur et toute la sublimité de cette conduite, — qui est, que je sache, sans exemple dans l'histoire grecque. Ce n'est pas seulement parce que les prisonniers furent épargnés et mis en liberté; quant à ce point, on peut trouver des cas analogues, bien qu'assez rares. C'est parce que cet acte particulier de générosité fut accompli au nom de la fraternité et de l'indépendance panhelléniques à l'égard de l'étranger et pour les recommander : principe compréhensif, proclamé par Kallikratidas dans des occasions antérieures aussi bien que dans celle-ci, mais mis actuellement en pratique dans des circonstances frappantes et joint à une déclaration explicite de sa résolution d'y rester fidèle dans tous les cas à venir. C'est enfin parce que cette démarche fut faite en opposition à une demande formelle de la part de ses alliés, qu'il avait des moyens très-imparfaits soit de payer, soit de contrôler, et que par conséquent il était d'autant plus dangereux pour lui d'offenser. On ne peut douter que ces alliés ne se sentissent personnellement blessés et ne fussent indignés de la perte, aussi bien que confondus par la proposition d'une règle de devoir si nouvelle en ce qui concernait les relations des belligérants en Grèce, proposition contre laquelle aussi (devons-nous ajouter) leurs murmures n'étaient pas sans quelque

____

(1) Xénoph. Hellen. I, 6, 14. Καὶ κελευόντων τῶν ξυμμάχων ἀποδόσθαι καὶ τοὺς Μηθυμναίους, οὐκ ἔφη ἑαυτοῦ γε ἄρχοντος οὐδένα Ἑλλήνων ἐς τοὐκείνου δυνατὸν ἀνδραποδισθῆναι.

Cf. une déclaration plus récente d'Agésilas, réellement dans le même but, faite toutefois dans des circonstances bien moins frappantes. — Dans Xénoph. Agésilas, VII, 6.

fondement. — « Si *nous* venions à être prisonniers de Konôn, il ne *nous* traiterait pas de cette manière. » La réciprocité de procédé est absolument essentielle à une constante observance morale, soit privée, soit publique; et sans doute Kallikratidas eut la confiance bien fondée que deux ou trois exemples remarquables modifieraient sensiblement la pratique future des deux côtés. Mais il faut que quelqu'un commence à donner de pareils exemples, et l'homme qui commence, — s'il a une position qui présente des chances raisonnables pour que d'autres l'imitent, — est le héros. Un amiral comme Lysandros devait non-seulement compatir sincèrement aux plaintes des alliés, mais encore condamner cette conduite comme un abandon de devoir à l'égard de Sparte; même des hommes meilleurs que Lysandros devaient d'abord la considérer comme une sorte de donquichotisme, doutant que l'on dût suivre cet exemple; tandis que les Éphores spartiates, bien qu'ils le tolérassent probablement parce qu'ils se mêlaient très-peu de leurs amiraux à bord de leurs vaisseaux, devaient certainement avoir peu de sympathie pour les sentiments qui en étaient la source. On doit admirer d'autant plus Kallikratidas, en ce qu'il montre non-seulement un patriotisme panhellénique (1), rare soit à Athènes, soit à Sparte, mais aussi une force de caractère et de conscience individuels encore plus rare, — qui lui permettait de braver l'impopularité et de rompre avec la routine, dans sa tentative pour rendre ce patriotisme profitable et efficace en pratique. Dans sa carrière, terminée d'une manière si triste et si prématurée, il y eut du moins cette circonstance à envier, à savoir que la prise de Methymna lui fournit l'occasion, qu'il saisit avec empressement comme s'il eût su qu'elle serait la dernière, de mettre en évidence et de traduire en acte les aspirations complètes de son cœur magnanime.

---

(1) Le sentiment de Kallikratidas méritait la désignation de Ἑλληνικώτατον πολίτευμα, — beaucoup plus que celui de Nikias, auquel Plutarque applique ces mots (Compar. de Nikias et de Crassus, c. 2).

Kallikratidas envoya dire à Konôn par les prisonniers qu'il avait relâchés, qu'il allait le forcer à mettre fin à ses relations adultères avec la mer (1), qu'il considérait à ce moment comme son épouse, lui appartenant légitimement, vu qu'il avait 140 trirèmes contre les 70 trirèmes de Konôn. Cet amiral, malgré l'infériorité du nombre de ses vaisseaux, s'était avancé près de Methymna pour essayer de la secourir; mais, trouvant la ville déjà prise, il s'était retiré aux îles appelées Hekatonnêsoi, à la hauteur du continent dans la direction nord-est de Lesbos. Il y fut suivi par Kallikratidas, qui, laissant Methymna de nuit, le trouva quittant ses amarres à l'aurore, et immédiatement il fit force de voiles pour essayer de couper sa marche méridionale vers Samos. Mais Konôn, qui avait diminué le nombre de ses trirèmes de 100 à 70, avait pu conserver tous ses meilleurs rameurs, de sorte qu'il surpassa Kallikratidas en rapidité et entra le premier dans le port de Mitylênê. Toutefois ceux qui le poursuivaient étaient bien près derrière lui, et même ils pénétrèrent avec lui dans le port, avant qu'il pût être fermé et mis en état de défense. Contraint de livrer bataille à l'entrée de ce port, il fut complétement défait; trente de ses vaisseaux furent pris, bien que les équipages parvinssent à s'échapper à terre, et il ne sauva les quarante autres qu'en les tirant sur le rivage au pied du mur (2).

La ville de Mitylênê, fondée dans l'origine sur un petit

---

(1) Xénoph. Hellen. I, 6, 15. Κόνωνι δὲ εἶπεν, ὅτι παύσει αὐτὸν μοιχῶντα τὴν θάλασσαν, etc. Il pouvait difficilement *dire cela* à Konôn, autrement que par les prisonniers athéniens.

(2) Xénoph. Hellen. I, 6, 17; Diodore, XIII, 78, 79.

Ici, comme dans tant d'autres occasions, il est impossible de fondre ensemble ces deux récits. Diodore conçoit les faits d'une manière entièrement différente de Xénophon, et beaucoup moins probable. Il nous dit que Konôn employa dans sa fuite un stratagème (le même dans Polyen, I, 482), qui lui permit de combattre les premiers vaisseaux péloponésiens et de les défaire avant l'arrivée des autres; et qu'il entra dans le port à temps pour le mettre en état de défense avant l'arrivée de Kallikratidas. Diodore fait ensuite une description prolixe de la bataille par laquelle Kallikratidas se fit jour de force.

Le récit de Xénophon, que j'ai suivi, implique clairement que Konôn ne pouvait avoir eu le temps de faire des préparatifs pour défendre le port.

îlot à la hauteur de Lesbos, s'était étendue plus tard à travers un détroit resserré jusqu'à Lesbos elle-même. Ce détroit (un pont y existait-il ou non? c'est ce qu'on ne nous dit pas) séparait en deux parties la ville, qui avait deux ports, l'un s'ouvrant au nord vers l'Hellespont, l'autre au sud vers le promontoire de Kanê sur le continent (1). Ces deux ports étaient sans défense, et tous deux tombèrent alors au pouvoir de la flotte péloponésienne ; du moins toute la portion extérieure de chacun d'eux, près de l'issue du port, sur laquelle Kallikratidas exerça une surveillance rigoureuse. En même temps il fit venir toutes les forces de Methymna et des hoplites de Chios, de manière à bloquer Mitylênê par mer aussi bien que par terre. Aussitôt que son succès fut annoncé, Cyrus lui envoya immédiatement de l'argent pour la flotte (avec des présents séparés pour lui-même, qu'il refusa d'accepter) (2), ce qui facilita ses opérations futures.

Il n'avait pas été fait de préparatifs à Mitylênê pour un siége : on n'avait pas accumulé de fonds de provisions, et la foule dans les murs était si considérable, que Konôn ne prévit que trop évidemment le prompt épuisement de ses ressources. Il ne pouvait pas non plus attendre de secours d'Athènes, à moins qu'il n'y fît connaître son état, que les Athéniens ignoraient complétement, vu qu'il n'avait pu les en prévenir. Il lui fallut toute son habileté pour faire sortir une trirème saine et sauve du port en face de la garde de l'ennemi. Mettant à flot deux trirèmes, les meilleures voilières de sa flotte, et choisissant pour elles les meilleurs

---

(1) Thucydide, III, 6. Τοὺς ἐφόρμους ἐπ' ἀμφοτέροις τοῖς λιμέσιν ἐποιοῦντο — (Strabon, XIII, p. 617). Xénophon ne parle que *du* port, comme s'il était *unique* ; et il se peut que, dans un langage très-négligé, il fût décrit comme un seul port avec deux entrées. Toutefois, il me semble que Xénophon n'avait pas une idée claire de la localité.

Strabon parle du port septentrional comme défendu par une jetée, — du port méridional comme défendu par des trirèmes liées ensemble avec des chaînes. Ces défenses n'existaient pas dans l'année 406 avant J.-C. Probablement après la révolte de Mitylênê, en 427 avant J.-C., les Athéniens avaient enlevé les défenses qui pouvaient avoir été disposées auparavant pour le port.

(2) Plutarque, Apophtheg. Laconic. p. 222 E.

rameurs parmi tous les autres, il fit monter ces rameurs à bord des trirèmes avant le jour, il cacha les epibatæ ou soldats de marine dans l'intérieur du vaisseau (au lieu du pont, qui était leur place habituelle), avec un fonds modique de provisions, et il tint le vaisseau encore couvert de peaux et de voiles, comme c'était l'usage pour les navires tirés sur le rivage, afin de les protéger contre le soleil (1). Ces deux trirèmes furent préparées ainsi pour partir en un instant, sans donner à l'ennemi aucune indication qui l'avertît qu'elles fussent dans cet état. On les garnissait d'hommes entièrement avant le jour, les équipages restaient dans leur position toute la journée, et à la nuit en sortaient pour prendre du repos. Cela dura pendant quatre jours de suite, aucune occasion favorable ne s'étant présentée pour donner le signal de tenter un départ. Enfin, le cinquième jour, vers midi, au moment où une grande partie des équipages péloponésiens étaient à terre pour leur repas du matin, et où d'autres se reposaient, le moment sembla favorable; on donna le signal, et les deux trirèmes partirent en même temps avec toute la célérité dont elles étaient capables; l'une devait sortir par l'entrée méridionale du côté de la mer entre Lesbos et Chios, — l'autre, partir par l'entrée septentrionale vers l'Hellespont. Aussitôt l'alarme fut don-

---

(1) Xénoph. Hellen. I, 6, 19. Καθελ-κύσας (Konôn) τῶν νεῶν τὰς ἄριστα πλεούσας δύο, ἐπλήρωσε πρὸ ἡμέρας, ἐξ ἁπασῶν τῶν νεῶν τοὺς ἀρίστους ἐρέτας ἐκλέξας, καὶ τοὺς ἐπιβάτας ἐς κοίλην ναῦν μεταβιδάσας, καὶ τὰ παραρρύματα παραβαλών.

Le sens de παραρρύματα est très-incertain. Les commentateurs nous apprennent peu de chose, et nous ne pouvons pas être sûrs que ce soit la même chose que ce qui est exprimé par παραβλήματα (Infra, II, 1, 22). Nous pouvons être certains que les matières signifiées par παραρρύματα étaient quelque chose qui, si le spectateur du dehors pouvait l'apercevoir, ne devait du moins indiquer en rien que la trirème fût destinée à partir promptement; autrement toute la combinaison de Konôn, qui cherchait le secret, eût été dérangée. Il était essentiel que cette trirème, bien qu'à flot, fût disposée de manière à ressembler autant que possible aux autres trirèmes qui restaient encore tirées sur le rivage, afin que les Péloponésiens ne pussent soupçonner aucun projet de départ. J'ai tâché dans le texte de donner un sens qui répond à cet objet, sans abandonner les explications proposées par les commentateurs. V. Boeckh, Ueber das Attische Seewesen, ch. 10, p. 159.

née dans la flotte péloponésienne : on coupa les câbles, les hommes s'embarquèrent en toute hâte, et un grand nombre de trirèmes furent mises en mouvement pour atteindre les deux fugitives. Celle qui partit au sud, malgré les plus grands efforts, fut prise vers le soir et ramenée avec tout son équipage prisonnier ; celle qui se dirigeait vers l'Hellespont échappa, fit le tour de la côte septentrionale de Lesbos et parvint en sûreté avec la nouvelle à Athènes, et vraisemblablement en route elle fit prévenir l'amiral athénien Diomedôn à Samos.

Ce dernier s'empressa immédiatement de courir au secours de Konôn avec la petite armée qu'il avait avec lui et qui ne dépassait pas douze trirèmes. Les deux ports étant gardés par des forces supérieures, il essaya de pénétrer dans Mitylènè par l'Euripos, détroit qui s'ouvre sur la côte méridionale de l'île, gagne un lac intérieur ou baie, et s'approche près de la ville. Mais il fut attaqué soudainement par Kallikratidas, et son escadre prise entière à l'exception de deux trirèmes, la sienne et une autre : il eut lui-même beaucoup de peine à s'échapper (1).

Athènes fut tout entière dans la consternation à la nouvelle de la défaite de Konôn et du blocus de Mitylènè. La ville déploya toute sa force et toute son énergie pour le secourir, par un effort plus grand que tous ceux qui avaient été faits dans tout le cours de la guerre. Nous lisons avec surprise que, dans le court espace de trente jours, une flotte qui ne comptait pas moins de cent dix trirèmes fut préparée et envoyée du Peiræeus. Tout homme en âge de servir et en ayant la force, sans distinction, fut pris pour former un bon équipage, non-seulement les citoyens, mais les esclaves,

---

(1) Xénoph. Hellen. I, 6, 22. Διομέδων δὲ βοηθῶν Κόνωνι πολιορκουμένῳ δώδεκα ναυσὶν ὡρμίσατο ἐς τὸν εὔριπον τῶν Μιτυληναίων.

Le lecteur devra regarder une carte de Lesbos, pour voir ce que veut dire l'Euripos de Mitylènè — et l'autre Euripos de la ville voisine de Pyrrha.

Diodore (XIII, 79) confond l'Euripos de Mitylènè avec le port de cette ville, dont il est tout à fait séparé. Schneider et Plehn semblent faire la même confusion (V. Plehn, Lesbiaca, p. 15).

auxquels on promit l'affranchissement comme récompense ;
beaucoup d'entre les chevaliers ou écuyers (1), et d'entre les
citoyens du plus haut rang s'embarquèrent également
comme epibatæ, suspendant leurs brides comme Kimôn
avant la bataille de Salamis. La levée, en effet, fut aussi démocratique et aussi propre à égaliser les rangs qu'elle
l'avait été dans cette occasion mémorable. La flotte se
rendit droit vers Samos, où sans doute ordre avait été donné
de réunir toutes les trirèmes que les alliés pourraient fournir comme renforts, aussi bien que les trirèmes athéniennes
dispersées. Par ce moyen, on rassembla quarante trirèmes
de plus (dont dix samiennes), et la flotte entière, forte de
cent cinquante voiles, alla de Samos aux petites îles appelées
Arginusæ, près du continent, en face de Malea, le cap qui
se trouve au sud-est de Lesbos.

Kallikratidas, informé de l'approche de la nouvelle flotte
pendant qu'elle était encore à Samos, retira de Mitylênê la
plus grande partie de ses forces, laissant cinquante trirèmes
sous Eteonikos pour continuer le blocus. Probablement un
moins grand nombre n'aurait pas été suffisant, vu qu'il fallait surveiller deux ports ; mais par là il fut réduit à rencontrer la flotte athénienne avec un nombre inférieur, —
120 trirèmes contre 150 (juillet 406 av. J.-C.) Sa flotte
était à la hauteur du cap Malea, où les équipages soupèrent,
le même soir que les Athéniens soupaient aux îles opposées
des Arginusæ. Son projet était de traverser le canal intermédiaire pendant la nuit, et de les attaquer le matin avant
qu'ils fussent prêts ; mais une pluie et un vent violents le
forcèrent à différer tout mouvement jusqu'à l'aube du jour.
Le lendemain matin les deux parties se préparèrent pour la
plus grande action navale qui se fût livrée pendant toute la
guerre. Kallikratidas reçut de son pilote, le Mégarien Hermôn, le conseil de se retirer pour le moment sans combattre,
vu que la flotte athénienne était plus nombreuse que la
sienne de trente trirèmes. Il répondit que la fuite était une

---

(1) Xénoph. Hellen. I, 6, 24-25 ; Diodor., XIII, 97.

honte, et que Sparte ne serait pas dans une position plus fâcheuse quand même il périrait (1). La réponse était conforme à sa nature chevaleresque, et nous pouvons bien comprendre qu'après avoir été pendant les deux ou trois derniers mois maître et seigneur de la mer, il se rappelât le hautain message qu'il avait envoyé à Konôn, et jugeât déshonorant d'encourir ou de mériter, en se retirant, la même flétrissure pour lui-même. Nous pouvons faire remarquer aussi que la différence de nombre, bien que sérieuse, n'était en aucune sorte assez grande pour rendre la lutte désespérée, ou pour servir de motif légitime de retraite à un homme qui s'enorgueillissait de posséder complétement le courage spartiate.

La flotte athénienne fut rangée de telle sorte que sa grande force était placée aux deux ailes, dans chacune desquelles se trouvaient soixante vaisseaux athéniens, répartis dans quatre divisions égales, chaque division commandée par un général. Des quatre escadres de quinze vaisseaux chacune, deux furent placées par devant, deux pour les appuyer par derrière. Aristokratês et Diomedôn commandaient les deux escadres de devant de la division de gauche, Periklès et Erasinidês les deux escadres à l'arrière; à la division de droite, Protomachos et Thrasyllos commandaient les deux de devant, Lysias et Aristogenês les deux à l'arrière. Le centre, où se trouvaient les Samiens et d'autres alliés, resta faible et tout en une seule ligne; il paraît avoir été exactement en face d'une des îles Arginusæ, tandis que les deux autres divisions étaient à droite et à gauche de cette île. Nous lisons avec quelque surprise que toute la flotte lacédæmonienne était arrangée par vaisseaux isolés, parce qu'elle naviguait et manœuvrait mieux que les Athéniens, qui formèrent leurs divisions de droite et de gauche en ordre profond, dans le dessein exprès d'empêcher l'en-

---

(1) Xénoph. Hellen. I, 6, 32; Diodore, XIII, 97, 98. — Ce dernier rapporte de terribles présages à l'avance pour les généraux.

La réponse a été une parole mémorable, à laquelle il a été fait allusion plus d'une fois. — Plutarque, Laconic. Apophthegm. p. 832; Cicéron, de Officiis, I, 24.

nemi d'accomplir les manœuvres nautiques du diekplous et du periplous (1). On supposait, paraîtrait-il, que le centre athénien, qui avait la terre immédiatement derrière lui, était mieux protégé contre un ennemi « traversant la ligne jusqu'à l'arrière et naviguant tout à l'entour, » que les autres divisions, qui étaient dans des eaux ouvertes, raison pour laquelle on le laissa faible, avec les vaisseaux en une seule ligne. Mais ce qui nous frappe le plus c'est que, si nous retournons au commencement de la guerre, nous trouverons que le diekplous et le periplous étaient les manœuvres spéciales de la marine athénienne et continuèrent à l'être même jusqu'au siége de Syracuse ; les Lacédæmoniens étant d'abord absolument incapables de les exécuter, et continuant pendant longtemps à les exécuter bien moins habilement que les Athéniens. Actuellement la valeur comparative des deux parties est renversée : la supériorité de l'habileté nautique a passé aux Péloponésiens et à leurs alliés : les précautions, à l'aide desquelles on neutralise ou l'on esquive cette supériorité, sont imposées aux Athéniens comme une nécessité. Quel eût été l'étonnement de l'amiral athénien Phormiôn, s'il avait pu voir les flottes et l'ordre de bataille aux Arginusæ !

Kallikratidas lui-même, avec les dix vaisseaux lacédæmoniens, était à la droite de sa flotte : à la gauche étaient les Bœôtiens et les Eubœens, sous l'amiral bœôtien Thrasondas. La lutte fut longue et soutenue avec acharnement, d'abord par les deux flottes dans leur ordre primitif ; ensuite, quand tout ordre fut rompu, par les vaisseaux dispersés se mêlant les uns aux autres et luttant en combat individuel. Enfin, le brave Kallikratidas périt. Son vaisseau était en train de donner contre le vaisseau d'un ennemi, et probablement lui-même

---

(1) Xénoph. Hellen. I, 6, 31. Οὕτω δ' ἐτάχθησαν (οἱ Ἀθηναῖοι) ἵνα μὴ διέκπλουν διδοῖεν · χεῖρον γὰρ ἔπλεον. Αἱ δὲ τῶν Λακεδαιμονίων ἀντιτεταγμέναι ἦσαν ἅπασαι ἐπὶ μιᾶς, ὡς πρὸς διέκπλουν καὶ περίπλουν παρεσκευασμέναι, διὰ τὸ βέλτιον πλεῖν. Mettre en opposition ce passage avec Thucydide, II, 84-89 (le discours de Phormiôn); IV, 12; VII, 36.

(comme Brasidas (1) à Pylos) s'était placé sur le gaillard d'avant, pour être le premier à aborder l'ennemi ou à l'empêcher de l'aborder lui-même, — quand le coup, produit par le choc, lui fit perdre pied, de sorte qu'il tomba par-dessus le bord et se noya (2). Malgré le découragement que causa sa mort, les dix trirèmes lacédæmoniennes déployèrent un courage digne du sien, et neuf d'entre elles furent détruites ou désemparées. A la fin, les Athéniens furent victorieux de toute part ; la flotte lacédæmonienne battit en retraite, et sa fuite devint générale, en partie à Chios, en partie à Phokæa. Plus de soixante de ses vaisseaux furent détruits, outre les neuf lacédæmoniens, soixante-dix-sept en tout ; faisant une perte totale de plus de la moitié de la flotte entière. La perte des Athéniens fut également sérieuse, elle monta à vingt-cinq trirèmes. Ils retournèrent aux Arginusæ après la bataille (3).

La victoire des Arginusæ fournit la preuve la plus frappante de ce que pouvait faire encore l'énergie démocratique d'Athènes, malgré tant d'années d'une guerre épuisante. Mais il aurait beaucoup mieux valu que son énergie en cette occasion eût été moins efficace et moins heureuse. La défaite de la flotte péloponésienne, et la mort de son admirable chef, — nous devons regarder l'une comme inséparable de l'autre, puisque Kallikratidas n'était pas homme à survivre à une défaite, — furent des malheurs signalés pour tout le monde grec, et en particulier, des malheurs pour Athènes elle-même. Si Kallikratidas avait remporté la victoire et lui avait survécu, il aurait été certainement homme à mettre fin à la guerre du Péloponèse ; car Mitylênê aurait

---

(1) V. Thucydide, IV, 11.

(2) Xénoph. Hellen. I, 6, 33. Ἐπεὶ δὲ Καλλικράτιδάς τε ἐμβαλούσης τῆς νεὸς ἀποπεσὼν ἐς τὴν θάλασσαν ἠφανίσθη, etc.

Les détails donnés par Diodore au sujet de cette bataille et des exploits de Kallikratidas sont prolixes et in-

dignes de confiance. V. une excellente note du docteur Arnold sur Thucydide, IV, 12, — relativement à la description faite par Diodore de la conduite de Brasidas à Pylos.

(3) Xénoph. Hellen. I, 6, 34 ; Diodore, XIII, 99, 100.

dû immédiatement se rendre, et Konôn avec toute la flotte athénienne qui y était bloquée serait nécessairement devenu son prisonnier; circonstance qui, venant après une défaite, aurait disposé Athènes à acquiescer à des conditions passables de paix. Or, avoir les conditions dictées à un moment où sa puissance n'était pas complétement abattue, par un homme tel que Kallikratidas, exempt d'ambition personnelle corrompue et rempli d'un généreux patriotisme panhellénique, c'eût été le meilleur sort qui pouvait lui échoir à ce moment; tandis que pour le monde grec en général, c'eût été un avantage inexprimable, que, dans la réorganisation qui devait certainement suivre la fin de la guerre, le personnage dominant la situation actuelle fût pénétré du dévouement aux grandes idées de fraternité hellénique à l'intérieur, et d'indépendance hellénique à l'égard de l'étranger. La perspective prochaine d'un tel avantage s'ouvrait grâce à cette chance rare qui donnait le commandement à Kallikratidas, lui permettait non-seulement de publier sa noble profession de foi, mais de montrer qu'il était prêt à agir en conséquence, et pendant un temps le porta vers un succès complet. Et les dieux envieux ne le furent jamais plus que quand ils firent échouer, par le désastre des Arginusæ, l'achèvement qu'ils avaient semblé ainsi promettre. On comprendra mieux la justesse de ces remarques dans le chapitre suivant, quand j'en viendrai à raconter le dénoûment réel de la guerre du Péloponèse sous les auspices de l'indigne, mais habile Lysandros. Ce fut entre ses mains que le commandement fût remis de nouveau, repassant presque du meilleur au pire des Grecs. Nous verrons alors combien les souffrances des Grecs et en particulier d'Athènes furent aggravées par ses dispositions et ses tendances individuelles, — et nous comprendrons alors par le contraste combien il eût été avantageux que le commandant armé du pouvoir si grand de dicter des conditions eût été un patriote panhellénique. Si le sentiment de ce patriotisme à un moment de dissolution et de réorganisation dans toute la Grèce, eût été imposé par le chef victorieux du jour, avec une honnêteté et une résolution sincères, c'eût été pour tous les autres senti-

ments meilleurs de l'esprit grec un stimulant tel que n'en aurait pu fournir aucune autre combinaison de circonstances. La
défaite et la mort de Kallikratidas furent ainsi plus déplo-
rables même comme perte pour Athènes et pour la Grèce,
que pour Sparte elle-même. C'est en vain que nous cher-
chons un pendant à son caractère et à son patriotisme élevés,
même dans une si courte carrière.

La nouvelle de la défaite fut promptement portée à Eteonikos à Mitylênê par l'aviso de l'amiral. Aussitôt qu'il en fut
informé, il pria l'équipage de l'aviso de ne rien dire à personne, mais de sortir de nouveau du port, et de revenir ensuite avec des couronnes et des acclamations de triomphe,
— en criant que Kallikratidas avait remporté la victoire et
détruit ou pris tous les vaisseaux athéniens. Par ce moyen,
Konôn et les assiégés ne purent avoir aucun soupçon de la
réalité ; tandis qu'Eteonikos lui-même, affectant de croire
la nouvelle, offrit le sacrifice d'actions de grâces ; mais il
donna à toutes les trirèmes l'ordre de prendre leur repas et
de partir ensuite sans perdre un moment ; et il recommanda
aux patrons des bâtiments marchands d'embarquer silencieusement ce qui leur appartenait, et de s'éloigner en même
temps. Et c'est ainsi que, avec peu ou point de retard, et
sans le moindre empêchement de la part de Konôn, tous ces
vaisseaux, trirèmes et navires de commerce, sortirent du
port, et furent menés en sûreté à Chios, le vent étant favorable. Eteonikos en même temps retira ses forces de terre
à Methymna, et brûla son camp. Konôn se trouvant ainsi
libre sans s'y attendre, prit la mer avec ses vaisseaux quand
le vent fut devenu plus calme, et rejoignit le gros de la
flotte athénienne, qu'il trouva déjà en route des Arginusæ à
Mitylênê. La flotte arriva bientôt à cette dernière ville, et
de là poussa jusqu'à Chios pour l'attaquer ; cette attaque
ayant échoué, elle continua sa route jusqu'à sa station ordinaire de Samos (1).

La nouvelle de la victoire remportée aux Arginusæ rem-

____

(1) Xénoph. Hellen. I, 6, 38 ; Diodore, XIII, 100.

plit Athènes de joie et de triomphe. Tous les esclaves qui avaient servi dans l'armement furent affranchis et élevés, suivant la promesse, au droit des Platæens à Athènes, espèce restreinte de droit de cité. Cependant la joie fut empoisonnée par un autre incident qui fut connu en même temps, qui produisit des sentiments d'un caractère totalement opposé, et qui aboutit à l'un des actes les plus tristes et les plus déshonorants de toute l'histoire athénienne.

Non-seulement on n'avait pas recueilli pour les ensevelir les corps des guerriers morts flottant sur l'eau, mais on n'avait pas visité les carcasses des vaisseaux pour sauver ceux qui vivaient encore. Le premier de ces deux points, même seul, aurait suffi pour exciter à Athènes un sentiment pénible de piété offensée. Mais le second point, ici partie essentielle du même oubli, aggrava ce sentiment et le transforma en honte, en douleur et en indignation du caractère le plus violent.

Dans les descriptions de cet événement, Diodore et beaucoup d'autres écrivains font attention au premier point, soit exclusivement (1), soit du moins en s'occupant légèrement

---

(1) V. le récit de Diodore (XIII, 100, 101, 102), où il n'est fait mention que du fait, qu'on avait négligé de recueillir les corps *morts* flottants, — c'est-à-dire du crime et de l'offense aux yeux du peuple, consistant à oublier d'assurer l'enterrement de tant de corps *morts*. Il ne semble pas avoir cru qu'il y eût des corps *vivants*, et que ce fût une question de vie et de mort pour tant d'hommes dans les équipages.

Tandis que si nous suivons le récit de Xénophon (Hellen. I, 7), nous verrons que la question roule entièrement sur le fait de recueillir les *hommes vivants*, — les *hommes naufragés*, — c'est-à-dire les hommes appartenant aux vaisseaux brisés, et vivant encore à bord de ces vaisseaux — ἀνελέσθαι τοὺς ναυαγοὺς, τοὺς δυστυχοῦντας, τοὺς καταδύντας (Hellen. II, 3, 32) : cf. en particulier II, 35 — πλεῖν ἐπὶ τὰς καταδεδυκυίας ναῦς καὶ τοὺς ἐπ' αὐτῶν ἀνθρώπους (I, 6, 36). Le mot ναυαγὸς ne signifie pas un homme mort, mais un *homme vivant*, — qui a essuyé un naufrage : Ναυαγὸς ἥκω, ξένος, ἀσύλητον γένος· (dit Menelaos, Eurip. Helen. 457) : et 407 — Καὶ νῦν τάλας ναυαγὸς, ἀπολέσας φίλους Ἐξέπεσον ἐς γῆν τήνδε, etc.; encore 538. Il correspond au latin *naufragus* — « Mersâ rate naufragus assem Dum rogat et pictâ se tempestate tuetur » (Juvénal, XIV, 301). Thucydide n'emploie pas le mot ναυαγοὺς, mais il parle de τοὺς νεκροὺς καὶ τὰ ναυαγία, et il entend par ce dernier mot les vaisseaux désemparés avec toutes les personnes et tous les objets à leur bord.

Il est remarquable que Schneider et la plupart des autres commentateurs de

du second ; néanmoins ce dernier est de beaucoup le plus grave aux yeux de tout critique impartial, et il fut aussi le plus violent dans son effet sur les sentiments athéniens. Vingt-cinq trirèmes athéniennes avaient été détruites avec la plus grande partie de leurs équipages ; c'est-à-dire elles étaient jetées sur le flanc ou désemparées, avec leurs rames brisées, sans mâts ni aucun moyen de se mouvoir, — simples coques brisées en partie par le choc d'un vaisseau ennemi, et se remplissant et coulant graduellement. L'équipage primitif de chacune était de 200 hommes. Le champ de-bataille (si nous pouvons employer ce mot pour un espace de la mer) était couvert de ces débris ; les hommes qui restaient à bord étaient sans secours et hors d'état de se retirer, car la trirème ancienne ne portait ni bateau, ni secours propres à la fuite. Et de plus il y avait, flottants partout, des hommes qui étaient tombés par-dessus le bord, ou qui essayaient de sauver leur vie au moyen d'espars offerts par le hasard, ou de tonneaux vides. C'était un des priviléges d'une victoire navale, que les

---

Xénophon, Sturz, dans son Lexicon Xenophonteum (v. ἀναίρεσις), Stallbaum, Ad Platon. Apol. Socrat. c. 20, p. 32, Sievers, Comment. ad Xenoph. Hellen. p. 31, Forchhammer, Die Athener und Sokratês, p. 30—31, Berlin, 1837, — et autres, — traitent tous cet événement comme s'il ne s'agissait que de recueillir des corps morts pour les ensevelir. C'est une explication de Xénophon complétement erronée, non-seulement parce que le mot ναυαγὸς, qu'il emploie plusieurs fois, signifie une *personne vivante*, mais parce qu'il y a deux autres passages, qui ne laissent absolument aucun doute sur la question : — Παρῆλθε δέ τις ἐς τὴν ἐκκλησίαν, φάσκων ἐπὶ τεύχους ἀλφίτων σωθῆναι · ἐπιστέλλειν δ' αὐτῷ τοὺς ἀπολλυμένους, ἐαν σωθῇ ἀπαγγεῖλαι τῷ δήμῳ, ὅτι οἱ στρατηγοὶ οὐκ ἀνείλοντο τοὺς ἀρίστους ὑπὲρ τῆς πατρίδος γενομένους. Et (II, 3, 35) Theramenês, lorsqu'il défend sa conduite en accusant les généraux devant l'oligarchie des Trente, deux ans plus tard, dit que les généraux sont les auteurs de leur propre perte, en l'accusant d'abord, et en disant que les hommes sur les vaisseaux désemparés auraient pu être sauvés avec un soin convenable : — Φάσκοντες γὰρ (les généraux), οἶόν τε εἶναι σῶσαι τοὺς ἄνδρας, προέμενοι αὐτοὺς ἀπολέσθαι, ἀππλέοντες ᾤχοντο. Ces passages mettent hors de toute contestation ce point, à savoir que les généraux furent accusés d'avoir négligé de sauver la vie d'hommes sur le point d'être noyés, et qui par *leur* négligence le furent plus tard, — et non d'avoir négligé de recueillir des corps morts pour les ensevelir. Cette fausse interprétation des commentateurs a ici la plus grave portée. Elle change complétement les critiques sur la conduite tenue à Athènes.

vainqueurs pouvaient parcourir le champ de bataille, et assister ainsi leurs camarades sans secours ou blessés à bord des vaisseaux désemparés (1); faisant prisonnières, ou tuant quelquefois les personnes dans le même état qui appartenaient à l'ennemi. Même d'après le discours prononcé plus tard dans l'assemblée publique athénienne par Euryptolemos, défenseur des généraux accusés, il y eut douze trirèmes avec leurs équipages à bord qui se trouvaient dans la condition que nous venons de décrire. Voilà ce qu'avoue la défense, et c'est donc le minimum de la réalité : il n'est pas possible qu'il y en eût moins, et il y en avait probablement un plus grand nombre sur les vingt-cinq, chiffre donné par Xénophon (2). Aucune mesure n'étant prise pour les sauver, la portion survivante, de ces équipages, blessés et non blessés, fut abandonnée et se noya graduellement, à mesure que

---

(1) V. Thucydide, I, 50, 51.

(2) Xénoph. Hellen. I, 6, 34. Ἀπώλοντο δὲ τῶν μὲν Ἀθηναίων νῆες πέντε καὶ εἴκοσιν αὐτοῖς ἀνδράσιν, ἐκτὸς ὀλίγων τῶν πρὸς τὴν γῆν προσενεχθέντων.

Schneider, dans sa note, et M. Mitford, dans son Histoire, expriment de la surprise au sujet de la différence entre le nombre *douze*, que l'on voit dans le discours d'Euryptolemos, et le nombre *vingt-cinq* donné par Xénophon.

Mais, d'abord, nous ne devons pas supposer que Xénophon garantisse ces assertions quant aux faits qu'il donne comme venant d'Euryptolemos ; car ce dernier, en qualité d'avocat parlant dans l'assemblée, pouvait prendre de grandes libertés avec la vérité.

Ensuite, Xénophon parle du nombre total des vaisseaux ruinés ou désemparés dans l'action : Euryptolemos parle du nombre total de coques flottantes et susceptibles d'être visitées, de manière que l'on secourût les victimes *au moment subséquent* où les généraux ordonnèrent à l'escadre commandée par Theramenês d'aller à leur secours. On doit se rappeler que les généraux retournèrent aux Arginusæ après la bataille, et s'y décidèrent (suivant leur propre assertion) à envoyer de là une escadre pour visiter les coques des vaisseaux. Un certain intervalle de temps doit donc s'être écoulé entre la fin de l'action et l'ordre donné à Theramenês. Pendant cet intervalle, sans doute *quelques-uns* des vaisseaux désemparés coulèrent à fond ou furent brisés en morceaux. Si nous devons croire Euryptolemos, treize sur les vingt-cinq ont dû disparaître ainsi, de sorte que leurs équipages étaient déjà noyés, et qu'il n'en restait plus que douze flottants, que Theramenês pût visiter, même quelque actif et quelque favorisé par le temps qu'il eût pu être.

Je doute de l'assertion d'Euryptolemos, et je crois qu'il a très-probablement diminué le nombre. Mais en admettant qu'il soit exact, cela servira seulement à montrer combien les généraux méritaient de blâme (comme nous le ferons remarquer ci-après), pour n'avoir pas songé à faire visiter les coques *avant* de retourner s'amarrer aux Arginusæ.

chaque vaisseau coula à fond. Si quelques hommes s'échappèrent, ce fut grâce à une habileté extraordinaire à nager, — en trouvant par bonheur quelques planches ou quelque espars, en tout cas au prix de la honte de jeter leurs armes et par quelque moyen impraticable aux hommes blessés.

La première lettre des généraux qui faisait part de la victoire fit connaître en même temps la perte subie en l'obtenant. Elle annonçait sans doute le fait que nous lisons dans Xénophon, à savoir que vingt-cinq trirèmes athéniennes avaient été perdues, avec presque tous leurs équipages; spécifiant, nous pouvons en être sûrs, le nom de chaque trirème qui avait péri ainsi; car chaque trirème dans la marine athénienne, comme les vaisseaux modernes, avait son nom (1). Elle mentionnait en même temps qu'aucune mesure n'avait été prise par les survivants victorieux pour sauver leurs compatriotes blessés et près d'être noyés à bord des vaisseaux qui coulaient à fond. Il s'était élevé une tempête (telle était la raison donnée) si violente qu'elle avait rendu toute intervention pareille absolument impraticable (2).

Il est tellement d'usage, en s'occupant d'histoire grecque, de présumer que le peuple athénien est une troupe d'enfants et de fous, dont les sentiments ne méritent pas d'être contrôlés et expliqués, — que j'ai été obligé d'exposer ces circonstances avec quelque longueur, afin de montrer que le sentiment mélangé excité à Athènes par la nouvelle de la bataille des Arginusæ était parfaitement naturel et justi-

---

(1) Boeckh, dans son volume instructif — Urkunden ueber das Attische Seewesen (VII, p. 84 *seq.*), donne, d'après des inscriptions, une longue liste des noms de trirèmes athéniennes, entre 356 et 322 avant J.-C. Tous les noms sont féminins. Quelques-uns sont curieux. Nous avons également une longue liste de constructeurs de vaisseaux athéniens; vu que le nom du constructeur est ordinairement indiqué dans l'inscription avec celui du vaisseau : — Εὔχαρις, Ἀλεξιμάου ἔργον. —. Σειρὴν, Ἀριστοκράτους ἔργον. — Ἐλευθερία, Ἀρχενέω ἔργον. — Ἐπίδειξις, Λυσιστράτου ἔργον. — Δημοκρατία, Χαιρεστράτου ἔργον, etc.

(2) Xénoph. Hellen. I, 7, 4. Ὅτι μὲν γὰρ οὐδενὸς ἄλλου καθήπτοντο (οἱ στρατηγοὶ) ἐπιστολὴν ἐπεδείκνυε (Theramenês) μαρτύριον · καὶ ἔπεμψαν οἱ στρατηγοὶ ἐς τὴν βουλὴν καὶ ἐς τὸν δῆμον, ἄλλο οὐδὲν αἰτιώμενοι ἢ τὸν χειμῶνα.

fiable. A la joie causée par la victoire se mêlaient l'horreur
et le remords s'attachant à ce fait, qu'on avait laissé périr
sans les remarquer tant de braves gens qui avaient aidé à la
remporter. Les amis et les parents des équipages de ces trirèmes perdues étaient naturellement les premiers à exprimer cette émotion pleine d'indignation. Le récit de Xénophon, maigre et confus aussi bien que peu équitable, présente cette émotion comme si c'était quelque chose dépourvu
de cause, factice, tiré de l'irascibilité constante de la multitude par les artifices de Theramenês, de Kallixenos et de
quelques autres. Mais quoi qu'aient pu faire ces hommes individuellement pour aggraver l'émotion publique, ou la
tourner à des desseins coupables, assurément l'émotion elle-
même était spontanée, inévitable et amplement justifiée.
La pensée seule qu'on avait laissé se noyer misérablement
sur les coques s'abîmant dans les flots tant de braves gens
qui avaient participé à la victoire, sans que leurs généraux
et leurs camarades à côté d'eux fissent aucun effort pour les
sauver, — cette pensée, dis-je, suffisait pour éveiller tous
les sentiments, publics aussi bien que privés, de la nature la
plus passive, même chez des citoyens qui n'étaient point
parents des morts, — à plus forte raison chez ceux qui
l'étaient. S'attendre que les Athéniens seraient assez absorbés dans la joie de la victoire, et dans la reconnaissance
à l'égard des généraux qui avaient commandé, pour ne pas
remarquer cet abandon de guerriers qui périssaient, et cet
oubli d'un devoir sympathique, — c'est, à mon avis, complétement absurde; et si cette supposition était vraie, elle
ne ferait que donner un vice de plus aux Athéniens, outre
ceux qu'ils avaient réellement, et outre les nombreux autres
vices qui leur ont été injustement imputés.

Les généraux, dans leur lettre publique, expliquaient
leur omission en disant que la violence de la tempête avait
été trop grande pour leur permettre de faire aucun mouvement. D'abord, était-ce vrai comme fait? Ensuite, avaient-
ils eu le temps d'accomplir ce devoir, ou au moins d'essayer
de l'accomplir, avant que la tempête en vînt à être si intolérable? Ces deux points demandaient un examen. Les gé-

néraux, tout en étant honorés par un vote de remercîments pour la victoire, furent remplacés, et reçurent l'ordre de venir à Athènes; tous, excepté Konôn, qui, ayant été bloqué dans Mitylênê, n'était pas compris dans l'affaire. On nomma deux nouveaux collègues, Philoklês et Adeimantos, qui devaient partir pour le rejoindre (1). Les généraux reçurent probablement l'avis de leur rappel à Samos, et ils revinrent en conséquence; ils arrivèrent à Athènes vraisemblablement vers la fin de septembre ou vers le commencement d'octobre, — la bataille des Arginusæ ayant été livrée en août 406 avant J.-C. Toutefois, deux des généraux, Protomachos et Aristogenês refusèrent de revenir; avertis du mécontentement du peuple, et n'ayant pas assez de confiance dans leur conduite pour l'affronter, ils préférèrent expier leur faute par un exil volontaire. Les six autres, Periklês, Lysias, Diomedôn, Erasinidês, Aristokratês et Thrasyllos (Archestratos, un des dix généraux primitifs, étant mort à Mitylênê) (2), vinrent sans leurs deux collègues, fâcheux augure pour le résultat.

Aussitôt qu'ils furent arrivés, Archedêmos, orateur populaire en faveur à cette époque, et exerçant quelque magistrature ou charge élevée que nous ne pouvons reconnaître distinctement (3), imposa à Erasinidês une amende, mon-

---

(1) Xénoph. Hellen. I, 7, 1; Diodore, XIII, 101. — Ἐπὶ μὲν τῇ νίκῃ τοὺς στρατηγοὺς ἐπήνουν, ἐπὶ δὲ τῷ περιϊδεῖν ἀτάφους τοὺς ὑπὲρ τῆς ἡγεμονίας τετελευτηκότας, χαλεπῶς διετέθησαν.

J'ai fait remarquer auparavant que Diodore commet l'erreur de ne parler que de *corps morts*, au lieu des ναύαγοι vivants dont parle Xénophon.

(2) Lysias, Orat. XXI. (Ἀπολογία Δωροδοκίας) sect. VII.

(3) Xénoph. Hellen. I, 7, 2. Archedêmos est dépeint comme τῆς Δεκελείας ἐπιμελούμενος. Que signifient ces mots, c'est ce qu'aucun des commentateurs ne peut expliquer d'une manière satisfaisante. Le texte doit être corrompu. Une conjecture telle que celle de Dobree semble plausible; quelques mots, tels que τῆς δεκάτης ου τῆς δεκατεύσεως, — ayant trait à la perception de la dîme dans l'Hellespont; ce qui fournirait un motif raisonnable à la conduite d'Archedêmos contre Erasinidês.

La charge occupée par Archedêmos, quelle qu'elle fût, doit avoir été suffisamment élevée pour lui conférer le pouvoir d'imposer l'amende d'un montant limité appelée ἐπιβολή.

J'hésite à identifier cet Archedêmos avec le personnage de ce nom mentionné dans les Memorabilia de Xéno-

tant limité qui était dans la compétence de certains magistrats sans la sanction du dikasterion, — et il l'accusa en
outre devant le dikasterion, en partie pour mauvaise gestion
en général dans son commandement, en partie sur le chef
spécial d'avoir soustrait quelques fonds publics qui arri-
vaient de l'Hellespont. Erasinidês fut reconnu coupable, et
condamné à être emprisonné, soit jusqu'à ce qu'il eût tenu
compte de l'argent, soit jusqu'à ce qu'une nouvelle enquête
pût se faire au sujet des autres griefs allégués.

Cette affaire d'Erasinidês fut jugée avant que les généraux
fussent appelés devant le sénat pour répondre formellement
sur la récente bataille et l'abandon subséquent des hommes
qui se noyaient. Et il semblerait presque qu'Archedêmos
voulût imputer à Erasinidês exclusivement, sans y comprendre les autres généraux, le blâme de cet abandon ; distinction qui, comme on le verra ci-après, n'était pas tout à
fait dénuée de fondement. Toutefois, si un tel dessein avait
été ˮconçu, il ne réussit pas. Quand les généraux vinrent
expliquer leur affaire devant le sénat, la décision de ce corps
fut décidément défavorable à eux tous, bien que nous n'ayons
aucun des détails du débat. Sur la proposition du sénateur
Timokratês (1), on décida que les cinq autres généraux présents seraient mis en prison, comme Erasinidês, et livrés
ainsi à l'assemblée publique, pour que le cas fût examiné (2).

En conséquence, l'assemblée publique fut tenue, et on
amena les généraux devant elle. On nous dit ici quel fut
celui qui parut comme leur principal accusateur, avec plusieurs autres ; bien que par malheur on nous laisse conjec-
turer quels furent les points sur lesquels ils insistèrent.

---

phon, II, 9. Il ne semble pas qu'il y ait
du tout de ressemblance dans les points
de caractère signalés.

L'orateur populaire Archedêmos était
en butte aux sarcasmes d'Eupolis et d'A-
ristophane pour avoir mal aux yeux et
pour avoir obtenu le droit de cité sans
y avoir réellement droit (V. Aristoph.
Ran. 419-588, avec les Scholies). Il est
également accusé, dans une ligne d'un
discours de Lysias, d'avoir détourné
les fonds publics (Lysias, cont. Alkib.
sect. 25, Orat. XIV).

(1) Xénoph. Hellen. I, 7, 3. Τιμο-
κράτους δ' εἰπόντος, ὅτι καὶ τοὺς
ἄλλους χρὴ δοθέντας ἐς τὸν δῆμον παραδοθῆναι, ἡ βουλὴ ἔδησε.

(2) Xénoph. Hellen. I, 7, 4.

Theramenês fut l'homme qui les dénonça avec le plus de
véhémence, comme coupables d'avoir laissé se noyer les
équipages des trirèmes désemparées, et de n'avoir fait aucun effort pour les sauver. Il en appela à leur propre lettre
adressée au peuple, par laquelle ils faisaient part officiellement de la victoire; lettre dans laquelle ils ne mentionnaient
pas avoir désigné quelqu'un pour se charger de ce devoir,
ni avoir personne à blâmer pour ne l'avoir pas accompli.
Ainsi l'oubli était complétement de leur faute : ils auraient
pu remplir ce devoir, et méritaient d'être punis pour l'avoir
si inhumainement négligé.

Les généraux ne pouvaient avoir un ennemi plus formidable que Theramenês. Nous avons eu occasion de le suivre,
pendant la révolution des Quatre Cents, comme un politique
perspicace aussi bien que tortueux : depuis il avait eu un
commandement militaire élevé, avait participé aux victoires
d'Alkibiadès à Kyzikos et ailleurs; et il avait servi comme
triérarque à la victoire des Arginusæ elle-même. Aussi son
autorité fut-elle naturellement grande, et compta-t-elle
pour beaucoup, quand il nia la justification que les généraux
avaient avancée, fondée sur la rigueur de la tempête. Suivant lui, ils auraient pu recueillir les hommes qui se noyaient,
et auraient dû le faire ; soit qu'ils eussent pu le faire avant
que la tempête se déclarât, — soit qu'il n'y eût jamais eu
de tempête assez sérieuse pour les en empêcher : c'était sur
leurs têtes que retombait la responsabilité de l'omission (1).
Xénophon, dans son très-maigre récit, ne nous dit pas en
termes exprès que Theramenês contredît les généraux quant
à la tempête. Mais qu'il les ait contredits sous ce rapport,
positivement, c'est ce qu'impliquent distinctement les paroles que lui prête Xénophon. Il paraît aussi que Thrasy-

---

(1) Xénoph. Hellen. I, 7, 4. Μετὰ δὲ
ταῦτα. ἐκκλησία ἐγένετο, ἐν ᾗ τῶν στρατηγῶν κατηγόρουν ἄλλοι τε καὶ
Θεραμένης μάλιστα, δικαίους
εἶναι λέγων λόγον ὑπόσχεῖν,
διότι οὐκ ἀνείλοντο τοὺς ναυαγούς. Ὅτι μὲν γὰρ οὐδενὸς ἄλλου
καθήπτοντο, ἐπιστολὴν ἐπεδείκνυε μαρτύριον · καὶ ἔπεμψαν οἱ στρατηγοὶ ἐς
τὴν βουλὴν καὶ ἐς τὸν δῆμον, ἄλλο οὐδὲν
αἰτιώμενοι ἢ τὸν χειμῶνα.

boulos, — autre triérarque aux Arginusæ, et homme non-seulement de conséquence égale, mais d'un caractère beaucoup plus estimable, — concourut avec Theramenês à cette même accusation des généraux (1), bien qu'il n'eût pas un rôle aussi saillant dans l'affaire. Lui aussi a donc dû nier la réalité de la tempête, ou du moins contester qu'elle fût survenue assez vite après la bataille ou qu'elle eût été assez terrible pour empêcher tout effort en vue de secourir les marins qui se noyaient.

Le cas des généraux, tel qu'il était soumis au public athénien, fut complétement changé quand des hommes tels que Theramenês et Thrasyboulos se présentèrent comme leurs accusateurs. Sans doute ce qu'ils dirent tous les deux avait été dit par d'autres auparavant, dans le sénat et ailleurs; mais c'était actuellement avancé publiquement par des hommes d'influence, aussi bien que connaissant le fait parfaitement. Et nous pouvons ainsi conclure indirectement (ce que ne présente pas directement le récit de Xénophon, qui cache soigneusement ce qui est contre les généraux) que, bien que les généraux affirmassent la réalité de la tempête, il y avait d'autres personnes présentes qui la niaient, — appelant ainsi la controverse sur le fait qui formait leur unique justification. De plus, en suivant la réponse faite par les généraux dans l'assemblée publique à Theramenês et à Thrasyboulos, nous arrivons à un point nouveau dans le cas, point que Xénophon laisse échapper pour ainsi dire indirectement et de cette façon confuse qui règne dans tout son récit de l'affaire. C'est cependant un nouveau point d'une extrême importance. Les généraux répondirent que si quelqu'un méritait le blâme pour n'avoir point recueilli les hommes qui

---

(1) Que Thrasyboulos ait concouru avec Theramenês à accuser les généraux, c'est impliqué dans la réponse que firent les généraux, suivant Xénophon (1, 7, 6) — Καὶ οὐχ, ὅτι γε κατηγοροῦσιν ἡμῶν, ἔφασαν ψευσόμεθα φάσκοντες αὐτοὺς αἰτίους εἶναι, ἀλλὰ τὸ μέγεθος τοῦ χειμῶνος εἶναι τὸ κωλῦσαν τὴν ἀναίρεσιν.

Le pluriel κατηγοροῦσιν montre que Thrasyboulos aussi bien que Theramenês se mit en avant pour accuser les généraux, bien que ce dernier fût plus en vue et plus violent.

se noyaient, c'étaient Theramenès et Thrasyboulos eux-mêmes ; car c'était à eux deux, avec divers autres trié-rarques et avec quarante-huit trirèmes, que les généraux avaient expressément confié l'accomplissement de ce devoir ; c'étaient eux deux qui étaient responsables de l'omission, et non les généraux. Néanmoins ils (les généraux) n'accusaient pas Theramenès et Thrasyboulos, — sachant bien que la tempête avait rendu l'accomplissement du devoir absolument impossible, et que c'était par conséquent une justification complète pour l'un aussi bien que pour l'autre. Eux (les généraux) du moins ne pouvaient faire plus que d'ordonner à des hommes capables, tels que ces deux triérarques, d'accomplir la tâche, et de leur assigner une escadre suffisante dans ce but, tandis qu'eux-mêmes, avec le gros de la flotte, allaient attaquer Eteonikos et délivrer Mitylênê. Diomedôn, l'un d'eux, avait voulu après la bataille employer tous les vaisseaux de la flotte à sauver les hommes qui se noyaient, sans songer à autre chose jusqu'à ce que cela fût fait. Era-sinidês, au contraire, voulait que toute la flotte fît voile immédiatement contre Mitylênê ; Thrasyllos disait qu'ils avaient assez de vaisseaux pour faire les deux à la fois. Conséquemment on convint que chaque général mettrait à part trois vaisseaux de sa division, pour faire une escadre de quarante-huit vaisseaux sous Thrasyboulos et Theramenès. En avançant ces assertions, les généraux produisirent des pilotes et autres, hommes qui avaient été réellement engagés dans la bataille, comme témoins à l'appui en général.

Ici donc, dans ce débat devant l'assemblée, étaient soulevés publiquement deux points nouveaux et importants. D'abord, Theramenès et Thrasyboulos dénoncèrent les généraux comme coupables de la mort de ces hommes négligés ; ensuite, les généraux affirmèrent qu'ils avaient délégué le devoir à Theramenès et à Thrasyboulos eux-mêmes. Si cette dernière assertion était réellement vraie, comment se fit-il que les généraux n'en dirent rien dans leur dépêche officielle envoyée d'abord à Athènes ? Euryptolemos, avocat des généraux (parlant dans une phase subséquente de l'affaire, bien que nous ne puissions guère douter que les mêmes arguments n'aient été aussi employés dans cette même assemblée), tout en blâmant les généraux pour cette omission, l'attribuait à une bonté déplacée de leur part et à une répugnance à exposer Theramenês et Thrasyboulos au déplaisir du peuple. La plupart des généraux (dit-il) étaient disposés à mentionner le fait dans leur dépêche officielle, mais ils furent dissuadés de le faire par Periklês et Diomedôn; dissuasion funeste (à son avis), que Theramenês et Thrasyboulos avaient payée d'ingratitude en se retournant et en les accusant tous (1).

Cette remarquable assertion d'Euryptolemos, quant à l'intention des généraux qu'ils eurent en rédigeant la dépêche officielle, nous amène à un examen plus minutieux de ce qui se passa réellement entre eux d'un côté, et Theramenês et Thrasyboulos de l'autre; ce qu'il est difficile de reconnaître clairement, mais que Diodore représente d'une manière complétement différente de Xénophon. Diodore dit que les généraux furent empêchés en partie par la tempête, en partie par la fatigue et la résistance et l'alarme de leurs propres marins, de faire aucune démarche pour recueillir (ce qu'il appelle) les corps morts pour les ensevelir, — qu'ils soupçonnèrent Theramenês et Thrasyboulos, qui se rendirent à Athènes avant eux, d'avoir l'intention de les accuser devant le peuple, — et que pour cette raison ils envoyèrent au peuple l'avis indirect qu'ils avaient donné à ces deux triérarques l'ordre spécial d'accomplir le devoir. Quand on lut ces lettres dans l'assemblée publique (dit Diodore), les

---

(1) Xénoph. Hellen. I, 7, 17.

Euryptolemos dit : — Κατηγορῶ μὲν νῦν αὐτῶν, ὅτι ἔπεισαν τοὺς ξυνάρχοντας, βουλομένους πέμπειν γράμματα τῇ τε βουλῇ καὶ ὑμῖν, ὅτι ἐπέταξαν τῷ Θηραμένει καὶ Θρασυβούλῳ τετταράκοντα καὶ ἕπτα τριήρεσιν ἀνελέσθαι τοὺς ναυαγούς, οἱ δὲ οὐκ ἀνείλοντο. Εἶτα νῦν τὴν αἰτίαν κοινὴν ἔχουσιν, ἐκείνων ἰδίᾳ ἁμαρτανόντων · καὶ ἀντὶ τῆς τότε φιλανθρωπίας, νῦν ὑπ' ἐκείνων τε καί τινων ἄλλων ἐπιβουλευόμενοι κινδυνεύουσι ἀπολέσθαι.

Nous devons expliquer ici ἔπεισαν comme équivalant à ἀνέπεισαν ou μετέπεισαν, en mettant une virgule après ξυνάρχοντας. C'est peu usité, mais ce n'est pas inadmissible. Persuader un homme de changer d'opinion ou de conduite pourrait être exprimé par πείθειν, bien que l'expression plus convenable soit ἀναπείθειν : V. ἐπείσθη, Thucyd. III, 32.

Athéniens furent excessivement indignés contre Theramenès, qui cependant se défendit d'une manière efficace et complète, en rejetant le blâme sur les généraux. Il fut ainsi forcé, contre sa volonté et pour sa défense personnelle, de devenir l'accusateur des généraux, et d'amener avec lui ses nombreux amis et partisans à Athènes. Et c'est ainsi que les généraux, en essayant de ruiner Theramenès, avaient fini par attirer une condamnation sur eux-mêmes (1).

Tel est le récit de Diodore, dans lequel il est impliqué que les généraux ne donnèrent jamais réellement aucun ordre spécial à Theramenès et à Thrasyboulos, mais affirmèrent faussement ensuite qu'ils l'avaient fait afin de discréditer l'accusation portée par Theramenès contre eux-mêmes. Jusqu'à un certain point, cela coïncide avec ce qui fut affirmé par Theramenès lui-même deux ans plus tard dans sa défense devant les Trente, — à savoir qu'il ne fut pas le premier à accuser les généraux, — qu'ils furent les premiers à l'accuser en assurant qu'ils lui avaient ordonné de se charger du devoir, et qu'il n'y avait pas pour lui de raison suffisante pour l'accomplir, — qu'ils furent les personnes qui déclarèrent distinctement possible l'accomplissement de ce devoir, tandis qu'il avait dit dès le commencement que la violence de la tempête était telle qu'elle interdisait même tout mouvement sur mer; bien plus, qu'elle empêchait de sauver les hommes qui se noyaient (2).

En prenant ensemble les récits de Xénophon et de Diodore, pour les combiner avec l'accusation et la défense sub-

---

(1) Diodore, XIII, 100, 101.

(2) Xénoph. Hellen. I, 3, 35. Si Theramenès dit réellement, dans les discussions actuelles à Athènes sur la conduite des généraux, ce qu'il affirme ici lui-même avoir dit (à savoir que la violence de la tempête rendit impossible à tout le monde de prendre la mer), son accusation contre les généraux a dû être fondée sur l'allégation qu'ils auraient pu remplir le devoir à un moment antérieur, avant qu'ils revinssent de la bataille, — avant que la tempête s'élevât, — avant qu'ils lui donnassent l'ordre. Mais je regarde comme très-probable qu'il dénatura à l'époque postérieure ce qu'il avait dit à l'époque antérieure, et que pendant les discussions actuelles, il n'admit pas que la tempête suffît comme fait et justification.

séquentes de Theramenês à l'époque des Trente, — et en
les mêlant de manière à rejeter aussi peu que possible de
l'un ou de l'autre, — je regarde comme probable que l'ordre
de recueillir les hommes exposés fut réellement donné par
les généraux à Theramenês, à Thrasyboulos et à d'autres
triérarques ; mais que d'abord on laissa s'écouler un intervalle fatal entre la fin de la bataille et le moment où l'on
donna cet ordre, — ensuite que les quarante-huit trirèmes
dont il avait été question pour ce service, et qui, comme on
l'avait proposé, devaient se composer de détachements de
trois vaisseaux pris dans la division de chaque général, ne
furent probablement jamais réunies, — ou si elles le furent,
elles montrèrent si peu de zèle pour la chose qu'elles se persuadèrent très-facilement que la tempête était trop dangereuse à braver et qu'il était alors trop tard. En effet, lorsque
nous lisons la version de l'affaire même telle qu'elle est donnée par Euryptolemos, nous voyons clairement qu'aucun des
généraux, excepté Diomedôn, ne fut empressé à accomplir
la tâche. C'est un fait mémorable que, de tous les huit généraux, pas un seul ne se chargea de la chose en personne,
bien qu'elle eût pour but de sauver de la mort plus d'un mil-
lier de camarades qui se noyaient (1). Dans une opération
où chaque intervalle même de cinq minutes était précieux,
ils se mettent à l'œuvre de la manière la plus dilatoire, en
décidant que chaque général fournira trois vaisseaux et pas
plus, pris dans sa division. Or, nous savons par ce que nous
dit Xénophon, que vers la fin de la bataille, les vaisseaux
des deux côtés étaient très-dispersés (2). Aussi cet ordre
collectif ne dut-il pas être promptement exécuté ; et jusqu'à

---

(1) Le nombre total des vaisseaux
perdus avec tous leurs équipages fut
de vingt-cinq, dont les équipages réunis (pour parler en nombres ronds),
faisaient 5,000 hommes. Or, nous pouvons bien calculer que chacun des vaisseaux désemparés devait avoir à son
bord la moitié de son équipage, c'est-à-
dire cent hommes, après l'action ; il
n'en avait pas dû être tué ou noyé plus
de la moitié dans le combat. Même dix
vaisseaux désemparés auraient ainsi
contenu mille hommes vivants, blessés
et non blessés. On verra donc que j'ai
diminué le nombre de vies en danger.

(2) Xénoph. Hellen. I, 6, 33.

ce que les huit fractions fussent toutes réunies, avec les Samiens et autres, de manière à rendre l'escadre complète, Theramenês ne dut-il pas se croire obligé de partir pour accomplir sa visite de sauvetage. Sans doute ce service lui déplaisait, — comme à la plupart des généraux, ainsi que nous le voyons, — tandis que les équipages aussi, qui venaient de débarquer après avoir remporté une victoire, songeaient surtout à se reposer, à se rafraîchir et à se féliciter mutuellement (1). Tous furent contents de trouver une excuse pour rester amarrés au lieu de sortir de nouveau pour affronter ce qui était sans doute un temps peu favorable. En partie par suite de ce défaut de zèle, ajouté au délai primitif, — en partie à cause du mauvais temps, — l'ordre resta sans exécution, et les marins à bord des vaisseaux désemparés furent abandonnés et périrent sans secours.

Mais bientôt s'éleva la question délicate, et cependant inévitable : « Comment devons-nous rendre compte de l'omission de ce devoir sacré dans notre dépêche officielle au peuple athénien ? » Ici les généraux furent d'avis différents, comme le dit expressément Euryptolemos : Periklès et Diomedôn obtinrent, contre l'opinion de leurs collègues, que dans la dépêche officielle (qui était nécessairement telle qu'elle pût être approuvée par tous), il ne serait rien dit au sujet de la délégation donnée à Theramenês et à d'autres ; toute l'omission étant rapportée aux terreurs causées par la tempête. Mais bien que ce fût là le sens du rapport officiel, il n'y eut rien qui empêchât les généraux d'écrire chez eux et de communiquer individuellement à leurs amis d'Athènes

____

(1) Nous lisons dans Thucydide (VII, 73) combien il fut impossible de décider les Syracusains à faire de mouvement militaire après leur dernière victoire navale dans le Grand Port, au milieu de leur triomphe, de leurs félicitations et de leur joie.

Ils avaient visité les débris et recueilli tant les hommes vivants à bord des vaisseaux désemparés que les corps flottants. Il est remarquable que les Athéniens en cette occasion furent si complétement accablés par l'immensité de leur désastre, qu'ils ne songèrent même jamais à demander la permission (toujours accordée par les vainqueurs quand elle était demandée) de recueillir leurs morts ni de visiter leurs débris (VIII, 72).

ce que chacun pouvait juger bon ; et dans ces communications non officielles, venues d'eux aussi bien que d'autres qui s'éloignèrent de l'armement pour retourner à Athènes, — communications non moins efficaces que la dépêche officielle pour déterminer le ton du sentiment public dans la ville, — ils ne déguisèrent pas leurs convictions que le blâme, pour n'avoir pas accompli le devoir, appartenait à Theramenês. Ayant ainsi un homme comme Theramenês sur lequel ils pouvaient rejeter le blâme, ils ne prirent pas la peine de maintenir l'histoire de la tempête intolérable, mais ils donnèrent à entendre qu'il n'y avait rien eu qui l'empêchât d'accomplir le devoir s'il l'avait voulu. C'est ce qu'il les accuse d'avoir avancé contre lui, de manière à le présenter comme le coupable aux yeux du peuple athénien : c'est ce qui le rendit, par représaille et nécessité de se défendre personnellement, violent et peu scrupuleux quand il les dénonça comme étant les personnes réellement dignes de blâme (1). Comme ils avaient tenu peu de compte de la

---

(1) Xénoph. Hellen. II, 3, 32. Le jour dans lequel je place ici la conduite de Theramenês coïncide non-seulement avec Diodore, mais avec ce qu'en dit Kritias, l'ennemi violent de Theramenês, sous le gouvernement des Trente, — précisément avant qu'il en vînt à mettre Theramenês à mort. — Οὗτος δέ τοι ἐστὶν, ὅς ταχθεὶς ἀνελέσθαι ὑπὸ τῶν στρατηγῶν τοὺς καταδύντας Ἀθηναίων ἐν τῇ περὶ Λέσβον ναυμαχίᾳ, αὐτὸς οὐκ ἀνελόμενος ὅμως τῶν στρατηγῶν κατηγορῶν ἀπέκτεινεν αὐτούς, ἵνα αὐτὸς περισωθείη (Xenoph. ut supra).

Ici il est admis que la première impression à Athènes fut (comme Diodore le dit expressément) que Theramenês reçut l'ordre de recueillir les hommes sur les débris, — qu'il l'aurait pu faire s'il avait pris la peine convenable — et qu'il méritait le blâme pour ne pas l'avoir fait. Or, comment se forma cette impression ? Naturellement par des communications reçues de l'armement lui-même. Et lorsque Theramenês dit dans sa réponse que les généraux eux-mêmes firent des communications dans le même sens, il n'y a pas de raison pour ne pas le croire ; malgré leur dépêche officielle commune, où ils ne faisaient pas mention de lui, — et malgré leur discours dans l'assemblée plus tard, où la lettre officielle antérieure les enchaînait, et les empêchait de l'accuser, en les forçant à adhérer à l'assertion présentée d'abord que l'excuse de la tempête était tout à fait suffisante.

Les faits principaux que nous trouvons ici établis, même par les ennemis de Theramenês, sont : —

1. Que Theramenês accusa les généraux parce qu'il se trouva lui-même en danger d'être puni pour la négligence.

2. Que ses ennemis, qui l'accusèrent d'avoir manqué à un devoir, n'admirent pas la tempête comme excuse pour *lui.*

tempête alléguée, en jetant le blâme sur lui, — de même, lui de son côté y attacha peu d'importance, et la traita d'excuse insuffisante, dans ses dénonciations contre eux ; prenant soin de faire bon usage de leur dépêche, qui le déchargeait virtuellement, par son silence, de toute part dans l'affaire.

C'est de cette manière que, selon moi, existèrent les relations entre les généraux d'un côté et Theramenês de l'autre, si l'on a égard à tout ce qui est dit tant dans Xénophon que dans Diodore. Mais l'exposé comparatif de blâme et de récrimination entre ces deux parties n'est pas le trait le plus important du cas. La question réellement sérieuse est quant à l'intensité ou à l'arrivée instantanée de la tempête. Fut-elle en réalité si instantanée et si dangereuse, que le devoir de visiter les débris ne put être accompli, soit avant que les vaisseaux revinssent aux Arginusæ, soit après ? Si nous prenons les circonstances du cas, et que nous les appliquions aux habitudes et aux sentiments de la marine anglaise, si nous supposons plus de mille marins, compagnons récents de victoire, répartis dans vingt coques endommagées et sans secours, attendant le moment où ces coques se rempliront et leur donneront à tous la mer pour tombeau, — il aurait fallu une tempête véritablement terrible, pour forcer un amiral anglais même à revenir s'amarrer, en laissant ces hommes exposés ainsi, — ou pour le détourner, s'il était amarré, d'envoyer les premiers vaisseaux et les plus rapprochés de lui afin de les sauver. Et en admettant que le danger fût tel qu'il hésitât à donner l'ordre, il se serait probablement trouvé des officiers et des hommes prêts à s'engager volontairement, en affrontant les dangers les plus désespérés, dans une cause qui remuait si profondément toutes leurs meilleures sympathies. Or, malheureusement pour le caractère des généraux, des officiers et des marins athéniens, aux Arginusæ, — car le blâme appartient, quoique dans des proportions inégales, à eux tous, — il existe ici une forte preuve probable que la tempête, en cette occasion, ne fut pas telle qu'elle eût dû arrêter des marins grecs animés d'un sentiment sérieux et courageux du devoir. Nous n'avons qu'à appeler l'attention sur la conduite et la fuite d'Eteonikos et de la flotte péloponésienne de Mitylênê à Chios; en nous rappelant que Mitylênê était séparée du promontoire de Kanê sur le continent asiatique, et des îles Arginusæ, par un canal large seulement de cent vingt stades (1), — environ quatorze milles anglais (= 22 kil. et demi). Eteonikos, informé de la défaite par l'aviso officiel péloponésien, pria cet aviso de sortir du port et d'y rentrer ensuite avec la fausse nouvelle décevante que les Péloponésiens avaient remporté une victoire complète; puis il ordonna à ses marins, après qu'ils auraient dîné, de partir immédiatement, et aux patrons des navires marchands d'embarquer silencieusement leurs cargaisons et de prendre également la mer. Toute la flotte, trirèmes et bâtiments de commerce ensemble, sortirent ainsi du port de Mitylênê et se dirigèrent tout droit vers Chios, où ils arrivèrent en sûreté; les bâtiments marchands portant toutes voiles, et ayant ce que Xénophon appelle « un bon vent (2). » Or, il n'est guère possible que tout cela eût pu se faire, si pendant ce temps une tempête intolérable eût sévi entre Mitylênê et les Arginusæ. Si le temps était tel qu'il permît à Eteonikos et à toute sa flotte de passer en sûreté de Mitylênê à Chios, — il n'était pas tel qu'il présentât un obstacle légi-

---

(1) Strabon, XIII, p. 617.

(2) Xénoph. Hellen. I, 6, 37. Ἐτεόνικος δὲ, ἐπειδὴ ἐκεῖνοι (l'aviso avec la nouvelle de la prétendue victoire), κατέπλεον, ἔθυε τὰ εὐαγγέλια, καὶ τοῖς στρατιώταις παρήγγειλε δειπνοποιεῖσθαι καὶ τοῖς ἐμπόροις, τὰ χρήματα σιωπῇ ἐνθεμένους ἐς τὰ πλοῖα ἀποπλεῖν ἐς Χίον, ἦν δὲ τὸ πνεῦμα οὔριον, καὶ τὰς τριήρεις τὴν ταχίστην. Αὐτὸς δὲ τὸ πεζὸν ἀπῆγεν ἐς τὴν Μηθύμνην, τὸ στρατόπεδον ἐμπρήσας. Κόνων δὲ καθελκύσας τὰς ναῦς, ἐπεὶ οἵ τε πολέμιοι ἀποδεδράκεσαν, καὶ ὁ ἄνεμος εὐδιαίτερος ἦν, ἀπαντήσας τοῖς Ἀθηναίοις ἤδη ἀνηγμένοις ἐκ τῶν Ἀργινουσῶν, ἔφρασε τὰ περὶ Ἐτεονίκου.

On voit par l'expression qu'emploie Xénophon, relativement à la conduite de Konôn, — qu'il sortit du port « aussitôt que le vent devint plus calme, » — qu'il soufflait un vent fort, bien que dans une direction favorable pour porter à Chios la flotte d'Eteonikos. Konôn n'avait pas de motif particulier pour sortir immédiatement : il pouvait se permettre d'attendre que le vent devînt tout à fait calme. Le fait important est que le vent et le temps étaient parfaitement compatibles avec la fuite de la flotte péloponésienne de Mitylênê à Chios, et que dans le fait ils lui étaient même favorables.

time capable d'empêcher tout généreux marin athénien, et encore moins un officier responsable, de sauver ses camarades exposés sur les débris près des Arginusæ. A plus forte raison, il n'était pas tel qu'il eût dû arrêter la tentative de les sauver, — quand même cette tentative n'eût pas réussi. Et ici la gravité de la faute consiste à être resté inactif pendant qu'on laissait se noyer ces braves gens sur les débris. De plus, tout ce raisonnement suppose que la flotte était déjà revenue s'amarrer aux Arginusæ ; il ne discute que ce qu'il était praticable de faire après ce moment, et laisse sans la toucher la question non moins importante de savoir pourquoi on ne recueillit pas les hommes qui se noyaient avant que la flotte se retirât.

J'ai jugé convenable d'examiner ces considérations, indispensables à la juste appréciation d'un événement aussi mémorable, — afin que le lecteur pût comprendre les sentiments de l'assemblée et du public d'Athènes, quand les généraux parurent devant eux, repoussant les accusations de Theramenês et récriminant à leur tour contre lui. L'assemblée avait à examiner ce grave et déplorable fait, qu'on avait laissé plusieurs centaines de braves marins se noyer sur les débris, sans faire le moindre effort pour les sauver. Pour expliquer ce fait, non-seulement on ne lui présentait pas de justification, à la fois incontestée et satisfaisante, — ni même un exposé des faits, simple, logique et non contredit. Il y avait des différences entre les généraux eux-mêmes, si l'on compare leurs assertions officielles avec les non officielles, aussi bien qu'avec leurs assertions actuelles, — et des contradictions entre eux et Theramenês, chacune des deux parties ayant nié que la tempête suffît comme excuse de la négligence imputée à l'autre. Il était impossible que l'assemblée pût être satisfaite de manière à acquitter les généraux, le cas lui étant présenté ainsi ; et elle ne pouvait pas non plus bien savoir dans quelle proportion elle devait répartir le blâme entre eux et Theramenês. Les parents des hommes qu'on avait laissés périr étaient sans doute dans un état de ressentiment violent contre l'un ou les autres, peut-être contre tous les deux. Dans ces circonstances, ce qui produisit le résultat que nous lisons dans Xénophon, ce n'a guère pu être la suffisance de leur défense. — ce doit plutôt avoir été la générosité apparente de leur conduite à l'égard de Theramenês, quand ils désavouèrent formellement toute accusation de négligence contre lui, bien qu'il eût avancé contre eux une accusation violente. La défense des généraux fut écoutée avec faveur et sembla de nature à prévaloir auprès de la majorité (1). Beaucoup d'individus présents s'offrirent comme caution pour les généraux, afin que ces derniers pussent sortir de prison ; mais le débat avait été tellement prolongé (nous voyons par là qu'il a dû y avoir beaucoup de discours), que la nuit arriva alors, de sorte qu'il fut impossible de rendre un vote, vu qu'on ne pouvait distinguer les mains levées. Il fut donc résolu que toute la décision serait ajournée jusqu'à une prochaine assemblée ; mais que dans l'intervalle le sénat se réunirait pour examiner quel était le mode convenable de traduire les généraux en justice et de les juger, — et qu'il soumettrait une proposition à cet effet.

Il arriva qu'immédiatement après cette première assemblée, pendant l'intervalle qui précéda la réunion du sénat ou la séance de la seconde assemblée, survinrent les trois jours de la fête annuelle et solennelle appelée Apatouria ; les premiers jours du mois d'octobre. C'était la fête caractéristique de la race ionienne, qui avait été transmise à partir d'une époque antérieure à la constitution de Kleis-

---

(1) Xénoph. Hellen. 5, 7, 1-7. Μετὰ δὲ ταῦτα οἱ στρατηγοὶ βραχέα ἕκαστος ἀπελογήσατο, οὐ γὰρ προὐτέθη σφίσι λόγος κατὰ τὸν νόμον...

Τοιαῦτα λέγοντες ἔπειθον τὸν δῆμον. L'imparfait ἔπειθον doit être signalé : ils étaient *en train de persuader*, ou *ils semblaient en train de persuader* le peuple ; non· l'aoriste ἔπεισαν, qui signifierait qu'ils convainquirent le peuple réellement.

Les premiers mots cités ici, de Xénophon, n'impliquent pas que la liberté de parler devant l'assemblée publique fût entravée ou abrégée pour les généraux, mais seulement qu'on ne leur accorda pas un jugement et une défense judiciaires. Dans une défense judiciaire, la personne accusée avait pour sa défense un temps mesuré (par la clepsydre ou horloge d'eau) qui lui était assigné, et pendant lequel personne ne pouvait l'interrompre ; temps sans doute beaucoup plus long que celui qu'un seul orateur pouvait occuper dans l'assemblée publique.

thenès, et aux dix nouvelles tribus contenant chacune autant
de dèmes, — et qui réunissait les citoyens dans leurs associations primitives de famille, de gens, de phratrie, etc.,
dont l'agrégat avait constitué primitivement les quatre
tribus ioniennes, actuellement surannées. Aux Apatouria on
accomplissait les cérémonies de famille ; on enregistrait des
mariages ; on promulguait et on certifiait des actes d'adoption, on inscrivait pour la première fois les noms des jeunes
gens sur le rôle de la gens ou de la phratrie ; ces associations de famille célébraient en commun, en l'honneur de
Zeus Phratrios, d'Athênê et d'autres divinités, des sacrifices accompagnés de beaucoup de gaieté et de joie. Une
solennité pareille, célébrée chaque année, provoquait naturellement, dans chacune de ces petites sociétés, des questions d'un affectueux intérêt. — « Quels étaient ceux qui
étaient avec nous l'année dernière, mais qui ne sont pas
actuellement ici ? Les absents, où sont-ils ? Les morts, où et
comment moururent-ils ? » Or, les équipages des vingt-cinq
trirèmes athéniennes perdues à la bataille des Arginusæ
(au moins tous ceux d'entre eux qui étaient citoyens), avaient
été membres de quelqu'une de ces associations de famille,
et manquaient en cette occasion. La réponse à la question
posée plus haut, dans leur cas, était à la fois triste et révol-
tante. — « Ils combattirent comme des braves et eurent
pleine part à la victoire ; leur trirème fut brisée, désem-
parée, et réduite à un débris, dans la bataille ; on les a laissés
sur ce débris pour périr, tandis que leurs généraux et leurs
camarades victorieux n'ont pas fait le plus petit effort pour
les sauver. » Entendre cette réponse au sujet de pères, de
frères et d'amis, — et l'entendre au milieu d'un cercle de
famille plein de sympathie, — c'était bien fait pour réveiller
une angoisse de honte, de douleur et de colère combinées ;
sentiment intolérable, qui réclamait comme satisfaction, et
semblait même imposer comme devoir, le châtiment de
ceux qui avaient laissé périr ces braves compagnons. Plus
d'une de ces associations de gens, malgré le caractère habituellement gai et joyeux des Apatouria, furent si absorbées
par ce sentiment, que leurs membres se couvrirent de vête-

ments noirs et se rasèrent la tête en signe de deuil, décidés à se présenter en cet état à la prochaine assemblée, et à apaiser les mânes de leurs parents abandonnés en faisant tout leur possible pour obtenir le châtiment des généraux (1).

Xénophon, dans son récit, représente cette explosion de sentiment aux Apatouria comme fausse et factice, et les hommes en deuil comme une troupe d'imposteurs payés, disposée par les artifices de Theramenês (2) pour perdre les

---

(I) Lysias met dans un de ses discours une expression semblable à propos des sentiments qu'on éprouva à Athènes à l'égard de ces généraux : — Ἡγούμενοι χρῆναι τῇ τῶν τεθνεώτων ἀρετῇ παρ' ἐκείνων δίκην λαβεῖν. — Lysias, cont. Eratosth. s. 37.

(2) Xénoph. Hellen. I, 7, 8. Οἱ οὖν περὶ τὸν Θεραμένην παρεσκεύασαν ἀνθρώπους μέλανα ἱμάτια ἔχοντας, καὶ ἐν χρῷ κεκαρμένους πολλοὺς ἐν ταύτῃ τῇ ἑορτῇ, ἵνα πρὸς τὴν ἐκκλησίαν ἥκοιεν, ὡς δὴ ξυγγενεῖς ὄντες τῶν ἀπολωλότων.

J'adopte ici en substance l'exposé de Diodore, qui fait une description plus juste et plus naturelle du fait ; il le représente comme une action spontanée d'un sentiment de deuil et de vengeance due aux parents des morts (XIII, 101).

D'autres historiens de la Grèce, sans excepter le docteur Thirlwall (Hist. of Greece, ch. 30, vol. IV, p. 117-125), suivent Xénophon sur ce point. Ils traitent le sentiment intense contre les généraux à Athènes de « préjugés populaires, »—« d'excitation produite par les artifices de Theramenês (Dʳ Thirlwall, p. 117-124). Theramenês (dit-il), soudoya un grand nombre de personnes pour assister à la fête, vêtues de noir, et la tête rasée, comme si elles pleuraient des parents qu'elles avaient perdues dans la bataille navale. »

Cependant le docteur Thirlwall parle du récit de Xénophon dans les termes les plus défavorables ; et certainement non pas en termes plus forts qu'il ne le mérite (V. p. 116, la note). — « Il semble que Xénophon avait *à dessein enveloppé toute l'affaire d'obscurité.* » Cf. également p. 123, où sa critique est aussi sévère.

J'ai peu de scrupule à m'éloigner du récit de Xénophon (dont j'ai une aussi mauvaise opinion que le Dʳ Thirlwall), et je vais (sans contredire aucune de ses allégations principales) jusqu'à suppléer une omission que je considère comme capitale et prépondérante. J'accepte son récit de ce qui se passa réellement à la fête des Apatouria ; mais je nie son assertion au sujet des manœuvres de Theramenês comme en étant la cause première.

La plus grande partie de l'obscurité qui entoure ces actes à Athènes résulte du fait, qu'on n'a pas signalé l'émotion intense et spontanée que l'abandon des hommes sur les débris était naturellement fait pour produire sur l'esprit public. Il serait, à mon avis, inexplicable, qu'un tel effet n'eût pas été produit, tout à fait à part des instigations de Theramenês. Dès que nous reconnaissons ce fait capital, la série des actes devient comparativement claire et explicable.

Le Dʳ Thirlwall, aussi bien que Sievers (Commentat. de Xenoph. Hellen. p. 25-30), suppose que Theramenês agit de concert avec le parti oligarchique, en profitant de cet incident pour ame-

généraux. Mais le cas était tel qu'aucun artifice n'était nécessaire. Les stimulants universels et agissant par eux-
mêmes d'une intense sympathie humaine sont ici marqués
d'une manière si saillante, qu'il n'est pas simplement su-
perflu de chercher par derrière l'or et les machinations d'un
instigateur politique, mais même que cela égare. Theramenês a pu faire tout son possible pour tourner le mécontentement public contre les généraux, et pour l'empêcher de
se tourner contre lui-même ; il est certain également qu'il
fit beaucoup pour annihiler leur défense. Il peut aussi avoir
eu quelque influence en dirigeant le sentiment contre eux,
mais il n'a pu en avoir que peu ou point pour le créer. Bien
plus, ce n'est pas trop dire qu'aucune action factice de cette
sorte n'aurait jamais pu déterminer le public athénien à
souiller une fête telle que les Apatouria par tous les insignes
de deuil. S'il le fit, ce n'a pu être qu'à la suite de quelque
émotion intérieure à la fois spontanée et violente, comme
celle que le dernier événement était bien fait pour produire.

De plus, peut-il y avoir quelque chose de plus improbable
que l'allégation qu'un grand nombre d'hommes furent soudoyés pour représenter les pères et les frères de citoyens
athéniens morts, tous bien connus de leurs parents qui sur-
vivaient réellement ? Quoi de plus improbable que l'histoire
qu'une troupe d'hommes consentît à être soudoyée, non-seulement pour mettre pendant le jour des vêtements noirs qui
pouvaient être ôtés le soir, — mais encore pour se raser la
tête, en impriment ainsi sur eux-mêmes une preuve ineffaçable de la fraude, jusqu'à ce que leurs cheveux eussent
repoussé ? qu'un homme astucieux, comme Theramenês,
distribuât des présents à une foule de personnes, présentant
toutes des têtes nues qui attestaient sa culpabilité, quand il
y avait des parents réels survivant pour prouver l'impos-

---

ner la ruine des généraux qui leur
étaient odieux, — et dont plusieurs
étaient liés avec Alkibiadês. J'avoue
que je ne vois rien à l'appui de cette
idée ; mais, en tout cas, la cause indiquée ici n'est que secondaire, — et
non le fait principal et dominant du
moment.

ture? qu'après avoir agi ainsi, il n'ait jamais été traduit en justice ni accusé pour cela dans la suite, — ni pendant la réaction prodigieuse de sentiment qui s'opéra après la condamnation des généraux, réaction que Xénophon lui-même atteste si fortement, et qui retomba si lourdement sur Kallixenos et autres, — ni par son ennemi mortel Kritias sous le gouvernement des Trente? Non-seulement Theramenês n'est jamais mentionné comme ayant été accusé dans la suite, mais autant qu'il paraît, il conserva son influence et sa position politiques, avec peu de diminution, si même elles faiblirent. C'est une raison puissante parmi beaucoup d'autres, pour ne pas croire aux présents et aux machinations universelles dont, selon Xénophon, il fit usage, afin d'obtenir la condamnation des généraux. Son discours dans la première assemblée publique, et ses nombreux partisans votant dans la seconde, contribuèrent beaucoup sans doute à ce résultat, et d'après son propre désir. Mais attribuer à ses présents et à ses intrigues l'émotion violente et dominante des Athéniens, c'est, à mon avis, une supposition à la fois peu naturelle et absurde tant au sujet d'eux qu'à son égard.

Quand le sénat se rassembla, après les Apatouria, pour s'acquitter du devoir qui lui avait été confié par la dernière assemblée publique, à savoir, de déterminer de quelle manière les généraux seraient jugés, et de soumettre son opinion à l'examen de la prochaine assemblée, — le sénateur Kallixenos (à l'instigation de Theramenês, s'il faut en croire Xénophon) proposa, et la majorité du sénat adopta, la résolution suivante : « Le peuple athénien, ayant déjà entendu dans la dernière assemblée et l'accusation et la défense des généraux, votera tout de suite sur la question par tribus. Deux urnes seront placées pour chaque tribu, et le héraut de chacune d'elles dira : Tous les citoyens qui jugent les généraux coupables pour n'avoir pas sauvé les guerriers qui avaient vaincu dans la bataille, jetteront leurs cailloux dans la première urne; ceux qui pensent autrement, dans la seconde. Si les généraux sont déclarés coupables (par le résultat du vote), ils seront remis aux Onze, et punis de mort; leurs biens seront confisqués, le dixième en étant mis à part pour la déesse Athênê (1). » Le cas de tous les huit généraux était compris dans un seul vote (2).

L'explosion sans exemple de sentiment de deuil et de vengeance à la fête des Apatouria, s'étendant par contagion des parents des morts à beaucoup d'autres citoyens, — et la probabilité créée ainsi que la prochaine assemblée sanctionnerait les mesures les plus violentes contre les généraux, — enhardirent probablement Kallixenos à proposer cette déplorable résolution, et décidèrent le sénat à l'adopter. Aussitôt que l'assemblée se fut réunie, elle fut lue et proposée par Kallixenos lui-même, comme venant du sénat qui s'était acquitté de la commission que lui avait imposée le peuple.

Elle fut entendue par une partie considérable de l'assemblée avec une indignation bien méritée. Son énormité consistait à violer les maximes constitutionnelles et les pratiques judiciaires établies de la démocratie athénienne. Elle privait les généraux accusés de tout jugement équitable, alléguant, avec une bien faible apparence de vérité qui n'était guère plus qu'un mensonge positif, que leur défense aussi bien que leur accusation avait été entendue dans l'assemblée précédente. Or, il n'y a pas eu de peuple, ancien ou moderne, aux yeux duquel les formalités d'un procès judiciaire fussent habituellement plus sacrées et plus indispensables qu'à ceux des Athéniens, — formalités comprenant une ample notification faite à l'avance à la personne accusée, avec un espace de temps mesuré et suffisant pour qu'elle se défendît devant les dikastes; tandis que ces dikastes étaient des hommes qui avaient par avance prêté serment comme corps, et qui cependant étaient choisis au sort pour chaque occasion comme individus. Toutes ces garanties furent enlevées aux généraux, qui furent soumis, pour leur vie, leur honneur et leur fortune, à un simple vote d'une assemblée publique non assermentée, sans être entendus et sans se défendre. Ce ne fut pas tout. Il ne devait y avoir qu'un seul vote pour la condamnation ou pour l'acquittement des huit généraux

---

(1) Xénoph. Hellen. I, 7, 8, 9.   (2) Xénoph. Hellen. I, 7, 34.

collectivement. Or, il existait une règle dans la procédure judiciaire attique, appelée le psêphisma de Kannônos (adoptée originairement, nous ignorons quand, sur la proposition d'un citoyen de ce nom, comme psêphisma ou décret pour quelque cas particulier, — mais généralisée depuis, transformée en pratique ordinaire et entourée d'un grand respect établi par prescription), cette règle, dis-je, interdisait péremptoirement toute sentence ou tout jugement collectif pareil, et ordonnait qu'un vote judiciaire séparé fût rendu dans tous les cas pour ou contre chacune des personnes accusées. Le psêphisma de Kannônos, en même temps que toutes les autres maximes respectées de la justice criminelle athénienne, fut ici audacieusement foulé aux pieds (1).

---

(1) Je ne puis partager l'opinion exprimée par le docteur Thirlwall dans l'Appendice III, vol. IV, p. 501 de son Histoire, — au sujet du psêphisma de Kannônos. L'idée que je présente dans le texte coïncide avec celle des commentateurs en général, dont s'éloigne le docteur Thirlwall.

Le psêphisma de Kannônos était la seule loi à Athènes qui déclarât illégal de voter sur le cas de deux personnes accusées à la fois. C'était devenu un usage dans la procédure judiciaire à Athènes ; de sorte que deux prisonniers ou plus, qui étaient ostensiblement jugés en vertu de quelque autre loi, et non en vertu du psêphisma de Kannônos avec ses diverses dispositions, avaient cependant le bénéfice de sa disposition particulière dont nous parlons, — à savoir la division du jugement.

Dans le cas particulier qui nous occupe, Euryptolemos est réduit à faire appel au psêphisma lui-même, auquel le sénat, par une proposition inouïe à Athènes, proposa de contrevenir. La proposition du sénat offensait la loi générale de plusieurs manières différentes. Elle privait les généraux d'un jugement devant un dikasterion asser-

menté ; elle les privait également de la liberté d'une défense complète pendant un temps mesuré ; mais, en outre, elle prescrivait qu'ils seraient tous condamnés ou absous par un seul et même vote, et sous ce dernier rapport elle contrevenait au psêphisma de Kannônos. Euryptolemos, dans son discours, en s'efforçant de persuader une assemblée exaspérée de rejeter la proposition du sénat et d'adopter le psêphisma de Kannônos comme base du jugement, insiste très-prudemment sur les dispositions sévères du psêphisma, et glisse avec art sur ce à quoi il vise principalement, la séparation des jugements, en offrant son parent Periklês pour être jugé le premier. Les mots δίχα ἕκαστον (sect. 37) me paraissent être expliqués naturellement avec τὸ Καννώνου ψήφισμα, comme ils le sont par la plupart des commentateurs, quoique le docteur Thirlwall n'adopte pas cette explication. Il est certain que c'était le trait principal d'illégalité, parmi beaucoup d'autres, que présentât la proposition du sénat, — je veux dire le jugement et la condamnation de tous les généraux par un *seul* vote. Ce fut sur ce point que fut fait l'amendement

Aussitôt que la résolution fut lue dans l'assemblée publique, Euryptolemos, ami intime des généraux, la dénonça comme illégale et inconstitutionnelle au dernier point, et il présenta un acte d'accusation contre Kallixenos, en vertu de la Graphê Paranomôn, pour avoir proposé une résolution d'une telle teneur. Plusieurs autres citoyens appuyèrent l'acte d'accusation qui, suivant la pratique admise d'Athènes, arrêtait le progrès ultérieur de la mesure jusqu'à ce que le jugement de son auteur eût été achevé. Et il n'y eut jamais

---

d'Euryptolemos, et que porta la résistance obstinée de Sokratês (Platon, Ap. 20 ; Xénoph. Memor. I, 1, 18).

En outre, le docteur Thirlwall, en déterminant ce qu'il croit avoir été le sens réel du psêphisma de Kannônos, me paraît avoir été égaré par le Scholiaste dans son interprétation du passage si discuté d'Aristophane, Ekklesiaz. 1089 : —

Τουτὶ τὸ πρᾶγμα κατὰ τὸ Καννώνου
[σαφῶς
Ψήφισμα, βινεῖν δεῖ με διαλελημ-
[μένον,
Πῶς οὖν δικωπεῖν ἀμφοτέρας δυνή-
[σομαι;

Sur quoi le docteur Thirlwall fait observer — : que le jeune homme compare son état à celui d'un accusé, qui, en vertu du décret de Cannônus, était placé à la barre tenue par une personne de chaque côté. C'est dans ce sens que le Scholiaste grec, bien que ses mots soient corrompus, comprenait clairement le passage. »

Je ne puis m'empêcher de croire que le Scholiaste comprenait les mots complétement mal. Le jeune homme dans Aristophane ne compare pas sa situation *avec celle de l'accusé*, mais *avec celle du dikasterion qui jugeait des accusés*. Le psêphisma de Kannônos ordonnait que chaque défendeur fût jugé séparément. En conséquence, s'il arrivait que deux défendeurs fussent présentés pour être

jugés, et dussent être jugés sans un moment de retard, le dikasterion ne pouvait effectuer cet objet qu'en se divisant en deux moitiés ou portions, ce qui était parfaitement praticable (soit que cela fût souvent pratiqué ou non), vu que c'était un corps nombreux. En agissant ainsi (κρίνειν διαλελημμένον), il pouvait *juger les deux défendeurs à la fois* ; mais il ne le pouvait d'aucune autre manière.

Or, le jeune homme d'Aristophane se compare au dikasterion dans cet état, comparaison qui est indiquée par le calembour de βινεῖν διαλελημμένον au lieu de κρίνειν διαλελημμένον. Il est assailli par deux chalands importuns et pressants, dont ni l'un ni l'autre ne veut attendre que l'autre soit servi. En conséquence, il dit : — « Je devrais évidemment être partagé en deux parties, comme un dikasterion agissant en vertu du psêphisma de Kannônos, pour traiter cette affaire ; cependant comment *serai-je capable* de servir deux personnes à la fois ? »

C'est ce que je crois être l'explication convenable du passage d'Aristophane ; et elle fournit une explication frappante de la vérité de ce qui est généralement admis comme le sens du psêphisma de Kannônos. Le Scholiaste me semble s'être alambiqué l'esprit, et avoir égaré tout le monde avec lui.

de proposition faite à Athènes, à laquelle la Graphê Paranomôn s'appliquât plus étroitement et plus justement.

Mais les nombreux partisans de Kallixenos, — surtout les hommes qui se tenaient à côté de lui en habits de deuil, avec la tête rasée, agités par de tristes souvenirs et animés par la soif de la vengeance, — n'étaient pas disposés à respecter cet obstacle constitutionnel qui s'opposait à la discussion de ce qui avait déjà été adopté par le sénat. Ils crièrent hautement « qu'il était intolérable de voir un petit groupe de citoyens empêcher ainsi le peuple assemblé de faire ce qu'il voulait; » et l'un d'eux, Lykiskos, alla même jusqu'à dire avec menace que ceux qui présentaient l'accusation contre Kallixenos seraient jugés par le même vote que les généraux, s'ils ne voulaient pas laisser l'assemblée se mettre à examiner la motion que l'on venait de lire et prendre une décision (1). L'émotion du grand nombre de citoyens ainsi réunis, augmentée encore par cette menace de Lykiskos, fut portée au plus haut point par divers autres orateurs, en particulier par l'un d'eux qui s'avança et dit : « Athéniens, j'ai été moi-même un naufragé dans la bataille, je ne me suis sauvé qu'au moyen d'un tonneau à farine vide ; mais quant à mes camarades qui périssaient sur les débris auprès de moi, ils me suppliaient, si je parvenais à m'échapper, de faire connaître au peuple athénien que leurs généraux avaient abandonné à la mort des guerriers qui avaient bravement vaincu au profit de leur pays. » Même dans l'état de l'esprit public le plus tranquille, cette communication des dernières paroles de ces hommes près d'être noyés faite par un témoin auriculaire, aurait été entendue avec émo-

---

(1) Xénophon, Hellen. I, 7. Τὸν δὲ Καλλίξενον προσεκαλέσαντο παράνομα φάσκοντες ξυγγεγραφέναι, Εὐρυπτόλεμός τε καὶ ἄλλοι τινες · τοῦ δὲ δήμου ἔνιοι ταῦτα ἐπήνουν · τὸ δὲ πλῆθος ἐβόα, δεινὸν εἶναι, εἰ μή τις ἐάσει τὸν δῆμον πράττειν, ὃ ἂν βούληται. Καὶ ἐπὶ τούτοις εἰπόντος Λυκίσκου, καὶ τούτους τῇ αὐτῇ ψήφῳ κρίνεσθαι, ἥπερ καὶ τοὺς στρατηγούς, ἐὰν μὴ ἀφῶσι τὴν ἐκκλησίαν, ἐπεθορύβησε πάλιν ὁ δῆμος, καὶ ἠναγκάσθησαν ἀφιέναι τὰς κλήσεις.

Toute cette violence a pour but de faire discuter et décider la proposition par l'assemblée, malgré les obstacles constitutionnels.

tion, mais dans l'excitation actuelle si propre à prédisposer les auditeurs, elle pénétra jusqu'au plus profond de leurs cœurs, et marqua les généraux comme des hommes condamnés (1). Sans doute il y eut d'autres affirmations semblables, qu'on ne nous mentionne pas expressément, qui mettaient sous les yeux le même fait d'autres manières, et contribuaient toutes à aggraver la violence des manifestations publiques; et ces manifestations finirent par devenir telles, qu'Euryptolemos fut forcé de retirer son acte d'accusation contre Kallixenos.

Cependant alors, il s'éleva une résistance sous une nouvelle forme, qui empêcha encore que la proposition ne fût

---

(1) Xénoph. Hellen. I, 7, 11. Παρῆλθε δέ τις ἐς τὴν ἐκκλησίαν φάσκων, ἐπὶ τεύχους ἀλφίτων σωθῆναι · ἐπιστέλλειν δ' αὐτῷ τοὺς ἀπολλυμένους, ἐὰν σωθῇ, ἀπαγγεῖλαι τῷ δήμῳ, ὅτι οἱ στρατηγοὶ οὐκ ἀνείλοντο τοὺς ἀρίστους ὑπὲρ τῆς πατρίδος γενομένους.

J'ose dire qu'il n'y a rien, dans tout le cercle de l'éloquence ancienne, qui renferme plus de véritable pathétique et qui produise une impression plus profonde, que ce simple incident et ce simple discours, bien qu'ils soient présentés de la manière la plus nue, par un avocat hostile et méprisant.

Cependant tout l'effet en est perdu, parce qu'il est d'usage de repousser tout ce qui tend à inculper les généraux, et à justifier la vive émotion du public athénien, comme si ce n'était qu'un coup de théâtre mensonger. Le docteur Thirlwall va même plus loin que Xénophon quand il dit (p. 119, vol. IV) : — « Un homme *fut mis en avant*, qui *prétendit* qu'il avait été sauvé en se cramponnant à un baril à farine, et que ses camarades, » etc. De même M. Mitford : — « On produisit un homme, » etc (p. 347).

Or, παρῆλθε ne veut pas dire « il *fut mis en avant*; » c'est un mot ordinaire employé pour signifier quelqu'un qui *s'avance* pour parler dans l'assemblée publique (V. Thucydide, III, 44), et le participe παρελθὼν dans beaucoup d'endroits.

Ensuite, φάσκων, si quelquefois il veut dire *prétendant*, signifie aussi quelquefois simplement *affirmant*. Xénophon ne garantit pas le fait affirmé, mais il ne déclare pas non plus qu'il soit faux. Il se sert de φάσκων dans divers cas où il est d'accord lui-même avec le fait affirmé (V. Hellen. I, 7, 12; Memorab. I, 2, 29 ; Cyropæd. VIII, 3, 41 ; Platon, Ap. Soc. c. 6, p. 21).

Le peuple d'Athènes entendit et crut pleinement cette déposition ; et je ne vois pas de raison pour laquelle un historien de la Grèce n'y ajouterait pas foi. Il n'y a rien dans l'assertion de cet homme qui soit du tout improbable ; bien plus, il est évident qu'il a dû se passer plus d'un incident semblable. Si nous prenons la plus petite peine pour développer dans notre imagination les détails qui se rattachaient à cette crise péniblement intéressante à Athènes, nous verrons que de nombreux récits présentant le même caractère touchant ont dû être en circulation — récits parmi lesquels sans doute beaucoup étaient faux, mais beaucoup aussi parfaitement vrais.

prise en considération par l'assemblée. Quelques-uns des prytanes — ou sénateurs de la tribu présidente, qui dans cette occasion était la tribu Antiochis, — présidents légaux de l'assemblée, refusèrent d'accueillir la question ou de la mettre aux voix ; car cette question, étant illégale et inconstitutionnelle, non-seulement leur inspirait de l'aversion, mais encore les exposait personnellement à des peines. Kallixenos employa contre eux les mêmes menaces que Lykiskos avait prononcées contre Euryptolemos : il menaça, au milieu des cris d'encouragement d'une foule de personnes dans l'assemblée, de les comprendre dans la même accusation avec les généraux. Les prytanes furent si intimidés par les manifestations furieuses de l'assemblée, que tous, à l'exception d'un seul, renoncèrent à leur opposition, et consentirent à mettre aux voix la question. Le seul prytane obstiné, dont le refus ne put être vaincu par aucune menace, était un homme dont nous lisons le nom avec un intérêt particulier, et chez lequel l'attachement inébranlable à la loi et au devoir n'était qu'un titre au respect parmi beaucoup d'autres. C'était le philosophe Sokratès, qui, dans cette occasion critique, une seule fois dans une vie de soixante-dix ans, remplissait une charge politique, parmi les cinquante sénateurs pris par la voie du sort dans la tribu Antiochis. On ne put amener Sokratès à retirer sa protestation, de sorte que la question finit par être présentée par les autres prytanes sans son concours (1). Il ne faudrait pas perdre de vue que sa résistance n'impliquait aucune opinion quant à la culpabilité ou à l'innocence des généraux, mais s'appliquait simplement à la proposition illégale et inconstitutionnelle soumise à ce moment pour décider leur sort ; proposition

____

(1) Xénophon, Hellen., I, 7, 14, 15 ; Platon, Ap. Socr. c. 20 ; Xénophon, Memor. I, 1, 18 ; IV, 4, 2.

Dans le passage des Memorabilia, Xénophon dit que Sokratès est Epistatês, ou Prytanis président pour ce jour-là. Dans les Hellenica, il le compte seulement comme un des Prytanes. On ne peut guère regarder comme certain qu'il fût Epistatês. — d'autant plus que ce même passage des Memorabilia est inexact en un autre point ; il nomme neuf généraux comme ayant été condamnés, au lieu de huit.

à laquelle il a dû déjà s'opposer une fois auparavant, dans sa qualité de membre du sénat.

Les obstacles constitutionnels ayant été ainsi violemment renversés, la question fut régulièrement posée à l'assemblée par les prytanes. Aussitôt les cris furieux cessèrent, et ceux qui les poussaient reprirent leur rôle de citoyens athéniens, — auditeurs patients de discours et d'opinions directement opposés aux leurs. Rien ne mérite plus d'être signalé que ce changement de conduite. Les champions des hommes noyés sur les coques des navires avaient résolu d'employer toute la force qui serait nécessaire pour écarter ces objections constitutionnelles préliminaires, incontestables en elles-mêmes, qui empêchaient la discussion. Mais aussitôt qu'elle fut une fois commencée, ils eurent soin de ne pas donner à la résolution l'apparence d'être enlevée de force. Euryptolemos, l'ami personnel des généraux, fut autorisé non-seulement à proposer un amendement qui rejetait la proposition de Kallixenos, mais encore à le développer dans un long discours, que Xénophon nous met sous les yeux (1).

Son discours est plein d'art et de jugement, eu égard au cas qu'il a à défendre et aux dispositions de l'assemblée. Commençant par une critique adoucie adressée à ses amis les généraux Periklès et Diomedôn, pour avoir déterminé leurs collègues à s'abstenir de mentionner, dans leur première lettre officielle, les ordres donnés à Theramenês, — il les représenta comme étant en ce moment en danger de devenir victimes de la basse conspiration du dernier, et il s'adressa à la justice du peuple pour qu'il leur accordât un jugement équitable. Il supplia le peuple de prendre tout son temps pour éclairer sa conscience avant de prononcer une sentence si solennelle et si irrévocable, — de ne se fier qu'à son jugement, mais en même temps de prendre ses sûretés

------

(1) Xénoph. Hellen. I, 7, 16. Μετὰ δὲ ταῦτα (c'est-à-dire, après les cris et les menaces rapportés plus haut) ἀνα- θὰς Εὐρυπτόλεμος ἔλεξεν ὑπὲρ τῶν στρατηγῶν τάδε, etc.

pour que ce jugement fût prononcé après une information complète et une audition impartiale, — et ainsi d'échapper à ces amers et inutiles remords qui autrement s'ensuivraient à coup sûr. Il proposa que les généraux fussent jugés chacun séparément, en vertu du psêphisma de Kannônos, — avec une sommation régulière et un ample espace de temps accordé pour la défense aussi bien que pour l'accusation ; mais que s'ils étaient reconnus coupables, ils subissent les châtiments les plus graves et les plus déshonorants, — son propre parent Periklês le premier. C'était le seul moyen de frapper le coupable, de sauver l'innocent, et d'épargner à Athènes l'ingratitude et l'impiété de condamner à mort, sans jugement aussi bien que contrairement à la loi, des généraux qui venaient de lui rendre un si important service. Et que pouvait craindre le peuple? Craignait-il que le pouvoir de juger ne glissât de ses mains, — qu'il était si impatient de sauter par-dessus tous les délais prescrits par la loi (1)? Le pire des traîtres publics, Aristarchos, il l'avait informé un jour à l'avance, dans les formes voulues, du procès qu'on allait lui intenter, en lui accordant tous les moyens légaux pour se défendre; et présenterait-il actuellement un contraste si flagrant de mesures à l'égard d'officiers victorieux et fidèles? « Ne soyez pas (dit-il) hommes à agir ainsi, Athéniens. Les lois sont votre propre ouvrage; c'est à elles que vous devez surtout votre grandeur : restez-leur fidèles, et n'essayez de rien faire sans leur sanction (2). »

Euryptolemos récapitula ensuite brièvement ce qui s'était passé après la bataille, avec la violence de la tempête qui avait empêché d'approcher des carcasses des vaisseaux, ajoutant que l'un des généraux, à ce moment accusé, avait été lui-même à bord d'un vaisseau brisé, et n'avait échappé

---

(1) Voilà l'accusation de « précipitation insouciante » (προπέτεια) que Pausanias porte contre les Athéniens par rapport à leur conduite à l'égard des six généraux (VI, 7, 2).

(2) Xénophon, Hellen. I, 7, 30. Μὴ ὑμεῖς γε, ὦ Ἀθηναῖοι · ἀλλ' ἑαυτῶν ὄντας τοὺς νόμους, δι' οὓς μάλιστα μέγιστοί ἐστε, φυλάττοντες, ἄνευ τούτων μηδὲν πράττειν πειρᾶσθε.

que grâce à un heureux hasard (1). S'encourageant par sa propre harangue, il termina en rappelant aux Athéniens l'éclat de la victoire, et en leur disant qu'ils devraient en bonne justice couronner le front des vainqueurs, au lieu de suivre ces conseillers pervers qui demandaient avec instance leur exécution (2).

Ce n'est pas une faible preuve de la force des habitudes établies de discussion publique, que les hommes en deuil avec la tête rasée, qui avaient quelques minutes auparavant été dans un état d'excitation furieuse, écoutassent si patiemment un discours qui produisait autant d'effet et était aussi contraire à leurs plus forts sentiments que celui d'Euryptolemos. Il se peut que d'autres aient parlé aussi, mais Xénophon ne les mentionne pas. Il est remarquable qu'il ne nomme pas Theramenès comme prenant une part à ce dernier débat.

L'amendement capital proposé par Euryptolemos était que les généraux fussent jugés chacun séparément, suivant le psèphisma de Kannônos, impliquant que le jour du jugement serait notifié à chacun, et que tout le temps lui serait accordé pour se défendre. Cette motion, aussi bien que celle du sénat proposée par Kallixenos, fut soumise au vote de l'assemblée, les mains étant levées séparément, d'abord pour l'une, ensuite pour l'autre. Les prytanes déclarèrent que l'amendement d'Euryptolemos était adopté. Mais un citoyen du nom de Meneklês attaqua leur décision comme fausse ou invalide, alléguant vraisemblablement quelque vice de forme ou quelque supercherie commise en posant la question, ou peut-être une indication erronée de la levée comparative des mains. Nous devons nous rappeler que dans le cas actuel les prytanes étaient des partisans déclarés de l'amendement. Sentant qu'ils avaient tort de souffrir qu'une proposition aussi illégale que celle de Kallixenos fût présentée, et que ce serait un grand malheur public qu'elle fût adoptée, ils

---

(1) Xénoph. Hellen. I, 7, 35. Τούτων δὲ μάρτυρες οἱ σωθέντες ἀπὸ τοῦ αὐτομάτου, ὧν εἷς τῶν ὑμετέρων στρατηγῶν ἐπὶ καταδύσης νεὼς σωθείς, etc.

(2) Le discours est contenu dans Xénophon, Hellen. I, 7, 16-36.

ne durent guère avoir de scrupule à essayer de la faire manquer, même par quelque manœuvre déloyale. Mais l'objection faite par Meneklès les força à poser de nouveau la question, et ils furent ensuite obligés de déclarer que la majorité était en faveur de la proposition de Kallixenos (1).

On mit peu après cette proposition à effet en disposant les deux urnes pour chaque tribu, et en recueillant les votes des citoyens individuellement. Le vote de condamnation l'emporta, et les huit généraux furent reconnus tous coupables. Fut-ce à une grande ou à une petite majorité? c'est ce que nous aurions été contents d'apprendre; mais on ne

---

(1) Xénoph. Hellen. I, 7, 38. Τούτων δὲ διαχειροτουμένων, τὸ μὲν πρῶτον ἔκριναν τὴν Εὐρυπτολέμου · ὑπομοσαμένου δὲ Μενεκλέους, καὶ πάλιν διαχειροτονίας γενομένης, ἔκριναν τὴν τῆς βουλῆς.

Je ne puis croire que l'explication de ce passage, donnée soit par Schoemann (De Comitiis Athen. part. II, p. 160 *seq.*), soit par Meier et Schoemann (Der Attische Prozess. l. III, p. 295; l. IV, p. 696), soit satisfaisante. L'idée de Schoemann, que, par suite de la résistance invincible de Sokratês, le vote sur cette question fut remis jusqu'au lendemain, me paraît complétement incompatible avec le récit de Xénophon ; bien qu'elle soit appuyée par un passage du dialogue pseudo-platonique appelé Axiochos (c. 12), tout à fait vague et indigne de confiance. Il est évident pour moi que la question fut posée sans Sokratês, et pouvait l'être légalement par les autres Prytanes, malgré sa résistance. Le mot ὑπωμοσία doit sans doute avoir un sens un peu différent ici du sens technique qu'il avait devant le dikasterion; et différent aussi, je pense, de l'autre sens que lui attribuent Meier et Schoemann, *d'un engagement formel à présenter* à quelque moment futur une accusation ou γραφὴ παρανόμων. Il me sémble désigner ici une *objection faite* sur des motifs formels à la décision des *Prytanes* ou *Présidents*, et *appuyée par un serment, soit déféré, soit prononcé réellement.* Ces derniers avaient à déclarer de quel côté la levée des mains dans l'assemblée était prépondérante ; mais il a dû exister assurément *quelque* pouvoir de révoquer en doute leur décision, s'ils faisaient une déclaration fausse, ou s'ils posaient la question d'une manière déloyale, embarrassante ou obscure. L'assemblée athénienne n'admettait pas l'appel à une division, comme l'assemblée spartiate ou comme la Chambre des Communes en Angleterre, quoiqu'il y eût bien des cas dans lesquels les votes à Athènes fussent rendus au moyen de cailloux déposés dans une urne, et non par mains levées.

Or, il me semble que Meneklês exerçait ici le privilége de révoquer en doute la décision des Prytanes, et de les forcer à faire voter de nouveau. Il peut avoir allégué qu'ils n'avaient pas fait comprendre clairement laquelle des deux propositions devait être mise aux voix la première, — qu'ils avaient mis d'abord aux voix la proposition de Kallixenos, sans en avertir convenablement, — ou peut-être qu'ils avaient mal rapporté le nombre. Par ce qui suivit, nous voyons que son objection était bien fondée.

nous le dit pas. La majorité fut composée en grande partie de ceux qui agissaient sous l'empire d'un ressentiment véritable contre les généraux, mais en partie aussi d'amis et de partisans de Theramenès (1), en nombre assez considérable. Les six généraux alors à Athènes, — Periklès (fils du grand homme d'État de ce nom et d'Aspasia), Diomedôn, Erasinidês, Thrasyllos, Lysias et Aristokratês, — furent ensuite remis aux Onze, et périrent, selon l'usage, en avalant la ciguë; leurs biens furent confisqués, comme le prescrivait le décret du sénat.

Relativement à la condamnation de ces hommes infortunés, prononcée sans aucun des préliminaires tutélaires reconnus en faveur d'accusés, il ne peut y avoir qu'une opinion. Ce fut un acte d'injustice et d'illégalité violentes, qui déshonore profondément les hommes qui le votèrent et le caractère athénien en général. Dans l'un ou dans l'autre cas, que les généraux fussent coupables ou innocents, cette censure est méritée; car les précautions judiciaires sont aussi essentielles quand il s'agit de coupables que quand il s'agit d'innocents. Mais elle est méritée pour un motif plus grave encore, si nous considérons que les hommes contre lesquels fut commise une si grande injustice venaient de remporter

---

(1) Diodore, XIII, 101. Par rapport à ces deux éléments constitutifs de la majorité, je regarde l'assertion de Diodore comme exacte. Mais il dit, d'une manière tout à fait erronée, que les généraux furent condamnés par le vote de l'assemblée, et emmenés de là pour être exécutés. L'assemblée décréta seulement que le vote subséquent au moyen des urnes s'effectuerait, et le résultat de ce vote était nécessairement incertain d'avance. En conséquence, le discours que, suivant Diodore, Diomedôn prononça dans l'assemblée après que le vote eut été proclamé, ne peut être une histoire vraie : — « Athéniens, je désire que le vote que vous venez de rendre soit profitable à la République. Ayez soin d'accomplir les vœux faits à Zeus Sôter, à Apollon, et aux Vénérables Déesses, et auxquels nous devons notre victoire, puisque la fortune nous a empêchés de les remplir nous-mêmes. » Il est impossible que Diomedôn puisse avoir prononcé un discours de cette sorte, puisqu'alors il n'était pas condamné; et après le vote de condamnation, il n'est guère possible qu'une assemblée ait été tenue, puisque la sentence prononçait péremptoirement que les généraux, s'ils étaient condamnés, seraient livrés aux Onze. Toutefois, il est si naturel que Diomedôn exprimât ce sentiment, qu'on peut bien imaginer qu'il a dit quelque chose de la sorte à l'archonte président ou aux Onze, bien qu'il n'y eût pas d'occasion pour le dire au peuple assemblé.

une glorieuse victoire. Elle ne fournit pas de motif de blâme contre la constitution démocratique d'Athènes, — ni·contre les habitudes et les sentiments que cette constitution tendait à implanter dans le citoyen individuellement. L'une et les autres interdisaient fortement un tel ·acte ; et les Athéniens n'auraient jamais pu se déshonorer si, dans une excitation féroce momentanée, ils ne s'étaient mis·en insurrection non moins contre les formes de leur propre démocratie que contre les entraves les plus sacrées de leur ·moralité constitutionnelle habituelle.

Si une preuve était nécessaire à l'appui de ce que j'avance, les faits qui se passèrent immédiatement la fourniraient abondamment. Après un court intervalle de temps, il n'y eut pas d'homme à Athènes qui ne rougît sincèrement de ce qui avait été fait (1). L'assemblée publiquè (2) ·rendit un vote, décrétant que ceux qui avaient égaré le peuple en cette occasion devaient être soumis à un jugement judiciaire, que Kallixenos avec quatre autres seraient du nombre, qu'on accepterait caution pour leur comparution. ·Cela se fit en conséquence, et les personnes furent remises à la garde des garants eux-mêmes, qui furent responsables de leur comparution le jour du jugement. Mais bientôt les calamités étrangères et la sédition intérieure commencèrent à peser si lourdement sur Athènes ·qu'elles ne laissèrent pas de place à ·d'autres pensées, comme nous le verrons dans le chapitre suivant. Kallixenos et ses complices trouvèrent moyen de s'échapper avant que le jour du jugement fût arrivé, et restèrent en exil jusqu'après la domination des Trente et le rétablissement de la démocratie. Kallixenos revint alors en vertu de l'amnistie générale. Mais cette amnistie le protégea seulement contre une poursuite légale, et non contre le sou-

------

(1) Je traduis ici littéralement le langage de Sokratês dans sa défense (Platon, Apol. c. 20) : — Παρανόμως, ὡς ἐν τῷ ὑστέρῳ χρόνῳ πᾶσιν ὑμῖν ἔδοξε.

(2) Xénoph. Hellen. I, 7, 89. Ce vote de l'assemblée publique était connu à Athènes sous le nom de Probolê. Le peuple assemblé s'acquittait en cette occasion d'une fonction anté-judiciaire, quelque chose comme un grand jury.

venir hostile du peuple. « Détesté de tous, il mourut de faim, » — dit Xénophon (1); ce qui prouve d'une manière mémorable combien la condamnation de ces six généraux blessa le sentiment démocratique constant à Athènes.

A quelle cause fut due cette explosion momentanée d'injustice, si étrangère au caractère habituel du peuple ? Même dans la provocation politique la plus forte, et à l'égard des traîtres les plus haïs (comme Euryptolemos lui-même le fit remarquer en citant le cas d'Aristarchos), après les Quatre Cents aussi bien qu'après les Trente, les Athéniens ne commirent jamais une injustice pareille, — jamais ils ne privèrent un accusé des garanties judiciaires accoutumées. D'où vient donc qu'ils le firent en cette occasion, alors que les généraux condamnés non-seulement n'étaient pas des traîtres, mais encore venaient de se signaler par un combat victorieux ? Theramenês n'aurait pu produire ce phénomène ; un complot oligarchique profondément combiné ne peut être invoqué, à mon avis, comme explication (2). La véritable explication est différente et très-importante à constater. La haine politique, quelque intense qu'elle fût, ne fut jamais séparée, dans l'esprit d'un citoyen d'Athènes, des formes démocratiques de procédure ; mais les hommes qui se présentaient ici comme acteurs s'étaient affranchis des obligations imposées par le caractère de citoyen et de membre de la république, et ils s'étaient abandonnés, cœur et âme, aux sympathies et aux antipathies de famille ; sentiments allumés d'abord, et justement allumés, par la pensée qu'on avait laissé leurs parents et leurs amis périr sans secours sur les coques des vaisseaux, — ensuite, enflammés et poussés à une violence surnaturelle et irrésistible par la fête des Apatouria, où toutes les traditions religieuses rattachées à l'ancien lien de famille, toutes ces associations d'idées qui imposaient aux parents d'un homme assassiné le devoir de

(1) Xénoph. Hellen. I, 7, 40. Μισού-μενος ὑπὸ πάντων, λιμῷ ἀπέθανεν.
(2) Telle est la supposition de Sievers, de Forchhammer, et de quelques autres savants ; mais, selon moi, elle n'est ni prouvée, ni probable.

poursuivre le meurtrier, se développaient en détail et agissaient par leur solennité appropriée en ravivant les souvenirs. Les vêtements de deuil et la tête rasée, — phénomènes inconnus à Athènes, soit dans une assemblée politique, soit dans une fête religieuse, — étaient des signes de transformation momentanée dans l'homme intérieur. Il ne pouvait penser qu'à ses parents noyés, ainsi qu'aux généraux qui les avaient abandonnés à la mort, et à son propre devoir comme survivant de leur assurer vengeance et satisfaction pour cet abandon. Sous l'empire de ce mouvement qui se justifiait lui-même, le procédé le plus court et le plus sûr parut le meilleur, quelque somme d'injustice politique qu'il pût imposer (1); bien plus, dans le cas actuel, il parut le seul procédé réellement sûr, puisque l'interposition des délais judiciaires convenables, jointe à la séparation du jugement en des jours successifs, suivant le psêphisma de Kannônos, aurait probablement sauvé la vie à cinq des généraux sur les six, sinon à tous les six. En songeant que ce sentiment absorbant fut commun, en un seul et même temps, à une proportion considérable des Athéniens, nous verrons l'explication de ce vote égaré, tant du sénat que de l'ekklesia, qui soumit les six généraux à un scrutin illégal, — et du scrutin subséquent qui les condamna. Telle est la conduite naturelle de ceux qui, après avoir oublié pour le moment leur sens de communauté politique, se rabaissent à l'état d'hommes de famille exclusivement. Les affections de famille, qui produisent tant de douce sympathie et de bonheur mutuel dans le

---

(1) Si Thucydide avait vécu pour continuer son histoire assez loin, de manière à comprendre ce mémorable événement, il aurait trouvé l'occasion de signaler τὸ ξυγγενὲς (parenté) comme étant tout aussi capable de ἀπροφάσιστος τόλμα (audace sans scrupule) que τὸ ἑταιριχόν (faction). Dans ses réflexions sur les troubles Korkyræens (III, 82), il est amené à insister surtout sur ce dernier sentiment, — les antipathies de faction, d'une confrérie ou conspiration politique étroite, en vue d'acquérir et de conserver le pouvoir, — comme étant le plus puissant à produire de mauvaises actions. S'il avait décrit ce qui se passa après la bataille des Arginusæ, il aurait vu que le sentiment de parenté, considéré par son côté d'antipathie ou de vengeance, est fécond en tendances pareilles.

cercle intérieur, sont aussi susceptibles d'engendrer le dédain, la méchanceté, quelquefois même une vengeance féroce, à l'égard d'autres. Puissantes pour le bien en général, elles ne le sont pas moins à l'occasion pour le mal, et elles ont besoin, non moins que les tendances égoïstes, du contrôle constant, qui les subordonne, de cette raison morale qui se propose pour but la sécurité et le bonheur de tous. Et quand un homme, par défaut de civilisation élevée, n'a jamais connu ce sentiment moral, — ou quand par quelque stimulant accidentel, légitime dans le principe, mais transformé en fanatisme par la force combinée de sympathies de religion aussi bien que de famille, il en vient à placer son orgueil et sa vertu à en écarter la suprématie, — il n'y a guère de somme de mal ou d'injustice qu'il ne soit amené à commettre, par une aveugle obéissance aux intérêts étroits de la parenté. « Ces pères de famille sont capables de tout. » — Telle était la remarque satirique de Talleyrand sur le honteux tripotage public si largement pratiqué par ceux qui recherchaient une place ou de l'avancement pour leurs fils. Les mêmes mots, compris dans un sens plus effrayant, et généralisé pour d'autres cas de parenté, résument la moralité de cet acte lamentable à Athènes.

En dernier lieu, on ne doit jamais oublier que les généraux eux-mêmes étaient aussi largement responsables dans la circonstance. Par suite de l'inexcusable furie du mouvement déclaré contre eux, ils périrent comme des hommes innocents, sans jugement : — « *Inauditi et indefensi, tanquam innocentes, perierunt;* » mais il ne s'ensuit pas qu'ils fussent réellement innocents. Je suis convaincu qu'il n'aurait pu arriver avec une flotte anglaise, française ou américaine aucun événement pareil à ceux qui suivirent la victoire des Arginusæ. Ni amiral ni marins, après avoir remporté une victoire et repoussé l'ennemi, n'auraient supporté l'idée de retourner à leur mouillage, laissant leurs vaisseaux désemparés à la merci des flots, avec un grand nombre de leurs camarades vivants à bord, sans secours, et dépendant d'un secours étranger pour toute chance de salut. Que telle ait été la conduite des généraux aux Arginusæ, c'est ce qui est avoué par leur propre avocat Euryptolemos (1), quoiqu'ils aient bien dû connaître l'état de vaisseaux désemparés après un combat naval,. et que quelques vaisseaux même de la flotte victorieuse le fussent assurément. Si ces généraux, après leur victoire, avant de retourner à terre, s'étaient occupés tout d'abord à visiter les vaisseaux mis hors de combat, il y aurait eu amplement du temps pour accomplir ce devoir, et pour sauver tous les hommes vivants à bord avant l'arrivée de la tempête. C'est la conclusion naturelle, même d'après leur propre exposé; c'est ce que tout commandant naval anglais, français ou américain aurait regardé comme un devoir impérieux de faire. Quel degré de blâme est imputable à Theramenês, et jusqu'à quel point les généraux furent-ils déchargés en faisant retomber la responsabilité sur lui, c'est un point que nous ne pouvons déterminer aujourd'hui. Mais la tempête, qu'on invoque comme justification dans le cas de l'un ou dans celui des autres, repose sur une preuve trop contestable pour servir ce but, alors que l'oubli de ce devoir fut si sérieux et coûta la vie probablement à plus de mille braves gens. Du moins le peuple athénien, quand il entendit les accusations et les récriminations entre les généraux d'un côté et Theramenês de l'autre, — chacun d'eux dans son caractère d'accusateur impliquant que la tempête n'était pas un obstacle valable, bien que chacun, s'il y était poussé par le besoin de se défendre, retombât sur elle comme sur une ressource en cas de besoin, — le peuple athénien, dis-je, ne peut s'empêcher de considérer la tempête plutôt comme une pensée venue après coup pour excuser des omissions

---

(1) Xénoph. Hellen. I, 7, 31. Ἐπειδὴ γὰρ κρατήσαντες τῇ ναυμαχίᾳ πρὸς τὴν γῆν κατέπλευσαν, Διομέδων μὲν ἐκέλευεν, ἀναχθέντας ἐπὶ κέρως ἅπαντας ἀναιρεῖσθαι τὰ ναυάγια καὶ τοὺς ναυαγούς, Ἐρασινίδης δὲ, ἐπὶ τοὺς ἐς Μιτυλήνην πολεμίους τὴν ταχίστην πλεῖν ἅπαντας · Θράσυλλος δ' ἀμφότερα ἔφη γενέσθαι, ἂν τὰς μὲν αὐτοῦ καταλίπωσι, ταῖς δὲ ἐπὶ τοὺς πολεμίους πλέωσι καὶ δοξάντων τούτων, etc.

J'ai fait remarquer, quelques pages plus haut, que le cas d'Erasinidês était dans une certaine mesure à part de ceux des autres généraux. Il proposa, d'après le discours d'Euryptolemos, que toute la flotte retournât immédiatement à Mitylênê; ce qui naturellement aurait laissé à leur sort les hommes sur les vaisseaux brisés.

antérieures, que comme une réalité terrible annihilant toute
l'ardeur et toute la résolution d'hommes disposés à faire
leur devoir. Ce fut de cette manière que l'intervention de
Theramenês contribua surtout à la ruine des généraux, et
non au moyen de ces manœuvres que lui attribue Xénophon ; il détruisit toute croyance en la tempête comme obstacle réel et couvrant tout. L'impression générale du public
à Athènes, — impression, à mon avis, naturelle et inévitable, — fut qu'il y avait eu, par rapport aux vaisseaux brisés, la négligence la plus coupable, seule cause de la perte
des marins qu'ils portaient. Cette négligence déshonore,
plus ou moins, l'armement aux Arginusæ aussi bien que les
généraux ; mais les généraux étaient les personnes responsables devant le public d'Athènes, qui éprouva pour le sort
des marins abandonnés un sentiment plus juste aussi bien
que plus généreux que leurs camarades de la flotte.

Conséquemment, malgré l'acte coupable auquel une exagération furieuse de ce sentiment poussa les Athéniens, —
malgré la sympathie que cette circonstance a procurée justement et naturellement aux généraux condamnés, — le
verdict de l'impartiale histoire déclarera que le sentiment lui-
même était bien fondé, et que les généraux méritaient le
blâme et la disgrâce. Le peuple athénien pouvait leur dire
avec justice : — « Quelle que soit la grandeur de votre victoire, nous ne pouvons ni nous en réjouir nous-mêmes, ni
vous permettre d'en tirer gloire, si nous trouvons que vous
avez laissé tant de centaines de ceux qui vous avaient aidé
à la gagner être noyés à bord des vaisseaux brisés, sans faire
aucun effort pour les sauver, quand cet effort aurait bien pu
être heureux. » Et la condamnation prononcée ici, tout en
servant d'avertissement pénible pour les généraux athéniens subséquents, fournissait en même temps une garantie
efficace pour la conservation de combattants restés dans les
coques des vaisseaux ou nageant pour sauver leur vie après
une victoire navale. On peut à cet égard signaler un cas
spécial. Trente ans plus tard (376 av. J.-C.), l'amiral athénien Chabrias défit, bien que non sans des pertes considérables, la flotte lacédæmonienne près de Naxos. S'il l'avait

poursuivie avec vigueur, il aurait complété sa victoire en la détruisant toute ou en grande partie; mais se rappelant ce qui s'était passé après la bataille des Arginusæ, il s'abstint de toute poursuite, appliqua son attention aux vaisseaux désemparés de sa propre flotte, sauva de la mort ceux des citoyens qui vivaient encore, et recueillit les morts pour leur donner la sépulture (1).

---

(1) Diodore, XV, 35.

Γενόμενος δὲ (Χαβρίας) ἐπὶ τοῦ προτερήματος, καὶ πάσας τὰς τῶν πολεμίων ναῦς φυγεῖν ἀναγκάσας, ἀπέσχετο παντελῶς τοῦ διωγμοῦ, ἀναμνησθεὶς τῆς ἐν Ἀργινούσαις ναυμαχίας, ἐν ᾗ τοὺς νικήσαντας στρατηγοὺς ὁ δῆμος ἀντὶ μεγάλης εὐεργεσίας θανάτῳ περιέβαλεν, αἰτιασάμενος ὅτι τοὺς τετελευτηκότας κατὰ τὴν ναυμαχίαν οὐκ ἔταψαν, εὐλαβήθη μή ποτε τῆς περιστάσεως ὁμοίας γενομένης κινδυνεύσῃ παθεῖν παραπλήσια. Διόπερ ἀποστὰς τοῦ διώκειν, ἀνελέγετο τῶν πολιτῶν τοὺς διανηχομένους, καὶ τοὺς μὲν ἔτι ζῶντας ἔσωσε, τοὺς δὲ τετελευτηκότας ἔθαψεν. Εἰ δὲ μὴ περὶ ταύτην ἐγένετο τὴν ἐπιμέλειαν, ῥᾳδίως ἂν ἅπαντα τὸν πολεμίων στόλον διέφθειρε.

Ici Diodore, en faisant allusion à la bataille des Arginusæ, répète l'erreur qu'il avait commise auparavant, comme si l'omission concernait ici seulement des corps morts et non des hommes vivants. Mais quand il décrit ce que fit Chabrias à Naxos, il présente la conservation de citoyens vivants non-seulement comme une réalité, mais comme la réalité la plus saillante dans l'opération.

FIN DU ONZIÈME VOLUME

TABLE DES MATIÈRES

DU ONZIÈME VOLUME

DEUXIÈME PARTIE

GRÈCE HISTORIQUE

—

CHAPITRE I

DEPUIS LA DESTRUCTION DE L'ARMEMENT ATHÉNIEN JUSQU'A LA CONSPI-
RATION OLIGARCHIQUE DES QUATRE CENTS A ATHÈNES.

PAGES.

Conséquences de la ruine de l'arment athénien en Sicile.... 2

Occupation de Dekeleia par les Lacédæmoniens ; ses effets ruineux pour Athènes.......... 3

Athènes devient un poste militaire ; service pénible imposé aux citoyens comme soldats... 4

Embarras financiers.......... ib.

Athènes renvoie ses mercenaires thraces ; massacre à Mykalêssos.................... 6

Les Thraces repoussés et massacrés en partie par les Thêbains.................... 7

Station athénienne à Naupaktos ; déclin de la supériorité navale d'Athènes................ ib.

Combat naval près de Naupaktos ; résultat indécis............ 8

Dernières nouvelles des Athéniens venues de Syracuse ; la ruine de l'armée de Sicile n'est pas officiellement annoncée à Athènes. 10

Répugnance des Athéniens à croire toute la vérité....... ib.

Terreur et affliction à Athènes. 11

Résolutions énergiques adoptées par les Athéniens ; conseil des Probouli.................. 12

Prodigieux effet de la catastrophe sur tous les Grecs, ennemis et alliés d'Athènes aussi bien que neutres, et même sur les Perses. 14

Mouvements d'Agis............ 15

Les Eubœens demandent l'aide d'Agis pour se révolter contre Athènes ; les Lesbiens font la même demande et sont préférés................... 16

Les habitants de Chios, dans le même dessein, s'adressent à Sparte................... ib.

Des envoyés de Tissaphernês et

PAGES.

de Pharnabazos viennent à Sparte en même temps..... 16

Alkibiadês à Sparte; ses recommandations déterminent les Lacédæmoniens à envoyer du secours à Chios............... 18

Congrès des alliés péloponésiens à Corinthe; mesures adoptées. 19

Fête isthmique; scrupules des Corinthiens; délai au sujet de Chios; soupçons d'Athènes... 20

Flotte péloponésienne de Corinthe à Chios; elle est défaite par les Athéniens........... 21

Une petite escadre part de Sparte sous Chalkideus et Alkibiadês, pour aller à Chios........... 22

Avis énergique d'Alkibiadês; sa grande utilité pour Sparte.... ib.

Arrivée d'Alkibiadês à Chios; l'île se révolte contre Athènes. 23

La population de Chios en général était peu disposée à se révolter contre Athènes..... 24

Effroi causé à Athènes par la révolte de Chios; les Athéniens rendent libre et approprient leur fond mis en réserve...... 26

Armée athénienne dépêchée à Chios sous Strombichidês..... ib.

Activité des gens de Chios à étendre la révolte parmi les autres alliés athéniens; Alkibiadês détermine Milêtos à se révolter.................... 27

Première alliance entre les Péloponésiens et Tissaphernês, conclue par Chalkideus à Milêtos. 29

Conditions déshonorantes et désavantageuses du traité....... ib.

Efforts énergiques d'Athènes; révolution démocratique à Samos.................... 30

Flotte péloponésienne à Kenchreæ; Astyochos est envoyé comme amiral spartiate en Iônia.................... 34

Expédition des habitants de Chios contre Lesbos............... 35

Leur insuccès; les Athéniens conservent Lesbos........... 36

PAGES.

Opérations des Athéniens contre Chios, fatigantes pour cette dernière.................... 37

Maux soufferts par les habitants de Chios; prospérité de l'île jusqu'à cette époque......... 38

Nouvelles forces venues d'Athènes; victoire des Athéniens près de Milêtos............. 39

Il arrive de nouvelles forces péloponésiennes; les Athéniens se retirent, conformément à l'énergique recommandation de Phrynichos................. 40

Prise d'Iasos par les Péloponésiens; riche pillage; Amorgês fait prisonnier.............. 42

Tissaphernês commence à fournir une paye à la flotte péloponésienne; il réduit le taux de la paye pour l'avenir........... 43

Puissante flotte athénienne à Samos; renouvellement inattendu de la marine d'Athènes....... 44

Astyochos à Chios et sur la côte opposée.................... ib.

Pedaritos, gouverneur lacédæmonien, à Chios; désaccord entre lui et Astyochos........... 45

Astyochos abandonne Chios et retourne à Milêtos. Accident grâce auquel il échappe à la flotte athénienne........... 46

Les Athéniens établissent un poste fortifié dans Chios, afin de ravager l'île.................. 47

Dorieus arrive sur la côte asiatique avec une escadre de Thurii pour rejoindre Astyochos; luttes maritimes près de Knidos.................... 48

Second traité péloponésien avec Tissaphernês, conclu par Astyochos et par Theramenês... 49

Comparaison du second traité avec le premier............ 50

Arrivée d'une nouvelle escadre péloponésienne, sous Antisthenês, à Kaunos; Lichas vient en qualité de commissaire spartiate.................. 51

PAGES.

Astyochos va, avec la flotte de Milêtos, rejoindre l'escadre nouvellement arrivée; il défait l'escadre athénienne sous Charminos............ 52

Flotte péloponésienne à Knidos; duplicité de Tissaphernês; rupture entre lui et Lichas. 53

PAGES.

La flotte péloponésienne s'empare de Rhodes et s'établit dans cette île.................... 54

Longue inaction de la flotte à Rhodes; intrigues de Tissaphernês destinées à la paralyser; corruption des officiers lacédæmoniens.............. 55

CHAPITRE II

VINGT ET UNIÈME ANNÉE DE LA GUERRE. — OLIGARCHIE DES QUATRE CENTS A ATHÈNES.

PAGES.

Athènes commence à se relever pendant l'année qui suit son désastre à Syracuse; 412 avant J.-C..................... 61

Commencement de la conspiration des Quatre Cents à Athènes; Alkibiadês............ ib.

Ordre donné par Sparte de tuer Alkibiadês.................... 62

Il échappe, se retire chez Tissaphernês, et devient le conseiller des Perses.............. ib.

Il donne au satrape le conseil de n'aider sincèrement ni l'une ni l'autre des parties grecques; mais son avis penche vers Athènes, en vue de son propre rétablissement.............. 63

Alkibiadês agit comme négociateur pour Tissaphernês à Magnêsia..................... 64

Diminution du taux de la paye fournie par Tissaphernês aux Péloponésiens.............. 65

Alkibiadês ouvre une correspondance avec les officiers athéniens à Samos; il crée le plan d'une révolution oligarchique à Athènes.................... 67

Conspiration arrangée entre les officiers athéniens et Alkibiadês.................... 68

Athéniens oligarchiques; les he-

PAGES.

tæriæ ou associations politiques; on envoie Peisandros chargé de pousser la conspiration à Athènes.................... 68

Crédulité des conspirateurs oligarchiques.................. 70

Opposition faite par Phrynichos, à Samos, aux conspirateurs et à Alkibiadês................ 71

Manœuvres et contre-manœuvres de Phrynichos et d'Alkibiadês. 73

Actes de Peisandros à Athènes; forte opposition que fait le peuple tant à la conspiration qu'au rétablissement d'Alkibiadês...................... 74

L'assemblée vote à contre-cœur l'abandon de la démocratie, sur la promesse de l'aide des Perses pour la guerre; on renvoie Peisandros pour négocier avec Alkibiadês.................... 76

Peisandros amène les associations oligarchiques à Athènes à s'organiser pour agir contre la démocratie................... 77

Peisandros quitte Athènes pour Samos; Antiphôn prend la direction de la conspiration oligarchique; Theramenês et Phrynichos.................... 69

Opérations militaires près de la côte d'Asie................. 81

PAGES.

Négociations de Peisandros avec Alkibiadês.................. 83

Supercheries d'Alkibiadês; il exagère ses demandes en vue de rompre la négociation; indignation des oligarques contre lui .... ib.

Réconciliation entre Tissaphernês et les Péloponésiens.......... 85

Troisième convention conclue entre eux................... 86

Comparée avec les deux précédentes..................... 87

Athènes perd Orôpos........... 88

Peisandros et ses collègues persistent dans la conspiration oligarchique, sans Alkibiadês... ib.

Ils essayent de renverser la démocratie à Samos; assassinat d'Hyperbolos et d'autres...... 90

La démocratie à Samos est soutenue par l'armement athénien.. 91

Les Parali athéniens; défaite de la conspiration oligarchique à Samos.................... 92

La Paralos est envoyée à Athènes avec la nouvelle............. 93

Progrès de la conspiration oligarchique à Athènes; direction adroite d'Antiphôn.......... 94

Langage des conspirateurs; escamotage au sujet de la nomination des cinq mille citoyens destinés à exercer les droits politiques exclusivement..... 95

Assassinat des orateurs populaires par Antiphôn et le parti oligarchique................ ib.

Retour de Peisandros; gouvernement oligarchique établi dans plusieurs des villes alliées..... 97

Achèvement de la révolution à Athènes; dernière assemblée publique à Kolônos.......... 98

Abolition de la Graphê Paranomôn 100

Nouveau gouvernement proposé par Peisandros; oligarchie des Quatre Cents................ 101

Agrégat fictif et nominal appelé les Cinq Mille............. ib.

PAGES.

Les Quatre Cents s'installent dans le palais du sénat, en en chassant les sénateurs par la force armée.................. 103

Remarques sur cette révolution.. 105

Attachement aux formes constitutionnelles à Athènes; usage que fait Antiphôn de ce sentiment pour détruire la constitution.................... 107

Démagogues, contre-poids et opposition indispensables aux oligarques 108

Actes des Quatre Cents dans le gouvernement 109

Ils font des ouvertures de paix à Agis et aux Spartiates........ 110

Ils envoient des députés au camp de Samos.................. ib.

La première nouvelle de la révolution est portée au camp par Chæreas; vive opposition dans le camp contre les Quatre Cents 111

Ardente manifestation démocratique faite par l'armement athénien à Samos et par les Samiens qui se lient mutuellement par un serment énergique 112

La démocratie athénienne est rétablie par l'armement; assemblée publique des soldats; nouveaux généraux choisis... 113

Alkibiadês ouvre une correspondance avec l'armement démocratique à Samos 116

Alkibiadês vient à Samos, sur l'invitation de l'armement 117

Confiance accordée par l'armement à son langage et à ses promesses; on le choisit pour être un des généraux........ 118

Nouvelle position d'Alkibiadês; tournure actuelle de son ambition 119

Les députés des Quatre Cents arrivent à Samos; ils sont renvoyés par l'armement avec indignation.................. 120

Impatience de l'armement de

PAGES.

partir pour le Peiræeus ; elle est combattue par Alkibiadês ; sa réponse aux ambassadeurs. 121
Avis d'Alkibiadês destiné à dissuader ; combien il s'en faut qu'on doive le louer comme sagace 122
Ambassadeurs envoyés d'Argos au « Dêmos athénien à Samos ». 123
Retour des ambassadeurs des Quatre Cents de Samos à Athènes ; chances mauvaises pour l'oligarchie........... 124
Méfiance et discorde parmi les Quatre Cents eux-mêmes. Un parti d'opposition formé sous Theramenês 125
Theramenês demande que les Cinq Mille deviennent une réalité ....,.. 128
Mesures d'Antiphôn et des Quatre Cents ; leurs sollicitations à Sparte ; construction du fort d'Eetioneia, pour recevoir une garnison spartiate........... 131
Inconcevable lenteur des Lacédæmoniens................. 133
Assassinat de Phrynichos ; flotte lacédæmonienne se tenant aux aguets près du Peiræeus...... 134
Soulèvement à Athènes contre les Quatre Cents ; démolition du nouveau fort d'Eetioneia... 135
Déclin des Quatre Cents ; concessions faites par eux ; renouvellement de l'assemblée publique 138
La flotte lacédæmonienne menace Peiræeus ; elle passe au

PAGES.

delà pour se rendre en Eubœa. 140
Bataille navale près d'Eretria ; Défaite des Athéniens ; révolte en Eubœa.................... 141
Terreur à Athènes ; sa ruine inévitable, si les Lacédæmoniens avaient agi avec énergie...... 142
Les Quatre Cents sont renversés ; la démocratie est rétablie en substance 144
Modération des antipathies politiques et esprit patriotique dominant à ce moment......... 148
Les Cinq Mille ; nombre qui ne fut jamais exactement réalisé.   ib.
Les Cinq Mille ; nombre bientôt augmenté au point de créer un droit de cité universel........ 149
Rétablissement de la démocratie complète, à l'exception de la paye...................... 150
Décret de Demophantos ; serment démocratique exigé.... 151
Fuite de la plupart des chefs des Quatre Cents à Dekeleia 153
Theramenês se met en avant pour accuser les autres chefs des Quatre Cents, surtout au sujet du fort à Eetioneia, et de l'ambassade à Sparte 154
Antiphôn jugé, condamné et exécuté 157
Traitement des Quatre Cents en général 159
Jugement favorable de Thucydide sur la conduite des Athéniens. 161
Oligarchie à Athènes, démocratie à Samos ; contraste.......... 163

·CHAPITRE III

LA DÉMOCRATIE ATHÉNIENNE RÉTABLIE, APRÈS LA DÉPOSITION DES QUATRE CENTS, JUSQU'A L'ARRIVÉE DE CYRUS LE JEUNE EN ASIE MINEURE.

PAGES.

Situation embarrassée d'Athènes après les Quatre Cents....... 168
Flotte péloponésienne ; Abydos se révolte contre Athènes....... ib.

PAGES.

Strombichidês va de Chios à l'Hellespont ; condition améliorée des citoyens de Chios. 169
Mécontentement de la flotte pé

PAGES.

loponésienne à Milêtos....... 169
Strombichidês retourne de Chios à Samos.................... 170
Escadre et armée péloponésiennes à l'Hellespont ; Byzantion se révolte contre Athènes....... 171
Mécontentement et réunion contre Astyochos à Milêtos.. 172
Le commissaire spartiate Lichas enjoint aux Milésiens d'obéir à Tissaphernês ; mécontentement des Milésiens.............. 173
Mindaros remplace Astyochos comme amiral.............. 174
Flotte phénicienne à Aspendos ; duplicité de Tissaphernês..... ib.
Alkibiadês à Aspendos ; son double jeu entre Tissaphernês et les Athéniens............. 175
Phéniciens renvoyés d'Aspendos sans avoir combattu ; motifs de Tissaphernês................ 176
Mindaros quitte Milêtos avec sa flotte ; il va à Chios ; Thrasyllos et la flotte athénienne à Lesbos. ib.
Mindaros évite Thrasyllos et arrive à l'Hellespont......... 178
L'escadre athénienne de l'Hellespont s'enfuit de Sestos pendant la nuit.................... 179
Thrasyllos et la flotte athénienne à l'Hellespont.............. 183
Bataille de Kynossêma ; victoire de la flotte athénienne........ 185
Réjouissances à Athènes pour la victoire 187
Pont jeté sur l'Euripos, unissant l'Eubœa à la Bœôtia....... 188
Révolte de Kyzikos............ 189
Ardeur de Pharnabazos contre Athènes ; importance de l'argent persan.................. ib.
Tissaphernês recherche de nouveau la faveur des Péloponésiens.................... 190
Alkibiadês retourne d'Aspendos à Samos.................... 192
Nouveaux combats à l'Hellespont...................... 193
Theramenês envoyé d'Athènes avec des renforts............ 195

PAGES.

Nouveaux troubles à Korkyra... 196
Alkibiadês est saisi par Tissaphernês et confiné à Sardes.. 197
Fuite d'Alkibiadês ; concentration de la flotte athénienne ; Mindaros assiége Kyzikos.... ib.
Bataille de Kyzikos ; victoire des Athéniens ; Mindaros est tué, et toute la flotte péloponésienne prise...................... 198
Découragement des Spartiates ; propositions de paix faites à Athènes................... 199
Le Lacédæmonien Endios à Athènes ; ses propositions de paix..................... 200
Refusées par Athènes ; opposition de Kleophôn................ 201
Motifs de l'opposition de Kleophôn ib.
Question politique, telle qu'elle était alors, entre la paix et la guerre................... 202
Aide empressée fournie par Pharnabazos aux Péloponésiens ; Alkibiadês et la flotte athénienne au Bosphore.......... 204
Les Athéniens occupent Chrysopolis et lèvent un péage sur les vaisseaux passant par le Bosphore...................... 205
Les Lacédæmoniens sont chassés de Thasos.................. 206
Klearchos le Lacédæmonien est envoyé à Byzantion.......... 207
Thrasyllos envoyé d'Athènes en Iônia.................... 208
Thrasyllos et Alkibiadês à l'Hellespont.................... 209
Pylos est reprise par les Lacédæmoniens ; honte encourue par l'Athénien Anytos pour ne pas l'avoir secourue......... ib.
Prise de Chalkêdon par Alkibiadês et les Athéniens............. 211
Convention conclue par les Athéniens avec Pharnabazos...... 212
Byzantion pris par les Athéniens. 213
Pharnabazos escorte quelques députés athéniens se rendant à Suse, pour traiter avec le Grand Roi................... 214

CHAPITRE IV

DEPUIS L'ARRIVÉE DE CYRUS LE JEUNE EN ASIE MINEURE JUSQU'A LA BATAILLE DES ARGINUSÆ

PAGES.

Cyrus le Jeune ; effets de son arrivée en Asie Mineure........ 219

Pharnabazos retient les députés athéniens................... 220

Lysandros, amiral lacédæmonien en Asie............... ... 221

Actes du précédent amiral, Kratesippidas................... 223

Lysandros visite Cyrus à Sardes. 224

Son adroite politique ; il acquiert l'estime particulière de Cyrus.. 225

Paye abondante de l'armement péloponésien fournie par Cyrus. 227

Factions organisées par Lysandros dans les villes asiatiques. ib.

Opérations d'Alkibiadês en Thrace et en Asie........ 228

Son arrivée à Athènes.......... 229

Sentiments et détails qui se rattachent à son arrivée......... ib.

Il est bien accueilli unanimement...................... 231

Effet produit sur Alkibiadês.... 232

Sentiment des Athéniens à son égard.................... 233

Dispositions à s'abstenir de s'arrêter sur ses torts antérieurs, et de le soumettre à un nouveau jugement.............. 234

Confiance aveugle et enivrement d'Alkibiadês............... 235

Il protége la célébration des mystères d'Eleusis par terre, contre la garnison de Dekeleia...... ib.

Tentative inutile d'Agis pour surprendre Athènes 236

Alkibiadês fait voile avec un armement vers l'Asie ; insuccès à Andros ; échec complet des espérances du côté de la Perse. 237

Lysandros à Ephesos ; sa politique prudente, refusant le combat ; désappointement d'Alkibiadês................... 238

Alkibiadês va à Phokæa, laissant sa flotte sous le commandement d'Antiochos ; oppression exercée par Alkibiadês à Kymê... 239

Plaintes des Kymæens à Athènes ; défaite d'Antiochos à Notion, pendant l'absence d'Alkibiadês................... ib.

Mécontentement et plaintes dans l'armement contre Alkibiadês. 241

Murmures et accusation contre lui transmise à Athènes...... 242

Changement de sentiment à Athènes ; mécontentement des Athéniens contre lui........ ib.

Motifs raisonnables de ce changement et de ce mécontentement...................... 243

Conduite différente à l'égard de Nikias et d'Alkibiadês........ 245

On enlève à Alkibiadês son commandement ; on nomme dix généraux pour lui succéder ; il se retire en Chersonèse....... 246

Konôn et ses collègues ; prise et délivrance du Rhodien Dorieus par les Athéniens........... ib.

Kallikratidas remplace Lysandros ; son noble caractère.... 248

Murmures et mauvais vouloir contre Kallikratidas ; énergie et droiture avec lesquelles il les réprime........... . .. 249

Sa conduite courageuse à l'égard des Perses................ 250

Son appel aux Milésiens ; sentiments panhelléniques........ ib.

Il prépare une flotte imposante ; ses succès à Lesbos ; il délivre les captifs et la garnison athé-

PAGES.

nienne à Methymna......... 252
Noble caractère de sa conduite;
patriotisme panhellénique exalté de Kallikratidas......... 253
Il bloque Konôn et la flotte athénienne à Mitylênê........... 255
Position triomphante de Kallikratidas.................... ib.
Condition désespérée de Konôn,
son stratagème pour envoyer
des nouvelles à Athènes et demander du secours 256
Kallikratidas défait l'escadre de
Diomedôn 258
Prodigieux effort des Athéniens
pour secourir Konôn; flotte
athénienne considérable équipée et envoyée aux Arginusæ. ib.
Kallikratidas retire de Mitylênê
la plus grande partie de sa
flotte, et laisse Eteonikos continuer le blocus.............. 259
Les deux flottes rangées pour la
bataille; habileté nautique
comparative, renversée depuis
le commencement de la guerre. 260
Bataille des Arginusæ; défaite
des Lacédæmoniens; mort de
Kallikratidas 262
Il eût mieux valu pour la Grèce,
et même pour Athènes, que
Kallikratidas eût été vainqueur
aux Arginusæ............... 262
Eteonikos et sa flotte s'enfuient
heureusement de Mitylênê à
Chios 264
Joie causée à Athènes par la
victoire; indignation soulevée
par le fait que les marins athéniens des vaisseaux désemparés
n'avaient pas été recueillis après
la bataille.................. ib.
État des faits au sujet des
vaisseaux désemparés et des
hommes qui y avaient été
laissés..................... 265
Dépêche envoyée à Athènes par
les généraux, affirmant qu'une
tempête les avait empêchés de
sauver les hommes qui se
noyaient.................... 268

PAGES.

Colère justifiable et sympathie
blessée des Athéniens; émotion extrême parmi les parents
des hommes noyés........... 268
On remplace les généraux, et
on leur enjoint de revenir à
Athènes.................... 269
Interrogatoire des généraux devant le sénat et le peuple à
Athènes.................... 270
Débat dans l'assemblée publique;
Theramenês accuse les généraux comme coupables d'avoir
négligé de sauver les hommes
qui se noyaient.............. 271
Effet de l'accusation de Theramenês produit sur l'assemblée. 272
Défense des généraux; ils affirment qu'ils avaient chargé
Theramenês lui-même de remplir ce devoir............... 273
Raison pour laquelle les généraux
n'avaient pas mentionné cette
commission dans leur dépêche. 274
Récit différent donné par Diodore 275
Version probable de la manière
dont les faits se passèrent réellement 276
Justification des généraux; valable jusqu'à quel point? La
tempête alléguée; fuite d'Eteonikos 280
Sentiments du public athénien;
comment le cas lui fut présenté; décision ajournée jusqu'à une assemblée future... 282
La fête des Apatouria, là grande
solennité de famille de la race
ionienne survient dans ce moment 283
Explosion de sentiment aux Apatouria mal représentée par Xénophon.................... 285
Proposition de Kallixénos dans le
sénat contre les généraux;
adoptée et soumise à l'assemblée publique............... 287
Injustice de la résolution qui privait les généraux des garanties habituelles que présentait

PAGES.

un procès judiciaire; Psêphisma de Kannônos........ 288
Opposition faite par Euryptolemos sur le motif de la forme
constitutionnelle; Graphê Paranomôn 290
Émotion de l'assemblée; obstacle
constitutionnel renversé...... 291
Les Prytanes refusent de mettre
la question aux voix; leur opposition vaincue, à l'exception
de celle de Sokratês........ 292
Changement de disposition dans
l'assemblée une fois que la discussion eut commencé; amendement proposé et développé

PAGES.

par Euryptolemos............ 294
Discours d'Euryptolemos....... ib.
Son amendement est rejeté; la
proposition de Kallixenos est
adoptée.................... 296
Les six généraux sont condamnés
et exécutés................. 297
Injustice de cette conduite; violation des maximes et des sentiments démocratiques........ 298
Vif repentir du peuple bientôt
après; honte et mort de Kallixenos.................... 299
Causes de l'émotion populaire... 300
Les généraux n'étaient pas des
hommes innocents........... 302

FIN DE LA TABLE DU ONZIÈME VOLUME

Page 92 note 2   *lire* ῥόπαλον   *au lieu de* ῥόπαλου.
 »   102   » 1 ligne 15   » ἐν τῷ μέρει
 »   116   »   » tumentem